《簡帛》是由武漢大學人文社會科學校級重點研究基地——武漢大學簡帛研究中心主辦的專業學術集刊,圍繞相關的三個層面,一以戰國文字爲主的古文字研究,二以簡帛爲主的先秦、秦漢出土文獻整理與研究,三以簡帛資料爲主要着眼點的先秦、秦漢史研究,發表論文和動態、評介、資料性文字。集刊實行嚴格的匿名審稿制度,堅持原創性、規範化、國際性,每年出版兩輯。

簡帛

BAMBOO AND SILK MANUSCRIPTS

第十一輯

■ 武漢大學簡帛研究中心 主辦

上海古籍出版社

圖版壹

1. 嶽麓秦簡 1277   2. 嶽麓秦簡 1401

圖版貳

1. 孔家坡漢簡《日書》
殘 35 + 殘 38 + 187

2. 孔家坡漢簡《日書》
殘 37 + 186

目　　次

CONTENTS

據新出竹簡考釋甲骨文裏幾個表示"執"的字形和辭例*

梁月娥

一、關於甲骨文"虢"、"夲"、"執"的研究成果及問題

(一) 甲骨文"虢"

甲骨文有如下一字:

以上從"夲"從"虎"之字,一般認爲是一字異體。目前主要有釋讀爲"執",以及釋讀爲"虜"兩種意見,尤以後者較爲人信從。本文通過考證甲骨文、金文、竹簡中的"虢"字及其用法,指出把此字讀爲"執"是正確的。

由於"虢"字的字形和用法都與"執"相似,以往很多人直接把它釋爲"執",如《殷墟甲骨刻辭類纂》、《甲骨文字詁林》、《新編甲骨文字典》,[1]肖楠認爲"虢"字"象帶上桎梏的虎方人;名詞,是戰俘的名稱;動詞,可能是'執'字之異構"。[2]《殷墟花園莊東地

* 本文爲香港特別行政區優質教育基金"漢語多功能字庫:擴充至所有常用字及功能提升"項目研究成果。

① 姚孝遂主編,肖丁副主編:《殷墟甲骨刻辭類纂》,中華書局 1989 年,第 1008 頁;于省吾主編:《甲骨文字詁林》,中華書局 1999 年,第 2598 頁姚孝遂按語;劉興隆:《新編甲骨文字典》,國際文化出版公司 1993 年,第 288 頁。

② 肖楠:《試論卜辭的"工"與"百工"》,《考古》1981 年第 3 期,第 267 頁。

甲骨》整理者考釋第 429 片云："義近執,乃執虎方人之專門字。"①

　　近年來學者則多傾向把這個字釋爲"虜"。夏渌最早釋爲"虜",認爲字形象"从幸(桎梏)夾住虎足"。② 裘錫圭指出夏渌對字形的分析有問題,但釋爲"虜"則可從。他説:"此字右旁下部大概是兼象被執人形和'虎'的下部的,全字可分析爲从'幸'(依《説文》當作'羍')或'執','虎'聲。金文中見於小盂鼎等銘的一般認爲通'皋'的'虢'字,外形雖與此字相似,其實並非一字。"③裘先生認爲甲骨文"虢"與金文"虢"外形雖然相似,但並非一字。裘先生的文章發表後,學界多採用把"虢"釋爲"虜"的意見,如姚萱、蔣玉斌、白於藍、朱添等。④ 我們認爲這種看法值得商榷,詳見下文。

(二) 甲骨文"羍"、"執"

　　此外,甲骨文更常見用"羍"、"執"來表示拘捕義,郭沫若、陳煒湛、劉釗、于省吾、姚孝遂、林志强、黃天樹等都認爲"羍"、"執"二字相同或相通。⑤ 這是有其原因的,正如葛亮所言,甲骨文既可以説"執麋"(《合集》10373)、"執羌"(《合集》26950)、"執🈳"(《英》609),又可以説"羍麋"(《合集》10372)、"羍羌"(《合集》26971)、"羍🈳"(《合集》

---

① 中國社會科學院考古研究所編:《殷墟花園莊東地甲骨》,雲南人民出版社 2003 年,第 1727 頁。

② 夏渌:《學習古文字瑣記》"四五·釋虢(虜的異體字)","中國古文字學第四屆年會"論文,1981 年。轉引自裘錫圭:《説"𢽁函"——兼釋甲骨文"櫓"字》,《華學》第一輯,中山大學出版社 1995 年,後收入《裘錫圭學術文集》,復旦大學出版社 2012 年,第四卷第 421 頁。

③ 裘錫圭:《裘錫圭學術文集》第四卷第 421 頁。

④ 姚萱:《殷墟花園莊東地甲骨卜辭的初步研究》,綫裝書局 2006 年,第 357 頁;蔣玉斌:《〈殷墟甲骨輯佚〉綴合補遺:〈輯佚〉563+〈輯佚〉566》,先秦史研究室(www. xianqin. org)2009 年 2 月 27 日;白於藍認爲包山楚簡"䂁"字"从'執''虎'聲,即《説文》'虜'字異構",見白於藍:《〈包山楚簡文字編〉校訂》,《中國文字》新 25 期,藝文印書館 1999 年,第 195 頁;朱添:《殷墟花園莊東地甲骨文字編》,碩士學位論文,遼寧師範大學 2012 年,第 107 頁編號 189;紫桂敏把"虢"隸定爲"虢",收入"可隸定字字表",而非"已識字字表",注明"姚萱從裘錫圭釋讀爲'虜'",可見她沒有完全接受釋"虜"的説法,見紫桂敏:《〈殷墟花園莊東地甲骨〉文字整理與研究》,碩士學位論文,蘇州大學 2010 年,第 105 頁。

⑤ 郭沫若:《殷契粹編》,科學出版社 1965 年,第 149—150 頁;陳煒湛:《甲骨文同義詞研究》,《古文字學論集初編》,香港中文大學 1983 年,又載《甲骨文論集》,上海古籍出版社 2003 年,第 42 頁;劉釗:《卜辭所見殷代的軍事活動》,《古文字研究》第十六輯,中華書局 1989 年,第 125 頁;姚孝遂主編,肖丁副主編:《殷墟甲骨刻辭類纂》,第 1000 頁;于省吾主編:《甲骨文字詁林》第 2575、2598 頁姚孝遂按語;林志强:《説"羍"》,《古文字研究》第二十四輯,中華書局 2002 年,第 147—151 頁;黃天樹:《商代文字的構造與"二書"説》,復旦大學出土文獻與古文字研究中心網(www. gwz. fudan. edu. cn)2008 年 5 月12 日。

579),"夲"、"執"又有同辭、同版,甚至"對貞"、"對舉"之例。①

　　葛先生認爲"夲"、"執"並非通用無別,不能簡單地將"夲"讀爲{執}。② 他通過檢查(1)"夲"、"執"與否定詞的不同搭配,(2)"夲"、"執"與使令動詞的搭配,(3)"夲"、"執"的互相搭配,以及(4)"夲"、"執"在金文、竹簡裏的用法,提出"夲"、"執"的分别。現概括如下:

　　　　"夲"是行爲主體所不能控制的情況,是一種田獵或征伐的結果,他稱這種動詞爲 B 類動詞;而"執"是行爲主體可以控制的情況,是一種田獵或征伐的行爲,他稱這種動詞爲 A 類動詞。具體分别有四點:

　　　　1."夲"前面的否定詞祇有{不}、{弗};"執"前面的否定詞祇有{勿}、{弜}。按裘錫圭指出"不"、"弗"表示可能性和事實,可翻譯成"不會";"弜"、"弜"表示意願,可翻譯成"不要"。③ 所以葛亮認爲"執"表示的是可以控制是否實施的行爲,而"夲"表示的卻是無法控制會否發生的結果。

　　　　2."執"能與使令動詞搭配成爲兼語結構,而"夲"不能。卜辭有"令執"、"乎執",而没有"令夲"、"乎夲"。故"執"是受命者所能控制的行爲,而"夲"卻是無法控制的結果。

　　　　3.在"執"、"夲"同版或同辭的例子中,"夲"往往在命辭中表示結果小句,"執"卻没有這種用法。如:

　　　　(1) 甲寅卜,亘[貞],乎犬登執豕,夲。　　(《合補》1270 正[《懷》452 正])
　　　　(2) *乎犬登夲豕,執。

　　葛亮指出,例 1 見於卜辭,但例 2 則未見。

　　　　按例 1 辭例及"夲"、"執"字形如下:

　　　　(3) 甲寅卜,亘[貞],乎犬登▮(執)豕,▮(夲)。一
　　　　　　貞:弗[其]▮(夲)。一　　　　　　　　(《合補》1270 正[《懷》452 正])
　　　　　　王占曰:佳乙吉。　　　　　　　　　　　(《懷》452 反)

　　　　4.從金文、楚簡材料來看,"夲"的讀音自成一系,當與"甲"相同或相近,

---

① 葛亮:《甲骨文田獵動詞研究》,碩士學位論文,復旦大學 2010 年,第 123 頁。

② 爲了明確字跟詞的區别,詞外加{ }表示。

③ 裘錫圭:《説"弜"》,《古文字研究》第一輯,中華書局 1979 年,收入《裘錫圭學術文集》第一卷,第 15 頁。

而與"執"無關,甲骨文"幸"顯然也不應例外。①

按葛亮把"幸"、"執"的關係進一步細化,加深了我們對二字的認識。但仍有值得商榷的地方。

首先,根據葛亮的看法,我們歸納出以下特徵:"不"、"弗"相當於"不會",表示可能性和事實,具有客觀的、被動的特點,是占卜者不可控制的,動詞所表示的是一種結果;"勿"、"弜"相當於"不要",表示意願,具有主觀、主動的特點,是可以控制的,動詞所表示的是一種行爲。葛先生所説的可以控制和無法控制,是站在占卜主體的立場來説的。因爲占卜主體與行爲主體(即田獵者)一致時,搭配"不"、"弗"的都是占卜主體無法決定會不會發生的田獵結果。在占卜主體與行爲主體不一致時,搭配"不"、"弗"的也可以是行爲主體從事的田獵行爲。② 另外,驗辭中一般衹用"不"、"弗",表示"没有……",不能據以區别田獵行爲與田獵結果。③

我們發現"幸"與"執"字的關係並非如葛先生所説"幸"衹表示無法控制的結果,"執"衹表示可以控制的行爲。

葛先生解釋"幸"是占卜者無法控制的結果時,舉出以下例子中帶"弗"的句子:

(4) 雀弗其█(幸)缶。　　　　　　　　　　　《合集》6875[《六·中》91],賓一)

(5) 庚辰卜,王弗其█(幸)豕。允弗█(幸)。

《合集》10297[《珠》419、《書博》29],賓一)

(6) 貞:亘█(幸)█。一

貞:亘弗其█(幸)█。一　　　　　　　　《合集》575[《丙》75],典賓)

因爲"不"、"弗"表示無法控制的可能性或客觀事實,而"不"、"弗"衹與"幸"合用,而不與"執"合用,所以葛先生認爲"幸"表示無法控制的結果,"執"表示可以控制的行爲。

但是我們發現{執}也可表示無法控制的結果,這個問題將在下文討論完"虤"後再作解釋。

(7) ☐丙寅雀出█(執)。十月。

---

① 葛亮:《甲骨文田獵動詞研究》第 124—131 頁。

② 參沈培:《商代占卜中命辭的表述方式與人我關係的體現》,"第二屆古文字與古代史國際學術研討會"論文,中研院史語所 2008 年,收入《古文字與古代史》第二輯,中研院史語所 2009 年,第 93—116 頁。

③ 葛亮:《甲骨文田獵動詞研究》第 54 頁。

☑力殟。　　　　　　　　　　　　　　（《合集》39524[《英》533]，賓出）

例7的"執"字無疑是"無法控制的結果"，但由於辭例殘缺，無法判斷此辭是命辭還是驗辭。所以此條不能作爲證據。

除此之外，"執"可表示語氣詞，而"夲"未見表示語氣詞之例。

(8) 壬寅卜，大：㞢比，方允 ▮（夲）。四日丙午菁（遘）方，不隻（獲）。

癸卯卜，王，㞢茂征戎 ▮（執），弗其茂印。三日丙[午]菁（遘）方，不隻

（獲）。十二月。　　　　　　　　　　　　　（《合集》20449，師小字）

以上"夲"、"執"同版，"夲"用作拘執義，"執"則用作語氣詞。這也反映"執"的用法比"夲"多，而且有虛化用法。

二、從金文及戰國竹簡文字上溯甲骨文的{執}

(一) 關於金文及戰國竹簡"夲"、"執"的研究成果

上文列出葛亮分析"夲"、"執"的分別，其實他傾向認爲"夲"、"執"表示的是兩個不同的詞，而且讀音也不同。爲了追尋甲骨文"夲"的讀音，以及所表示的詞，葛亮綜合了2010年之前的研究，引述以下金文及竹簡例子，釋文經過我們的調整：

(9) 氏（是）以身蒙 ▮（夆，夲─甲）胄，以牪（誅）不順。

　　　　　　　　　　　　　（中山王方壺，《集成》9735，戰國晚期）

(10) 弓一、矢百、畫 ▮（虢─甲）一，貝胄一（小盂鼎，《集成》2839，西周早期）

(11) 商（賞）之台（以）兵 ▮（▮，虢─甲）、車馬。……庚捷其兵 ▮（虢─甲）、車馬　　　　　　　　　　（庚壺，《集成》9733，春秋晚期）

(12) 侯釐（賚）昌 ▮（虢─甲）胄、盾、戈、弓、矢束、貝十朋。

　　　　　　　　　（昌鼎，《近出》352、《新收》1445，西周中期）

(13) 旅矢、旅弓、▮（棆─雕）戈、▮（虢─甲）胄

　　　　　　　　　　　　　（伯晨鼎，《集成》2816，西周中晚期）

(14) 周賜訟鄢之兵 ▮（虜─甲） ▮（執）事人宦司馬競丁，以其政其田。

　　　　　　　　　　　　　　　　　　　　　（《包山》簡81）

(15) 一椊，冒旄之首，一和羸 ▮（虜─甲），戴軸（胄），綠組之縢；馭右二貞牒

　　■(虜—甲),皆戴軸(胄),紫縢。　　　　　　　　　　(《包山》簡 269～270)

(16) 武王於是乎作爲革車千乘,帶■(虜—甲)萬人,戊午之日,涉於孟津,至於共、滕之間,三軍大犯。武王乃出革車五百乘,帶■(虜—甲)三千,以少(宵)會者(諸)侯之帀(師)於牧之埜(野)。

　　　　　　　　　　　　　　　　　　　　　(《上博二·容成氏》簡 50～51)

(17) 武王索(素)■(虜—甲)以申(陳)於殷蒿(郊)。

　　　　　　　　　　　　　　　　　　　　　　　(《上博二·容成氏》簡 53)

(18) 城亯(郭)必攸(修),纏(繕)■(虜—甲)利兵。

　　　　　　　　　　　　　　　　　　　　　　　(《上博四·曹沫之陳》簡 18)

(19) 人之■(虜—甲)不緊(堅),我■(虜—甲)必緊(堅)。

　　　　　　　　　　　　　　　　　　　　　　　(《上博四·曹沫之陳》簡 39)

(20) 纏(繕)■(虜—甲)利兵,明日牀(將)戰。

　　　　　　　　　　　　　　　　　　　　　　　(《上博四·曹沫之陳》簡 51)

(21) 釋杕(械)樺(檿—柙)而爲者(諸)侯相,遇齊桓也。

　　　　　　　　　　　　　　　　　　　　　　　(《郭店·窮達以時》簡 6)

(22) 志於衍(道),虜(虜—狎)於惠(德),依於仁,遊於藝。

　　　　　　　　　　　　　　　　　　　　　　　(《郭店·語叢三》簡 50～51)

通過列舉以上例子,葛先生得出以下結論:

　　1. "卒"、"虓"同表一詞,"虓"應當是以"卒"爲聲符。

　　2. 金文、楚簡"卒"的讀音自成一系,當與"甲"相同或相近。

　　3. 金文、楚簡"卒"與"執"無關,甲骨文"卒"顯然也不應例外。

　　4. 甲骨文"卒"的辭例比較常見,其字形雖然沒有保留下來,但所代表的詞應是一個常用詞。

　　5. "卒"的讀音與見母葉部的"甲"相近,而見系葉談部字往往有合上、關上、蓋住、夾住一類的意思,如"柙"、"押"、"夾"、"盍"、"厭/壓"、"掩/揜"、"監"等,似乎跟卜辭中"卒"的用法都有類似之處。①

---

① 葛亮:《甲骨文田獵動詞研究》第 129—131 頁。

不過,葛先生又補充説明"夲"、"執"的關係的另外一種可能性:

> 我們一再强調卜辭中"夲"與"執"表示的是兩個詞,主要是爲了説明兩者
> 的區别,並不排除這樣的可能:卜辭中"夲"與"執"表示的是同一個詞,這個詞
> 既可以用於主動的行爲,又可以用於客觀的結果,在表示這兩種用法時,分别
> 以"執"與"夲"作爲其專門的字形以示區别。或者卜辭中"夲"與"執"確實是兩
> 個詞,但由於兩者形義皆近,"夲"的動詞用法後來被"執"代替了。①

葛先生引用的金文、竹簡材料都十分恰當。葛先生的文章在 2010 年寫完,此後陸續
公佈了不少新材料,以下補充相關的材料。

(二) 金文"虢"既表示{執},又表示{甲}

葛先生在引用庚壺時祇引用了表示{甲}的"虢"字,其實庚壺中的"虢"除了用來
表示{甲},還用來表示{執}:

(23) 尋(崔)子 (虢—執)鼓

(24) (虢—執)者獻于靈公之所

(25) 商(賞)之台(以)兵 （ 虢—甲)、車馬

(26) (虢—甲)方綾縢相乘牡

(27) 庚捷其兵 (虢—甲)、車馬　　　　　　(庚壺,《集成》9733,春秋晚期)

庚壺"虢鼓"的"虢",郭沫若、楊樹達、張政烺、《商周青銅器銘文選》、李家浩都以
爲是"慹",不從虎。② 但李家浩認爲"虢者"的"虢"可能從"虎",也可能是"慹"字。他
説:"第七行的'虢者'頗費解,據文意應該是庚所獻之俘。壺銘'虢'、'執'二字形近,
或疑'者'前之字應從舊説釋爲'執'。'執者'指被俘的人。"③徐在國認爲"虢鼓"、"虢
者"的"虢"都從"虍""幸"聲,或從"虎""執"聲,是"柙"的本字。庚壺的"虢鼓"讀執鼓,

---

① 葛亮:《甲骨文田獵動詞研究》第 128 頁。

② 郭沫若:《兩周金文辭大系圖録考釋》(東京)文求堂 1936 年,又科學出版社 1957 年,第 208 頁;楊樹達:
《庚壺跋》,《積微居金文説》,科學出版社 1959 年,又中華書局 1997 年增訂本,第 159 頁;張政烺:《庚壺釋
文》,《出土文獻研究》第一輯,文物出版社 1985 年,第 127—128 頁;馬承源主編:《商周青銅器銘文選
(四)》,文物出版社 1990 年,第 548 頁;李家浩:《庚壺銘文及其年代》,《古文字研究》第十九輯,中華書局
1992 年,第 93 頁。

③ 李家浩:《庚壺銘文及其年代》第 93 頁。

“執者”疑讀“枒者”,被關枒的人。①

　　以上各家都没有直接解釋“執鼓”,祇有張政烺引用《國語·齊語》述管子“作内政而寄軍令”,説“五鄉一帥,故萬人爲一軍,五鄉之帥帥之。三軍,故有中軍之鼓,有國子之鼓,有高子之鼓”,並指出“冉子爲五鄉之帥,而所執者蓋中軍之鼓”。②

　　按“執鼓”指執掌擊鼓之責,見於《周禮·大司馬》:

　　　辨鼓鐸鐲鐃之用,王執路鼓,諸侯執賁鼓,軍將執晉鼓,師帥執提,旅帥
　　執鼙,卒長執鐃,兩司馬執鐸,公司馬執鐲。③

亦見於《左傳》孔穎達疏所引的相傳是春秋戰國時的《司馬法》。《左傳》襄公十三年:“晉侯難其人,使其什吏率其卒乘官屬,以從於下軍,禮也。”④孔穎達疏:“《司馬法》云:‘十人之帥執鈴,百人之帥執鐸,千人之帥執鼓,萬人之將執大鼓。’三者,數人置帥,皆以什計之,異於《周禮》,則晉人爲軍,或十人置吏也。”⑤

　　而“執者”指被拘執之人,見於《春秋公羊傳》文公十四年:

　　　冬,單伯如齊,齊人執單伯,齊人執子叔姬。執者曷爲或稱行人? 或不稱
　　行人? 稱行人而執者,以其事執也。不稱行人而執者,以己執也。⑥

梅桐生翻譯爲:“冬季,周王室大夫單伯到齊國去。齊國人拘捕了單伯。齊國人又拘捕了舍的母親子叔姬。被拘捕的人爲甚麽有的稱爲使者,有的不稱爲使者呢? 稱爲使者而被拘捕的,是因爲執行公務而被拘捕的,不稱爲使者而被拘捕的,是因爲個人私事而被拘捕。”⑦

　　庚壺記載齊靈公時的戰役,冉子負責擊鼓指揮,捕獲敵人,並把所拘執之人獻於齊靈公之所。“執鼓”、“執者”的説法與古書吻合,而且把“𤔔”讀爲{執},與甲骨文“𤔔”表示{執}的用法相合,詳下文。庚壺的拓本不清,“𤔔鼓”和“𤔔者”的“𤔔”字據摹本都寫作“𤔔”,這是“𤔔”可讀爲{執}的例子。但由於所據是摹本,不能作爲最確鑿的證據。

① 黄德寬主編:《古文字譜系疏證》,商務印書館 2007 年,第 3859 頁。
② 張政烺:《庚壺釋文》,《出土文獻研究》第一輯,第 128 頁。
③ 鄭玄注,賈公彦疏,趙伯雄整理,王文錦審定:《周禮注疏》,北京大學出版社 2000 年,第 901 頁。
④ 左丘明傳,杜預注,孔穎達疏,浦衛忠等整理,楊向奎審定:《春秋左傳正義》,北京大學出版社 2000 年,第 1043 頁。
⑤ 左丘明傳,杜預注,孔穎達疏,浦衛忠等整理,楊向奎審定:《春秋左傳正義》第 1044 頁。
⑥ 公羊壽傳,何休解詁,徐彦疏,浦衛忠整理,楊向奎審定:《春秋公羊傳注疏》,北京大學出版社 2000 年,第 358—359 頁。
⑦ 梅桐生譯注:《春秋公羊傳全譯》,貴州人民出版社 1998 年,第 257 頁。

（三）新出竹簡中的"虢"表示{甲}

(28) 爾（弭）天下之 （虢—甲）兵　　　　　《清華二·繫年·16 章》簡 89）

(29) 爾（弭）天下之 （虢—甲）兵　　　　　《清華二·繫年·18 章》簡 97）

(30) 晉人且有范氏與中行氏之禍，七歲不解 （虢—甲）

《清華二·繫年·18 章》簡 102）

（四）竹簡"執"以"虜"爲聲符

《上博九·靈王遂申》"執事人"一語出現四次，其中首兩個"執"字從"虜"從"丮"從"女"，剩下的兩個"執"字寫作從"羍"從"丮"從"女"。

(31) 而倚 （巤—執）僕之兄經。陰之正或（又）（巤—執）僕之父逾。

《包山》簡 135）

(32) 陰之戴客或（又）（𦥑—執）僕之兄經，而舊（久）不爲斷。君命速爲之

斷，夏栾之月，命一 （𦥑—執）事人以至（致）命於郢。

《包山》簡 135 背）

(33) （巤—執）事人夾蔡人之軍門　　　《上博九·靈王遂申》簡 1）

(34) （巤—執）事人志=（止之）。虛乘一𨌚駟（駟馬），告 （𦥑—執）事人

《上博九·靈王遂申》簡 2）

(35) （𦥑—執）事人許之　　　　　《上博九·靈王遂申》簡 3）

上引兩例包山楚簡分別寫在簡 135 的正面和背面。正面兩個"執"字寫作"巤"，從"虜"聲，用作動詞，表示拘捕。背面兩個"執"字都寫作"𦥑"，是常見的"執"字的寫法，前者表示拘執，與簡 135 正面的"巤"用法相同，後者用來表示掌管事務（"執事人"）。而《上博九·靈王遂申》所反映的"巤、𦥑—執"的關係便更加明確，"執事人"的"執"既寫作"巤"，又寫作"𦥑"，而且出現在同一條簡上（簡 2）。由此可見，"羍"、"虜"皆可作爲"執"的聲符。"羍"、"虜"、"虢"、"巤"、"執"的讀音是十分接近的。

（五）甲骨文"羍缶"又作"虢缶"，皆表示{執}

此外，甲骨文在講述商王武丁的大將雀對缶的戰爭時，既用"虢"，又用"羍"。

(36) 己未貞：雀亡田（憂）。

辛酉貞：王步于鳴。

辛酉貞：王步于[鳴]。才(在)胥。（《合集》20385 正＋32839,師歷間 B)①

己未卜,弗■(虢—執)缶。　二

己未卜,■(虢—執)缶。二月允■(虢—執)。　二

（《合集》20385 反,師歷間 B)

(37) 癸丑卜,貞：旬☒。一

癸未卜,貞：旬亡田。一

癸亥卜,弗■(虢—執)缶。☒[一?]　　　　　（《美》13,師歷間 B)

(38) ☒才(在)胥。三☒　一

癸巳□,貞：雀亡疌戎。一

癸巳□,貞：□亡田(憂)。才(在)胥。一

癸卯卜,貞：旬亡田(憂)。才(在)胥。一

癸亥卜,貞：旬亡田(憂)。

癸亥卜：弗■(虢—執)缶。一

癸酉卜,貞：旬亡田(憂)。才(在)■(戔)。一

癸未卜,貞：旬亡田(憂)。一

癸卯卜,貞：旬亡田(憂)。一

癸卯卜：王于商告。一

癸丑卜,貞：旬亡田(憂)。

一　一

（《合集》33126[《合集》20584、《美》6]＋《庫》987[《美》159]＋《卡》63,

師歷間 B)②

---

① 《合集》20385＋32839 由周忠兵綴合。周忠兵：《甲骨新綴十一例》,《殷都學刊》2007 年第 2 期,第 34—37 頁。

② 此組綴合參 Mickel, Stanley L. (米凱樂), "An Index to Books of Rejoined Shang Oracle Bones and Shells"（《甲骨文重見與綴合索引》）, *Chinese Culture Quarterly*（《中國文化季刊》）26：3, 1985. 9, pp. 79-111; Mickel, Stanley L. , "An Index to Books of Rejoined Shang Oracle Bones and Shells"（《甲骨文重見與綴合索引(續)》）, *Chinese Culture Quarterly*（《中國文化季刊》）26：4, 1985. 12, pp. 85-111。《合集》33126＋《庫》987＋《卡》63 由周忠兵綴合,參周忠兵：《卡内基博物館所藏甲骨的整理與研究》,博士學位論文,吉林大學 2009 年,第 31 頁,此處感謝蔣玉斌的幫助。另參黄庭頎：《〈殷虚文字乙編〉背甲刻辭内容研究》,碩士學位論文,政治大學 2010 年,第 104 頁。

(39) ［丁巳］卜：▢（虢—執）缶。　　　　　　　　　　　（《寧》1.404，師歷間 B）

(40) ▢［虢（執）］缶。二月。［允］▢（虢—執）　　　（《寧》1.403，師歷間 B）

(41) 己未卜，弗▢（卒—執）缶。三

▢缶。

▢（雀）亡回（憂）。　　　　　　　　　　　　　　　（《合集》39935，師歷間 A）

(42) 己未卜：弗▢（卒—執）缶。三

▢亡回（憂）。

▢缶▢　　　　　　　　　　　　　　　　　　　　（《合補》13263，師賓間 A）

(43) ▢雀弗其▢（卒—執）缶。　　　　　　　　　　　（《合集》6875，賓一）

(44) 弗▢（卒—執）缶。

壬▢易▢　　　　　　　　　　　　　　　　　　　（《合集》20528，師歷間 A）

(45) 弗▢（卒—執）缶。　　二　　　　　　　　　　　（《合集》20529，師歷間 A）

(46) ▢殻▢缶▢

▢▢（卒—執）▢缶▢　　　　　　　　　　　　　（《懷特》354，師小字）

(47) 甲戌卜，內：翼（翌）丁丑雀母（毋）其▢（卒—執）缶(?)，①不璞（撲）戋。

甲戌卜，內：臣▢正出省(?)▢（執）陟。十月。

甲戌▢

乙亥卜，內：翼（翌）庚辰雀弗▢　一　　　　　（《合集》5828＋39928，賓一）

上引例 36 是貞卜關於"雀"對方國"缶"的戰役，記録了"己未"、"辛酉"兩日，並在"己未"日貞卜"虢缶"，例 37 記録了"癸丑"、"癸未"、"癸亥"三日的貞卜，其中"癸亥"日也是貞卜"虢缶"，而"癸亥"日在"己未"日之後，所以任會斌在談及《合集》20385（即例 36）時，認爲例 36 與例 37 是同時卜辭，而且貞卜同一事情。② 十分止確。例 36 是師歷間 B 組，則例 37 亦應是師歷間 B 組，黄天樹即認爲例 37（《美》13）是

---

① 注意此處的"毋其卒缶"不能翻譯成"不要執缶"，而應該翻譯成"不會執缶"，故不能成爲葛亮"卒"祇表示"無法控制的結果"的反證。根據裘錫圭，甲骨文帶"其"的"毋"屬於"不、弗"一組，而不帶"其"的"毋"屬於"勿、弜"一組。參裘錫圭：《談談古文字資料對古漢語研究的重要性》，《中國語文》1979 年第 6 期；又載《古代文史研究新探》，江蘇古籍出版社 1992 年；《裘錫圭自選集》，河南教育出版社 1994 年；《裘錫圭學術文集》第四卷第 45 頁。

② 任會斌：《〈合集〉20385 之"缶"字》，《紀念王懿榮發現甲骨文 110 周年國際學術研討會論文集》，社會科學文獻出版社 2009 年，第 146 頁。

師歷間組。① 而例 38"癸亥卜：弗轂缶"此條亦是師歷間 B 組,可與例 37 互相比照。②

例 41 也記録了在"己未"日貞卜,例 41 與例 36 相似或相關之處如下：

1. 都貞卜"雀亡田(憂)"；

2. 都是"己未"日貞卜；

3. 都是貞卜"雀"對"缶"的戰争；

4. 例 36 卜辭後的序數是"二",例 41 卜辭後的序數是"三"。

例 41 楊郁彦認爲是典賓卜辭,③蔣玉斌認爲是師歷間組卜辭。根據以上比較,我們認爲例 41 亦應屬於師歷間 A 組。例 42 具備第 2、4 個特點,"亡田(憂)"前疑缺"雀"字,則同時具備上述 4 個特點。而例 38 也是在"雀"對"缶"的戰争時占卜"轂缶"。

例 39 是丁巳日卜轂缶,例 36 是己未日卜轂缶,例 41、42 是己未日卜牵缶,例 37、38 是癸亥日卜轂缶,丁巳、己未、癸亥是前後接近的日子。所以這幾條卜辭的内容顯然是相關的。參見下表：

辭例編號	天數	干支	占卜内容	出　處	組　別	兆序
39	54	丁巳	轂缶	《寧》1. 404	師歷間 B	
	55	戊午				
36	56	己未	轂缶	《合集》20385 反	師歷間 B	二
41			牵缶	《合集》39935	師歷間 A	三
42			牵缶	《合補》13263	師賓間 A	三
	57	庚申				
	58	辛酉				
	59	壬戌				
37	60	癸亥	轂缶	《美》13	師歷間 B	一(?)
38			轂缶	《合集》33126 (《合集》20584、《美》6)＋《庫》987 (《美》159)＋《卡》63	師歷間 B	一

---

① 黄天樹：《殷墟王卜辭的分類與斷代》,科學出版社 2007 年,第 69 頁。

② 蔣玉斌認爲例 36 屬歷組一類 A,而例 38 屬師歷間組。我們認爲例 36、37、38 應屬於同一組别,我們暫時歸爲師歷間 B 組。黄天樹也認爲例 37(《美》13)屬師歷間組(第 69 頁)。事實上,師歷間組是介乎"師組"和"歷組"之間的卜辭,黄天樹曾舉出"師歷間組"與"歷組"卜辭同版的例子(第 187 頁),如《合集》40866 (《庫》972、《美》1),還有《合集》34011(《存》下 733)。黄天樹：《殷墟王卜辭的分類與斷代》第 69、187 頁。

③ 楊郁彦：《甲骨文合集分組分類總表》,藝文印書館 2005 年,第 527 頁。

此外,肯定的"夲缶"還見於賓組一類。根據以上的研究,我們可以得出以下互補分佈:

1. 師歷間 B 組的"埶缶"的{埶}用"虢"表示;
2. 師歷間 A 組與賓組一類的"埶缶"的{埶}用"夲"表示。

(六) 竹簡中"致"表示{埶}

戰國竹簡中{埶}這個詞還用"致"來表示:

(48) 下蔡蕘里人舍(余)猾告下蔡訊 (致—埶)事人,易(陽)城公 罕。 (《包山》簡 120)

(49) 予 (致—埶)場賈,里公邾 、士尹紬槇返予,言胃(謂):場賈既走於前,予弗及。予 (致—埶)隺女返,加公臧申、里公利臤返予,言胃(謂):女返既走於前,予弗及。予 (致—埶)競不割,里公 拘、亞大夫郳(宛)乘返予,言胃(謂):不割既走於前,予弗及。 (《包山》簡 122)

(50) 忎(恐)弱(溺),及 (致—埶)采(幣)以祝曰:"又(有)上亢=(茫茫),又(有)下坣=(堂堂—湯湯),司湍彭=(滂滂),句(侯)茲某也發陽(揚)。"乃舍采(幣)。 (《清華三·祝辭》簡 1)

(51) 救火,乃左 (致—埶)土以祝曰:"号(皋)!旨(詣)五尸(夷),絕㵱冥=(冥冥),茲我經(贏)。"既祝,乃夲(投)以土。

(《清華三·祝辭》簡 2)

上引"致"字據文意無疑都表示{埶}。《包山》簡 120"致事人"即是上文所引的《包山》簡 135 背的"鞻事人"、《上博九·靈王遂申》簡 1、簡 2 的"纝事人",以及簡 2、簡 3 的"鞻事人"。而《包山》簡 122 和《清華三·祝辭》簡 1、簡 2 的動詞{埶}用"致"表示,與《包山》簡 135 正的動詞{埶}用"纝"表示、簡 135 背用"鞻"表示可以比觀。可見"纝"、"鞻"、"致"都可以表示{埶}這個詞。

現在把金文、竹簡中"纝"、"鞻"、"致"、"虡"、"虢"、"夲"、"樿"的關係表列如下:

隸定	纝	鞻	致	虡	虢	夲	樿
字形							
詞	{埶}	{埶}	{埶}	{甲}、{狎}	{甲}、{埶}	{甲}	{柙}
用法	[動詞]拘執、掌管	[動詞]拘執、掌管	[動詞]執持、掌管	[名詞]甲衣、甲胄 [動詞]熟習	[名詞]甲衣、甲胄 [動詞]執持	[名詞]甲衣、甲胄	[名詞]械柙

表中除了庚壺的“虢”是春秋晚期外,其餘全都是戰國文字。

“敊”字除了見於竹簡,也見於甲骨文和金文。

(52) 辛亥卜,囗貞：競囗于囗

　　　囗自馭囗 。① 　　　　　　　　　(《合集》31787,何組)

(53) 貞：競囗辛亥小囗

　　　囗馭(?)囗 　　　　　　　　(《合集》31788[《甲》2892],何組)

(54) 囗年邦府大夫肖聞,邦上庫工帀韓山,冶同 齊(劑)。

　　　　　　　　　　　　　(囗年邦府戈,《集成》11390,戰國晚期)

(55) 冶得 齊(劑)

　　　　　(漁陽鈹《夏商周青銅器研究》東周篇下,頁 365,戰國早期)

(56) 冶得 齊(劑) 　　(漁陽鈹[王立事鈹],《集成》11674,戰國)

(57) 冶得 齊(劑) 　　(漁陽劍[王立事劍],《集成》11673,戰國)

(58) 冶區義 齊(劑)

　　　　　　　　　　(二十九年相邦趙戈,《集成》11391,戰國晚期)

(59) 冶章 齊(劑) (十四年武城令戈,《集成》11377,戰國晚期)

以下兩例中从“坴”之字亦疑爲“敊”之殘：

(60) 冶狄 齊(劑)

　　　　　　　　(十七年相邦春平侯鈹,《集成》11690,戰國晚期)

(61) 冶奚昜 齊(劑)

　　　　　　(十九年邦司寇陳授鈹,《東南文化》,1991 年第 2 期,戰國)

　　上引甲金文施謝捷釋爲“盩”,甲骨文表示擊伐,金文表示調劑、調和。黃盛璋釋金文爲“撻”,于省吾釋金文爲“執”。② 現在看來甲金文“敊”字皆應釋爲“執”。甲骨文表示拘執,“競”是方國名。金文表示主持,“(敊—執)齊(劑)”即主掌、掌管冶鑄合金的配料比例。

---

① 《合集》31787“敊”與“虢”見於同一版上。但由於辭例殘缺,難以判斷兩者的關係。

② 黃盛璋：《“撻齊”及其和兵器鑄造關係新考》,《古文字研究》第十五輯,中華書局 1986 年,第 253—276 頁；于省吾：《商周金文録遺》,科學出版社 1957 年,序言第 1—2 頁；施謝捷：《釋“盩”》,《南京師大學報(社會科學版)》1994 年第 4 期,第 112—124 頁。

在甲骨文中,與"卒"、"執"比較,"致"的用法與"執"較接近。"致"能與使令動詞搭配,如:

(62) 貞:弓(勿)令〔致—執〕☐   (《合集》18229 正,典賓 B)

(63) ☐☐[卜],☐貞:令旃比☐侯璞周☐

　　　☐☐[卜],兄貞:令龔弋(代)〔致—執〕。   (《合集》6816,賓三)

(64) 令〔致—執〕婡☐。   (《史語所購藏甲骨集》331,侯南類)

(65) 乙☐一

　　令〔致—執〕。一

　　弗☐。二

　　戌☐雷☐。   (《殷墟小屯村中村南甲骨》69,侯南類)①

(七) 甲骨文中"奢"表示{執}

張新俊指出甲骨文"奢"與"卒"是一字異體,甲骨文中有些字下面加"口"形與否無別,並認爲"卒"讀爲"執",似可信。② 甲骨文"奢"辭例如下:

(66) 奢(執)亘。

　　弗奢(執)。……

　　甲桒(禱)卒,亘奢(執)。

　　放。   (《合集》20379+22397[《醉古》170],師歷間 A 類)③

從辭例來看,張說十分正確,"奢"表示{執},而且皆表示無法控制的結果,與"卒"用法相同。

現在把甲骨文"虢"、"卒"、"奢"、"致"、"執"的關係表列如下:

----

① 例 64、65 字體均非典賓,而是處於何二類與黄類之間的一種過渡類型(蔣玉斌在其博士論文中稱該類爲"侯南類")。

② 張新俊:《據新出楚簡談談甲骨卜辭中的"梏"、"圉"等字》,《楚簡楚文化與先秦歷史文化國際學術研討會論文集》,湖北教育出版社 2013 年,第 508 頁。

③ 《合集》20379 和《合集》22397 由林宏明綴合。林宏明:《醉古集:甲骨的綴合與研究》,萬卷樓 2011 年,第 197—198 頁第 170 組。此處感謝蔣玉斌賜告,蔣先生指出此版卜辭屬師歷間 A 類。同版"奢(執)亘"、"弗奢(執)"還有重複出現,爲節省篇幅,從略。

隸定	虢	卒	奢	敄	執
字形					
詞	{執}	{執}	{執}	{執}	{執}
用法	[動詞] 拘執	[動詞] 拘執	[動詞] 拘執	[動詞] 拘執	[動詞]拘執 [語氣詞]
動詞性質	可以控制的行爲 無法控制的結果	無法控制的結果	無法控制的結果	可以控制的行爲 無法控制的結果 (?)	可以控制的行爲 無法控制的結果
組別	師歷間 B、歷一、師賓間、何組、無名組、黃組、花東	師歷間 A、師小字、師肥筆、師組、師賓間、典賓、典賓 A、典賓 B、賓一、賓三、賓出、出一、歷一A、歷一 B、歷二、何組、子組、圓體、劣體	師小字(?)、近師小字的特殊類	師組小字、典賓、典賓 B、賓一、賓三、賓組、何一、無名組	師組肥筆、師組小字、師組、典賓、出二、何二、黃組、歷二、歷無名間、無名組、花東、圓體

從甲骨文"{執}缶"既寫作"卒缶",又寫作"虢缶"來看,"虢"可表示{執}這個詞。而甲骨文中,"虢"既可表示無法控制的結果,也可表示可以控制的行爲,與否定詞"弜"和使令動詞"呼"搭配,如:

(67) 戊辰卜,今日離己,夕其乎(呼) ■ ■(虢)工。大吉。

　　弜乎(呼) ■ ■(虢)工,其乍吝。

　　□ ■ ■(虢)工于離己□　　　　　　　　　　　　　　(《屯南》2148,無名組)

簡言之,我們認爲"虢"、"卒"、"奢"、"敄"、"執"皆表示{執}這個詞,祇是通過不同的字形,區分不同的用法。部分字形和用法還有組別分佈的不同。

三、"虠"、"虣"、"𦥄"、"𡨥"的本義和讀音

最後談談"虠"、"虣"、"𦥄"、"𡨥"的本義和讀音。[1]

"虠"應是"柙"的初文,李零説:"我們懷疑,𡨥字古音原同於甲,乃關押之押的本字;虣字从之,則是柙的本字。《説文》卷六上:'柙,檻也,以藏虎兕。'《論語・季氏》:'虎兕出於柙。'柙是老虎籠子,所以从虎从𡨥。虠、虣皆其變形。"[2]李家浩指出《郭店・窮達以時》的"杕𣡏"應讀爲"械柙"。[3]

(68)釋杕(械)**𣡏**(𣡏—柙)而爲者(諸)侯相,遇齊桓也。

(《郭店・窮達以時》簡6)

"柙"是關野獸、牲畜的籠子。《説文》木部:"柙,檻也,以藏虎兕。从木,甲聲。𣡏,古文柙。"[4]"柙"又用作動詞,表示用囚籠關押、押解。

上文提及,甲骨文"虣"、"𡨥"皆表示{執}。金文"𡨥"表示{甲}。金文"虣"既可表示{執},又可表示{甲}。竹簡{執}又寫作"虣"("執"的異體),這可能是以"虠"("柙"的初文)爲聲符。

"執"屬章母緝部,"甲"屬見母葉部,"柙"屬匣母葉部。韻部都是收[p]尾的。章母與見母相通,可參《上博三・彭祖》簡8"耈老二拜旨(稽)首","旨"(章母)通"稽"(見母),"旨"就是"稽"的聲符。

"虣"的字形多變,構形奇特。除了"𡨥"、"虎"並排之外,有時還把"𡨥"放在"虎"的口裏。甲骨文"虣"寫作**𧆠**、**𧆠**、**𧆠**,所謂的"虎"與獨體的"虎"有很大分別,"虎"字作**𧆞**,"虣"字所从作"虎",與其説是"虎",不如説是在"虍"的下面加上"人"或"卪",所以此字應隸定爲"虠"或"虣"。古人往往用虎皮來製作盔甲,所以我們猜想可能"虎"是披着虎皮製成的甲衣的士兵,這個士兵的手被銬起來,所以應是敵方的俘虜。可能"虎"纔是專門爲俘虜的{虜}而造的字形。

---

[1] 這部分所講的幾個表示{執}的字的字形本義,祇是在參考學界意見後所提出的幾種可能,有待以後進一步研究。

[2] 李零:《古文字雜識(兩篇)》,《于省吾教授誕辰100周年紀念文集》,吉林大學出版社1996年,第271頁。

[3] 李家浩:《讀〈郭店楚墓竹簡〉瑣議》,《中國哲學》第二十輯,遼寧教育出版社1999年,第350—353頁。

[4] 許慎撰,徐鉉校訂:《説文解字》,中華書局1963年,第125頁。

　　還有一種可能是:"虢"字本來從"虍","執"亦聲(上引徐在國的注解認爲從"虍""執"聲)。後來把"虍"頭寫在"廾"的上面,"虍"頭與"廾"合成伸出雙手的"虎"形,所以便成爲"虢"字了。

　　甲骨文"夲"表示{執},金文表示{甲},則"夲"有"執"、"甲"的音,雖然我們暫時未見甲骨文"夲"表示{甲}。

　　甲骨文"夲"字,朱芳圃認爲是"桎"的初文,①葉玉森、李孝定指出"夲"象手梏之形,唐蘭、朱德熙、裘錫圭認爲是"梏"的表意初文。② 從"夲"從"廾"的"執"寫作 ,明顯象銬手之形。根據許慎,"桎"表示腳鐐,《説文》木部:"桎,足械也。從木,至聲。"③所以"夲"不是"桎"的初文。許慎認爲"梏"表示手銬,《説文》木部:"梏,手械也。從木,告聲。"④最近一些學者已指出商代的"梏"並不衹是指手銬。因爲楚簡明確表示{梏}的字寫作 ,把象頸枷的"口"形寫在"夲"之上,全字象頸枷手銬之形,專門表示{梏}這個詞。李零最早指出《郭店·成之聞之》簡 36 的"皋"是楚簡"梏"字所從。⑤ 趙平安在此基礎之上指出甲骨文"皋"是"梏"的本字,表示{梏}這個詞,而甲骨文、竹帛從"皋"從"廾"的 是"鞫"的本字,甲骨文用作名詞時表示{鞫}或{鞠},指窘迫、痛苦、凶險的生存狀態;用作動詞時表示{梏},指械繫、拘禁。⑥ 甲骨文的"梏"、"鞫",在此之前都被誤釋爲"執"。張新俊根據劉敞"在頸曰梏"的説法,結合甲骨文"梏"的初文作"皋",以安陽殷墟出土陶俑作爲佐證,指出"口"指頸枷,"夲"相當於後世的"㚔",商代的"梏"是枷與㚔的合體。⑦

------

① 朱芳圃:《殷周文字釋叢》,中華書局 1962 年,卷下第 155—156 頁。

② 李孝定:《甲骨文字集釋》,中研院史語所 1965 年,第 3229 頁;李圃主編:《古文字詁林》,上海教育出版社 2002 年,第 5 册 992 頁、第 8 册第 853、854、856 頁。

③ 許慎撰,徐鉉校訂:《説文解字》第 125 頁。

④ 許慎撰,徐鉉校訂:《説文解字》第 125 頁。

⑤ 李零:《郭店楚簡校讀記》,《道家文化研究(郭店楚簡專號)》第十七輯,生活·讀書·新知三聯書店 1999 年,第 515 頁。

⑥ 竹簡中表示{鞫},指拘執;帛書中表示{麹},指酒麹。趙平安:《釋"劼"及相關諸字》,"第一屆中國語言文字國際學術研討會"論文,香港大學 2002 年;載《語言》第三輯,首都師範大學出版社 2002 年;又載《語言文字學研究》,中國社會科學出版社 2005 年;收入《新出簡帛與古文字古文獻研究》,商務印書館 2009 年,第 114—120 頁。

⑦ 張新俊:《據新出楚簡談談甲骨卜辭中的"梏"、"圉"等字》,《楚簡楚文化與先秦歷史文化國際學術研討會論文集》第 501—510 頁。董作賓較早時指出:"夲,卜辭作 ,象手械,即㚔字。"參李圃主編:《古文字詁林》第 8 册第 852 頁。

(69) 貞：逸☐光☐■(睪—梏)☐曩(得)。二　　　　　（《合集》5935，典賓）

(70) ☐來☐羑以☐■(睪—梏)。　　　　　（《合集》5936，典賓）

(71) 辛巳☐：茲用于河。一

茲用于土。一

辛巳。一

辛巳貞：弜(勿)奠于彙。一

辛巳貞：其奠■ 芻。一

辛巳貞：其■(鞠)以至于商。

乙酉☐一

巳☐一

弜(勿)田。　　　　　（《合集》32183，歷二 B2）

(72) 言語■(睪—窮)之，其勝也不若其已也。①　（《郭店·成之聞之》簡 36）

(73) 不從命者，從而桎■(睪—梏)之。　　　　　（《上博二·容成氏》簡 44）

(74) 六四：僮(童)牛之■(樺—牿)，元吉。　（《上博三·周易》簡 22—23）

(75) ☐■(睪)。　　　　　（《上博五·融師有成氏》簡 7）

(76) 乃詔畢桓、井利、毛班，曰：三公，謀父朕疾惟不瘳，敢 ■(睪—告)天子，皇天改大邦殷之命。　　　　　（《清華一·祭公》簡 10）

　　由於竹簡"睪"明確用爲桎梏的"梏"，所以"睪"無疑是{梏}的初文。結合上述意見，我們推測"卒"是"梏"的初文，既可表示手械，又可表示頸枷，還可表示頸枷手械並施，後二義後來專門用"睪"表示。所以我們認爲古代"梏"字兼有以下三種意義：

　　1. 銬手的刑具，甲骨文"卒"是其象形初文。"梏"、"拲"音近，"梏"表示銬手，無分左右單雙，後來用"拲"表示並銬雙手，"拲"是"拱"的同源分化字。② 除了許慎把"梏"解釋爲手械，歷代注家如鄭玄注《易》、《周禮》、高誘注《呂氏春秋》、杜預注《左

① 張新俊根據"睪"是"梏"的初文，把《成之聞之》簡 36 的"睪"釋讀爲"窮"，表示"言語上使人辭屈，這種勝利還不如放棄"，文意通暢。張新俊：《據新出楚簡談談甲骨卜辭中的"梏"、"圉"等字》第 502 頁。

② 王力：《同源字典》，商務印書館 1982 年，第 377 頁；王鳳陽：《古辭辨》，中華書局 2011 年，第 446—447 頁。

傳》、顏師古注《漢書》等皆釋“梏”爲銬手的刑具。①

2. 枷頸的刑具，古文字“羍”在“夲”上加“口”來表示頸枷。《左傳》襄公六年“以弓梏華弱于朝”，杜預注：“張弓以貫其頸，若械之在手，故曰梏。”②宋劉敞《七經小傳》卷中解釋《周禮·掌囚》“凡囚者，上罪梏拲而桎，中罪桎梏，下罪梏”云：“梏者，校也。在頸曰梏。《春秋傳》曰：‘以弓梏華弱於朝。’謂之梏者，以其在首，猶牛馬牿爾。”③對於“梏”、“牿”的關係，楊樹達有相近的看法，他說：“《説文》六篇上木部云：‘梏，手械也。从木，告聲。’二篇上告部云：‘牛觸人，角著橫木，所以告人也。’按人加械於手，猶牛之加木於角，故梏字从告。”④宋王昭禹《周禮詳解》卷三十一云：“梏在頸，梏之則以告之也。”⑤元戴侗《六書故》卷二十一：“梏，古沃切。頸械也。”⑥明郝敬《周禮完解》卷九：“木在足曰桎，在頸曰梏。”⑦清代小説仍用“梏”來表示枷頸。《聊齋志異·餓鬼》：“諸生公憤，質于縣尹。尹廉得實，笞四十，梏其頸，三日斃焉。”⑧“梏”後世改稱爲“枷”。清江永《周禮疑義舉要》卷五：“梏，即校也。《易》曰‘何校滅耳’，施於頸，即今之枷。梏、校、枷皆一聲之轉。”⑨

3. 枷頸和銬手的刑具，古文字“羍”是其象形初文。

上引李零一文認爲“古文字中的‘夲’字雖象桎梏之形，但本身並不是‘梏’字”，“梏字在古文字材料中的寫法與夲並不相同，有關材料待發表”，並懷疑“夲字古音原同於甲，乃關押之押的本字”。⑩李先生認爲“夲”和“羍”是兩個不同的字，“羍”是“梏”，“夲”是“押”。按“押”字後起，關押義先秦多用“柙”表示。⑪從字形和辭例來看，我們傾向認爲“夲”和“羍”是一字異體，二者都是“梏”的表意初文，在甲骨文中用法不同，屬異體分工，“夲”表示{執}，“羍”表示{梏}。

① 宗福邦、陳世鐃、蕭海波主編：《故訓匯纂》，商務印書館 2003 年，第 1109 頁。

② 左丘明傳，杜預注，孔穎達正義，浦衛忠等整理，楊向奎審定：《春秋左傳正義》第 971 頁。

③ 劉敞：《公是先生七經小傳》，《四部叢刊續編·經部》，上海書店出版社 1934 年，卷中第 11 頁。

④ 楊樹達：《字義同緣於語源同例證》，《積微居小學金石論叢》，上海古籍出版社 2007 年，第 109 頁。此文於1935 年 7 月 30 日寫成。

⑤ 王昭禹：《周禮詳解》，臺灣商務印書館 1983 年(據文淵閣本《四庫全書》影印)，第 520 頁(第 31 卷第 16 頁)。

⑥ 戴侗撰，黨懷興、劉斌點校：《六書故》，中華書局 2012 年，下冊第 510 頁(第 21 卷第 81 頁)。

⑦ 郝敬：《周禮完解》，上海古籍出版社 1995 年，第 314 頁(第 9 卷第 5 頁)。

⑧ 蒲松齡：《聊齋志異》，鳳凰出版社 2005 年，第 278 頁。

⑨ 江永：《周禮疑義舉要》，臺灣商務印書館 1983 年(據文淵閣《四庫全書》影印)，第 763 頁(第 5 卷第13 頁)。

⑩ 李零：《古文字雜識(兩篇)》第 271、274 頁。

⑪ 《管子·小匡》：“於是魯君乃不殺，遂生束縛而柙以予齊。”黎翔鳳撰，梁運華整理：《管子校注》，中華書局2004 年，第 390 頁。

　　戰國金文單獨的"夲"表示{甲},竹簡从"夲"聲的"虜"表{甲}、{狎},从"夲"聲的"虢"金文既表示{甲},也表示{執},从"夲"聲的"敊"表示{執},而"執"的異體"嶽"是以"虜"("柙"的初文)爲聲符。從戰國竹簡明確的辭例來看,"夲"或"夲"聲的字多表示{甲}、{執}這兩個詞。

　　我們認爲甲骨文"夲"是一形表多詞,即林澐所説的轉注(在古文字中,用同一字形兼作不同詞的表意字。如 ☽ 既是{月},又是{夕})。① "夲"既是"梏"的象形初文(甲骨文{梏}這個詞由"夲"的異體"皋"來表示),又表示{執}這個詞,"梏"是刑具,用梏銬鎖即有拘執之意。在金文裏"夲"還表示與"執"音近的{甲}。

　　現把"夲"及从"夲"的字形、古文字辭例的材料與所表示的詞的關係表列如下:

字形	辭例材料	詞	詞性	義　項	備　注
		{梏}	名詞	枷頸的刑具	"皋"是表意初文
夲		{梏}	名詞	銬手的刑具	"夲"是表意初文
皋	竹簡	{梏}	名詞	枷頸和銬手的刑具	"皋"是表意初文
靷	甲骨文	{梏}	動詞	械繫、拘禁	
	甲骨文	{鞠}、{鞫}	動詞	痛苦凶險的生存狀態	
夲	甲骨文	{執}	動詞	拘執	
執	金文、竹簡	{執}	動詞	拘執	
			動詞	掌管	
敊	金文	{執}	動詞	掌管	
	竹簡		動詞	執持	
虢	金文	{執}	動詞	掌管	
	金文		動詞	拘執	
	金文、竹簡	{甲}	名詞	甲冑	
夲	金文	{甲}	名詞	甲冑	
虜	竹簡	{甲}	名詞	甲冑	"虜"是"柙"的表意初文,"夲"兼表聲。
	竹簡	{狎}	動詞	熟習	
櫳	竹簡	{柙}	名詞	關野獸的籠子	

① 林澐:《古文字轉注舉例》,《林澐學術文集》,中國大百科全書出版社 1998 年,第 36 頁。

根據許慎，"夲"既讀若魚部的"瓠"，又讀若葉部的"籋"。

《說文》夲部："夲，所以驚人也。从大从羊。一曰：大聲也。凡夲之屬皆从夲。一曰讀若瓠。一曰俗語以盜不止爲夲，夲讀若籋。"[1]

段玉裁把"讀若瓠"改爲"讀若執"。[2] 根據"夲"在甲骨文中表示{執}這個詞，可見段玉裁的修改是正確的。"夲"確有"執"音。[3] 學者已指出"瓠"是"瓡"之譌，"瓡"就是"執"字。馬敘倫指出："讀若瓠者，姚文田云：瓠疑當作執。《地理志》'北海郡瓡縣'，師古曰：'瓡即執字。'"[4] 胡厚宣也指出："夲，《說文》：'所以驚人也。一曰讀若瓠。'徐灝説：'讀若瓠，當是瓡之譌，即執字。'饒炯説：'夲即執之古文，執爲夲之轉注，經典皆以執爲之。'夲即執，卜辭夲字象拳手刑具，用爲動詞，則以夲執人，有追撲之義。"[5]十分正確。

附記：本文寫作過程中得到沈培、蔣玉斌、馮勝利、喬秋穎、李寶珊、許明德、蘇婧、吳楚、彭展賜、潘永鋒的幫助；文章提交後，沈先生和審稿人提醒張新俊大作的訊息，使拙文得以補充和避免了一些錯誤，謹致謝忱。

根據謝明文的博士論文《商代金文的整理與研究》頁 403 注 1，裘先生表示他現在對甲骨文中的"𩵋"釋作"虜"之説不再堅持，並表示甲骨文中的"𩵋"釋作"甲"，理解爲"甲士"，相關卜辭亦説得通。此外，葛亮在其後正式發表在《出土文獻與古文字研究》第五輯的《甲骨文田獵動詞研究》一文中，也指出甲骨文"奓"有可能對應後來的"執"字。總之，筆者感激裘先生、謝先生和葛先生的成果，爲拙文提供了研究的基石，讓拙文得以完成。

---

① 許慎撰，徐鉉校訂：《說文解字》第 214 頁。
② 段玉裁：《說文解字注》，上海古籍出版社 1981 年，第 496 頁。此處感謝彭展賜提醒。
③ 本文初稿認爲根據《郭店·語叢三》簡 50"虜(據)於德"，"虜"可讀爲見母魚部的"據"，則《說文》讀若"瓠"(匣母魚部)的説法是可靠的。《郭店·語叢三》簡 50～51："志於衍(道)，虜(據)於惪(德)，依於仁，遊於藝"沈培提醒我，李家浩把此處的"虜"讀爲"狎"，李零也讀爲"狎"，並舉出《緇衣》"德易狎而難親"爲證，正是以"狎"講"德"。沈先生指出《論語》此句"志"、"依"、"遊"三個動詞意思都不一樣，所以讀爲"狎"很可能是對的。今本作"據"，"據"與"依"義近，反映古書流傳過程中的改動。很可能由於"虜"與"虜"形近，故譌爲"虜"，再讀爲"據"。李家浩：《讀〈郭店楚墓竹簡〉瑣議》，《中國哲學》第二十輯，第 350—352 頁；李零：《郭店楚簡校讀記》，《道家文化研究(郭店楚簡專號)》第十七輯，第 530 頁；李零：《郭店楚簡校讀記(增訂本)》，北京大學出版社 2002 年，第 150 頁。
④ 馬敘倫：《説文解字六書疏證》，上海書店出版社 1985 年，第 20 卷第 27 頁。
⑤ 胡厚宣：《甲骨文所見殷代奴隸的反壓迫鬥爭》，《考古學報》1996 年第 1 期，第 3—4 頁。

壽縣朱家集銅器銘文"窒"字補釋

石小力

安徽壽縣朱家集楚王墓銅器銘文中分別有如下字形：

(1) 楚王酓志，戰獲兵銅，正月吉日，窒鑄鐈鼎之蓋，以供歲常。（蓋）楚王酓
志，戰獲兵銅，正月吉日，窒鑄鐈鼎，以供歲常。（器）

（楚王酓志鼎，《集成》02794）

(2) 楚王酓志，戰獲兵銅，正月吉日，窒鑄小盤，以供歲常。

（楚王酓志盤，《集成》10158）

(3) 鑄客爲辶莝爲之。　　　　　　　　　（鑄客匜，《集成》10199）

(1)、(2)之字可隸定爲"窒"，該字還見於西周晚期的窒叔簠（《金文總集》2722），用爲人名。"窒"字學者或認爲是"室"字繁文，或讀爲"煎"。[①]　(3)可隸定爲"莝"，朱德熙、裘錫圭兩先生讀爲"馹"。[②] 以上諸説有合理之處，但亦存疑點。郭店簡、上博簡發佈後，爲我們解決"莝"、"窒"的釋讀提供了新的思路。

郭店簡、上博簡陸續出現"莝"、"窒"字，字形及文例如下：

---

① 各家説法請參程鵬萬：《安徽壽縣朱家集出土青銅器銘文集釋》，黑龍江人民出版社 2009 年，第 80—
81 頁。

② 朱德熙、裘錫圭：《戰國文字研究(六種)》，《考古學報》1972 年第 2 期，第 88—89 頁；朱德熙：《朱德熙古文
字論集》，中華書局 1995 年，第 49 頁。

(4)《吕刑》云:"非用銍,制以刑,唯作五瘧之刑日法。"

(郭店《緇衣》26～27)

(5) 巧言窒色,未可謂仁也。 (上博五《弟子問》附簡)

(6) 朵(端)尻(處)和氣,①窒聲好色。 (上博七《凡物流形》甲本 27)

(4)中的"銍"字,今本《緇衣》作"命",今本《尚書》作"靈",上博一《緇衣》作"霝",《墨子·尚同中》引《吕刑》作"練",張富海先生首先將簡文中的"銍"字讀爲"靈"或"令",訓"善",並與壽縣之字聯繫起來,讀"窒"爲"煉"。②

(5)簡文,整理者張光裕先生取與《論語·學而》"巧言令色,鮮矣仁"對讀,讀"窒色"爲"令色",又認爲壽縣銘文"窒鑄"可讀爲"令鑄",猶言"善鑄"。③

(6)字,整理者曹錦炎先生釋爲"向",④與字形差距較遠。復旦讀書會改釋作"室",⑤字下所從與"至"字不類,釋"室"亦不確。范常喜先生釋爲"窒",讀"靈"或"令",訓爲美善。⑥

從辭例看,楚簡中的"窒"、"銍"讀爲"命"或"令"文從字順,但壽縣銅器的"窒"、"銍"是否就是"令"或"命"呢? 有的學者認爲與楚簡中的"窒"、"銍"用法相同,但是讀爲"令"還是"命",還有分歧。程鵬萬先生謂"窒"在青銅器銘文中是否就是"命"或"令"字還需證據,仍從朱、裘二先生讀爲"煎",但卻讀鑄客匜"銍"爲"令"。⑦ 按,楚簡和楚金文同屬一系文字,根據楚簡的用字習慣,將壽縣銅器中的"窒"、"銍"讀爲"令"或"命"無疑最爲順適。張光裕先生讀"窒鑄"爲"令鑄",猶言"善鑄"。⑧ 馮勝君先生則直接讀爲命令之"令",⑨董珊先生亦有相同的看法。⑩ 筆者以爲馮、董二先生之説可信,惜未有論證,故信從者寥寥。如李天虹先生就指出簡文"窒"、"銍"都是通作訓爲

---

① "朵"字之釋和"端處"的讀法從補白:《〈凡物流行〉甲本 27 號簡的"朵"字》,復旦大學出土文獻與古文字研究中心網站(www.gwz.fudan.edu.cn)2014 年 5 月 27 日。

② 張富海:《郭店楚簡〈緇衣〉篇研究》,碩士學位論文,北京大學 2002 年,第 22 頁。

③ 馬承源主編:《上海博物館藏戰國楚竹書(五)》,上海古籍出版社 2005 年,第 281—283 頁。

④ 馬承源主編:《上海博物館藏戰國楚竹書(七)》,上海古籍出版社 2008 年,第 269 頁。

⑤ 復旦大學出土文獻與古文字研究中心研究生讀書會:《〈上博(七)·凡物流形〉重編釋文》,復旦大學出土文獻與古文字研究中心網站 2008 年 12 月 31 日。

⑥ 范常喜:《〈上博七·凡物流行〉"令"字小議》,簡帛網(www.bsm.org.cn)2009 年 1 月 5 日。

⑦ 程鵬萬:《安徽壽縣朱家集出土青銅器銘文集釋》第 81—83 頁。

⑧ 張光裕:《〈君子爲禮〉釋文考釋》第 283 頁。

⑨ 馮勝君:《郭店簡與上博簡對比研究》,綫裝書局 2008 年,第 149 頁。

⑩ 轉引自程鵬萬:《安徽壽縣朱家集出土青銅器銘文集釋》第 83 頁。

善的"令",是否能够通作其他用法的"令"還有待相關資料證明。① 其實,在金文當中,就有"命(令)鑄"的用法。商承祚先生舊藏,現藏於北京故宮博物院的鄆孝子鼎銘文曰:

王四月,鄆孝子以庚寅之日命鑄飤鼎兩。　　　　　　　　　　(《集成》2574)

銘文的大意謂,鄆孝子在庚寅這一天,下令鑄造了兩件食鼎。"命鑄"即下令鑄造之義,據此銘文,壽縣銘文中的"窒鑄"應讀爲"令鑄",與此同意,銘文大意指楚王熊悍在戰爭中繳獲了很多兵器,於正月吉日這一天,下令鑄造了盤鼎等禮器,以供祭祀之用。此外,如鄂君啓節"大工尹脽以王命命集尹悼糈、箴尹逆、箴令阢,爲鄂君啓之府賡(造)鑄金節"(《集成》12110~12113),亦爲王命鑄器之例,記載了宣佈王命者、負責鑄器者、鑄器對象,較爲詳細,亦可資參照。古書中亦有"令鑄"的用法,如《後漢書·任延傳》:"延乃令鑄作田器,教之墾闢。"

鑄客匜的"辻䤒","辻"字過去多釋爲"御",②不確,該字原形作" ",筆畫略有殘缺,從早期的圖錄中還隱約可看到中間的"十"字形筆畫和右邊的斜筆相連,如商承祚先生編著的《十二家吉金圖録》中該字的照片如下:③

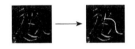(《十二家吉金圖録》寶十六)

如補全殘筆後字形如下:

無疑就是楚簡舊釋爲"迅"的字,近年學者們據新出材料改釋爲"辻",即"赴"之異體,已得到學界大多數的認同,程鵬萬先生從舊釋爲"迅",④不可從。但他將此字與包山簡中舊釋爲"迅"的字聯繫起來,則頗有啓發。包山簡"辻令"一詞多見,如"辻命(令)"(包山 77)、"集辻命(令)"(包山 164)、"郲辻敏(令)"(包山 177)、"辻敏(令)"(包山 194),又可稱作"辻尹",如"新造辻尹"(包山 15 反、16)、"陰大辻尹"(包山 51)、"大辻尹"(包山 112)、"成陽辻尹"(包山 145)、"陵辻尹"(包山 149)、"造辻尹"(包山 166)、

---

① 李天虹:《楚國銅器與竹簡文字研究》,湖北教育出版社 2012 年,第 35 頁。
② 程鵬萬:《安徽壽縣朱家集出土青銅器銘文集釋》第 199—202 頁。
③ 商承祚:《十二家吉金圖録》(原稿本),中山大學古文字研究所容庚商承祚先生紀念室藏。
④ 程鵬萬:《安徽壽縣朱家集出土青銅器銘文集釋》第 199—202 頁。

"邔让尹"(包山 191)。包山簡中的"让令"是職官,據上文"窉"可用爲命令之"令","窉"從"𦤧"得聲,則"𦤧"可以用作職官之"令"。朱德熙、裘錫圭二先生指出:"楚器凡言鑄客爲某某爲之,某某均指宮廷職司。"① 鑄客匜的"让𦤧"亦爲職司,應該就是包山簡的"让令",祇不過"让令"在包山簡是職官,而在鑄客匜銘文中則表示此職官所負責的機構。"让"類職官在楚簡等文字材料中屢見,除包山簡外,又見於上博簡等文字材料,如:

让命尹陳眚爲視日　　　　　　　　　　　(上博四《昭王毀室》3)

让命尹不爲之告。让命尹爲之告。　　　　(上博四《昭王毀室》4)

乃命彭徒爲洛让尹。　　　　　　　　　　(上博八《王居》7)

或讀"让"爲"卜",楚國有"卜尹"一官(《左傳》昭公十三年),但楚簡中的"让",沒有一條材料與占卜有關,且楚國設有如此之多的卜官,十分可疑。此外,一些學者對之有過推測,② 筆者以爲"让"類官名或機構,與楚國的"行府"③ 有關。此外,"让"字亦用爲青銅器自名修飾語,如"让缶"、"让鼎"等,近年廣瀨薫雄先生讀爲"沐",認爲其功用爲洗浴。④ 這一説法得到了很多學者的贊同,但作爲官名或機構名的"让"字,讀爲"沐"就不合適了。故結合作爲官名或機構名的"让"字的用字習慣來考慮,用爲青銅器自名修飾語的"让"字,可能就用爲本字,與金文中常見的"行鬲"、"行盤"相類。

關於楚文字中"窉"、"𦤧"何以用爲"命/令",學術界看法不同。如郭店簡《緇衣》"𦤧"字,今本《緇衣》作"命",今本《尚書》作"靈",上博一《緇衣》作"霝",《墨子·尚同中》引《吕刑》作"練"。對於"𦤧"字和其他各本異文的關係,學術界大概有三種觀點,其一,"𦤧"在音和義方面與今本沒有關係,如劉信芳先生讀"𦤧"爲"旨",訓爲"意"。⑤

---

① 朱德熙、裘錫圭:《戰國文字研究(六種)》第 88—89 頁。

② 劉信芳:《包山楚簡解詁》,臺北藝文印書館 2003 年,第 27 頁;范常喜:《讀〈上博四〉札記四則》,簡帛研究網(www. jianbo. org)2005 年 3 月 31 日;陳穎飛:《從楚簡的"让"、"佶"、"戩"等職官看楚國的這一系列機構》,簡帛網 2009 年 6 月 20 日。

③ "行府"見於《古璽彙編》第 128、129、130 號,《鑒印山房藏古璽印菁華》,《文物》2005 年第 1 期第 58 頁圖十∶17、18 等。

④ 廣瀨薫雄:《釋"卜缶"》,《古文字研究》第二十八輯,中華書局 2010 年,第 504—509 頁;廣瀨薫雄:《釋卜鼎——〈釋卜缶〉卜説》,《古文字研究》第二十九輯,中華書局 2012 年,第 441—448 頁。

⑤ 劉信芳:《郭店簡〈緇衣〉解詁》,武漢大學中國文化研究院編:《郭店楚簡國際學術研討會論文集》,湖北人民出版社 2000 年,第 174 頁。

劉桓先生讀"銍"爲"矢",義爲誓。① 饒宗頤先生謂"晉"字从"銍",而"進"、"晉"與"齊"字古可通借,故"晉"可通作"齊"。② 其二,"銍"與今本是同義換讀的關係,如顏世鉉先生謂"銍"可通"至","至"可訓善,而靈、命,均訓爲"善",故可換用。③ 廖名春先生則謂"銍"乃"至"字之繁文,"至"有善義,《緇衣》之"命"即"令","令"與"靈"皆有善義,故能互用。④ 李零先生則認爲"銍"音義均與"臻"字相通,是完美之義,今本作"命",乃"令"字之借,《呂刑》原文作"靈","靈"與"臻"含義相近。⑤ 白於藍先生則謂"銍"非《説文》之"銍"字,乃《正字通》"銍(晉)"字,典籍中"晉"和"箭"通,而从前聲之字與从戔聲之字常互通,从戔聲之"踐"古可通"善"。⑥ 其三,"銍"與今本是音近通用的關係,如何琳儀先生謂"銍"爲"晉"之省簡,"晉"與"命"均屬真部,故可通假。⑦

　　筆者以爲,"窒"、"銍"與命/令當爲音近通用的關係,下試論證之。

　　《説文》至部:"銍,到也。从二至。"辵部有遱字,从辵銍聲,段玉裁據此指出"重至與並至一也",是銍亦可作銍之證。"日"字傳抄古文作:⑧

（汗5·64諸）　（四5·7略）　（汗5·64諸）　（四5·7略）

以"銍"爲"日"古文,又《爾雅·釋言》:"駰,遱傳也。"《釋文》:"駰,郭音義本或作遱,《聲類》云:古駰字。"證明"銍"、"遱"與"日"、"駰"古音相近,古音爲日紐質部,"窒"从"銍"得聲,古音亦當在質部。但從古書通假及从"銍"得聲之字看,"銍"亦有真部一讀,如《説文》日部:"晉(晉),進也,日出萬物進。从日、从銍。(小徐本"日出"下有"而","从銍"作"銍聲"。)《易》曰:明出地上晉。(小徐本"晉"作"晉",下有"會意"二

---

① 劉桓:《讀〈郭店楚墓竹簡〉札記》,李學勤、謝桂華主編:《簡帛研究二○○一》,廣西師範大學出版社2001年,第65—66頁。

② 饒宗頤:《由刑、德二柄談"銍"字——經典異文探討一例》,《上海博物館集刊》第九期,上海書畫出版社2002年,第173頁。

③ 顏世鉉:《郭店楚簡淺釋》,張以仁先生七秩壽慶論文集編輯委員會編:《張以仁先生七秩壽慶論文集》,臺北學生書局1999年,第383—384頁。

④ 廖名春:《郭店楚簡引〈書〉論〈書〉考》,武漢大學中國文化研究院編:《郭店楚簡國際學術研討會論文集》,第114頁。

⑤ 李零:《郭店楚簡校讀記》,陳鼓應主編:《道家文化研究(郭店楚簡專號)》第十七輯,生活·讀書·新知三聯書店1999年,第487頁。

⑥ 白於藍:《郭店楚簡補釋》,《江漢考古》2001年第2期,第57—58頁。

⑦ 何琳儀:《郭店楚簡選釋》,《文物研究》第十二輯,黃山書社2000年,第198頁。

⑧ 徐在國:《傳抄古文字編(中)》,綫裝書局2006年,第639頁。

字。)"按照小徐本的説法,"晉(晉)"从"臸"得聲,而"晉(晉)"古音入真部。《春秋·元命包》:"醜臸臸,言讕讕。"注:"臸,音臻,至也。""臻"爲真部字。"臸"字當从"至"得聲,《周易·履卦》"履虎尾,不咥人"之"咥"字,帛書本作"真",亦可爲參,故"臸"古應有真部的讀音。"命"、"令"古音聲紐一爲明紐,一爲來紐,韻部爲真部。"令"、"臸"聲紐皆爲舌音,與"臸"字真部的讀音相近,故古音還是比較相近的。

秦"二十二年臨汾守戈"考

徐世權

　　江西省遂川縣出土的"二十二年臨汾守戈"（見圖一），[①]其銘文後又著録於《殷周金文集成》17·11331 號（見圖二）、《商周青銅器銘文暨圖像集成》32·17153 號。據介紹此戈長援、長胡，胡下端略有殘失，内端有刃。銘文刻於内部正面，兩行 12 字：

　　二十二年，臨汾守暊、庫係、工猷造。

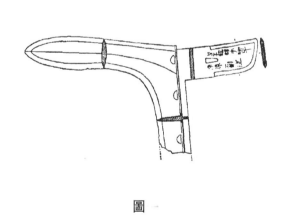

圖一　　　　　　　　　　　　　　圖二

　　關於此戈的國別與年代，資料發表者從銘文格式、字體風格等方面定爲秦王政二十二年（前 225），彭適凡、王輝、黄盛璋等學者持有相同意見。[②] 後來，董珊先生在總結

---

① 江西省博物館、遂川縣文化館：《記江西遂川出土的幾件秦代銅兵器》，《考古》1978 年第 1 期，第 65—67 頁。
② 彭適凡：《遂川出土秦戈銘文考釋》，《江西歷史文物》1980 年第 3 期，第 12—16 頁；王輝：《秦銅器銘文編年集釋》，三秦出版社 1990 年，第 62—64 頁；黄盛璋：《秦兵器分國斷代與有關制度研究》，吉林大學古文字研究室編：《古文字研究》第二十一輯，中華書局 2001 年，第 250—252 頁。

秦略取魏河東地的進程後,將此戈的年代改定爲秦昭王二十二年(前 285),①也得到了一些學者的贊同。② 對於戈銘中"臨汾守"的理解,諸家也有差異。資料發表者首先提出:"這裏的臨汾守就是河東郡守,由於當時河東郡郡治設在臨汾,故寫爲臨汾守。"這一意見得到了多數學者的贊同,③影響較大。王輝、王偉二先生則認爲"臨汾守"是郡守,"臨汾"可能是一個不見於傳世文獻的秦郡名。④ 黄盛璋、李學勤等先生又認爲"臨汾守"是縣守。⑤ 鑒於學界對此戈的年代及戈銘中"臨汾守"的理解還存在爭議,所以有進一步討論的必要。筆者認爲從"臨汾"入秦的時間上看,"二十二年臨汾守戈"的年代最有可能爲秦王政二十二年(前 225);戈銘中的"臨汾守"應理解爲縣守。下面試作説明。

　　傳世文獻中"臨汾"作爲縣名最早見於《漢書・地理志》,爲河東郡屬縣,但不見於《戰國策》、《史記》等書。以往學者皆依《漢書・地理志》的記載,認爲"臨汾"是漢置縣,抄於吕后二年(前 186)之前的《張家山漢簡・二年律令》之《秩律》中亦記有"臨汾"縣,學者已指出其應隸屬河東郡,⑥這說明"臨汾"最晚於西漢初年就已經置縣。現在通過秦"二十二年臨汾守戈"的銘文内容我們知道"臨汾"作爲地名於戰國晚期就已經

---

① 董珊:《戰國題銘與工官制度》,博士學位論文,北京大學 2002 年,第 243—246 頁。

② 陳林:《秦兵器銘文編年集釋》,碩士學位論文,復旦大學出土文獻與古文字研究中心 2012 年,第 71 頁;陸德富:《試説戰國至秦代的縣級職官名稱"守"》,《中國國家博物館館刊》2013 年第 1 期,第 71—76 頁。

③ 楊寬:《戰國史料編年輯證》,上海人民出版社 2001 年,第 800 頁。郭永秉、廣瀨薫雄:《紹興博物館藏西施山遺址出土二年屬邦守蓐戈研究——附論所謂秦二十二年丞相戈》,《出土文獻與古文字研究》第四輯,第 112—127 頁。按,正文中的副標題"二十二年"應是"二十六年"之誤。辛德勇:《雲夢睡虎地秦人簡牘與李信、王翦南滅荆楚的地理進程》,《出土文獻》第五輯,中西書局 2014 年,第 190—258 頁。游逸飛:《戰國至漢初的郡制變革》,博士學位論文,臺灣大學 2014 年,第 25 頁。彭適凡先生雖不同意"郡治縣名代替郡名"的説法,但仍然認爲"臨汾守"是"河東郡守"的代稱,原因是當時的戰争頻繁,河東郡守到軍事重鎮臨汾監督軍工生産,因而臨時用"臨汾守"借稱"河東郡守",參彭適凡:《遂川出土秦戈銘文考釋》第 12—16 頁。

④ 王輝:《秦銅器銘文編年集釋》第 62—64 頁;王偉:《秦置郡補考》,四川大學歷史文化學院編:《紀念徐中舒先生誕辰 110 周年國際學術研討會論文集》,巴蜀書社 2010 年,第 421 頁。

⑤ 黄盛璋:《秦兵器分國斷代與有關制度研究》第 250—252 頁;李學勤:《〈秦讞書〉與秦漢銘文中的職官省稱》,原刊於《中國古代法律文獻研究》第一輯,巴蜀書社 1999 年,此據氏著《重寫學術史》,河北教育出版社 2002 年,第 297—300 頁。

⑥ 周振鶴:《〈二年律令・秩律〉的歷史地理意義》,原刊於《學術月刊》2003 年第 1 期,此據氏著《長水聲聞》,復旦大學出版社 2010 年,第 178—187 頁;晏昌貴:《〈二年律令・秩律〉與漢初政區地理》,原刊於《歷史地理》第二十一輯,上海人民出版社 2006 年,此據作者文集《簡帛數術與歷史地理論集》,商務印書館 2010 年,第 325—345 頁。

出現,西漢初年的"臨汾"縣可能與其有着密切的關係。

自唐代以來,學者多認爲《史記·秦本紀》中的"汾城"就是漢代的"臨汾"縣城。《秦本紀》載昭襄王五十年(前257)"十二月,益發卒軍汾城旁。武安君白起有罪,爲士伍,遷陰密。齕攻邯鄲,不拔,去,還奔汾軍。二月餘,攻晉軍,斬首六千,晉楚流死河二萬人。攻汾城,即從唐拔寧新中,寧新中更名安陽,初作河橋。"唐張守節《史記正義》曰:"《括地志》云:'臨汾故城在絳州正平縣東北二十五里,即古臨汾縣城也。'按:汾城即此城是也。"《資治通鑑》卷五也載有相似內容,元胡三省注曰:"汾城,即漢河東臨汾縣城也,去邯鄲尚遠。秦蓋屯兵於此,爲王齕聲援。"清顧祖禹《讀史方輿紀要》曰:"臨汾城亦曰汾城。秦昭襄王五十年,發卒軍汾城旁,即此。漢置臨汾縣,屬河東郡。"[1]譚其驤先生主編的《中國歷史地圖集》第一冊戰國時期"韓·魏"圖部分定"汾城"在今山西省新絳縣東北,第二冊西漢時期"司隸部"圖定"臨汾"縣也在今新絳縣東北。此外,《中國文物地圖集·山西分冊》亦作如此處理。[2] 應都是採信了唐以來學者的研究意見。

根據上引諸家的說法,《史記·秦本紀》中的"汾城"應該就是秦漢時期的"臨汾"縣。至於司馬遷記錄相關事件時不用"臨汾"而用"汾城"的問題,我們認爲這可能與《史記》的記事筆法有關,"汾城"是戰國時期的地名,其地被秦佔領後,纔更名爲"臨汾",因此時"汾城"尚不屬秦,故司馬遷所記相關地理仍用其本名。

董珊先生據《史記·秦本紀》昭王二十九年"王與楚王會襄陵"的記載,認爲"從秦王當時能北上至襄陵會楚王來看,此時在襄陵之南的臨汾城也應該屬秦",並結合"二十二年臨汾守戈"銘文進而提出秦昭王二十二年"河東爲九縣"之九縣也應該包括有"臨汾"。這一推斷恐怕是有問題的。此"襄陵"即是見於鄂君啓節及包山楚簡等出土文獻資料中的"襄陵",徐少華先生考證其地在今河南睢縣,可信。[3] 依此,則秦楚"襄陵"之會與"臨汾"入秦就沒有任何聯繫了。

① 顧祖禹:《讀史方輿紀要》(中國古代地理總志叢刊)卷四十一"平陽府·太平縣"臨汾城條,中華書局2005年,第1880頁。
② 國家文物局主編、山西省文物局編制:《中國文物地圖集·山西分冊(上)》之"山西省歷史圖",中國地圖出版社2006年,第45頁。
③ 董珊先生相信《史記正義》引《括地志》的記載,"襄陵"在今山西襄汾市西南,唐人的這種說法可能有誤,參徐少華:《包山楚簡釋地五則》,《江漢考古》1996年第4期,第63頁。譚其驤主編:《中國歷史地圖集》第一冊戰國時期"韓·魏"圖部分亦將"襄陵"定在今河南睢縣,讀者可參看。

　　結合《史記》、《睡虎地秦簡·編年記》等文獻的相關記載,①秦昭王時期的前二十二年間,秦與魏在河東地區的戰爭地點多集中在近河地帶,如皮氏(今山西河津縣)、蒲阪(今山西永濟縣)、封陵(今山西風陵渡)、解(今山西臨猗縣)等地。《史記·秦本紀》載秦昭王十七年"魏入河東四百里",其地域也祇是上述這些地方。②《資治通鑑》卷四載有相似的内容,元胡三省注曰:"河東地,蓋安邑、大陽、蒲阪、解縣瀕河之地。"昭王二十一年"魏獻安邑及河内",自清代以來學者多以此認爲秦始置河東郡。③ 至昭王二十二年"蒙武(驁)伐齊河東爲九縣",此"河東"是魏河東還是齊河東,學術界仍有爭議,還有待於進一步研究。④ 可見,至昭王二十二年,秦河東郡靠北的屬縣爲皮氏

---

① 關於《史記》與《編年記》等相關内容的對照,參高敏:《秦簡〈編年記〉與〈史記〉》,《雲夢秦簡初探(增訂本)》,河南人民出版社 1981 年,第 109—132 頁;黄盛璋:《雲夢秦簡〈編年記〉地理與歷史問題》,原刊於《考古學報》1977 年第 1 期,此據氏著《歷史地理與考古論叢》,齊魯書社 1982 年,第 46—84 頁;[日] 藤田勝久著,曹峰、廣瀬薫雄譯:《〈史記〉戰國史料研究》第三章"《史記》戰國紀年再探——以睡虎地秦簡《編年記》爲綫索",上海古籍出版社 2008 年,第 88—119 頁。

② 《史記》不詳記城邑之名,《吕氏春秋·應言》載"魏令孟卬割絳、汾、安邑之地",《戰國策·魏策三》記此三地爲"長羊、王屋、洛林",兩者差異較大,具體辨析參楊寬《戰國史料編年輯證》第 736—737 頁。繆文遠先生認爲《戰國策》此段記載爲後人改篡,不足爲信,參繆文遠:《戰國策考辨》,中華書局 1984 年,第 237—238 頁。按,"汾"字畢沅云:"疑即'汾'之異文,字書不載。"此字爲"汾"字異文似可商,具體爲何字還有待進一步研究。

③ 也有不同意見,如董珊先生承認"安邑"於秦昭王二十一年爲秦所佔有,但提出魏真正承認"安邑"屬秦是在秦昭王三十五年,所以秦當於此時置河東郡,參董珊:《戰國題銘與工官制度》第 243—246 頁。我們覺得從當時的戰爭形勢考慮,不論魏國何時承認"安邑"屬秦,秦於昭王二十一年佔有"安邑"後再也没有失去對其控制卻是史實,秦不會因爲魏國的不承認而於此不置河東郡。凡國棟先生認爲河東郡置於秦昭王十四年,其依據是《水經·涑水注》:"秦使左更白起取安邑,置河東郡"的記載,參凡國棟:《秦郡新探——以出土文獻爲主要切入點》,博士學位論文,武漢大學 2010 年,第 48—50 頁。《水經注》的這段文字譌誤較多,並且有許多與史實不合之處,如晏昌貴先生指出,昭王二十一年伐魏主將是左更錯不是左更白起,安邑是魏所獻而非白起所取等。所以《水經·涑水注》的這段記載似不足以作爲秦河東郡始置時間的憑據。晏昌貴先生根據《史記·六國年表》、《魏世家》及《睡虎地秦簡·編年記》等記載糾正了《白起列傳》中的一處錯誤,將"起遷爲國尉,涉河取韓安邑以東,到乾河"定爲昭王十七年事,提出秦河東郡於此年置郡,參晏昌貴:《秦簡"十二郡"考》,北京大學中國古代史研究中心編:《輿地、考古與史新説——李孝聰教授榮休紀念論文集》,中華書局 2012 年,第 122—123 頁。按,這一點誠爲卓識,但以此作爲秦有安邑並於此年置河東郡的根據可能是有問題的。《史記·六國年表》韓欄載此年"與秦武遂地方二百里",武遂正在安邑和乾河之間,兩相參照,我們認爲《白起列傳》"涉河取韓安邑以東到乾河"就是"武遂地方二百里",這是司馬遷用來指代的區域名,並不能表明秦於此時佔有安邑。綜上所述,秦於昭王二十一年魏入"安邑及河内"後置河東郡應該是可信的。

④ 王國維、楊寬、繆文遠等學者認爲是齊國的河東九縣。參王國維《秦郡考》陶郡的考釋部分, (轉下頁)

縣,今山西省新絳市東北汾水旁的“汾城”離河東郡還有一段距離,是否被秦所佔領並置爲河東郡屬縣,還有待論證。在這種情況下,推斷“二十二年臨汾守戈”爲秦昭王時期鑄造的兵器,尚缺乏可靠的文獻和古文字資料證據。

　　秦在置河東郡後,於昭王二十四年、三十二年、三十四年三次圍攻魏都大梁,企圖一舉滅掉魏國。[①]　其後不久,伐魏主帥丞相魏冉被逐,秦昭王納范雎“遠交近攻”之策,對三晉的作戰方略發生了重大的變化,先後發動了“閼與之戰”、“長平之戰”、“上黨之戰”、“邯鄲之圍”等,都表明秦由主攻魏都大梁開始轉向以趙、韓爲主要作戰對象。因此,通往韓、趙的交通要塞(如汾城、陘城、野王等)就成爲秦的攻佔目標。《史記·范雎蔡澤列傳》載秦昭王四十三年(前 264),“秦攻韓汾、陘,拔之,因城河(汾)上廣武”,《六國年表》韓欄作“秦拔我陘,城汾旁”,《白起列傳》作“攻韓陘城,拔五城,斬首五萬”。楊寬先生認爲《白起列傳》中的“攻韓陘城”爲“攻韓陘、汾”之誤,指汾水兩岸的汾城、陘城一帶,可從。[②]　這是“汾城”首次見於《史記》記載,可見“汾城”於此時可能被秦所佔領,但旋即失去,所以纔有了秦昭王五十年的“益發卒汾城旁”、“還奔汾軍”、“攻汾城”等舉措。這也表明此前“汾城”曾一度爲韓國所有,郭沫若主編《中國史稿地圖集》上冊“戰國時期黄河中下游地區”圖將“臨汾”定爲韓上黨郡屬縣,可能即是本此。[③]《史記·秦本紀》、《睡虎地秦簡·編年記》等記載秦於昭王五十年攻邯鄲,這時“河東的汾城被秦當作關中至河內用兵的中轉站,伐趙的先頭部隊、後續部隊經過汾城到前綫,增援部隊也在此囤積待命,前方部隊後撤時亦回到這裏休整,公元前 257 年邯鄲戰役時,秦‘益發軍汾城旁’。……由於這條通道的人員、物資交通流量顯著增大,從臨晉渡河的困難更加突出。爲了解決這個矛盾,公元前 257 年,秦‘初作河橋’。

(接上頁)　《觀堂集林》第四册,中華書局 1959 年,第 536 頁;楊寬:《戰國史(增訂本)》,附録三《戰國大事年表》,上海人民出版社 1998 年,第 716 頁;繆文遠:《戰國史繫年輯證》,巴蜀書社 1997 年,第 175 頁。從《史記·秦本紀》此段的上下句文意及秦伐齊的史實看,筆者也傾向於是齊國的河東九縣。關於“河東”地域的問題還可參崔建華:《先秦兩漢“河東”地域稱謂演變考》,《晉陽學刊》2010 年第 2 期,第 12—17 頁。退一步講,即使“河東爲九縣”是秦於魏河東地區所置的九縣,但也無法證明“汾城(臨汾)”就是其中之一,這種推測衹是有其可能性而已,沒有直接的文獻證據。

① 參《史記·秦本紀》、《六國年表》、《魏世家》等相關記載。關於秦昭王時期對三晉作戰的詳細分析還可參臺灣三軍大學編著:《中國歷代戰爭史》第二册第三卷第十章至第十三章的相關内容,軍事譯文出版社 1983 年,第 196—197 頁;宋傑:《中國古代戰爭的地理樞紐》,中國社會科學出版社 2009 年,第 158—170 頁。

② 參楊寬:《戰國史料編年輯證》第 950 頁。

③ 郭沫若主編:《中國史稿地圖集》,中國地圖出版社 1996 年,上册第 21 頁。

《史記正義》載:'此橋在同州臨晉縣東,渡河至蒲州,今蒲州,今蒲津橋也。'這項措施大大提高了晉南豫北通道的運輸能力"。[1]

《史記·秦本紀》記錄昭王五十年事時,用"攻汾城"未説"取",可見"汾城"最終入秦的時間應晚於此年,《秦始皇本紀》載始皇即位時,"北收上郡以東,有河東、太原、上黨郡"。"汾城"可能於此時已屬秦所有,[2]因其地臨汾水故更名爲"臨汾"。[3]

綜上所述,秦昭王二十二年"汾城"不可能是秦河東郡屬縣,"臨汾"入秦的時間也晚於秦昭王五十年,因此"二十二年臨汾守戈"的時代最有可能爲秦王政二十二年(前225)。

如果上文所考不誤,將戈銘中的"臨汾守"理解爲"河東守",認爲是郡治縣名代替郡名的説法,便失去了依據,持此説的學者一般認爲秦昭王時期河東郡治當在臨汾,後來繰徙治安邑。[4] 可是秦置河東郡是以昭王二十一年魏獻舊都"安邑"爲標誌,《水經·涑水注》亦載:"秦使左更白起取安邑,置河東郡。"理應以安邑爲郡治,據本文所考"臨汾"入秦的時間晚於秦昭王五十年,文獻此後也未見河東郡徙治的記載且漢河東郡亦治安邑,所以臨汾似不應爲郡治。其實從秦滅六國以其國都爲郡治的角度看,臨汾也不會是河東郡的郡治,如秦南郡治楚舊都郢,淮陽郡治陳,九江郡治壽春;秦太原郡治趙舊都晉陽,邯鄲郡治邯鄲;秦潁川郡治韓都陽翟;秦臨菑郡治齊都臨淄;秦廣陽郡治燕都薊等。[5] 唯一例外秦叁川郡不治魏都大梁,是因爲王賁引水灌大梁城,城毀的緣故。所以秦河東郡治魏舊都安邑也是十分合理的。綜合以上幾個方面看,用"郡治縣名代替郡名"來解釋"臨汾守"是不可信的。

王輝先生又根據"秦器刻銘通例,凡言某守,某皆爲郡名",認爲"臨汾"可能是一個不見於傳世文獻的秦郡,李學勤、董珊等先生都指出這一説法没有直接的文獻證

---

[1] 宋傑:《中國古代戰爭的地理樞紐》第168頁;亦可參楊寬:《戰國史料編年輯證》第1005—1006頁。

[2] 參黃盛璋:《秦兵器分國斷代與有關制度研究》第250—252頁。

[3] 秦在攻佔六國縣城重新置縣時,其縣名多數是因其舊稱,改定新名的縣也有不少,如拔魏寧新中更名安陽,拔魏首垣更名爲長垣等,詳參李曉杰:《中國行政區劃通史·先秦卷》第六章第二節"秦縣考證",復旦大學出版社2009年,第358—407頁。

[4] 江西省博物館、遂川縣文化館:《記江西遂川出土的幾件秦代銅兵器》第65—67頁;楊寬:《戰國史料編年輯證》第800頁;楊寬:《戰國史(增訂本)》第680頁;王偉:《秦置郡補考》第421頁。參看郭永秉、廣瀬薫雄:《紹興博物館藏西施山遺址出土二年屬邦守蓐戈研究——附論所謂秦二十二年丞相戈》第126頁注釋1。

[5] 全祖望:《漢書地理志稽疑》卷一《秦三十六郡名》,朱鑄禹彙校集注:《全祖望集彙校集注》,上海古籍出版社2000年,第2483—2490頁。

據。① 秦於昭王二十一年置河東郡,昭王四十八年置上黨郡,②介於兩郡之間的"臨汾"晚於昭王五十年纔入秦,從當時的軍事形勢及臨汾的地理位置看,併屬於河東郡的可能性更大。

"郡治説"及"新郡名説"用於解釋秦兵器刻銘的"臨汾守"都存在着明顯的不足,李學勤先生曾根據《張家山漢簡·奏讞書》的簡文如"胡壯"、"江陵餘"、"新郪甲"、"夷道价"等,指出西漢早期存在"縣級令長或者嗇夫有具名省去職官稱呼"的現象,同時提出秦"二十二年臨汾守戈"銘中的"臨汾守"也應爲"臨汾守令"的省稱,③筆者認爲李先生的這一意見明顯優於以往各家的説法,因而得到了學者的信從。④ 李先生的這種理解説明此種現象可能早在戰國晚期的秦國兵器銘文中就已經存在了,鑄造於秦王政時期的"十七年丞相啓狀戈",銘文作"十七年丞相啓、狀造,郃陽嘉,丞兼、庫膪、工邪·郃陽"。⑤ 董珊先生提出戈銘中的"郃陽嘉"也是"郃陽守(令)嘉"省稱的意見,可從。⑥上述兩戈銘中的"庫"也當是"庫嗇夫"的省稱。⑦ 抄於秦始皇及秦二世時期的里耶秦

---

① 李學勤:《〈奏讞書〉與秦漢銘文中的職官省稱》第 300 頁;董珊:《戰國題銘與工官制度》第 243 頁。

② 《史記·六國年表》秦莊襄王三年欄"王齕擊上黨",韓桓惠王二十六年欄"秦拔我上黨",可見秦於莊襄王三年又再次置上黨郡。關於上黨郡的置郡時間,詳參凡國棟:《秦郡新探——以出土文獻爲主要切入點》第 52 頁。

③ 李學勤:《〈奏讞書〉與秦漢銘文中的職官省稱》第 297—300 頁。

④ 董珊:《戰國題銘與工官制度》第 219、244 頁;吳良寶:《戰國時期上黨郡新考》,《中國史研究》2008 年第 1 期,第 53 頁;陳偉:《"江胡"與"州陵"——嶽麓書院藏秦簡中的兩個地名初考》,《中國歷史地理論叢》2010 年第 1 輯,第 118—119 頁。

⑤ 《殷周金文集成》11379。

⑥ 董先生提出銘文全部補足應爲:"(秦王政)十七年,(左)丞相啓、(右丞相)狀造,郃陽(令)嘉,(郃陽令)丞兼,(郃陽)庫(嗇夫)膪,(庫)工邪。郃陽(庫)。"參董珊:《戰國題銘與工官制度》第 217—219 頁。王輝、王偉二先生認爲郃陽爲内史屬縣,郃陽嘉爲郃陽工師嘉的省稱,參王輝、王偉:《秦出土文獻編年訂補》,三秦出版社 2014 年,第 126 頁。按,秦中央監造的兵器銘文中主造者有"咸陽工師"、"雍工師"等都是内史屬縣後加工師,這一意見有其一定的道理。秦兵器中有一件"三年相邦呂不韋矛"(徐家國、劉兵:《遼寧撫順發現戰國青銅兵器》,《考古》1996 年第 3 期,第 86 頁),銘文作"三年相邦呂不韋造上郡叚(假)守定高工□丞甲(申)工□·徒淫",因此時上郡守不在或暫缺,兵器由上郡假守監造,所以纔在辭銘前署名相邦呂不韋督造。考慮到"十七年丞相啓狀戈"與"三年相邦呂不韋矛"的銘文格式十分相似,我們認爲其也是地方所造兵器,"郃陽"爲内史屬縣,所以在辭首前署名丞相啓、狀督造。再結合"二十二年臨汾守戈"、"二十六年臨湘守戈"的銘文,我們認爲"郃陽嘉"與"臨汾守"、"臨湘守"所處位置一致,都是監造者,所以"郃陽嘉"爲"郃陽守令嘉"之省的可能性更大一些,前有丞相啓、狀督造,因而纔會出現這樣的省略。

⑦ 參裘錫圭《嗇夫初探》,原刊於中華書局編輯部編:《雲夢秦簡研究》,中華書局 1981 年,第 226—301 頁,此據氏著《古代文史研究新探》,江蘇古籍出版社 1992 年,第 430—452 頁。

簡中也有類似的省略現象,如"樊道部"、"遷陵拔"、"陽陵遫"等,①表明至遲到秦始皇時期,秦兵器銘文及簡文中還存在"縣級令長或者嗇夫有具名省去職官稱呼"的現象。如果按照這種理解,秦"二十二年臨汾守戈"銘文中的"臨汾守罈"爲什麼不省作"臨汾罈"呢? 我們認爲這可能與秦王政及始皇時期的地方兵器監造制度有關,秦兵刻銘的監造者多爲"職官+人名"的全稱,②再結合秦"二十六年臨湘守戈"等相似的銘文内容看,③戈銘不作如此省也是可以理解的。可見,將"臨汾守"理解爲"臨汾守令"的省稱應該是沒有問題的。

就目前對秦兵器刻銘已有的認識,秦地方鑄造的兵器監造者既有郡守,也有中央相邦(如"三年相邦吕不韋矛"),但至今未有確認爲縣守監造的秦兵器。黄盛璋先生認爲秦"二十二年臨汾守戈"的銘文格式與三晉兵器刻銘相似,"臨汾"爲秦邊縣,初入秦時所造兵器可能是受三晉兵器監造制度的影響。④ 我們知道三晉地方所造兵器的鑄造制度是監造者爲"縣令",主造者爲"庫工師或嗇夫",直接鑄造者稱"冶","造"字置於銘文末尾等。⑤ 其監造者偶有稱"守"者,也是"守令"的省稱。⑥ 秦"二十二年臨汾守戈"銘文所反映出的監造制度與之相比可以看出,首先此戈的監造者"臨汾守"可能爲"臨汾守令"的省稱,這與三晉地方兵器的監造者爲"縣令"十分近似;其次此戈的主造者爲"庫嗇夫","造"字置於銘文末尾也與其相同;所不同的是此戈的直接鑄造者爲

---

① 參劉樂賢:《里耶秦簡和孔家坡漢簡中的職官省稱》,《文物》2007 年第 9 期,第 93—96 頁。

② 秦兵器的監造者絶大多數作此種格式,僅舉幾例如"八年相邦吕不韋戈"、"二十六年蜀守武戈"、"廿五年上郡守厝戈"等,銘文分别作"八年,相邦吕不韋造,詔事圖、丞戴、工夬·詔事 屬邦"(《集成》11395);"二十六年蜀守武造,東工師宦、丞耒、工□·武"(《集成》11368);"二十五年,上郡守厝造,高奴工師竈、丞申、工鬼薪詘·上郡武庫,洛都"(《集成》11406)等。關於秦兵器的監造制度,詳參蘇輝:《秦三晉紀年兵器研究》,上海古籍出版社 2013 年,第 161—201 頁。

③ 銘文作"二十六年,臨相(湘)守藉造,右工室閭,工□·武庫"。關於此戈的考證,詳參郭永秉、廣瀨薰雄:《紹興博物館藏西施山遺址出土二年屬邦守蓐戈研究——附論所謂秦二十二年丞相戈》第 112—127 頁。我們贊同該文將戈的年代定爲秦始皇二十六年的意見,但戈銘中的"臨湘守"似也應理解爲縣守,詳拙文《秦"二十六年臨湘守戈"考》,《江漢考古》待刊。

④ 黄盛璋:《秦兵器分國斷代與有關制度研究》第 250—252 頁。

⑤ 關於三晉地方系統所造兵器的銘文監造制度,詳參蘇輝《秦三晉紀年兵器研究》第 72—75、81—94、144—154 頁等相關章節的論述。

⑥ 如"六年安平守鈹"(趙)銘文中的"安平守",從"芒陽守命(令)戈"(魏)、"十一年咎苕(皋落)守命(令)戈"(韓)等銘文看,"安平守"當是"安平守令"的省稱。三戈銘文分别作"六年,安平守畋疾,左庫工師賦質,冶余,執劑"(《集成》11671);"□年,芒易守命虜,□□工師錯冶阜"(韓自强、馮耀堂:《安徽阜陽地區出土的戰國時期銘文兵器》,《東南文化》1991 年第 2 期,第 260 頁);"十一年咎苕(皋落)守命少曲哎,工師舒意,冶午"(蔡運章、楊海欽:《十一年皋落戈及其相關問題》,《考古》1991 年第 5 期,第 413—416 頁)。

"工",這是秦兵器刻銘的常見特點,所以黄盛璋先生認爲此戈的格式是秦與三晉制度的混合有其一定的道理。董珊先生在贊同黄先生意見的同時提出:"這種特殊格式更可能是因爲鑄造和修繕制度的不同。蓋工師主管鑄造,並無修繕器物的責任。秦制鑄造和保管分離,修繕器物的責任屬於庫,所以庫嗇夫在修繕此戈之後又加刻了有關責任者的職稱和名字於其上。"又説:"臨汾於時爲秦之邊縣,距咸陽太遠,又是軍事重鎮,所以設由臨汾守令主管的武庫。"①《睡虎地秦簡·秦律雜抄》中有一條關於秦武庫修繕兵器的記載:"稟卒兵,不完善(繕),丞、庫嗇夫、吏貲二甲,灋。"②説明董珊先生的意見也有其合理性,但是目前還没有一件秦兵器銘文本身表明此器是秦武庫修繕而成。

所以,在秦縣級武庫具體職能不明的情況下,黄盛璋、董珊兩位先生的理解也祇是一種相對合理的推測,期待考古發現更多類似内容的有銘秦兵器,以推進我們對這一問題的認識。

附記:本文在寫作過程中得到了吴良寶老師的悉心指導,謹致謝忱。

---

① 董珊:《戰國題銘與工官制度》第 243—246 頁。
② 睡虎地秦墓竹簡整理小組:《睡虎地秦墓竹簡》,文物出版社 1990 年,第 82 頁。

《交交鳴鳥》第二簡上的反印文字[*]

《交交鳴鳥》第二簡上的反印文字 *

程鵬萬

反印文字是簡帛收捲疊壓造成的。帛書多折疊放置，出現反印文的情況較多，而竹木簡牘上的反印文字相對來說比較少見。隨着上博竹書、嶽麓秦簡、里耶秦簡逐漸發表，竹木簡牘上的反印文也漸漸多了起來。上海博物館藏戰國楚竹書第四冊《逸詩・交交鳴鳥》第二簡上就有反印文字，^①但研究者卻没有注意到，因此影響了簡文的正常釋讀。

《逸詩・交交鳴鳥》第二簡有下列二字：

此二字緊接簡文“愷悌”之下，據上下簡文，學者一般根據文意直接釋爲“君子”，但上揭二字字形與“君子”寫法不同，所以研究者多在釋文“君子”後加上問號，以示懷疑。^②

廖名春先生懷疑此二字是“君子”的異文：

> 由於第二章第三句的“▨ ▨”兩字尚未釋出，第三章第三句的三、四兩字就難以推測。但早期文獻“豈弟”或“愷悌”一般用來形容“君子”，很少挪作他用。據筆者的初步統計，先秦文獻裏“豈弟君子”十七見，“愷悌君子”十見。此外，《詩・齊風・載驅》“齊子豈弟”一見，《詩・小雅・蓼蕭》“孔燕豈

* 本文得到中央高校基本科研業務經費及 2012 年國家社科基金青年項目“楚系金文研究史”（批准號：12CYY033）資助。

① 馬承源主編：《上海博物館藏戰國楚竹書（四）》，上海古籍出版社 2004 年。

② 參看季旭昇：《〈上博四・逸詩・交交鳴鳥〉補釋》，簡帛研究網（www. jianbo. org）2005 年 2 月 15 日；董珊：《讀上博藏戰國楚竹書（四）雜記》，簡帛研究網 2005 年 2 月 20 日；季旭昇：《〈交交鳴鳥〉新詮（摘要）》，簡帛網（www. bsm. org. cn）2006 年 9 月 27 日；劉洪濤：《上博竹書〈鳴鳥〉解釋》，簡帛網 2007 年 4 月 24 日。

弟”一見,《詩·大雅·旱麓》“干禄豈弟”一見,《國語·周語下》引《詩·大雅·旱麓》“干禄愷悌”一見,《左傳·襄公十四年》有“成愷悌”説,《吕氏春秋·不屈》有“愷悌新婦”説。這全部的三十三例中,“豈弟”或“愷悌”修飾“君子”的有二十七例,其他有四例是形容詞活用爲動詞,如“齊子豈弟”、“孔燕豈弟”、“干禄豈弟”、“干禄愷悌”,一例是形容詞活用爲名詞,如“成愷悌”。這些,都可以存而不論。惟一的例外是“愷悌新婦”説。我們可以看看《吕氏春秋·審應覽·不屈》的原文:

> 白圭新與惠子相見也,惠子説之以强,白圭無以應。惠子出。白圭告人曰:“人有新取婦者,婦至宜安矜煙視媚行。竪子操蕉火而巨,新婦曰:‘蕉火大巨。’入於門,門中有斂陷,新婦曰:‘塞之,將傷人之足。’此非不便之家氏也,然而有大甚者。今惠子之遇我尚新,其説我有大甚者。”惠子聞之曰:“不然。《詩》曰:‘愷悌君子,民之父母。’愷者,大也;悌者,長也。君子之德長且大者,則爲民父母。父母之教子也,豈待久哉?何事比我于新婦乎?《詩》豈曰‘愷悌新婦’哉?”誹汙因汙,誹辟因辟,是誹者與所非同也。白圭曰:“惠子之遇我尚新,其説我有大甚者。”惠子聞而誹之,因自以爲爲之父母,其非有甚于白圭亦有大甚者。

惠施批評白圭“新婦”的譬喻,認爲《詩》祇有“愷悌君子”説,没有“愷悌新婦”説。這説明“愷悌新婦”説是不能成立的。由此看來,上古文獻習慣用“豈弟”或“愷悌”來修飾“君子”,目前尚難找出其他的反例。因此,筆者懷疑簡文“■ ■”也還是“君子”的異文。如果這一推測能坐實,那第三章第三句的三、四兩字也還當補爲“君子”。①

王寧先生認爲是抄手筆誤:

> 此二字似不成字,意者乃是抄手筆誤,在寫“君子”二字時寫錯了,之後就繼續接着寫下文,本來欲俟通篇寫竟後將此二字削去重寫,但被忘記,遂留此不可識之二字,實不成字也。故此處之文仍當補爲“君子”。②

楊澤生先生認爲上揭二字不是“君子”,將之釋爲“牙爪”:

---

① 廖名春:《楚簡〈逸詩·交交鳴鳥〉補釋》,《中國文化研究》2005 年春之卷,第 12—13 頁,原載簡帛研究網 2005 年 2 月 12 日。

② 王寧:《逸詩〈交交鳴鳥〉箋釋》,簡帛研究網 2008 年 1 月 28 日。

　　《逸詩·交交鳴鶩》2號簡"交交鳴鶩,集於中渚。鼓(愷)俤□□,若豹若虎",其中"俤"後兩字整理者不釋,論者或以爲是"君子"二字。

　　我們懷疑應該是"牙爪"二字。"牙"字原文不是很清晰,似乎與《説文》"牙"字的古文□相近,"爪"字反轉過來作□,即與常見的"爪"形相同。《藝文類聚》卷四十七引後漢杜篤大司馬吳漢誄曰:"朝失鯁臣,國喪牙爪,天子湣悼。""牙爪"即"爪牙"。《詩·小雅·祈父》:"祈父!予王之爪牙。"《國語·越語上》:"夫雖無四方之憂,然謀臣與爪牙之士,不可不養而擇也。"簡文"牙爪"不作"爪牙"或與避免上引四句每一句句末都押魚部韻有關,跟吳漢誄爲與"天子湣悼"押韻而作"牙爪"可謂"異曲同工"。①

　　根據簡文,"愷俤"下"□□"二字釋爲"君子",當無誤。祇因《交交鳴烏》第二簡"君子"二字受到第一簡簡文"以自"的污染,"君子"二字遂無法辨認。第一簡簡文"以自"在第二簡上形成反印文字,可以看下面的表格(第二列爲翻轉的字形,第三列是第一簡的"長"印在第二簡"豹"字上,一並列表):

□ 1	□ 1 翻轉	□ 2
□ 1	□ 1 翻轉	□ 2
□ 1	□ 1 翻轉	□ 2

第二簡的反印文"以"字上方還可以看到"君"字的上半部分,可以肯定簡文"愷俤"下面是"君子"二字。竹簡上的反印文字在《天子建州》乙本和《君人者何必安哉》乙本都出現過,墨子涵先生和李松儒先生曾有討論,②參下截圖:

_____

① 楊澤生:《讀〈上博四〉劄記》,《古文字研究》第二十六輯,中華書局 2006 年,第 336 頁,原載簡帛研究網 2005 年 3 月 24 日。

② 墨子涵:《〈天子建州〉中所見反印文、未釋字及幾點臆斷》,簡帛網 2007 年 12 月 25 日;李松儒:《由〈君人者何必安哉〉甲乙本字迹看先秦文獻的傳抄》,《出土文獻與古文字研究》第四輯,上海古籍出版社 2011 年,第 259—269 頁。

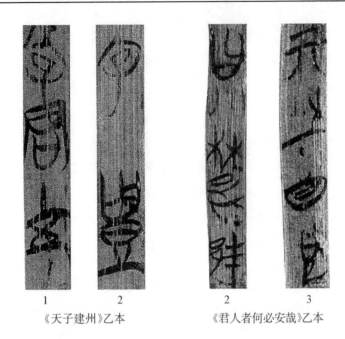

1	2	2	3
《天子建州》乙本		《君人者何必安哉》乙本	

從《交交鳴烏》的疊加情況看,此卷係從第一支簡捲收的,與《君人者何必安哉》乙本收捲方式一致。①

_____

① 《君人者何必安哉》乙本收捲是從第一簡捲起,參看李松儒:《由〈君人者何必安哉〉甲乙本字迹看先秦文獻的傳抄》,《出土文獻與古文字研究》第四輯,第 263 頁。

"錢器"小考

王凱博

《上海博物館藏戰國楚竹書(五)》所收録的《鮑叔牙與隰朋之諫》簡 7＋3 有句云(所引釋文不作嚴格隸定,直接以通行字寫出):

> 公乃身命祭有司: 祭服毋黼;毋内錢器,器必蠲潔;犧牲圭璧,必全如故;加之以敬。[1]

以上録文中簡 7＋3 的編聯從陳劍先生,[2]一些字詞的釋讀也參考了研究者既有的合理意見,爲避繁瑣,不復一一注明。此外還應指出的是,研究者對"犧牲圭璧,必全如故"的斷句與理解也頗多分歧,[3]但因爲與本文主題關係不大,故暫且抛開不論。

本文想解决的問題是"錢器"在簡文語境裏的準確訓釋。"錢"字形釋是整理者的意見,學者亦多從之,唯曾見袁國華先生將"錢"改釋爲"鉌",將"鉌器"讀作"伐器",然結合此篇字形橫筆的右尾一般下曳的書寫特點來看,此字釋作"錢"是没有問題的。

下面就先羅列各種説法,然後再作簡單評析:

A. 整理者:器物不要放入其他器物内。[4]

---

[1] 馬承源主編:《上海博物館藏戰國楚竹書(五)》,上海古籍出版社 2006 年。

[2] 陳劍:《談談上博(五)的竹簡分篇、拼合與編聯問題》,簡帛網(www. bsm. org. cn)2006 年 2 月 19 日,後收入《戰國竹書論集》,上海古籍出版社 2013 年,第 168—182 頁。

[3] 諸説可參看李天虹:《楚國銅器與竹簡文字研究》,湖北教育出版社 2012 年,第 225—231 頁;劉波:《釋楚鄔客銅量中的"故"字》,《江漢考古》2012 年第 1 期,第 107—110 頁。

[4] 馬承源主編:《上海博物館藏戰國楚竹書(五)》第 184 頁。

B. 季旭昇："毋内錢器"似可釋爲"毋納賤器"。傳統文獻把鐘鼎彝器等名之爲"重器",如《孟子·梁惠王下》："殺其父兄,係累其子弟,毀其宗廟,遷其重器。"賤器疑與此相對,其名雖不見於先秦文獻,僅見於《隋書·禮儀志》："薦藉輕物,陶匏賤器。"雖然簡文的"賤器"與《隋書·禮儀志》的"賤器"實質内容未必相同,但基本精神是一樣的。即祭祀宗廟,要用最高貴的彝器,不可以用日常生活的實用器來湊數。①

C. 彭浩：簡文中的"錢"應讀爲"殘","錢器"即"殘器"。"毋内殘器"即殘損之器不用作祭器。簡文的這段話可與《墨子·尚同上》對照："潔爲酒醴粢盛,以祭祀天鬼。其事鬼神也,酒醴粢盛不敢不蠲潔,犧牲不敢不腯肥,圭璧幣帛不敢不中度量。"②

D. 劉信芳：竊疑"賤器"本不入禮,簡文既云"器必蠲潔",則不煩"毋納賤器"矣。《禮記·禮器》："曾子曰：周禮其猶醵與。"注："合錢飲酒爲醵,旅酬相酌似之也。王居明堂之禮,仲秋乃命國醵。"簡文所云"毋内錢器"者,謂此祭祀無須衆人入錢納器也。③

E. 袁國華：字釋爲"鈇",讀爲"伐器",即見於《楚辭·天問》之"伐器",意爲攻伐之器、斧斨之屬,也就是指兵器。簡文"毋入鈇(伐)器",猶言"不要納入兵器"。④

F. 李守奎："錢器"讀爲"賤器"看似無礙,但仔細分析,也有可疑。禮器並不用於買賣交換,貴賤無從談起。疑當讀爲"淺器"。《禮記·月令》仲秋之月天子之用器"其器廉而深",器深則藏物多。簡文"毋入淺器"疑指祭品豐盛。關於祭器的兩句表達的意思,大概相當於《左傳》僖公五年中虞君所説的"享祀豐潔"。⑤

G. 黃人二：讀"錢"是,但意義非是,《説文》"錢"字云"銚也,古者田器,从金

---

① 季旭昇：《〈上博五·鮑叔牙與隰朋之諫〉"毋内錢器"句小考》,簡帛網 2006 年 2 月 23 日；季旭昇：《〈上博五·鮑叔牙與隰朋之諫〉"篤歡附伖"解 —— 兼談"錢器"》,簡帛網 2006 年 3 月 6 日。

② 彭浩：《"錢器"小議》,簡帛網 2006 年 3 月 1 日。

③ 劉信芳：《上博藏五試解七則》,簡帛網 2006 年 3 月 1 日；劉信芳：《"錢器"補説》,簡帛網 2006 年 3 月 1 日。

④ 袁國華：《〈上海博物館藏戰國楚竹書(五)·鮑叔牙與隰朋之諫〉"鈇(伐)器"、"滂沱"考釋》,《中國文字》新三十二期,臺北藝文印書館 2006 年,第 45—56 頁。

⑤ 李守奎：《上博五〈鮑叔牙與隰朋之諫〉試讀》,丁四新主編：《楚地簡帛思想研究(三)》("新出楚簡國際學術研討會"論文集),湖北教育出版社 2007 年,第 42 頁。

戔聲。《詩》曰'庤乃錢鎛',一曰貨也",段注:"云古田器者,古謂之錢,今則但謂之銚,謂之臿,不謂之錢,而錢以爲貨泉之名。"知"錢"、"銚"者,乃古今田器之異稱,簡文所説,殆爲此種器物,以其難登祭祀大雅之堂,故"不入"。①

H. 張新俊:"毋入錢器"是對"器必蠲潔"的補充説明。"錢"與"蠲潔"可能是相對、相反的意思。懷疑可以讀作"竷",指不潔淨的器物。②

以上説法或有其一定的理據,但又都存在不盡合理之處。整理者所説不知所謂,可以不論。季旭昇先生讀爲"賤器",指日常生活實用之器,誠如彭浩先生批評説:"先秦時期,在正式的祭祀場合,絶不可用日常用器替代祭器,是'禮'的起碼要求。"劉信芳先生如字讀,以爲"錢"、"器"並列,是一種助祭行爲,但從其所徵引文獻看,實際上與"錢器"並無内在關聯可言。李守奎先生"器深則藏物多,簡文'毋入淺器'疑指祭品豐盛"云云,比較迂曲,難以使人信服。張新俊先生讀作"竷器"亦難從,首先是由於先秦文獻中"竷器"意有定指,《周禮·天官·玉府》"掌王之燕衣服、衽、席、床、笫,凡褻器",鄭玄注引鄭司農曰"褻器,清器,虎子之屬",祭祀納以溲溺之器,古人必不至如此爲之;其次,古書和出土文獻中也從未見有"錢"聲與"竷"聲相通假的例證。所以,"錢器"究竟如何理解,還需要重新考慮。

"毋内錢器,器必蠲潔",兩句中的器皆指祭器,這一點是容易被大家認同的。從"器必蠲潔"所表達的是祭器潔淨的屬性看,"毋内錢器"的"錢"應是從否定層面講祭器的某種屬性,所以多數研究者考慮"錢"應是修飾"器"的形容詞,可以説是正確的思路。

經過反復研討,我們覺得"錢器"應該讀爲"散器"。從通假慣例與用字習慣看,楚簡材料中存在一些"戔"聲字讀爲"散"的前例。③ 郭店簡《老子》甲篇簡25有"俴",今本《老子》與之相應的字爲"散",上博簡《容成氏》簡6"戔施",孫飛燕先生據文例及前述郭店簡的例證讀爲"散施",④得到了學者們的普遍認同。鄧少平先生近又撰文補充

① 黄人二:《上博五〈競建内之〉和〈鮑叔牙與隰朋之諫〉試釋》,《戰國楚簡研究》,上海古籍出版社2012年,第98頁。
② 見"無斁"(張新俊先生網名)在簡帛網"簡帛論壇"《上博5〈鮑叔牙與隰朋之諫〉的"毋入錢器"》一帖下第2樓(2013年12月27日)的發言。
③ 從語音上説,"戔"聲字多屬從母或精母元部,"散"爲心母元部,二者韻部相同,聲母均爲齒頭音。
④ 孫飛燕:《〈容成氏〉文本整理及研究》,博士學位論文,清華大學2010年,第107—109頁;孫飛燕:《〈容成氏〉字詞考釋二則》,《中國文字》新三十六期,臺北藝文印書館2011年,第47—49頁。

論證了楚簡中的另兩個應讀爲"散"的"戔"字,即《容成氏》簡 41"判宗離族戔群"及《融師有成氏》簡 6"毀折離戔",①均屬可信。此外,上博九《卜書》簡 8"逢於百邦",也先後有學者讀爲"散於百邦"。② 凡此均可參比。所以,我們將此處的"錢"讀作"散",從楚簡的通假習慣上講,没有問題。

典籍中"散"有次等的、粗劣的、不賢良的等意思,如:

《莊子·人間世》:"是萬物之化也,禹、舜之所紐也,伏羲、几蘧之所行終,而况散焉者乎!"陸德明釋文引崔云:"德不及聖王爲散。"

《莊子·人間世》:"散木也,以爲舟則沈,以爲棺槨則速朽,以爲器則速毁,以爲門户則液楠,以爲柱則蠹。"成玄英疏:"散木,不材之木,故致閒散也。"

《墨子·非儒下》:"君子笑之,怒曰:'散人焉知良儒!'"孫詒讓閒詁引畢云:"散人,猶冗人。"("良儒"與"散人"相對,可知"散"爲不良)

《荀子·勸學》:"故隆禮,雖未明,法士也;不隆禮,雖察辯,散儒也。"散,謂庸劣。《荀子·修身》:"庸衆駑散,刦之以師友。""庸衆駑散"四字平列,其義相近。③

《周禮·春官·旄人》:"旄人掌教舞散樂、舞夷樂。"賈公彦疏:"以其不在官之員内,謂之爲散也。"孫詒讓正義:"賈意散樂即冗散之樂。今攷此爲雜樂,亦取亞次雅樂之義。"

《周禮·天官·鹽人》:"祭祀,共其苦鹽、散鹽。"孫詒讓正義:"苦鹽味大鹹,爲鹽之最貴者。散鹽則味微淡,用多而品略賤,祭祀則次於苦鹽,賓客則次於形鹽,故謂之散,散之爲言雜也。……此經凡言散者,皆麤沽猥雜、亞次於上之義。故《屨人》散屨次於功屨;《巾車》散車次於良車;《充人》之散祭祀,别於五帝先王之祭;《旄人》之散樂,别於雅樂;《司弓矢》之散射,别於師田之射。事異而義並相近也。"

《周禮·天官·屨人》:"辨外内命夫命婦之命屨、功屨、散屨。"孫詒讓正義:"今攷此功屨、散屨,猶《巾車》言良車、散車,蓋尋常燕居之屨,降於功屨

① 鄧少平:《試説楚簡中讀爲"散"的"戔"字》,《中國文字研究》第十七輯,第 36—39 頁。

② 駱珍伊:《〈上博九·卜書〉"散於百邦"小議》,簡帛網 2013 年 2 月 26 日,此文又載季旭昇主編:《孔壁遺文論集》,臺北藝文印書館 2013 年;程少軒:《小議上博九〈卜書〉的"三族"和"三末"》,《中國文字》新三十九期,臺北藝文印書館 2014 年,第 107—116 頁。

③ 趙生群:《〈荀子〉疑義 24 條辨證》,《古籍整理研究學刊》2013 年第 6 期,第 42 頁。

者。……凡此經言散者,並取麤沽猥雜、亞次於上之義。"

《周禮·地官·充人》:"充人掌繫祭祀之牲牷。祀五帝,則繫于牢,芻之三月。享先王,亦如之。凡散祭祀之牲,繫于國門,使養之。"鄭玄注:"散祭祀,謂司中、司命、山川之屬。"孫詒讓正義:"注云'散祭祀,謂司中、司命、山川之屬'者,鄭意散祭祀即小祭祀,散者,亞次於上之言也。"

《周禮·春官·巾車》:"凡良車、散車不在等者,其用無常。"賈公彥疏:"作之有精粗,故有良散之名。"孫詒讓正義:"此經凡言散者,並麤沽亞次於上之義。"

《周禮·夏官·司弓矢》:"恒矢、庫矢用諸散射。"鄭玄注:"二者皆可以散射也,謂禮射及習射也。"孫詒讓正義:"散者,亞次於師田諸射之言。"

《禮記·少儀》:"執君之乘車則坐。僕者右帶劍,負良綏,申之面,拖諸幦,以散綏升,執轡然後步。"孔穎達正義:"'負良綏,申之面'者,良,善也。善綏,君綏也。……散綏,副綏也。僕登車,既不得執君綏,故執副綏而升也。"("散綏"相對"良綏"而言,"良綏"指善綏,"散綏"自當指粗劣之綏。)

如此,"散器"就是指製作不精良、不堅致、粗劣的祭器。《禮記·月令》:"是月也,命工師效功,陳祭器,按度程,毋或作爲淫巧,以蕩上心,必功致爲上。"《呂氏春秋·孟冬記》:"是月也,工師效功,陳祭器,案度程,堅致爲上。"可見古代祭器之製作,其品質以堅固、密致爲上。"毋內散器"意即粗劣之器不入祭祀,是從反面立説,要求所納祭器要功致、精良、利固,是祭器製作時就已形成的内在屬性,而"器必蠲潔"是要求祭器在使用的過程中須保持潔淨,是言其外在屬性。

《上海博物館藏戰國楚竹書(九)》雜識*

單育辰

《上海博物館藏戰國楚竹書(九)》終於在 2012 年底出版了,①内容仍然十分豐富,我們拿到書後,反復繹讀數過,感覺本書的分篇工作做得並不理想,被整理者歸爲一篇的,其實摻雜了好幾篇的簡文,更會有一些應入此書而失收的竹簡,估計得等以後幾册刊佈後纔能細論了。上博九發表後,學者已經在網上更正了很多分篇、拼聯、釋字錯誤,今把學者未能談及的一些問題寫出,供大家參考。

1. 熊雪子麻與郚(巴)人戰於駱州,②師不絶,焉得其𤝈旗。

(《陳公治兵》簡 3)

"𤝈旗"應讀爲"猿旗",於動物名加"鼠"旁,曾侯乙簡常見。學者多已指出,此句可與《左傳》哀公二年"鄭人擊簡子中肩,斃于車中,獲其蠭旗"文例相參照。③

2. 五人於伍,十人於行。行 ▨ 不成,卒率卒,命從瀘。 (《陳公治兵》簡 11)

" ▨ "整理者誤釋作"栽",今據《説文》"列"作" ▨ "及簡文文意看," ▨ "就應是"列",此字寫得像楚文字的"戚"形(如郭店《尊德義》簡 7" ▨ "、《語叢一》簡 34" ▨ "),

---

* 本文是國家社會科學基金重大項目"簡牘學大辭典"(項目批准號: 14ZDB027)的階段性成果。

① 馬承源主編:《上海博物館藏戰國楚竹書(九)》,上海古籍出版社 2012 年。

② "巴"字的釋讀參看李學勤:《包山楚簡"郚"即巴國説》,《四川師範大學學報(社會科學版)》2006 年第 6 期,第 5—8 頁。

③ 如馬楠:《上博九〈陳公治兵〉初讀》,清華大學出土文獻研究與保護中心網(www. tsinghua. edu. cn)2013 年 4 月 22 日。

但六豎並不折曲,所以不是"戚"字。此字照楚文字"列"來比,應有譌變。①

3. ☑子訪之,上父與辭。文王曰:"日短而世意矣。"

(《舉治王天下》簡 4+16)

此兩支簡拼合從"松鼠"所言,②"意"整理者誤釋作"悃"。按,應釋爲"意"讀"億","日短而世意(億)矣"是説每天時間很短,但一世光陰則很多了。

4. 文王訪於上父曰:"我左患右難,吾欲達中持道,昔我得中,世世毋有後悔。"

(《舉治王天下》5+6)

其"中"即清華一《保訓》文王臨終傳與武王之"中"。二文相較,若合符節。可見先秦時確有文王得"中"的記載。所謂的"中"爲抽象概念,大體相當於"道"。上博五《孔子問季庚子》簡 2+3:"孔子曰:'君子在民之上,執民之中,施教於百姓而民不服焉,是君子之恥也。'"此處亦言"中"。

5. 堯曰:"嗚呼,日月閉間,歲建□□"　　　　(《舉治王天下》簡 24)

"建"整理者釋作"聿"。

6. 宛丘之衆人也,非能合德於世者也。　　　　(《舉治王天下》簡 28)

"宛丘"整理者釋作"怨并"。按,此二字作▨、▨,可參上博一《孔子詩論》簡 21"宛丘"二字作▨、▨。《詩·陳風·宛丘》鄭注:"帝舜之胄有虞閼父者,爲周武王陶正。武王賴其利器用,與其神明之後,封其子嬀滿於陳,都於宛丘之側,是曰陳胡公,以備三恪。""宛丘"是舜後裔所在地,或許此篇就用來指舜所居之地。

7. 首糾旨,身鱗鱛,禹使民以二和,民乃盡力。百川既導,天下能極。

(《舉治王天下》簡 31+32)

"首",整理者誤釋爲"百"。許多學者已指出,此句"首糾旨,身鱗鱛"可對應上博二《容成氏》簡 15+24:"手足胼胝,面奸鱛(皯),脛不生之毛。"

---

① 楚文字中的"列"在已公開發表的材料中尚未見到,但據聞在未公佈的楚簡中有"列"字,與小篆字形略有類似之處。在楚文字中,還有一個"戬"可讀爲"列",如上博二《容成氏》簡 16"▨"讀"癘"、上博三《周易》簡 45"▨"讀"冽",與小篆的"列"應非出一源,其來源不詳。

② 參看"松鼠"在簡帛網(www.bsm.org.cn)"簡帛論壇"《〈舉治王天下〉初讀》一帖下第 44 樓(2013 年 1 月 7 日)的發言。

8. 禹奮袤疾志,有欲而弗達,深實固足,有功而弗發(伐)。

（《舉治王天下》簡 32＋33）

“達”,整理者釋作“遣”,誤,參上博八《成王既邦》簡 12、《舉治王天下》簡 6 之“達”即如此作,從押韻亦可看出“達”、“發”皆押月部韻。又《舉治王天下》簡 21“遠而方(旁)達”,整理者對“達”亦誤釋爲“遣”。

9. 《邦人不稱》簡 2 拼合誤,應拆分,其中簡 2b“☐髮而止女(汝)”,①“髮”整理者誤釋作“煩”,此字與《靈王遂申》簡 2“申成公涉其子鹿未蓄髮”之“髮”字相同。②

10. 就昭王之亡,要(邀)王於隨寺。　　　　　　　（《邦人不稱》簡 2）

“隨”,整理者誤釋作“坪”。

11. 就復邦之後,蓋冠爲王獲,而邦人不稱美焉。　　（《邦人不稱》簡 3＋4）

“獲”作“”形,整理者誤釋作“秉”,清華一《金縢》簡 14“則大穫”之“穫”作,左旁與之同形。

12. 焉假爲司馬,不取其折,而邦人不稱還焉。　　（《邦人不稱》簡 12＋10）

此段編聯及釋讀從沈培説。③ 其中“焉假爲司馬”辭例可參包山簡 158“畢得假爲右史”,可知“假爲”爲一詞,大概是暫時授與、暫時任職的意思。徐在國曾認爲“畢得賈(賈)”之“賈”爲人名,④有誤。劉信芳已經提到“畢得”下有人名提示符,這也是“假(賈)”不能歸上讀之證。⑤

13. 夫子曰:“入与貨,幽(幼)色與酒,大鐘鼎,美宗室,驅輕畋,与獄訟易,
　　所以失☐”　　　　　　　　　　　　（《史蒥問於夫子》簡 6＋7）

“輕”字的隸定及“畋”字的考釋爲“youren”的意見,⑥在此基礎上,我們認爲相關

---

① “女”字也有可能是“安”字之誤寫,讀爲“焉”,可參簡 3 之“安”字及相關辭例。

② 《靈王遂申》之“髮”字爲“汗天山”首釋,參其在簡帛網“簡帛論壇”《〈靈王遂申〉初讀》一帖下第 5 樓(2003 年 1 月 5 日)的發言。

③ 沈培:《清華簡和上博簡“就”字用法合證》,簡帛網 2013 年 1 月 6 日。

④ 徐在國:《説楚簡“叚”兼及相關字》,簡帛網 2009 年 7 月 15 日。

⑤ 劉信芳:《包山楚簡解詁》,臺北藝文印書館 2003 年,第 166 頁。

⑥ 參“youren”在簡帛網“簡帛論壇”《〈史蒥問於夫子〉初讀》一帖下第 2、3 樓(2013 年 1 月 5 日)的發言。

四字應讀爲“驅輕(騁)畋獵”。“輕”與“騁”音可通，“”從“辵”從“車”從“鼠”，讀“獵”，①楚文字中的“轢”可參九店 M56 簡 31“”、上博五《鮑叔牙與隰朋之諫》簡 4“”、上博六《用曰》簡 14“”。“”字“辵”以外的部分，則把“車”與“鼠”的形體糅合在一起。《孟子·盡心下》：“般樂飲酒，驅騁田獵，後車千乘。”北大漢簡《老子》簡 150：“驅騁田獵令人心發狂。”(今本《老子》作“馳騁田獵令人心發狂”。)

14. 兆俯首内趾，是謂陷。處宮無咎，有疾乃 。　　　　　　(《卜書》簡 1＋2)

“”整理者釋作“適”，按，應釋爲“慴”，此字與簡 1 的“適”作“”形不同，它與簡 2 第一字“陷”(與“沈”一字分化)皆押侵部韻，參上博三《周易》簡 14“”(簪)及史傑鵬、宋華强二先生文。② 本則意見在簡帛網論壇發表後，又見“mpsyx”及“一上示三王”引陳劍説皆讀爲“漸”。③ 按，讀爲“慴”、“漸”皆可，二字古音本同，但讀爲“漸”更符合典籍用字習慣。

15. 胗高上，尉純深，是謂開。　　　　　　　　　　　　　(《卜書》簡 4)

“尉”作“”形，整理者釋爲“怵”，有誤，此字與本篇“怵”作“”(簡 1)形並不一樣，其左旁從“嬰”，④“尉”與“胗”一樣，都是兆象術語。

---

① 本則最初發表於簡帛網“簡帛論壇”《上博九識小》第 1 樓(2013 年 1 月 5 日)，後程燕《讀〈上博九〉劄記(二)》(簡帛網 2013 年 1 月 7 日)對此四字釋讀亦與筆者相同，且引字形及《孟子》爲證，但其所引“獵”字形多非。

② 史傑鵬：《先秦兩漢閉口韻詞的同源關係研究》，博士學位論文，北京師範大學 2004 年，第 47 頁；宋華强：《新蔡簡與“速”義近之字及楚簡中相關諸字新考》，簡帛網 2006 年 7 月 13 日，又載《中國文字》新三十二期，臺北藝文印書館 2006 年，第 149—164 頁。

③ 本則最初發表於《上博九識小》第 1 樓。又參“mpsyx”及“一上示三王”在簡帛網“簡帛論壇”《〈卜書〉初讀》一帖下第 14、15 樓(2013 年 1 月 8 日)的發言。

④ “嬰”(“瘻”)字的考釋參看馮勝君：《試説東周文字中部分“嬰”及從“嬰”之字的聲符——兼釋甲骨文中的“瘻”和“頸”》，《出土文獻與傳世典籍的詮釋——紀念譚樸森先生逝世兩周年國際學術研討會論文集》，上海古籍出版社 2010 年，第 67—79 頁。

楚簡"▲"及相關之字述議*

范常喜

一、▲

於是乎有喑、聾、皮（跛）、▲、瘿、宎、僂始起。　　（《上博二·容成氏》37）

其中的"▲"字，整理者認爲可能是寫壞的字。① 何琳儀先生釋爲"玄"，疑爲"幻"之變體，通作"眩"。② 劉釗先生認爲："此字本像'目'一邊明亮一邊暗昧形，是個會意字，即'眇'字的本字，'眇'則爲後起的形聲字。"③徐在國先生結合《上博三·周易》中的"▲（楳）"字，認爲此字右部有一小部分塗黑，當是有意爲之，當釋作"冥"。④ 劉信芳先生指出："（此字）其右半並未完全塗黑，而是在黑的這一半的中間有一竪筆，明顯是'月'形。"並據此認爲該字當釋爲"昌"，讀作"張"。⑤ 黃德寬先生認爲此字可能是"杳"之省文，當讀作"眇"，是用塗黑的方式造出的"杳"之異體。⑥

就字形來看，釋"玄"、"昌"、"杳"均不可信，因爲楚文字中以上三字或偏旁均無作此形者。《説文》冥部："冥，幽也。"又目部："眇，一目小也。"⑦而"▲"形實爲一"目"之

---

* 本文爲國家社會科學基金項目"出土文獻中上古漢語方言語料彙考"（15BYY111）、廣東省哲學社會科學"十二五"規劃項目"出土東周秦漢文獻方言語料整理研究"（GD14CZW03）的階段性成果。

① 馬承源主編：《上海博物館藏戰國楚竹書（二）》，上海古籍出版社 2002 年，第 279 頁。

② 何琳儀：《第二批滬簡選釋》，《學術界》2003 年第 1 期，第 92 頁。

③ 劉釗：《〈容成氏〉釋讀一則（二）》，簡帛研究網（www. bamboosilk. org）2003 年 4 月 6 日。

④ 徐在國：《上博竹書（三）〈周易〉釋文補正》，簡帛研究網 2004 年 4 月 24 日。

⑤ 劉信芳：《楚簡〈容成氏〉官廢疾者文字叢考》，《古文字研究》第二十五輯，中華書局 2004 年，第 324—325 頁。

⑥ 黃德寬：《楚簡〈周易〉"▲"字説》，《中國文字研究》第六輯，廣西教育出版社 2005 年，第 1—3 頁。

⑦ 段玉裁改爲"小目也"。

中右半部分塗有兩竪筆,所以徐在國、劉釗二位先生直接釋作"冥"或"眇"的本字也與構形不合,故也不能令人信服。不過,劉信芳先生對字形的描述最符合實際。此字右部的確並非完全填實,而是向左下行的兩竪筆,祇是由於書寫空間有限,兩竪筆連得非常近而已,這從我們所附放大的圖片也可以看出來。但是,劉先生據此認爲是"月"字則更不可從,楚文字中"月"旁常見,均無作如此之形者。

我們認爲,"▲"的構字意圖當是在表示眼睛的圓圈中有意塗黑兩筆來表示目盲、眚目之義,①是用象意的方法造出來的"瞑"字。因此,徐在國先生認爲"此字右部有一小部分塗黑,當是有意爲之";劉釗先生分析此字本像"'目'一邊明亮一邊暗昧形",這些對字形的分析均正確可從。

《説文》目部:"瞑,翕目也。""瞑"可以表示閉上眼睛,也可以用來表示"目盲",字或作"冥"。《逸周書·太子晉》:"師曠對曰:'瞑臣無見,爲人辯也,唯耳之恃,而耳又寡聞易窮。王子汝將爲天下宗乎!'"孔晁注:"師曠,晉大夫,無目,故稱瞑。"《吕氏春秋·知接》:"瞑士未嘗照,故未嘗見。瞑者目無由接也,無由接而言見,謊。"《晏子春秋·内篇·雜上》"冥臣不習",《韓詩外傳》、《文選·演連珠》李注引"冥"作"盲"。②

簡文此處所云"暗、聾、皮(跛)、▲、癭、宊、僂"是指七種殘疾之名,將"▲"釋作表示目盲的"瞑"非常合適。古代盲人多爲樂官,以發揮其耳聰之長。《尚書·胤征》:"瞽奏鼓。"孔傳:"瞽,樂官。"《詩經·周頌·有瞽》:"有瞽有瞽,在周之庭。"鄭玄箋:"瞽,蒙也。以爲樂官者,目無所見,於聲音審也。"《史記·周本紀》:"故天子聽政,使公卿至於列士獻詩,瞽獻曲,史獻書。"同篇2號簡所記從政者給各種殘疾人安排工作時,給盲人"楣(矇)戎(瞽)"安排的是"鼓惡(瑟)"的工作,這正是樂官之職。我們把"▲"釋爲"瞑"以後也剛好與此處的"楣(矇)戎(瞽)"相照應。

二、朱、朱、朱、朱

朱爹,成又愈,亡咎。　　　　　　　　　　　　　　　　　　　(《上博三·周易》15)

其中的"朱"字,馬王堆漢墓帛書《周易》、今本《周易》均作"冥"。整理者據之釋作"朱",讀爲"明"。③ 陳偉先生認爲是"某"的另一種寫法,當讀爲"晦",與"冥"字辭義

---

① 該字中的圓圈當可視爲"目"字之外框,楚文字中"目"字多見,其周邊圓圈與此正同,試比較:▲(上博八·蘭5)、▲(上博五·鬼5)、▲(郭店·唐26)等。

② 高亨纂著,董治安整理:《古字通假會典》,齊魯書社1989年,第73頁。

③ 馬承源主編:《上海博物館藏戰國楚竹書(三)》,上海古籍出版社2003年,第158頁。

相同。① 徐在國先生分析爲从"木"、"冥"聲，釋爲"槇"，並强調指出"木"上所从並非是"日"，右部有一小部分塗黑，當是有意爲之。《上博二·容成氏》簡 37 中的"▲"字，一半明一半黑，與此字上半所从同，當釋爲"冥"字。簡文"槇"當讀爲"冥"。② 黄德寬先生認爲是"杏"字異文，是用塗黑而造出的一個異體字。③ 根據前文對《容成氏》中"▲(瞑)"的分析，我們認爲徐在國先生的觀點最爲可從。"杲"字上部所从的"▲"旁與"▲(瞑)"實爲一字，整個字可直接釋作"槇"，在簡文中讀作"冥"。

不過，楚簡中的"槇"字還寫作 杲(信陽 1·23)、杲(上博五·三 19)、杲(清華三·祝 2)等形。《信陽楚簡》簡 1·23："今爲州，昊昊 杲=(冥冥)，有晑日"。李零先生將此字讀作"冥"，並指出："'冥冥'亦合文，是昏暗的意思。'冥'……像果實在樹木之上，應即'槇'的本字。""槇'即'槇櫨'之'槇'，見《玉篇》、《廣韻》、《集韻》。槇櫨是木瓜類植物(參《本草綱目》)。其字正像瓜在木上。"④《上博五·三德》簡 19："毋曰 杲=(冥冥)，上天有下政。"李零先生也將其讀作"冥冥"。⑤《清華三·祝辭》簡 2："圖品冥冥。"整理者將此句讀作"絕明冥冥"，並謂："'冥'字楚文字屢見，字形暫不能分析。絕明冥冥，指失火黑煙阻遮天光。"⑥"冥冥"一詞文獻多見，如《莊子·在宥》："至道之精，窈窈冥冥；至道之極，昏昏默默。"《吕氏春秋·論威》："宥宥乎冥冥，莫知其情，此之謂至威之誠。"可見李零先生釋作"槇"，讀作"冥"與形與義均相合。不過李先生謂該字形"像瓜在木上"卻也未必可信，所以清華簡整理者仍然非常審慎地指出"字形暫不能分析"。

值得注意的是，清華簡《祝辭》中的 杲字，其上部圓圈中的一筆與下部"木"旁中的竪筆並不相連，而是在圓圈中向左寫了一個弧筆。我們認爲這一弧筆也當是因塗黑表意而成。因此其中所从 ▲旁與《容成氏》中的"▲(瞑)"亦當爲一字之異，二者不同之處僅在於一個是僅用了一弧筆，而另一個則用了兩竪筆，但二者的表意相同，均是爲了將表示"目"的圓圈塗黑而已。由此亦可推知，信陽簡和上博簡《三德》中的 杲 和 杲 上部所从圓圈中的竪筆，本來也應是用於塗黑表意，但因書寫者求快導致這

---

① 陳偉：《楚竹書〈周易〉文字試釋》，簡帛研究網 2004 年 4 月 18 日。

② 徐在國：《上博竹書(三)〈周易〉釋文補正》。

③ 黄德寬：《楚簡〈周易〉"杲"字說》第 1—3 頁。

④ 李零：《讀〈楚系簡帛文字編〉》，《出土文獻研究》第五輯，科學出版社 1999 年，第 147 頁；李零：《長臺關楚簡〈申徒狄〉研究》，《簡帛古書與學術源流》，生活·讀書·新知三聯書店 2004 年，第 182 頁。

⑤ 馬承源主編：《上海博物館藏戰國楚竹書(五)》，上海古籍出版社 2005 年，第 302、296 頁。

⑥ 李學勤主編：《清華大學藏戰國竹簡(叁)》，中西書局 2012 年，第 164、165 頁。

一筆與下部所从"木"旁一豎連書成了一筆。據此看來,《上博三·周易》中的"❀"字上部圓圈中的豎筆也應是用於塗黑表意的單獨一筆,但因與下部"木"旁中的豎筆已連寫在一起,所以書手又在圓圈右上角加筆塗黑以加強表意。

　　總體看來,本節所論❀、❀、❀、❀四種字形,其上部圓圈中的筆畫雖然稍有不同,但都是爲了將眼睛塗黑以構意,所以這些字上部所从與《上博二·容成氏》中的"▲(瞑)"實爲一字。字形均當分析爲从"木"、"瞑"聲,整個字可直接釋作"㮍"。正如李零先生所説,"㮍"似即"㮍榠"之"㮍"。唐代陳藏器《本草拾遺》:"㮍榠,一名蠻榠。"明代李時珍《本草綱目》卷三十:"㮍榠生於吳越,故鄭樵《通志》謂之'蠻榠',俗呼爲木梨,則㮍榠蓋蠻榠之譌也。"[1]《圖經本草》:"㮍榠,木葉花實,酷類木瓜,陶(弘景)云:'大而黄,可進酒去痰者'是也。欲辨之,看蒂間别有重蒂如乳者爲木瓜,無此者爲㮍榠也。""㮍"从"冥"得聲,故在本節所論四處簡文中均用作"冥"。

三、❀、❀、❀、❀、❀、❀

　　……軒❀索繢之裏。[2]　　　　　　　　　　　　　　　　　　　　　(《天星觀》)

　　女乘一乘:龍枓(軳)。齒乎。翟輪。肙(蜎)緧聯縢之鞏肙。[3] 軒反,肙(蜎)緧聯縢之❀,丹緧之裏,丹硅(重)緧之純。[4] 亓(其)韋(幃),丹緧聯縢之❀。亓(其)并櫺,丹硅(重)緧之❀,黄夋(繏)組之繢(綴)卅=(三十),丹組之屋,紡裏,絹(蜎)……[5]　　　　　　　　　　　　　　　　(《望山》M2·2)

　　一杭,[6]一霝(轎),[7]約❀。紡屋,剚(絶)岦,柱昜馬,禺純,虎……

　　　　　　　　　　　　　　　　　　　　　　　　　　　　　(《望山》M2·15)

　　……聯縢之❀……　　　　　　　　　　　　　　　　　　　(《望山》M2·24)

---

① 賈思勰原著,繆啓愉校釋,繆桂龍參校:《齊民要術校釋》,農業出版社1982年,第595—596、618頁。

② 滕壬生:《楚系簡帛文字編》,湖北教育出版社1995年,第684頁。此段簡文《楚系簡帛文字編》1018頁作"……軒裏素金之裏",第一個"裏"字當爲❀字形近誤釋。

③ "肙"從李運富先生釋,參見李運富:《楚簡帛文字叢考(二)》,《古漢語研究》1997年第1期,第91—92頁。

④ "硅"從李守奎先生釋,參見李守奎:《楚文字編》,華東師範大學出版社2003年,第56頁。

⑤ 本段簡文據劉國勝先生的意見稍作了調整,參見劉國勝:《楚喪葬簡牘集釋》,科學出版社2011年,第89頁。

⑥ 該字釋作"杭",參見陳劍:《試説戰國文字中寫法特殊的"亢"和從"亢"諸字》,《出土文獻與古文字研究》第三輯,復旦大學出版社2010年,第180頁。

⑦ "轎"從陳偉先生釋,參見陳偉:《車輿名試説(二則)》,《古文字研究》第二十八輯,中華書局2010年,第385—386頁。

李零先生將"🔺、綟"二字分別隸作"禖、縸",無説。①《望山楚簡》中的 綟
字,朱德熙等先生懷疑與曾侯乙墓竹簡中的"隩"字所指爲同一種東西。② 但兩字形
差别頗大,並不可信。李零先生將其隸作"縸",至確。"縸"、"禖"均從"冥"得聲,形
旁表義相近,當爲一字之異體。《周禮·春官·巾車》:"王之喪車五乘:木車、蒲蔽、
犬禖、尾囊、疏飾。"鄭玄注:"犬,白犬皮,既以皮爲覆苓,又以其尾爲割裁之弢。"賈
公彦疏:"犬禖,以犬皮爲覆苓者。"從望山簡簡文來看,"禖"或"縸"不僅祇施於車苓
之上。

天星觀簡中的"軒禖",《説文》車部:"軒,曲輈藩車。"段玉裁注云:"謂曲輈而有藩
蔽之車也。"因此"軒禖"當是覆蓋在軒車上的織物或皮革。

望山簡中的"軒反",研究者對此理解不一。整理者注曰:"《文選·羽獵賦》李
善注引韋昭曰:'車有轓曰軒。'《漢書·景帝紀》'令長吏二千石車朱兩轓',顏師古
注引如淳曰:'轓音反,小車兩屏也。'古代建築物欄杆上的板也稱軒。軒車車廂兩
旁有較高的屏藩,與建築物欄上有軒形近,所以兩者同名。簡文'軒'不是車名,應
指車兩旁的'轓'。'反'疑當讀爲'軬'。古代比較高級的車,兩轓上部向外翻,名爲
'軬',亦稱車耳。《説文》:'軬,車耳反出也。'《廣雅·釋器》:'轓謂之軬。'一説'軒
反'當讀爲'軒板'。"③劉國勝先生認爲"反"可能當讀作"轓"。《後漢書·董卓傳》
"爪畫兩轓",李賢注引《廣雅》云:"轓,車箱也。""轓"是"藩"的俗字。《説文》:"軒,
曲輈藩車也。"《儀禮·既夕禮》"蒲蔽",鄭玄注:"蔽,藩。"孔疑達疏:"車兩旁禦風爲
藩。"④簡文"軒轓"似當指"婦乘"車箱兩側的屏藩。據此推測,"軒反,肙(鼘)緅聯縢
之縸"中的"縸",可能是指覆蓋在"車耳"或"車箱兩側的屏藩"外面的一層織物或
皮革。

望山簡中的"韋",整理者疑讀爲"幃",指車的帷帳。⑤《説文》:"在旁曰帷。從巾
隹聲。匫,古文帷。"《釋名》曰:"帷,圍也。所以自障圍也。"《詩·衛風·氓》:"淇水湯
湯,漸車帷裳。"毛傳:"帷裳,婦人之車也。"《釋名·釋車》:"谷車,婦人所載小車也。
其蓋施帷,所以隱蔽其形容也。"據此推測,簡文"亓(其)韋(幃),丹緅聯縢之縸"中的

① 李零:《讀〈楚系簡帛文字編〉》第 152、148 頁。
② 湖北省文物考古研究所、北京大學中文系:《望山楚簡》,中華書局 1995 年,第 116 頁。
③ 湖北省文物考古研究所、北京大學中文系:《望山楚簡》第 116 頁。
④ 劉國勝:《楚喪葬簡牘集釋》第 96 頁。
⑤ 湖北省文物考古研究所、北京大學中文系:《望山楚簡》第 116 頁。

"緟"可能是指車帷是用"丹綝聯縢之緟"做成。①

　　望山簡中的"并櫺",整理者認爲"并"似當讀爲遮罩之"屏"。櫺即欄杆的孔格。古書又有"轠"字,亦作"軨",專指車上的欄杆,是"櫺"的分化字。屏櫺疑即漢代人所謂的屏星,是車前遮罩之物。《後漢書·輿服志》劉昭注引《謝承書》:"州別駕從事車前,舊有屏星,如刺史車曲蓋儀式。"又引《説文》(或謂是《通俗文》之誤):"車前謂之屏星。"《廣雅·釋器》作"簈星"。② 古車櫺格上多有覆蓋之物,多爲皮革做成,古書中記作"禩"、"簏"、"帮"等。《周禮·春官·巾車》:"王之喪車五乘:木車、蒲蔽、犬禩、尾橐、疏飾。"鄭玄注:"犬,白犬皮,既以皮爲覆笭,又以其尾爲割戟之弢。"賈公彦疏:"犬禩,以犬皮爲覆笭者。"棗陽郭家廟曾國墓地出土的 GCHK1-3 號車,車輿前部裝飾有皮革,位於兩軑柱間環前欄位置,安裝在軹、轛和前軫上的立柱之間,皮革上先髹紅漆,後髹棕色漆,高 15～33 釐米。③ 此車輿前部所覆漆繪皮革似即"禩"。由此可知,簡文"亓(其)并(屏)櫺,丹砫(重)綝之緟"中的"緟"可能是指施於車前部屏櫺上的覆蓋物。

　　望山簡"一喬(轎),約緟"。陳偉先生認爲"喬"當讀爲"轎"或"橋",如《漢書·嚴助傳》"輿轎而隃嶺"之轎,是一種代步工具。這種代步工具有車輿、車蓋一類的構造,河南固始侯古堆東周大墓隨葬坑出土的三乘肩輿是先秦使用"轎"的實物遺存。④ 彭浩先生認爲其中的"緟"是鋪陳在"喬(轎)輿"内的飾物。⑤

　　明確了簡文中的"禩"或"緟"的所指以後,還可以對字形稍作補充。《望山楚簡》諸"緟"字右側上部所從圓圈中的竪筆,雖然看上去與下部"木"旁中竪也連爲一筆,但明顯較同批簡文中一般"木"旁的中竪起筆粗壯(參下圖),似是有意爲之,而且 15 號簡中的字形 ,圓圈中的一半全部塗成了黑色。字形中表現出的這一特點也可以補充説明前文對" (瞑)"的構字分析可信。

(2)　 (2)　 (2)　 (15)　 (24)

(2)　 (45)　 (47)　 (60)

---

① 彭浩:《望山二號墓遣册的"緟"與"易馬"》,《江漢考古》2012 年第 3 期,第 121 頁。

② 湖北省文物考古研究所、北京大學中文系:《望山楚簡》第 116 頁。

③ 襄樊市考古隊等:《棗陽郭家廟曾國墓地》,科學出版社 2005 年,第 210、231 頁。

④ 陳偉:《車輿名試説(二則)》第 385—386 頁。

⑤ 彭浩:《望山二號墓遣册的"緟"與"易馬"》第 122 頁。

此外,曾侯乙墓出土遣册簡中"襮"字皆寫作"韠",从韋,冥聲,原形作🔺(簡6)。"韠(襮)"字所从"冥"旁源自西周金文。① 與望山簡和天星觀簡用字有所不同,這可能與曾地的特殊用字習慣有關。

四、🔺、🔺、🔺

黄▬駐(奸)馭  🔺君之一乘畋車。　　　　　　　　　　　　　(《曾侯乙》65)

🔺君之幣畋車,麗兩黄。　　　　　　　　　　　　　　(《曾侯乙》201)

鄝弍(域)屬敔🔺君之肯邑人黄欽。　　　　　　　　　(《包山》143)

此三字原簡照片不甚清晰,摹本分別作:🔺、🔺、🔺。《曾侯乙墓竹簡》整理者認爲此字从"邑""杲"聲,"杲"見於戰國貨幣文字,即"相"字。② 李零先生隷作"鄝",無説。③ 劉信芳先生認爲从邑,相聲,讀爲"杞",《漢志》南郡有"杞縣",應即"杞君"封地所在。④ 現在看來,此字當從李零先生所隷。此地名即楚國要塞"冥阨"(《左傳》定公四年),字或作"黽塞"(《戰國策·楚策四》),或作"黽隘"(《史記·春申君列傳》),或作"鄳塞"(《史記·楚世家》),或作"鄳阨"(《史記·蘇秦列傳》),其地在今河南省信陽市西南。"鄝君"即"冥阨"所在之地的封君。此外,宋華強先生指出新蔡簡中有一個地名作"鄳"(《新蔡》甲三193),又寫作"黽"(《新蔡》乙四129),即是文獻中的"冥阨"。⑤

五、🔺

監川之都,🔺(�),鄰(潤)之邑,⑥百輮(乘)之豪(家),十室之佶,⑦宮室汙

---

① 裘錫圭、李家浩:《曾侯乙墓竹簡釋文與考釋》,湖北省博物館:《曾侯乙墓(上)》,文物出版社1989年,第516頁。

② 裘錫圭、李家浩:《曾侯乙墓竹簡釋文與考釋》第518頁。

③ 李零:《讀〈楚系簡帛文字編〉》第147頁。

④ 劉信芳:《包山楚簡解詁》,臺北藝文印書館2003年,第143頁。

⑤ 宋華強:《楚墓竹簡中的"曡"字及"緝"字》,簡帛研究網2004年6月13日。

⑥ "潤"字所釋參見何有祖:《上博五〈三德〉試讀(二)》,簡帛網(www.bsm.org.cn)2006年2月21日;周波:《釋青川木牘"邶"字及其相關諸字》,復旦大學出土文獻與古文字研究中心網(www.gwz.fudan.edu.cn)2008年4月8日。

⑦ "佶"字所釋參見何有祖:《上博五〈三德〉試讀(二)》。

池,各慇(慎)亓尾(度),母(毋)遊(失)亓道。　　　　(《上博五·三德》12～20)

整理者李零先生云:"監川之都,臨川的大城。'監'也可能是'臨'字的誤寫。,從字形分析,是一从网从呆的字,呆字見於上博楚竹書《周易·豫卦》上六,今本作'冥',疑即古書'楳'字('楳'是木瓜)。這裏疑讀爲'憑'。"[1]王晨曦先生認爲此字當釋作"冥",讀作"密",訓作靠近,與"邇"近同。古書中"密邇"習見,如《左傳》定公四年:"辭吳曰:'以隨之辟小,而密邇于楚,楚實存之。'""罘(密)齰(澗)之邑"就是靠近山澗的城邑。[2]劉信芳先生認爲"罘"即"幎"字異構,《廣雅·釋詁一》:"幎,覆也。"幎或作幂、幕。《吳都賦》"幂歷江海之流",注:"分布覆被皃。""幎澗之邑"蓋謂沿水澗分佈之邑。[3]

我們認爲,"監川之都"即面對着大川的都城,整理者之説可從。但不必理解爲"臨"字之誤。"監"與"臨"義近,《説文》卧部:"監,臨下也。""澗之邑"中的,整理者分析爲从网,楳聲,也非常準確,但文獻中"冥"、"憑"相通之例罕見,故讀作"憑"似不可信。王晨曦先生讀作"密",訓作"靠近",有其合理之處。劉信芳先生釋作"幎"之異體可從,而且可以補充的是,馬王堆漢墓帛書《五十二病方》92～93行:"盛以新瓦甕,冥(幂)口以布三口,即封塗(塗)厚二寸。"其中的"冥"字原形作,[4]該字上部从"网",同批帛書文字中"冥"字一般寫作,[5]上部从"冖"。《説文》冖部:"冖,覆也。从一下垂也。"因此,整理者直接釋作"冥"與形不合。[6]字當改隸作"罞",可分析爲从网冥省聲。又因爲"罞"字在簡文中用作"幂",故我們懷疑"罞"即"幎"或"幂"之異構,意爲覆蓋。《淮南子·原道訓》:"夫道者,覆天載地……舒之幎於六合,卷之不盈於一握。"高誘注:"幎,覆也。"《戰國策·楚策四》:"伯樂遭之,下車攀而哭之,解紵衣以幂之。"鮑彪注:"幂,覆也。"《列女傳·鄒孟軻母》:"夫婦人之禮,精五飯,幂酒漿,養舅姑,縫衣裳而已矣。"馬王堆漢墓帛書中的"冥"字當直承秦代文字,秦文字中"冥"及从"冥"之字作(詛楚文)、[7](里耶1221簡"冥"字)。[8]詛楚文經歷代傳刻,可能

---

① 馬承源主編:《上海博物館藏戰國楚竹書(五)》第296頁。

② 王晨曦:《上海博物館藏戰國竹書〈三德〉研究》,碩士學位論文,復旦大學2008年,第73頁。

③ 劉信芳:《楚簡帛通假彙釋》,高等教育出版社2011年,第396頁。

④ 陳松長:《馬王堆簡帛文字編》,文物出版社2001年,第279頁。

⑤ 陳松長:《馬王堆簡帛文字編》第279頁。

⑥ 馬王堆漢墓帛書整理小組:《馬王堆漢墓帛書〔肆〕》,文物出版社1985年,五十二病方圖版第18頁,五十二病方釋文注釋第38頁。

⑦ 湯餘惠主編:《戰國文字編》,福建人民出版社2001年,第468頁。

⑧ 湖南省文物考古研究所:《里耶秦簡(壹)》,文物出版社2012年,第155頁。

會有所失真,但里耶秦簡中的字形真實可信,足可證漢代“冥”字的寫法源自秦。通過前文討論可知,楚文字中與秦文字“冥”相對應的字形寫作 ▲,由此推測,簡文 ▲ 字可能即戰國楚系文字中的“羃”或“幎”字。如此看來,劉信芳先生的觀點可從。王晨曦先生將“冥”進一步讀作“密”,訓爲靠近,亦可通。

　　何有祖先生已指出過,①古代戰争水準不高,長河大川都是天然的防禦工事,所以古代都邑建設多憑依天險。《逸周書·武紀解》:“國有三守:卑辭重幣以服之,弱國之守也;修備以待戰,敵國之守也;循山川之險而國之,僻國之守也。”亦考慮依“澗”建城。《史記·高祖本紀》“可急使兵守函谷關”,《正義》引顏師古曰:“今桃林南有洪溜澗,古函谷也。”《後漢書·耿弇傳》“恭以疏勒城傍有澗水可固”,又“匈奴遂於城下擁絕澗水”。簡文“監川之都”與“冥(密)澗之邑”對文。“川”與“澗”皆屬險地,正符合古人建設都邑所需的自然地理條件。此外,以山川爲界來劃分大小行政區域和單位是我國古代通行的原則,②而“都”和“邑”都是一定區域的行政單位,因此簡文用“監川”和“冥澗”來指稱“都”和“邑”也可能與此原則有關。

六、▲

▲君吳王身至於郢。③　　　　　　　　　　　　　　(《上博四·昭王與龔之脽》8)

　　簡文中的“▲”字,整理者原隸定作“息”,並謂“‘息’,同‘怕’。《集韻》:‘怕,古書皆作息。’本句語意不明。”簡文中的“身”字原誤釋爲“廷”。④ 孟蓬生先生以爲,此處吳王爲闔廬。“息君”,當讀爲“伯(霸)君”。吳王闔廬“西破强楚,入郢,北威齊晉,顯名諸侯”(《史記·孫子吳起列傳》),故可稱爲“霸君”。⑤ 陳劍先生將“▲”改釋爲“快”,把“廷”字改釋作“身”,並謂:“所謂‘快’字原釋爲上從‘白’,但其形中間作從左上向右下的一斜弧筆,‘白’未見如此作者。頗疑此字上半所從乃‘夬’之省形。‘快君’乃昭

---

① 何有祖:《上博五〈三德〉試讀(二)》。

② 周振鶴:《中國歷代行政區劃的變遷(增訂版)》,商務印書館1998年,第113—119頁。

③ “身”字原整理者誤釋作“廷”,陳劍先生改釋作“身”,可從。參見陳劍:《上博竹書〈昭王與龔之脽〉和〈柬大王泊旱〉讀後記》,簡帛研究網2005年2月15日。

④ 馬承源主編:《上海博物館藏戰國楚竹書(四)》,上海古籍出版社2004年,第190頁。

⑤ 孟蓬生:《上博竹書(四)閒詁》,簡帛研究網2005年2月15日。

王對吳王闔廬出於敵愾之稱,如'快'字之釋可靠,'快君'或可讀爲'獪君',謂其狡獪也。"①侯乃峰先生認爲孟蓬生先生將"息君"讀爲"霸君"可取。楚文字中"白"字字形稍有草率,寫成簡文中形狀不無可能。陳劍先生不取"霸君"說,想是從文意上考慮,認爲"霸君"似乎爲褒稱,作爲敵對的雙方,昭王不可能稱吳王爲"霸君"。事實也許恰恰相反。《風俗通義》卷第一"五伯":桓公問管仲:"吾何君也?"對曰:"狄困于衛,復兵不救,湏滅乃徃存之,仁不純,爲霸君也。""仁不純"稱爲"霸君",可見"霸君"並非褒稱,楚王稱吳王也是可能的。② 我們曾懷疑所謂"息"是"思"之誤字,在簡文中可讀爲"使"。③

　　現在看來,諸家對字形的分析均不能令人信服,近而也導致對文意的理解無法盡如人意。正如陳劍先生所說,所謂"息"字上部所從圓圈,其中間作從左上向右下的一斜弧筆,楚文字中的"白"未見如此作者,故整理者隸定作"息"並不可從,因此孟蓬生、侯乃峰二位先生以該字從"白"得聲讀作"霸"便失去了依據。陳劍先生改釋作"快",但楚文字中的"夬"字以及"快"字中所從的"夬"旁,均未見省作 形者。而且,"夬"字本象人手指上套着一枚圓圈,是一個合體象形字,其形義應是射箭時戴在大拇指上,用以鉤弦的扳指。④ 從"夬"字的構意來看,如果構字時省掉下部"又"旁的一部分,其構意實難明確,所以省略之說也令人生疑。釋作"思"之省形也存在同樣的問題。試將相關的字形對比如次:

思：(郭店·語三 48)　(包山 198)　(新蔡·甲三 388)

　　(上博六·競 8)　(上博八·志 4)　(清華一·楚 4)

白：(郭店·老乙 11)　(上博一·緇 18)　(清華一·楚 2)

　　(新蔡·甲三 233)　(望山 M1·28)　(包山 276)

夬：(郭店·老乙 14)　(上博三·周 38)　(上博八·蘭 1)

快：(郭店·尊 35)　(郭店·性 12)　(包山 182)

---

① 陳劍:《上博竹書〈昭王與龔之脽〉和〈東大王泊旱〉讀後記》。
② 侯乃峰:《〈昭王與龔之脽〉第九簡補說》,簡帛研究網 2005 年 3 月 20 日。
③ 范常喜:《讀〈上博四〉剳記四則》,簡帛研究網 2005 年 3 月 31 日。
④ 參見趙平安:《夬的形義和它在楚簡中的用法——兼釋其他古文字資料中的夬字》,《新出簡帛與古文字古文獻研究》,商務印書館 2009 年,第 333 頁。

通過與上述字形對比可知,將 🔲 釋 "息"、"快"、"思" 均不可從。結合前文對楚簡中 "🔲(瞑)" 字的分析,我們認爲此字上部所從的 🔲 亦當是 "瞑" 旁,圓圈中向右的斜弧筆也當是書手有意塗黑所致,與上博二《容成氏》中的 🔲,清華簡《祝辭》🔲 所從的 🔲,上博三《周易》🔲 所從的 🔲,望山簡 🔲 所從的 🔲,信陽簡和上博簡《三德》🔲 和 🔲 所從的 🔲、🔲 等均爲一字之異。這些圓圈中的筆畫雖然各有差異,但塗黑表意的功能並無二致,①整字可釋作 "瞑"。後世字書中有 "瞑" 字,見於 "瞑悜" 一詞,《廣韻》、《集韻》:"瞑悜,意不盡也。" 置諸簡文 "瞑君" 無法講通,顯非後世之 "瞑" 字。我們懷疑 "瞑" 在簡文中可讀作 "冥" 或 "瞑",表示冥昏、冥昧、惛亂之義。相關例證如:

　　《春秋繁露・立元神》:"不見不聞,是謂冥昏,能冥則明,能昏則彰,能冥能昏,是謂神。"

　　《後漢書・隗囂傳》:"莽明知之,而冥昧觸冒,不顧大忌,詭亂天術,援引史傳。"

　　《荀子・非十二子》:"酒食聲色之中,則瞞瞞然,瞑瞑然。" 楊倞注:"瞑瞑,視不審之貌。"

　　《禮記・哀公問》:"公曰:'寡人惷愚冥煩,子志之心也。'" 鄭玄注:"言不能明理此事。"

《説文》目部云:"瞑,翕目也。從目、冥,冥亦聲。" 可見 "瞑" 本爲閉目之義,引申而有冥昏、冥昧、冥頑等義。簡文中 "瞑" 字從心,當是因表示人之昏瞶、糊塗之義而造的專字。簡文 "🔲(瞑)君吳王身至於郢" 意謂吳國打敗了楚國,昏君吳王打進了郢都。本段簡文所述是公元前 506 年(楚昭王十年)吳王闔廬 "五戰入郢"(《淮南子・泰族》)之事,此戰迫使楚昭王出奔鄖邑後又奔隨,次年始復入楚國。楚王回到楚國後重新述説此事,楚王用 "瞑君" 來指稱打敗自己的敵人吳王闔廬,正可以表達自己的憤怒之情,自然非常合適。

餘　　論

塗黑作爲一種別義手段曾經較多運用於印第安墓誌銘、阿兹忒克文字等早期文

---

① 對此塗黑表意筆畫隨意性的分析參見文末 "餘論"。

字中,王元鹿先生還曾就此提出了"黑色字素"的概念。[1] 我國雲南麗江的納西東巴文用得更爲普遍,如:[2]

[0003] 月也。

[0069] 、 夜也,從月倒形無光。

[0027] 光也,象光芒四射。

[0028] 暗也,無光也,從光黑。

[0046] 天地之際發白也,從天白有光。

[0045] 天地之際昏黑也,從天黑。

[0972] 屋也。

[0977] 獄也,關仇人之黑房也,從屋從黑。

而且值得注意的是,東巴文中用"塗黑"表義時其中的"黑色"可以減省爲"黑點",如:

[0828] 靴也,從靴黑。又作 。

[0300] 烏鴉也,從鳥黑。又作 。

[0105] 黑石岩也,從岩從 ●。

[1188] 黑色衣服也。

從以上例字可知,東巴文中用塗黑表意時,筆畫較爲隨便,無論是將外部輪廓全部塗黑,還是部分塗黑,甚至簡化爲一個短豎或者黑點,其構字意圖以及其達到的表意效果卻沒有變。楚簡文字中的"瞑"與此正相類似,兹將本文所論"瞑"旁分類羅列如次:

《上博二·容》37: ("瞑",用兩豎筆塗黑表意)

《望山》M2·15: ("纆"字所從,用粗豎筆塗黑表意)

《清華三·祝》2: ("槙"字所從,用一向左下的斜弧筆塗黑表意)

《上博四·昭》8: ("愄"字所從,用一向右下的斜弧筆塗黑表意)

《上博三·周》15: ("槙"字所從,用一豎筆加右上角塗黑表意)

---

① 王元鹿:《比較文字學》,廣西教育出版社 2001 年,第 37—39 頁。

② 東巴文字形均出自方國瑜編撰,和志武參訂:《納西象形文字譜》,雲南人民出版社 1995 年。例字前方括號中的數字爲原書收字編號,編號中前面的零爲我們所加。

《望山》M2・15：△（"緅"字所從,用中間一粗豎筆塗黑表意）

《上博五・三》19：△（"樉"字所從,用中間一豎筆塗黑表意）

《信陽》1・23：△（"樉"字所從,用中間一豎筆塗黑表意）

從上列"瞑"字可知,字形中表示"目"的圓圈中用於塗黑表意的筆畫寫得相對隨意,變化較多,筆畫數量有兩豎筆、一豎筆的差別,方向有向左、向右的不同,形狀有粗細之分,但這些不同並未影響其塗黑表意的效果。這與納西東巴文中的塗黑表意時的隨意性有相同之處。[1] 漢古文字雖與其他古文字有所不同,但其造字原理當可相通,戰國楚簡文字中"瞑"的構字原理便是一個很好的體現。

此外,與楚簡"瞑"字相似,古文字中"黑"的構形也可以表現出塗黑筆畫書寫時的隨意性。《説文》黑部："黑,火所熏之色也。从炎,上出囧。囧,古窗字。凡黑之屬皆从黑。"並不可信。從字形演變來看,"黑"在甲骨文中寫作"△"。[2] 唐蘭先生認爲金文中的"黑"字本象正面人形（即大字）,而面部被墨刑的人。[3] 西周金文始加注點畫以指事其色黑,但所加點畫或多或少,用作偏旁有時不加點畫,仍如甲骨文字形。金文中的相關字形如：[4]

（鄘伯馭簋） （鑄子叔黑臣簋） （儼匜）

戰國文字中"黑"旁上部圓圈中加注指事黑色的點畫更加變化多端,相關字形如：[5]

（睡虎地・封23） （曾侯乙174） （璽彙0737）

（陶彙4・8） （陶彙5・389） （黝鐘）

（侯馬） （睡虎地・答48） （璽彙5477）

（楚帛書・甲） （郭店・窮7） （上博五・鮑3）

---

① 黃德寬先生已指出這一點,我們非常贊同,祇是黃先生釋字與本文不同。參見黃德寬：《楚簡〈周易〉"△"字説》第1—3頁。

② 于省吾：《甲骨文字釋林》,中華書局1979年,第227—230頁。

③ 唐蘭：《陝西岐山縣董家村新出西周重要銅器銘辭的譯文和注釋》,《文物》1976年第5期,第59頁。

④ 董蓮池：《新金文編》,作家出版社2011年,第1423—1424頁。

⑤ 湯餘惠主編：《戰國文字編》第682、210頁。

(上博六·用日3)　(包山7)

由此可見,"黑"與"暝"一樣,其中的筆畫在用於塗黑表意時書寫得也相當隨意,從筆形來看有點畫、竪畫、斜畫、十字、×形等,從筆畫數量來看則有兩點、四點、兩竪、三竪、兩斜畫、三斜畫等。這一現象可能是表意文字構造中塗黑表意所呈現出的共同筆畫特徵。

　　附記:本文部分觀點曾於 2006 年 3 月 9 日以《試說〈上博五·三德〉簡 1 中的"暝"——兼談楚簡中的相關諸字》爲題,發表於武漢大學簡帛研究中心主辦的"簡帛網"。本稿在此基礎上作了大幅修改增補而成。

天水放馬灘秦簡零拾[*]

方　勇

2009 年甘肅省文物考古研究所出版了《天水放馬灘秦簡》一書,該書公佈的天水放馬灘秦簡資料最爲全面,惜圖版以模糊者居多,爲學界所苦惱。後據聞孫占宇先生花費幾年時間整理了這批秦簡資料,此舉實爲不幸之中的大幸,恰前幾日購得孫先生《天水放馬灘秦簡集釋》一書,得見書中圖版質量以及釋文水平較 2009 年的版本有很大提高,尤其是孫先生對簡文的編排和分類工作做得很細緻,這是值得學界甚爲欣慰的事情。但讀罷該書的同時,我們覺得其書中有些釋字問題還是值得商榷的,今不揣淺陋,寫出幾則意見供孫占宇先生及學界同仁批評指正!①

1. 乙亡盜□□三人其一人在室中從東方入行有遺毆不得女子毆。

(《日書》甲種簡二三)

此條簡文中的"盜"字下兩個字,分別作 、 形,天水放馬灘秦簡原整理者釋爲"青色"二字;孫占宇先生則認爲,此二字與乙種的《天干占盜》篇"青色"不類,故暫缺釋。其實,祇要和《日書》乙種《天干占盜》五六簡第一欄中"青色"的 二字形進行比較,即可明白原整理者釋爲"青色"的意見是正確的,但需要指出的是,秦簡

---

*　本文爲 2013 年度教育部人文社會科學研究青年基金項目"秦簡牘醫學文獻的整理與研究"(批准號:13YJC770011)、教育部 2008 年度哲學社會科學重大攻關項目"秦簡牘綜合整理與研究"(批准號:08JZD0036)階段性成果。

① 以下所列天水放馬灘秦簡的圖版和釋文皆採自孫占宇先生著《天水放馬灘秦簡集釋》(甘肅文化出版社 2013 年)一書;2009 年《天水放馬灘秦簡》一書整理者的釋文及意見皆稱以"原整理者"字樣進行説明;以下所引秦簡牘文字字例皆出拙著《秦簡牘文字編》,福建人民出版社 2012 年。均不另注。

中"色"字通常作以下 A、B 兩種形狀：

上舉放馬灘《日書》甲種中的 形，明顯同於上揭 B 類的"色"字，此類"色"字皆以秦文字"印"字爲之。[①] 故原整理者的意見没有問題。同時，《日書》乙種《天干占盗》五六簡第一欄中的"行有遺殴"下缺釋的兩個字，孫占宇先生據上舉甲種的内容補足爲"不得"二字，這是正確的，雖然字形漫漶不清，但仔細觀察這二者的圖版，釋爲"不得"二字没有問題。

2. 寡門不寡濡泥□=□所定妻不吉必參寡。　　　　　（《日書》乙種簡一貳）

其中的"泥"字下一字，孫占宇先生引到周波先生的考釋意見，即周先生將其釋爲"興"，並認爲下有重文符號，其下一字爲"毋"，周先生讀爲"無"；"妻"字，周先生釋爲"處"，如此，簡文内容正和睡虎地秦簡、孔家坡漢簡的相關内容對應。我們認爲周波先生的這些意見都是正確可從的，但孫占宇先生認爲這些字形都應缺釋，可見孫先生的集釋態度過於謹慎，文中應採用周先生的意見。

3. 乘□到邑□不肯行者以□中□入其口中。　　　（《日書》乙種簡一〇四壹）

其中"乘"字下一字，當爲"馬"字，"乘馬"爲一詞，《詩·大雅·崧高》："路車乘馬，我圖爾居。"毛傳："乘馬，四馬也。"《易·繫辭下》："服牛乘馬，引重致遠。"《管子·乘馬》："天下乘馬服牛，而任之輕重有制。"即是其例。此外，簡中其他未釋字的圖版漫漶不清，不可確釋。

4. 丙子不可壞垣登谷妻必死。　　　　　　　　　（《日書》乙種一一五壹）

其中的"登"字，爲孫占宇先生所隸定，原整理者釋爲"筆"，此字圖版作 形，孫占宇先生按語認爲此字上部可能爲門之殘筆。我們認爲，孫先生認爲其字上部爲"門"字殘筆的情況，應是可能的。其内部的字形，我們疑爲"垔"字，因睡虎地秦簡中"堙"字作 (，摹本)形，里耶秦簡"甄"字作 (8-1146 簡)、 (8-1143 牘)等形，[②] 漢印中的"甄"

---

① 李家浩：《從戰國"忠信"印談古文字中的異讀現象》，《北京大學學報(哲學社會科學版)》1987 年第 2 期，第 18 頁注解 63。

② 湖南省文物考古研究：《里耶秦簡(壹)》，文物出版社 2012 年，第 149 頁。

字有作 形的,①通過比較, 形中間所從字形和以上諸形所從的"堊"形最爲接近。此外,馬王堆漢墓帛書中"闉"作 形,辭例爲"闉浴(谷)投谿"。②"闉"在傳抄古文中作 形,即爲"堙"。③ 通過比較可見,我們將其釋爲"闉",其即"堙"字,《讀書雜志·墨子第五·備梯》王念孫按:"備穴篇: 救闉池者。闉與堙同。"《墨子·備城門》"梯堙水",孫詒讓《閒詁》:"闉、堙、煙,聲同字通。"可見,"闉"即是"堙",其表塞義。《詩經·魯頌·泮水》"孔淑不逆",鄭箋"謂堙井刊木之類",陸德明釋文:"堙,塞也。"《左傳》襄公二十五年"井堙木刊",杜預注:"堙,塞也。"《國語·周語》"墮高堙庳",韋昭注:"堙,塞也。"《晉語六》"夷竈堙井",韋昭注:"堙,塞也。"《鶡冠子·能天》"苓轡堙谿",陸佃注:"堙,塞也。"簡文中的"闉(堙)"應即以上所臚列的填塞義。"闉(堙)谷"應指填塞山谷之事。上舉《鶡冠子》中的"苓轡堙谿"即指此義,黃懷信先生就認爲:"苓,同'零',凋零。零轡,零落之山轡。堙,填塞。谿,山谷。"④此外,簡文中"堙谷"一詞除了和上舉馬王堆漢墓帛書的辭例相合外,其還見於傳世典籍,如《史記·秦始皇本紀》:"三十五年,除道,道九原,抵雲陽,塹山堙谷,直通之。"《水經·大遼水注》:"《魏書國志》:'遼西單于蹋頓尤强,爲袁氏所厚,故袁尚歸之,數入爲害,公出盧龍,塹山堙谷五百餘里……'"又《呂氏春秋·孟秋紀·禁塞》:"壯佼老幼胎膜之死者,大實平原,廣堙深谿大谷,赴巨水。"其中"廣堙深谿大谷"亦可與簡文"闉(堙)谷"相對應。我們猜想,簡文"闉(堙)谷"之事和"壞垣"等行爲應屬同等範疇,這也增添了幾分我們考釋簡文的把握和力度。

5. 鼠食寇〈冠〉則□食□則有●央食領則有朋。　　　(《日書》乙種簡一二一)

其中"寇"字,孫占宇先生疑爲"冠"之誤字,是對的,在睡虎地秦簡中常見以"寇"代"冠"的例子。第一個"則"字下面的字作 形,孫占宇先生缺釋,我們疑其爲"貧"字,秦簡中"貧"作以下形:

通過比較, 形與"貧"最爲相近,同時,簡文云"鼠食寇〈冠〉則貧"甚爲通順。簡文第

---

①　羅福頤:《漢印文字徵》,文物出版社 1978 年,第 492 頁。

②　陳松長:《馬王堆簡帛文字編》,文物出版社 2001 年,第 476 頁。

③　徐在國:《傳抄古文字編》,綫裝書局 2006 年,第 1374 頁。

④　黃懷信:《鶡冠子彙校集注》,中華書局 2004 年,第 381 頁。

二個"則"字的上一字,孫占宇先生亦缺釋,其作 形,我們疑其爲"衣"字殘筆(或是從衣形之字的殘筆),簡文"食衣則有央(殃)"亦很容易理解。簡文最後一字,其作 形,原整理者釋爲"明",孫占宇先生釋爲"朋"。秦簡中的"朋"作 形,通過比較可見,釋爲"朋"不確,而原整理者意見可從,因秦漢簡中"明"通常作"明"形,所以此字即"明"字,同時,簡文中"明"、"央(殃)"古音皆爲陽部字,十分押韻。我們認爲簡文的"明(明)"可讀爲"盟",如《詩經·小雅·黃鳥》"不可與明",鄭玄箋:"明當爲盟,盟,信也。"睡虎地秦簡《日書》甲種一一正貳:"□□□□□可以曰毄(擊)日,以生子,數孤。桃(逃)人,不得,利以兑(説)明(盟)絽(詛)、百不羊(祥)。"[1]此"明"、"盟"通用之例。又"盟",《釋名·釋言語》:"明也,告其事於神明也。"《公羊傳》隱公元年:"爲其與公盟也。"何休注:"盟者,殺牲歃血,詛命相誓,以盟約束也。"睡虎地秦簡《爲吏之道》簡四八叁云"言如盟",整理小組解釋:"説話要和盟誓一樣。"[2]簡文"食領則有明(盟)",應是指老鼠啃食衣領,人則有盟約或盟誓之事(或可指有盟友)。

6. □殹如此者鬧事鼓竽男子□□□□女子如野鳴貂如此者徵事。

《《日書》乙種簡三三四下)

其中的"貂"字爲孫占宇先生釋字。原整理者未釋,同時孫占宇先生引到晏昌貴先生的意見,晏先生將其釋爲"貂"。此字形作 ,從字形來看,此形右側雖稍有殘泐,但還應是"狐"字,秦簡中的"狐"字作 (,摹本)、 等形,此外秦簡"孤"字通常作 、、、、 等形,以上諸形所從"瓜"旁和 字右側形同,此外,放馬灘秦簡《六甲孤虛》篇中的諸"孤"字亦可證明 形右側的爲"瓜"字,故 當爲"狐"字。簡文"如野鳴狐"的格式同於孫占宇先生歸納《五音(二)》中的"如野鳴馬"、"如野鳴犢"等内容,可以考慮將此簡和《五音(二)》諸簡進行編聯。另外,在《日書》乙種簡二〇八中有如下内容:"日入至晨投中毋射狋殹啓顔兑喙長要色黃善病腹腸要脾"。其中的"狋"字作 形,原整理者釋爲"大",因爲2009年《天水放馬灘秦簡》此字形模糊不清,程少軒先生就認爲,"大"之名頗怪,疑有誤。[3]現在看來,此形當爲"狐"字無疑,並且此字也應合乎程少軒先生中國三十六禽系統的文獻疏證内容。

---

[1] 睡虎地秦墓竹簡整理小組編:《睡虎地秦墓竹簡》,文物出版社1990年,第181頁。

[2] 睡虎地秦墓竹簡整理小組編:《睡虎地秦墓竹簡》第172頁。

[3] 程少軒:《放馬灘簡式占古佚書研究》,博士學位論文,復旦大學2011年,第110頁。

7. □益出占木凶□有土毋妻當没(?)其田有女毋辰大息申=吾心且憂不可
　　以吉人。　　　　　　　　　　　　　　　　　　　　(《日書》乙種簡三五七)

　　其中的"土"字，爲孫占宇先生所釋，原整理者釋爲"士"，因秦簡中"土"、"士"二者
形體很近，伊强先生就曾經對睡虎地秦簡中"士"、"土"譌混的例子進行過很好的探
討。① 所以，我們認爲此字形當爲"士"字。"士"本是對男子的通稱，如《周易·歸妹》：
"女承筐，無實；士刲羊，無血。"《國風·鄭風·女曰雞鳴》："女曰雞鳴，士曰昧旦。"從
上舉例子來看，先秦時期"士"、"女"經常同時出現，簡文的"士"和下文的"女"亦是如
此。"有女毋辰"中的"毋辰"，又見於孔家坡漢簡一七八壹中，其簡文曰："甲午旬，嫁
女，毋(無)辰。"陳炫瑋先生認爲："辰，指日子，《吕氏春秋·孟春》'乃擇元辰'，高誘
注：'擇善辰之日。''毋辰，指没有好日子。'"②此外，《四民月令·二月》亦云："是月也，
擇元日，可結婚。"③其"元日"即指吉日，如《吕氏春秋·仲春》："擇元日，命人社。"高
誘注："元，善也。"《漢書·王莽傳》："冠以戊子爲元日，昏以戊寅之旬爲忌日。"顔師古
注："元，善也。"可見，放馬灘秦簡的"有女毋辰"也可能是指女子出嫁没有好日子。此
外，劉青先生將"毋辰"讀爲"無娠"，④亦可讀通簡文。"大息"即"太息"，指大聲長歎。
《莊子·秋水》："公子牟隱機大息，仰天而笑。"《楚辭·離騷》："長太息以掩涕兮，哀民
生之多艱。""申申"，程少軒先生引陳劍先生的意見讀爲"怵怵"。⑤ 此説應可從，"怵
怵"應即指憂愁之義。同時，我們考慮"申申"亦可作如字讀，指反復不休之義。《楚
辭·離騷》："女嬃之嬋媛兮，申申其詈予。"王逸注："申申，重也。"簡文"大息申申"正
是説反復歎息，憂愁不盡之義，所以後文云"吾心且憂"，而簡文緊接着"不可以吉人"
的内容則不成文例，其中的"吉"字，程少軒先生釋爲"告"字。⑥ 這是正確的，此字作
▨形，原整理者和孫占宇先生皆釋爲"吉"，因秦簡的"吉"字通常作 吉、吉、吉 等
形，而"告"字作 告、告、告、告、告 等形，二者字形很相像，容易譌混。"不可以告
人"即是指内心的憂愁和苦悶向别人訴説不了。

　　8. 有則凶，先有則吉。　　　　　　　　　　　　　(《日書》乙種簡三七八)

① 伊强：《睡虎地秦簡〈爲吏之道〉補説》，簡帛網(www. bsm. org. cn)2009 年 12 月 28 日。
② 陳炫瑋：《孔家坡漢簡日書研究》，碩士學位論文，臺灣清華大學歷史研究所 2007 年，第 120 頁。
③ 〔漢〕崔寔撰，石聲漢校注：《四民月令校注》，中華書局 1965 年，第 20 頁。
④ 劉青：《放馬灘秦簡〈日書〉乙種集釋》，碩士學位論文，武漢大學 2010 年，第 71 頁。
⑤ 程少軒：《放馬灘簡式占古佚書研究》第 139 頁。
⑥ 程少軒：《放馬灘簡式占古佚書研究》第 139 頁。

其中的"先"字,原整理者釋爲"光",程少軒先生曾經懷疑此字也可能爲"先"字。① 此字形作 ▨ 形,雖然與秦簡中"先"字形近,但此字應是"无"字,因"无"字在秦簡中常作 ▨ 、▨ 、▨ 諸形,通過比較可見,天水簡的字形當爲"无",但是這些形狀的字和《説文》奇文"无"形稍有不同,即秦簡中的"无"字形上部筆畫皆出頭,而《説文》奇文"无"之"▨"形上部卻不出頭。趙平安先生認爲,"'无'是借'夫'爲之,後世以中間是否出筆來區分'夫'與'无',《説文》所收'无'字已經不出頭。"②董珊先生認爲"无"乃是抽取"無"字形的中間部分而來的。③ 我們傾向於董珊先生的意見,且疑《説文》所收的"无"字形可能有誤,它本應是上部出頭的形狀,因傳抄誤寫而成爲現在的上部筆畫不出頭的"无"形。

回頭看簡文,"有則凶,无有則吉"。其内容正是從事物發展的正反兩方面説明問題,可見我們的改釋是通順的。

9. 熒=婦是熒=杝登於城朝作而夕不成。　　　　　　　　(《日書》乙種簡三五一)

其中的"杝"字,爲孫占宇先生所釋,其作 ▨ 形,原整理者釋爲"柄"。又秦簡中"施"字通常作 ▨ 、▨ 、▨ 形,通過比較可見, ▨ 釋爲"施"更爲合理。我們疑其讀爲"弛",《禮記·孔子閒居》"弛其文德",鄭玄注:"弛,施也。"《經義述聞·周禮·飲弛》"飲弛之聯事",王引之按:"弛,當以讀施爲是。"《爾雅·釋詁下》:"矢,弛也。"郝懿行義疏:"弛者,施之叚音也。"《詩經·衛風·淇澳》"善戲謔兮",鄭玄箋:"君子之德有張有弛",陸德明釋文:"弛,本亦作施,同。"以上爲"弛"、"施"相通之例。《廣雅·釋詁二》:"弛,緩也。"《文選·嵇康〈與山巨源絶交書〉》"而有慢弛之闕",吕延濟注:"弛,緩也。"《文選·干寶〈晉紀總論〉》"和而不弛",李周翰注:"弛,緩也。"所以,"弛"有緩慢義。簡文中的"熒熒"本指光明之義,後用來形容女子豔麗的樣子,《史記·趙世家》"美人熒熒兮,顏若苕之容"即是其例。簡文"婦是熒熒,施(弛)登於城"即指這個女子是豔麗多彩的,她正在緩緩登城。(或可考慮簡文中的"是"字通假爲"氏",二者典籍中常通假。"婦氏"一詞見於五年琱生簋,林澐先生認爲是宗婦的變稱。④《禮記·内

---

① 程少軒:《放馬灘簡式占古佚書研究》第 180 頁。

② 趙平安:《秦至漢初簡帛文字與假借改造字字源考證》,《簡帛研究》第二輯,法律出版社 1996 年,第 102—103 頁。

③ 董珊:《釋燕系文字中的"無"字》,吉林大學古文字研究室編:《于省吾教授百年誕辰紀念文集》,吉林大學出版社 1996 年,第 209 頁。

④ 林澐:《琱生簋新釋》,《古文字研究》第三輯,中華書局 1980 年,第 125 頁。

則》："適子、庶子,祇事宗子、宗婦。"孔穎達疏："宗婦,謂大宗子之婦。"可見,"婦氏"地位顯赫。)

10. 毋毒之方歙必審腸栢中不見童子勿歙言酉甘味稚(?)子之惡主莒扙毒殹。

（天水放馬灘秦簡《日書》乙種簡一四四第一欄）

孫占宇先生將此簡文定名爲《毋毒之方》。此簡文記載了古人檢驗酒中是否含毒的方法。其中的"腸"字,爲孫占宇先生所釋,原整理者釋作"䏚",其字作 形。我們原來考慮此形可能爲"腹"字,後陳劍先生來信指出他已經將此字釋爲"䀩"字。我們認爲陳先生的意見可從。《説文》目部："䀩,目孰視也。从目,鳥聲,讀若雕。"所謂"孰(熟)視"即指注目細看,如《莊子·知北遊》："光曜不得問,而孰視其狀貌,窅然空然,終日視之而不見,聽之而不聞,搏之而不得也。"《戰國策·齊策一》："明日,徐公來,孰視之,自以爲不如。"《史記·淮陰侯列傳》："於是信孰視之,俛出袴下,蒲伏。"簡文中"審䀩"即指仔細觀察之義。

簡文中的"稚"字,其作 形,孫占宇先生和原整理者皆釋爲"稚",我們認爲此形殘泐太多,難以確釋,應闕疑。"□子之惡",亦不能確定其真正含義。

簡文中的"莒"字,原整理者缺釋,其作 形,稍有殘泐,但通過和秦簡中的"筍"字的 、 、 諸形比較可見,此形當爲"筍"字,其常通假爲"苟",可表誠義,如《左傳》昭公二十八年"苟非德義,則必有禍",孔穎達疏："苟,誠也。"《國語·魯語上》"知夫苟中心圖民",韋昭注："苟,誠也。"《戰國策·秦策一》"苟慎其道",高誘注："苟,誠也。""誠"即指確實或的確的意思,爲副詞。

簡文中的"扙"字,原整理者釋爲"杞",其作 形,通過和秦簡中的"把"字 、 、 、 、 諸形的比較,可見此字當爲"把",《説文》云："把,握也。""把毒",我們疑即指手握毒酒之義。

綜上,簡文可重新句讀釋讀爲："毋毒之方:歙必審䀩栢中,不見童(瞳)子,勿歙。言酉(酒)甘味,□子之惡,主筍(苟)把毒殹。"將其大致可翻譯爲："檢驗酒無毒的方法:飲用的時候,仔細觀察酒杯中之酒,看不見人的眼眸,不要飲用。説酒是甘甜的,……主人確實已經手握毒酒了。"

11. 瀘□騷貂一半秫兩錢求盌者羊脂地投土鬲中復内中入禾炊其上□復上。

（《日書》乙種二九五簡）

其中的"瀘"字,爲孫占宇先生所釋。其形作 ,此形和"瀘"似不類,應闕疑。

其下一個字形作 形,應爲"溥"字。簡文所謂的"貂"字,其形作 ,和秦簡中"叔"字 、、 諸形進行比較,可見此形當爲"叔"字,疑讀爲"菽"。因此簡大部分字形皆不清晰,故不知道釋文是否準確,其義難以定論,故置於此,以俟將來解決。

12. 鼠申其居而有定見邦有盜。　　　　　　　　(《日書》乙種簡一○五)

其中的"鼠"作 形,因秦簡中"鼠"作 、、、、、、 諸形,通過比較,字形相同,所釋應無問題。

"鼠"下一字作 形,孫占宇先生釋爲"申"。因秦簡中的"臾"作 、 形,可見此形似爲"臾",段注認爲"臾、曳雙聲,猶牽引也"。又曰:"臾曳者,臾之本義,……凡云須臾者,殆方語如是,不關本義。"頗疑秦文字中"臾、曳"可能爲一字之分化。簡文"鼠臾(曳)其尾",解釋爲老鼠拖曳自己的尾巴。

簡文中的"居"字作 形,通過和秦簡中"尾"字 、、、 諸形比較,可見此形當爲"尾"。

簡文中的"定"作形 形,和秦簡"血"字 、、、 諸形比較,可見應爲"血"字。

簡文的"邦"字,作 形,似爲"皆"字。

所謂的"盜"字,其形作 ,和秦簡的"盈"字 、、、、 諸形相比較,似爲"盈"字。"盈",《廣雅》:"滿也。"《易·坎》:"不盈。"虞注:"盈,猶滿也。"簡文"有盈"指有盈餘之義。

故此,簡文當爲:"鼠臾(曳)其尾,而有血見,皆有盈。"

附記:小文寫作過程中曾向陳劍、張新俊、程少軒諸位先生請教,在此表示謝意!

秦縣的列曹與諸官[*]

——從《洪範五行傳》一則佚文説起

孫聞博

　　秦官僚組織的複雜特徵,早年已引起學者注意。李學勤提到"秦的職官系統非常龐大複雜,漢初制度雖由之脱胎,但似已多有減省"。[①] 里耶秦簡爲秦洞庭郡遷陵縣的公文遺存,爲認識當時縣級組織形態與屬吏設置提供了一手資料。部分材料公佈時,[②]學界已多有探討,[③]大體區分爲"縣廷小吏"與"鄉里小吏"兩個類別。不過,這一劃分中縣級屬吏的構成特徵未能體現。當時披露資料中出現的列曹亦未得到重視。而對於其中"尉曹"、"倉曹",及"少内"與"金布"的關係,過去也多存在誤解。《里耶秦簡(壹)》公佈了里耶一號井第五、六,特别第八層堆積共 2 600 餘枚

---

　*　基金項目: 國家社科基金重大項目"秦統一及其歷史意義再研究"(項目批准號: 14ZDB028)。

① 李學勤:《張家山漢簡研究的幾個問題》,《鄭州大學學報(哲學社會科學版)》2002 年第 3 期,第 6 頁。

② 湖南省文物考古研究所等:《湖南龍山里耶戰國—秦代古城一號井發掘簡報》,《文物》2003 年第 1
　期;湖南省文物考古研究所等:《湘西里耶秦代簡牘選釋》,《中國歷史文物》2003 年第 1 期;湖南省
　文物考古研究所:《里耶發掘報告》第二章第四節"出土遺物",嶽麓書社 2007 年,第 179—217 頁;張
　春龍:《里耶秦簡所見的户籍和人口管理》,中國社會科學院考古研究所等編:《里耶古城·秦簡與
　秦文化研究——中國里耶古城·秦簡與秦文化國際學術研討會論文集》,科學出版社 2009 年,第
　188—195 頁。

③ 黃海烈:《里耶秦簡與秦地方官制》,《北方論叢》2005 年第 6 期;卜憲群:《秦漢之際鄉里吏員雜
　考——以里耶秦簡爲中心的探討》,《南都學壇》2006 年第 1 期;鄔水傑:《簡牘所見秦漢縣屬吏設置
　及演變》,《中國史研究》2007 年第 3 期;王俊梅:《秦漢郡縣屬吏研究》,博士學位論文,中國人民大
　學 2008 年,第 113—119 頁;李迎春:《秦漢郡縣屬吏制度演變考》,博士學位論文,北京師範大學
　2009 年,第 21—30 頁。

簡牘,①其中又出現不少列曹,有助於增進對相關問題的認識。過去秦漢地方行政制度研究涉及列曹,主要討論兩漢時期,一般認爲地方機構大量設置列曹的時間在西漢中期以後,②且往往將列曹與諸官不作區分,混一而論。現在研究不僅可上溯至秦,而且有關列曹、諸官的具體情形,史吏、曹吏地位及其關係,也有了重新檢討的機會。

一、關於《洪範五行傳》的佚文

隋人蕭吉《五行大義》卷五"論諸官"條引《洪範五行傳》云:

甲爲倉曹,共農賦。乙爲户曹,共口數。丙爲辭曹,共訟訴。丁爲賦曹,③共獄捕。戊爲功曹,共除吏。己爲田曹,共群畜。庚爲金曹,共錢布。辛爲尉曹,共本使。壬爲時曹,共政教。癸爲集曹,共納輸。子爲傳舍,出入敬忌。丑爲司空,守將班治。寅爲市官,平准賣買。卯爲鄉官,親事五教。辰爲少府,金銅錢布。巳爲郵亭,行書驛置。午爲尉官,馳逐追捕。未爲廚官,百味悉具。申爲庫官,兵戎器械。酉爲倉官,五穀畜積。戌爲獄官,禁訊具備。亥爲宰官,閉藏完具。支干配官,皆從其五行本體。④

按蕭吉所撰《五行大義》,是現存中古時期重要的數術著作,對先秦兩漢以來的陰陽五行學説有系統總結。中國本土久佚其書,日本則存有數種抄本、刊本。較早爲元弘相傳本,日本元弘三年(1333)已存在。⑤ 日人林述齋刊刻的《佚存叢書》在清中期傳入中國後,所收《五行大義》已引起當時學人注意,許宗彦、阮元、周中孚、盛宣懷

---

① 湖南省文物考古研究所:《里耶秦簡(壹)》,文物出版社 2012 年;陳偉主編,何有祖、魯家亮、凡國棟撰著:《里耶秦簡校釋(第一卷)》,武漢大學出版社 2012 年。今按: 以下里耶簡除特别説明均引自《校釋》,注明簡號,不另出頁碼。

② 近年相關探討參見西川利文《漢代における郡県の構造について—尹灣漢墓簡を牘手がかりとして—》,《仏教大學文學部文學論集》第 81 號,1997 年;李迎春:《秦漢郡縣屬吏制度演變考》第 40—42、60—69 頁。

③ 中村璋八校:"賦,常本作賊。"今按: 據下文"共獄捕",作"賊"字是。

④ 中村璋八:《五行大義校注(增訂版)》,汲古書院 1998 年,第 190—191 頁。

⑤ 中村璋八:《五行大義校注(增訂版)》第 5—14 頁;劉國忠:《〈五行大義〉研究》,遼寧教育出版社 1999 年,第 48—55 頁。

等有所論説。① 上引不見於《漢書·五行志》所引《洪範五行傳》。② 其中對職官的記述，一直以來未能受到重視。唯嚴耕望承錢樹棠檢示，始加引用，並指出所記是"西漢中葉以後之制度"，"所言以縣吏爲主，非但不是中央吏，且非郡吏矣"。③ 性質判斷較爲允當。不過，嚴氏在論著中，仍然將上述諸職官視爲一類，未作區分，如"(11)廄令史、嗇夫、司御"，"(12)郵書掾、郵亭掾"，"(13)傳舍、候舍"，"(14)道橋津吏"，"(16)庫嗇夫"，"(18)尉曹、獄司空"等，盡皆歸入縣級屬吏第三類的"列曹"。④

其實，《五行大義》在引用之前，特言"干支爲官者"；在敘述的結尾處，也提到所謂"支干配官，皆從其五行本體"；今正文又是按天干十、地支十二的順序依次敘述。故這裏書寫時的干支設計應引起注意。可以看到，《洪範五行傳》中列入天干的十官皆稱"曹"，列入地支的十二官基本多稱"官"，其實明確分作了兩類。其中一些前人認爲有所重複，如"甲爲倉曹，共農賦"與"酉爲倉官，五穀畜積"，"庚爲金曹，共錢布"與"辰爲少府，金銅錢布"，"辛爲尉曹，共本使"與"午爲尉官，馳逐追捕"；或稱呼不確，如尉爲長吏，稱"尉官"，獄無嗇夫，亦稱"獄官"，似乎並非祇是附會五行之説，亦非"重複"、"不確"，而是反映了一定歷史時期縣級職官系統的某些特徵。

二、里耶秦簡所見列曹

里耶秦簡所見洞庭郡遷陵縣長官、佐官主要是令、丞、尉、監御史。⑤ 而縣屬吏相應可分爲門下的主簿、⑥"曹"吏、"官"吏及令佐、史。其中，突出的是廷曹與諸官，也即曹、官之分。相對於郡守、尉、監皆稱府，縣令所治稱"廷"。縣令、丞領導佐、史等屬吏理政之"廷"，已開始設曹。目前所見有：

户曹。"户"前多書"廷"字，如"廷户曹發"(8-263、8-1489)。在諸曹書寫中，此現象較爲普遍。因爲嚴格説，諸曹不屬於獨立機構，而是縣廷的組成部門。這一特徵在發出的文書中體現得更明顯：

---

① 相關參見劉國忠《〈五行大義〉研究》第 1—9 頁。又，陳喬樅《齊詩翼氏學疏證》卷二亦有引用，並對《洪範五行傳》下翼奉解説有具體疏證。王先謙編：《清經解續編》卷一一七七，上海書店影印本 1988 年，第五册，第 104—105 頁。

② 關於《洪範五行傳》作者的最近探討，參見馬楠《〈洪範五行傳〉作者補證》，《中國史研究》2013 年第 1 期。

③ 嚴耕望：《中國地方行政制度史——秦漢地方行政制度》，上海古籍出版社 2007 年，第 110、237 頁。

④ 嚴耕望：《中國地方行政制度史——秦漢地方行政制度》第 229—233 頁。而郡級屬吏的分類，也是如此。

⑤ "簡文中有'臨沅監御史'。"見湖南省文物考古研究所：《里耶秦簡(壹)》前言第 5 頁。

⑥ 簡文作"遷陵主薄(簿)發洞庭"(8-303)，"廷主薄(簿)☐ "(8-1110)。

　　　　戶曹書四封,遷陵印,一咸陽、一高陵、一陰密、一競陵。

　　　　廿七年五月戊辰水下五刻,走茶以來。　　　　　　　　　　(8-1533)

對照圖版,此爲一次書寫,應是始皇二十七年(前 220)五月戊辰,縣廷在收到步遞者"茶"所送戶曹需發往其他四縣文書,而加蓋遷陵令印後的外發登記記録。戶曹並無印綬,需加蓋縣長吏印方可發出。① 此外,"廷戶曹"有時可徑省作"廷户"(8-1、8-283、8-878),或作"廷主户"(8-156、8-266、8-746、8-1142、8-1395、8-1650、8-1752、8-1925、8-1955)。簡文"廷以郵行户曹"(8-1318)及上引 8-1533,則呈現了縣廷長吏與分曹屬吏間的政務運行。其中,列曹與縣令、丞是否均在同一處辦公,還需要考慮。

　　倉曹(8-496、②8-776、8-1201、8-1463、8-1777＋8-1868)。或作"廷倉曹"(8-500、8-1288)。此外,里耶簡還見"遷陵主倉發洞庭"(8-922)。

　　司空曹(8-269、8-375、8-480、8-1860)。

　　吏曹(8-98、9-982③)。更多作"廷吏曹"(8-241、8-554、8-699、8-829、8-1126、8-1700),或"廷主吏"(8-52、8-347、8-709、8-1305、8-1651、8-1701、8-1750、8-1869、8-1881)。《史記》卷八《高祖本紀》"蕭何爲主吏",《集解》引孟康曰"主吏,功曹也"。同書卷五三《蕭相國世家》記蕭何"爲沛主吏掾",《索隱》:"《漢書》云'何爲主吏'。主吏,功曹也。"同書卷五四《曹相國世家》"而蕭何爲主吏,居縣爲豪吏矣"。今簡文與文獻相合。吏曹應即後來的功曹。④

　　尉曹(16-3、8-253、8-453、8-1225、8-1616)。之前發表的一枚笥牌,題作"遷陵廷尉曹卅一年期會以事笥"(9-2318),⑤明確稱"廷尉曹"。尉曹、縣尉顯非一事。前者無印綬,所發文書需經令、丞,並加令、丞印發出,如里耶簡 16-3"尉曹書二封,丞印",⑥

---

① 里耶簡"司空曹書一封,丞印,詣零陽。七月【壬申】□□☑ "(8-375),加蓋縣丞印。

② 簡 8-496 作"司空【倉】曹期",兩行書寫。"司空"二字爲一行。對照圖版,此爲一枚楬,上端已殘,簡首塗黑,墨迹尚存。這裏或即指司空曹、倉曹期會。

③ 湖南省文物考古研究所等:《湖南龍山里耶戰國—秦代古城一號井發掘簡報》第 33 頁。

④ 西漢成帝時中央尚書分曹,有"常侍曹尚書主公卿事"。《續漢書·百官志三》注引蔡質《漢官典職儀式選用》"主常侍黃門御史事,世祖改曰吏曹",及"吏曹尚書典選舉齋祀,屬三公曹"(《後漢書》,中華書局 1965 年,第 3597 頁)。又,嚴耕望論縣廷組織,將功曹歸入"綱紀"(《中國地方行政制度史——秦漢地方行政制度》第 224—225 頁)。

⑤ 湖南省文物考古研究所:《里耶發掘報告》第 211 頁。

⑥ 湖南省文物考古研究所:《里耶發掘報告》第 192 頁。

8-453"尉曹書三封,令印",8-1225"尉曹書二封,遷陵印"。而縣廷之外的尉、尉史則稱"尉官",如里耶簡 8-657"八月甲戌遷陵守丞臒之敢告尉官主"。如此,尉曹也不當理解作"縣尉的下屬官員或機構"。①

　　金布(8-2010＋8-64、8-454)。有前標縣名,作"遷陵金布"(6-18、8-304)、"酉陽金布"(8-1130)。金布主管貨幣、財務。少内亦是。過去常將二者混淆,或認爲金布是少内的下屬機構,是需要修正的。金布在里耶簡中更多作"廷金布"(8-506、8-545、8-799、8-935、8-969、8-1166、8-1183、8-1297、8-1313),與作爲諸官機構的少内有別,乃列曹。里耶簡見有:

　　　　四月丙午朔癸丑,遷陵守丞色下:少内謹案致之。書到言,署金布發,它如律令。/欣手。/四月癸丑水十一刻刻下五,守府快行少内。　　　(8-155)
　　　　卻之:廷令尉、少内各上應(應)書廷,廷校,今少内□☑
　　　　日備轉除以受錢,而尉官毋當令者,節☑(正)
　　　　當坐者,以書言,署金布發。　　　☑(背)　　　　　(8-64＋8-2010)②

簡 8-155 記遷陵縣守丞下文書給少内,令少内進行具體核查。③ 少内收到文書後,則要及時回覆,即所謂"書到言"。回信還要題署由金布來簽收、拆啓。簡 8-2010＋8-64則是縣廷要求縣尉、少内各自上交答覆縣廷問詢的文書,即"應書",④進而由廷進行核校。簡牘背面也特別提到,下級要以文書形式匯報,回信題署請金布來具體拆啓。這兩例皆進一步揭示:金布爲縣廷的組成部門,與作爲下級機構的少内治事不在一處。又,里耶簡中諸曹事務彙總記録稱"計録",如"户曹計録"(8-488)、"倉曹計録"(8-481)等。諸官事務彙總記録稱"課志",如"田官課志"(8-479)、"畜官課志"(8-490)等。簡493 爲書寫三欄而題名"金布計録"的木牘,同樣顯示金布爲曹稱。金布應即兩漢以來的金曹。前引《洪範五行傳》"庚爲金曹,共錢布"、"辰爲少府,金銅錢布",前者入天干諸曹,後者歸地支諸官,與此正可對應。

　　令曹。里耶簡有"廷令曹"(8-1859)、"主令發"(8-601)。《宋書》卷四〇《百官志

---

① 陳偉主編,何有祖、魯家亮、凡國棟撰著:《里耶秦簡校釋(第一卷)》第 55 頁注 5。

② 兩簡的具體綴合參見何有祖《里耶秦簡牘綴合(七則)》,簡帛網(www. bsm. org. cn)2012 年 5 月 1 日。今按:原文編號依所起凡例而書,實際簡 8-2010 居前。

③ "案致"一語的解釋,參見陳偉主編,何有祖、魯家亮、凡國棟撰著《里耶秦簡校釋(第一卷)》第 94 頁注 3。

④ 漢簡"應書"的考察,參見初世賓、張東輝《漢簡"應書"辨疑》,《簡牘學研究》第一輯,甘肅人民出版社 1997年,第 111—117 頁。

下》"秦置侍御史,漢因之。……凡有五曹,一曰令曹,掌律令",反映中央亦曾有令曹之名。

獄曹。里耶簡所見分東曹、南曹,如"獄東曹"(5-22、8-273＋8-520、8-959＋8-1291、8-996、8-1155)、"獄南曹"(8-728＋8-1474、8-1760、8-1886)。①

其他。覆曹。簡文作"遷陵以郵行　　覆曹發·洞庭"(8-2550)。中曹。簡文作"署中曹發"(8-61＋8-293＋8-2012)。②

此外,里耶簡還出現郡守府的"户曹":"守府户曹發"(8-978);郡尉府的"爵曹":"☑【尉】府爵曹卒史文"(8-247)。郡尉與地方爵位事務有關,③這裏直爵曹者是尉郡府屬吏名叫"文"的卒史。

三、諸官與曹、官之分

秦縣與列曹相對的,則是諸官。目前所見有:1. 田官;2. 畜官;3. 倉;4. 庫;5. 廄;6. 司空;7. 船官;8. 獄;9. 少内;10. 尉;11. 發弩;12. 司馬;13. 鄉官,等等。諸官中不少長官稱嗇夫,以往在討論睡虎地秦簡"嗇夫",特別"官嗇夫"時,多有涉及,④如上述的1、3、4、5、6、9、11、13 等。⑤ 其中,1 所屬機構明確有稱"田官"(8-74、8-145、8-162、9-981 等),或省作"田"(8-2138)。相關又有稱左、右公田(8-63)。耕種

---

① 張家山漢簡《奏讞書》有"署獄史曹發"(007 號簡),或是獄史而居曹。

② 里耶簡還見有"☑ 辛酉,倉守擇付庫建、車曹佐般受券"(8-405)、"☑ □釦二。　　　卅五年二月庚寅朔朔日,倉守擇付庫建。車曹。☑ "(8-795＋8-562＋8-1820)。後者綴合見何有祖:《里耶秦簡牘綴合(二)》,簡帛網 2012 年 5 月 14 日。

③ 張家山漢簡《二年律令·置吏律》:"縣道官之計,各關屬所二千石官。其受恒秩氣(餼)稟(廩),及求財用委輸,郡關其守,中關内史。受(授)爵及除人關於尉。"(簡二一四、二一五)末句,整理小組原注"疑指廷尉",注引李均明説,"授人爵位須申報縣尉"(《張家山漢簡所反映的二十等爵制》,《中國史研究》2002 年第 2 期)。而據前後文意,此似應指郡尉。簡文及注釋參見彭浩、陳偉、工藤元男主編《二年律令與奏讞書——張家山二四七號漢墓出土法律文獻釋讀》,上海古籍出版社 2007 年,第 174、176 頁。

④ 大庭脩:《漢代的嗇夫》,原刊《東洋史研究》第 14 卷第 1、2 號合刊,1955 年,後收入《簡牘研究譯叢》第一輯,姜鎮慶譯,中國社會科學出版社 1983 年,第 171—196 頁,又見氏著《秦漢法制史研究》第四篇第四章,林劍鳴等譯,上海人民出版社 1991 年,第 401—423 頁;鄭實:《嗇夫考——讀秦簡劄記》,《文物》1978 年第 2 期;高敏:《論秦律中的嗇夫一官》,《社會科學戰綫》1979 年第 1 期;裘錫圭:《嗇夫初探》,收入氏著《古史文史研究新探》,江蘇古籍出版社 1992 年,第 430—523 頁。

⑤ 裘錫圭:《嗇夫初探》第 456—496 頁;于豪亮:《雲夢秦簡所見職官述略》,《于豪亮學術文存》,中華書局 1985 年,第 88—115 頁。

者很多是徒隸,標題簡即見有"廿九年盡歲田官徒薄"(8-16)。2、7 的畜官、船官,以往討論嗇夫時多未涉及。據簡 8-490"畜官課志",前者主要負責縣内馬、牛、羊等牲畜的飼養。"里耶秦簡中,作徒薄多見將徒隸交付'畜官'的記載,也有畜官接受徒隸的記録(8-688)"。① 早先曾發現有"畜官"印兩枚(468、469),②時代屬西漢,值得注意。後者見"遷陵守丞敦狐告船官□"(6-4),或主管縣内船隻。張家山漢簡《二年律令·賊律》提到有"船嗇夫"(簡六、七、八)。③ 與前諸種稍有不同,此機構多設置於水運便利的縣。第 8 種"獄"未見提到長官"嗇夫",而主要爲獄佐(5-1、8-877、8-988)、獄史(6-28、8-133、8-683、8-987、8-1007、8-1232、8-1441、8-1448),較爲特殊。此外,簡文中還見有鄰郡縣獄吏覆獄洞庭,如簡 8-255"覆獄沅陵獄佐已治所遷陵傳洞庭",④及簡 8-186、8-265、8-492、8-940、8-1058 等。

司馬則見里耶簡 8-135 "……狼屬司馬昌官。謁告昌官,……"。"昌官",研究者多認爲是人名。不過,"昌"爲人名,"官"指司馬這一機構的可能性更大。⑤ 某人屬某,"屬"後銜接機構較官吏爲多。梳理簡文中名昌者,最早爲此簡,時間在始皇二十六年(前 221)八月。始皇二十七年十一月,提到有"司空昌"(8-1665),而二十九年(前 218)正月以後至三十三年(前 214)三月,遷陵丞一直是"遷陵丞昌"(8-1246、8-63、8-62等)。上述所記如爲一人,則顯示名爲昌者的職務遷轉情形。更值得注意的則是"謁告昌官"。"謁告"爲官文書用語,里耶簡還見有"謁告遷陵令官計者定"(8-63)、"謁告過所縣,以縣鄉次續食如律"(8-1517),之後所接同樣多是官府、機構。里耶簡 8-657

---

① 陳偉主編,何有祖、魯家亮、凡國棟撰著:《里耶秦簡校釋(第一卷)》第 41 頁注 1。

② 羅福頤主編:《秦漢南北朝官印徵存》,文物出版社 1987 年,第 82—83 頁。

③ 彭浩、陳偉、工藤元男主編:《二年律令與奏讞書——張家山二四七號漢墓出土法律文獻釋讀》第 92 頁。

④ 有學者將沅陵歸入"巫黔郡",以爲"或爲郡治"(后曉榮:《秦代政區地理》,社會科學文獻出版社 2009 年,第 424 頁)。今按:"巫黔"不見於文獻記載,主要見於封泥,置郡時間較短。《里耶秦簡(壹)》前言提到簡文出現有"巫"郡,則當時"巫黔郡"已分置。又據里耶簡,洞庭、蒼梧在始皇二十五年已設立。二郡當分黔中等郡而置。前者相對偏西或西北,後者偏東或東南(陳偉:《秦蒼梧、洞庭二郡芻論》,《歷史研究》2003 年第 5 期;周振鶴:《秦代洞庭、蒼梧兩郡懸想》,《復旦學報〔社會科學版〕》2005 年第 5 期)。沅陵正處兩郡交界地區。簡 8-265、8-492 記"覆獄沅陵獄佐已"處理事務,特別有"治在所洞庭"的記録。據傳世史籍、出土文書文例,"在所"、"洞庭"似應連讀。"已"當作爲鄰郡"獄佐",而前往覆獄。沅陵是否曾屬蒼梧,值得考慮。

⑤ 陳劍持此看法,參見《讀秦漢簡劄記三篇》,《出土文獻與古文字研究》第四輯,上海古籍出版社 2011 年,第 376 頁注 3。不過,以"官爲職官、官府之意",表述稍顯含糊。相對職官,將"官"理解作機構、官僚組織更好。

並出現“傳別【書】貳春,下卒長奢官”,文例上可以對照。

下面將秦縣所見曹、官,與《洪範五行傳》佚文所記例舉,前人討論之秦、西漢前期
嗇夫涉及者也予補入,另以楷體表示。排列後的大體情形如下:

秦列曹	《洪範五行傳》	秦諸官	《洪範五行傳》
倉曹	倉曹·甲	傳舍	傳舍·子
户曹	户曹·乙	司空	司空·丑
	辭曹·丙	市	市官·寅
	賊曹·丁	鄉官	鄉官·卯
吏曹	功曹·午	少内①	少府·辰
	田曹·己	郵亭	郵亭·巳
金布	金曹·庚	尉官	尉官·午
尉曹	尉曹·辛	廚	廚官·未
	時曹·壬	庫	庫官·申
	集曹·癸	倉	倉官·酉
		獄	獄官·戌
			宰官·亥
令曹、覆曹、司空、獄東曹、獄南曹		發弩、廄、畜官、司馬、船官、漆園、卒長	

由此可知,西漢中葉以後出現的縣級行政組織曹、官兩分格局,實際肇始於秦。無論
列曹,還是諸官,在秦代不少已經出現。而秦代也有一些曹如司空,官如發弩在漢代
逐漸不再設置。前面提到,里耶簡中的總結文書,列曹稱“計録”,諸官則稱“課志”。
目前所見相關文書具體有:

　　　　司空曹計録(8-480)　　　司空課志(8-486)

　　　　倉曹計録(8-481)　　　　倉課志(8-495)

　　　　户曹計録(8-488)　　　　田官課志、田課志(8-479、8-383)

---

① 《法律答問》記:“可(何)謂‘府中’？　·唯縣少内爲‘府中’,其他不爲。”(簡三二)睡虎地秦墓竹簡整理小組
　編:《睡虎地秦墓竹簡》,文物出版社 1990 年,釋文 101 頁。這裏“府”專指貯藏、管理公家財務的機構,祇
　有縣少内纔得稱“府中”,則在地方行政組織中,少内與少府應爲同一機構。

金布計録(8-493)　　　　尉課志(8-482)

鄉課志(8-483)

畜官課志(8-490)

列曹進行人員、物資集計,而諸官以管理具體事務爲多,並定期接受上級的考課。在此意義上,同名曹、官,如倉曹與倉,並不意味着彼此在事務上的完全對口。如簡8-481"倉曹計録"下,除"禾稼計"外,即尚有"畜計"、"畜官牛計"、"馬計"、"羊計"、"田官計"一類與畜官、田官相關的統計。

總之,以長史理事之縣廷爲中心,從内、外的角度來看,列曹處内,無印綬,多稱"廷○曹",與令、丞關係更密切;諸官在外,有印綬,未見稱"廷○官"者,具有更多獨立性。倘若參照現代行政組織形式,列曹大體爲縣廷的"組成部門",諸官爲縣廷的"下屬機構"。即列曹負責領導、管理某方面的行政事務,諸官則是主管某項專門事務的機構。前者應可通過"期會"等出席縣廷會議,參與討論。而後者大多没有這類參議權。與現代有所不同的是,秦作爲列曹制度發展的初期,任職人員尚未完全職務化,即直曹令史仍稱令史,而非發展成爲固定的曹史。

秦及西漢前期,郡的情形當與縣近似。以往郡縣屬吏研究中所設"列曹"一類,應當進一步作曹、官區分。[1]

四、曹、官的任職者

那麽,緊接的問題就是:這些列曹、諸官是由何人擔任,人員遷轉上又有什麽特徵呢?

里耶秦簡見有:

資中令史陽里釦伐閲:

十一年九月險爲史。

爲鄉史九歲一日。

爲田部史四歲三月十一日

爲令史二月(第一欄)

---

[1] 日本學者早年據睡虎地秦簡及秦漢印章、封泥、骨簽、題銘資料,對地方機構中"廷"、"官(府)"之别、"曹"、"官"的用印特徵已有較好討論。參見仲山茂:《秦漢時代の"官"と"曹"——県の部局組織》,《東洋學報》第82卷第4號,2001年,第35—65頁。

　　□計　　户計①
　　年卅六(第二欄)
　　可直司空曹(第三欄)　　　　　　　　　　　　　　　　　　　　　　(8-269)

此爲可書寫五行的長條木牘,記録了擔任令史的資中陽里人釦的功勞積累與任職履歷,是目前所見時代最早的閥閱簿實物。② 人名"釦",亦見於簡 8-138＋8-522＋8-174＋8-523 中"二月壬寅,令史釦行廟",可能爲一人。這裏所記"釦"應是在遷陵縣任職。過去認爲秦漢縣級屬吏,"除三輔尤異外,例用本縣人"。③ 現在來看,秦代情況還需重新檢討。睡虎地秦簡《編年記》記墓主喜的遷轉:揄史→安陸□史→安陸令史→鄢令史→治獄鄢,任職就不盡在一縣。里耶簡中出現的例子就更多了。

　　閥閱牘書寫釦在始皇十一年(前 236)九月"隃爲史"。《編年記》記始皇三年"八月,喜揄史"(簡一○貳)。整理小組注:"揄,本義爲引、出,這裏'揄史'當爲進用爲史之意。"《校釋》復引《説文》、《玉篇》,"疑隃、揄並當讀爲'逾',訓爲'進'"。④ 關於這點,其實可以進一步補充。按"隃爲史"之"隃",與"踰"通假。這在《史記》、《漢書》中例證極多。⑤ 而"踰"、"逾"不僅同樣通假,⑥而且文字學上,"踰"從足,"逾"從辵。意義相近的形旁一般互爲通用。止、辵形旁通用,實際文獻中則足、辵互用。⑦ 故"踰"即可寫作"逾"。此外,"踰"在當時已有晉升職務的直接用例。《太平御覽》卷六三一《治道部一

---

① 今按:"户計"在"□計"之下書寫,《校釋》將其改排作第三欄。對照圖版,第一、二欄間距較大,而"□計"、"户計"間距較小,且內容相關,故這裏仍録作一欄。

② 《國語·齊語》云:"桓公令官長期而書伐,以告且選,選其官之賢者而復之。"(徐元誥:《國語集解》,王樹民、沈長雲點校,中華書局 2002 年,第 226 頁)《史記》卷一八《高祖功臣侯者年表》:"太史公曰:古者人臣功有五品,……明其等曰伐,積日曰閱。"(中華書局 1982 年,第 877 頁)漢代則多稱"功勞案"、"功勞閥閱",相關探討參見胡平生:《居延漢簡中"功"與"勞"》,《文物》1995 年第 4 期。新近公佈懸泉漢簡中有多件功勞文書,簡文參見張俊民:《懸泉漢簡所見文書格式簡》,卜憲群、楊振紅主編:《簡帛研究二○○九》,廣西師範大學出版社 2011 年,第 121—128 頁。

③ 嚴耕望:《中國地方行政制度史——秦漢地方行政制度》,第 223、351—353 頁。廖伯源後據尹灣漢簡對嚴説有進一步論考,參見《漢代地方官吏之籍貫限制補證》,收入氏著《簡牘與制度:尹灣漢墓簡牘官文書考證(增訂版)》,廣西師範大學出版社 2005 年,第 71—100 頁。

④ 陳偉主編,何有祖、魯家亮、凡國棟撰著:《里耶秦簡校釋(第一卷)》第 126 頁注 2。

⑤ 高亨纂著,董治安整理:《古字通假會典》,齊魯書社 1989 年,第 331 頁。

⑥ 高亨纂著,董治安整理:《古字通假會典》第 330 頁。

⑦ 高明:《古體漢字義近形旁通用例》,原刊香港中文大學中國文化研究所主編:《中國語文研究》第四期,1982 年,後收入氏著《高明論著選集》,科學出版社 2001 年,第 41—42 頁;高明:《中國古文字學通論》第三章,北京大學出版社 1996 年,第 139 頁。

二》"薦擧中"引《東觀漢記》："司徒劉愷辟之,謂曰:'卿輕人,好去就,故爵位不踰。'"[1] 因此,隃、揄並可讀爲"逾"或"踰",而訓爲"進"。[2]

關於進用爲史,傳世文獻《漢書》卷三〇《藝文志》小學家類、《説文解字敘》有載,而以西漢初年《二年律令·史律》所記爲詳。[3] 不過,律文主要涉及中央與郡一級。里耶秦簡則呈現了基層縣一級史學童的情形。當時亦有"負責縣學的'學佴'"。學佴對所管學童的信息有所掌握。[4] 據《史律》,"試史學童以十五篇,能風(諷)書五千字以上,乃得爲史"。在此基礎上,政府又有進一步選拔:"有(又)以八體(體)試之,郡移其八體(體)課大史,大史誦課,取寂(最)一人以爲其縣令史,殿者勿以爲史"(簡四七五、四七六)。"八體"的課取,由中央太史主持,獲得第一名者,纔直接被任爲縣令史。可見從史到令史,要想從考察選拔途徑實現並非易事。更多人應是通過積累功勞,輾轉升遷。"釦"的情況就是如此:史→鄉史→田部史→令史。此外,又見有:

> 貳春鄉佐壬　今田官佐　　　　　　　　　　　　　　　　(8-580)
> 冗佐上造臨漢都里曰援,庫佐宂佐。

---

① 李昉等:《太平御覽》,中華書局影印本 1960 年,第 2827 頁下欄;劉珍等撰,吳樹平校注:《東觀漢記校注》卷一三,中華書局 2008 年,第 508 頁。又,"踰",《後漢書》卷二六《韋彪傳》作"躋"(中華書局 1965 年,第 920 頁)。

② 有學者認爲"'隃爲史'、'揄爲史'都應該讀爲'輸爲史',實際與'輸司空'等辭例相似"。還可討論。程少軒來函提示:據《編年記》記載,昭王四十五年"喜產",喜於始皇元年十七歲"傅",始皇三年十九歲"揄史"。這和張家山漢簡《史律》"史、卜子年十七歲學。史、卜、祝學童學三歲,……試史學童以十五篇,能風(諷)書五千字以上,乃得爲史"可以比照。所謂"喜揄史"、"隃爲史",應都是通過相關考試,選拔爲"史"的。這種"史"的地位,如睡虎地秦簡《秦律十八種·傳食律》"上造以下到官佐、史毋(無)爵者,及卜、史、司御、寺、府、糗(糒)米一斗,有采(菜)羹,鹽廿二分升二"(簡一八二),屬低等級小吏。選拔、委任這種地位小吏,可用"除"等語詞。賈誼《新書·階級》有"輸之司空,編之徒官"語。"輸之司空",亦可作"役之司空",如《周禮·秋官·司寇》"凡萬民之有罪過,而未麗於法,而害於州里者,桎梏而坐諸嘉石,役諸司空"。故這裏"輸"訓爲"罰役"。《文選》收任昉《天監三年策秀才文》有"眂皆有違,論輸左校",李善注:"論輸,謂論其罪,而輸作也。"李周翰注:"輸,役也。言從役於左隊之中。""史"地位雖低,但與罰役犯人還是有區別的。

③ 李學勤:《試説張家山漢簡〈史律〉》,《文物》2002 年第 4 期;廣瀨薰雄:《〈二年律令·史律〉劄記》,《楚地簡帛思想研究(二)》,湖北教育出版社 2005 年,第 422—433 頁;王子今:《張家山漢簡〈二年律令·史律〉"學童"小議》,《文博》2007 年第 6 期。相關學術梳理參見游逸飛《太史、内史、郡——張家山〈二年律令·史律〉所見漢初政區關係》,《歷史地理》第二十六輯,上海人民出版社 2012 年。

④ 湖南省文物考古研究所:《里耶秦簡(壹)》前言第 5 頁;張春龍:《里耶秦簡中遷陵縣學官和相關記錄》,《出土文獻》第一輯,中西書局 2010 年,第 232—234 頁。

爲無陽衆陽鄉佐三月十二日，

凡爲官佐三月十二日。（第一欄）

年卅七歲。

族王氏。（第二欄）

爲縣買工用，端月行。（第三欄）

庫六人（背）　　　　　　　　　　　　　　　　　　　（8-1555）

廿四年十二月丁丑初爲司空史　　　　　　　　　　　　（0687）

廿五年五月壬子徙爲令史　　　　　　　　　　　　　　（0625）①

簡 8-580 記“壬”由貳春鄉佐至田官佐。簡 8-1555 第一欄“凡爲官佐”應即指“爲無陽衆陽鄉佐”事。鄉部同樣被視作諸官。這裏“援”應是由它縣鄉佐至庫佐冗佐。② 簡 0687、0625 屬嶽麓秦簡，整理者認爲二者存在關聯，所呈現的則是司空史→令史的變動。前兩種與上舉“鄉史→田部史”環節大體對應，後一種則與“田部史→令史”的情形類似。

又，縣丞、諸官時常權置守官理事。③ 而里耶秦簡所見遷陵縣屬吏的職務變動，除上舉鄉—倉、田諸官—令史的路徑外，還多見有令佐、史爲諸官守，諸官官長爲縣守丞或它官守的情形。睡虎地秦簡《秦律十八種·置吏律》提到“官嗇夫節（即）不存，令君子毋（無）害者若令史守官，毋令官佐、史守”（簡一六一）。這不但顯示令史有資格被任命爲諸官代理嗇夫，而且“官嗇夫節（即）不存”“毋令官佐、史守”的規定，對於理解里耶簡中諸官官長爲它官守情形的多見，亦有幫助。

最後説一下列曹。簡 8-269 末尾的第三欄有“可直司空曹”。對照圖版，此五字墨迹深淺、文字風格有異其他，應爲兩次書寫。令史可以被考慮從事列曹工作，顯示列曹相對諸官地位稍高。④ 又，里耶簡“户曹令史雜疏書廿八年以盡卅三年見户數牘北（背）”（8-487＋8-2004），户曹具體亦由令史充任。而上舉“司空曹計録”、“倉曹計録”，

① 陳松長：《嶽麓書院所藏秦簡綜述》，《文物》2009 年第 3 期，第 77 頁。

② 秦漢簡中的“冗”指長期供役，其適用人群包括官吏的各種散職、到官府供役的丁、夫、色役、隸臣妾等。參見楊振紅：《秦漢簡中的“冗”、“更”與供役方式——從〈二年律令·史律〉談起》，卜憲群、楊振紅主編：《簡帛研究二〇〇六》，廣西師範大學出版社 2008 年，第 81—89 頁。

③ 參見拙文《里耶秦簡“守”“守丞”新考——兼談秦漢的守官制度》，卜憲群、楊振紅主編：《簡帛研究二〇一〇》，廣西師範大學出版社 2012 年，第 66—75 頁。

④ 《里耶秦簡校釋（第一卷）》“直，疑讀爲‘置’，安置義”，並引《書·説命》及孔傳以證（第 126 頁）。按直讀值，作值曹解或更合適。

末尾提到"令史尚主",也值得注意。這裏,任職司空曹稱"直";任職户曹不稱户曹史,而稱户曹令史;諸曹會計由令史臨時居曹處理,且二曹"計録"皆由同一令史完成。上述顯示,當時職務固定的曹史仍在發展之中。里耶秦簡中常見到諸官長、諸守官的名字,而很少見到從事列曹工作的人名信息,恐怕與此有關。前引里耶秦簡行廟牘記廿六年六月至次年六月的令史行廟情況。在這 12 個月裏,出現的遷陵縣令史至少有 12人。而《里耶秦簡(壹)》前言則提到《遷陵吏志》中,有"吏員百三人,令史廿八人"。尹灣漢簡記西漢成帝時東海郡有千石、六百石、四百石、三百石 4 個等級的縣、侯國。其中,海西、下邳、郯吏員分別爲 107、107、95 人,大體與遷陵接近。而這三縣皆屬千石大縣。① 秦遷陵縣的吏員規模無疑是可觀的。而《遷陵吏志》還特別書寫出令史的數目,也值得注意。在不包括令佐情況下,相關比例已佔吏員總數的 27.2%。而尹灣漢簡中的海西、下邳兩縣,令史衹有 4 人與 6 人,比重爲 3.7% 與 5.6%。基層行政組織發展初期的秦代,列曹已多有設置,直屬的諸官機構也是廣泛分佈。但在上述情形背後,我們卻不宜忽視史類吏員數量尤多,且十分活躍的事實。

2013 年 1 月 8 日初稿

2013 年 3 月 3 日二稿

附記: 文章完成後,承張春龍、陶安先生,徐沖、凌文超、程少軒、游逸飛、張鋭學友審閱指正,謹致謝忱。

---

① 連雲港市博物館、東海縣博物館、中國文物研究所、中國社會科學院簡帛研究中心編:《尹灣漢墓簡牘》,中華書局 1997 年,第 79 頁。

略論秦代遷陵縣吏員設置

單印飛

秦代職官設置是秦漢史研究中的一個重要課題,此前限於零星的資料,難窺其全貌。里耶秦簡爲縣級職官設置研究提供了翔實的資料,以往學者對此問題的探索已取得了長足的進展。[①] 本文擬在前人的研究基礎之上,結合新材料對秦代遷陵縣的吏員設置進行探討。筆者不揣卑陋,略陳管見,以求教於師長,敬祈批評。

里耶秦簡中有如下記載:

1. 遷陵吏志☒
   吏員百三人☒
   令史廿八人☒
   □□人徭使☒
   ☒十八人☒ (7-67)

2. 列 1 行 1　官嗇夫十人

---

① 卜憲群:《秦漢之際鄉里吏員雜考——以里耶秦簡爲中心探討》,《南都學壇(人文社會科學學報)》2006 年第 1 期,第 1—6 頁;鄒水傑:《里耶簡牘所見秦代縣廷官吏設置》,《咸陽師範學院學報》2007 年第 3 期,第 8—11 頁;鄒水傑:《簡牘所見秦漢縣屬吏設置及演變》,《中國史研究》2007 年第 3 期,第 3—21 頁;卜憲群:《從簡牘看秦代鄉里的吏員設置與行政功能》,中國社會科學院考古研究所等:《里耶古城·秦簡與秦文化研究——中國里耶古城·秦簡與秦文化國際學術研討會論文集》,科學出版社 2009 年,第 103—113 頁;王彦輝:《〈里耶秦簡〉(壹)所見秦代縣鄉機構設置問題蠡測》,《古代文明》2012 年第 4 期,第 46—57 頁;吐口史記:《戰國、秦代的縣——以縣廷與官的關係爲中心》,《史林》95-1,2012 年;葉山:《解讀里耶秦簡——秦代地方行政制度》,《簡帛》第八輯,上海古籍出版社 2013 年,第 89—137 頁;陳偉:《里耶秦簡所見的"田"與"田官"》,《中國典籍與文化》2013 年第 4 期,第 140—146 頁;等等。其他相關學術史將在文中陸續展開。

　　　　　行 2　　其二人缺

　　　　　行 3　　三人徭使

　　　　　行 4　　今見五人

　　　　　行 5　　校長六人

　　　　　行 6　　其四人缺

　　　列 2 行 1　　今見五[二]人

　　　　　行 2　　官佐□[卌]十三[七]人

　　　　　行 3　　其一人缺

　　　　　行 4　　廿二人徭

　　　　　行 5　　今見廿四人

　　　　　行 6　　牢監一人

　　　列 3 行 1　　倉[食]吏三人

　　　　　行 2　　其二人缺

　　　　　行 3　　今見一人

　　　　　行 4　　凡見吏五十一人　　　　　　　　　　　　　　　　(9-631)①

　　3. 吏凡百四人,缺卅五人。·今見五十人。☑　　　　　　　(8-1137)②

　　　　第 1 枚簡明確指出内容爲"遷陵吏志",雖然第 2、3 枚簡没有明確表明其記載是否爲遷陵縣資料,但是第 2 枚簡的格式與第 1 枚簡相近,内容也直接相關。第 1 枚簡記載"吏員"103 人,第 3 枚簡記載"吏"總計 104 人,這一人之差或許是時間不同而吏員設置略有變動的結果。而且其均發現於遷陵縣治所,所以它們記載的應該爲遷陵縣吏員狀況。

　　　　第 2 枚簡中"見吏"(官嗇夫 5 人,校長 2 人,官佐 24 人,牢監 1 人,食吏 1 人),共33 人,這與統計結果 51 人相差 18 人,而這是否就是第 1 枚簡中末尾的"十八人"呢?

---

① 簡 7-67 與下文簡 9-631 最早公佈於鄭曙斌等編《湖南出土簡牘選編》(嶽麓書社,2013 年)。葉山先生曾對這兩枚簡進行解讀,"[ ]"的内容爲葉山先生所改,參見葉山:《解讀里耶秦簡——秦代地方行政制度》第118—119 頁。里耶秦簡牘校釋小組將兩枚簡綴合,並且將簡 7-67 中"□□人徭使"補釋爲"其十人徭使","☑ 十八人"補釋爲"今見十八人",將簡 9-631 中"官佐□十三人"補釋爲"官佐五十三人","其一人缺"改釋爲"其七人缺","倉吏三人"改釋爲"長吏三人",參見里耶秦簡牘校釋小組:《新見里耶秦簡牘資料選校(一)》,簡帛網(www. bsm. org. cn)2014 年 9 月 1 日。

② 陳偉主編,何有祖、魯家亮、凡國棟撰著:《里耶秦簡牘校釋(第一卷)》,武漢大學出版社 2012 年,第 282頁。下文所涉及的簡號及簡文未作説明者均出自此書,不再另行注釋。

但是"吏員"(官嗇夫 10 人,校長 6 人,官佐 47 人,牢監 1 人,食吏 3 人),共 67 人,即使加上第 1 枚簡中的令史 28 人,也不足 103 人。爲此葉山先生在注釋中提到"在今日所存的這張表中,至少在上面有一排或是兩排的數字喪失"。① 所以,兩枚簡能否直接綴合有待以後考證,但從格式與内容上來看,至少可以説兩枚簡是直接與遷陵縣的吏員設置狀況相關的。

目前所見的里耶秦簡中與"志"相關的記録主要有兩類:一是"課志"類,如"田課志"(8-383+8-484)、"【尉】課志"(8-482)、"倉課志"(8-495)、"司空課志"(8-486)、"田官課志"(8-479)、"畜官課志"(8-490+8-501)、"鄉課志"(8-483)、"都鄉畜志"(8-2491)等;二是按物質屬性或事類劃分者,如"四時志"(8-24)、"當出户賦者志"(8-518)、"禾稼租志"(8-1246)、"貳春鄉枝(枳)枸志"(8-455)等。李均明先生認爲漢簡中如同"賬簿"、"簿録"的"從器志"、"田器志"也屬於第二類,第二類志是否與考核有關,須根據具體情況而定,其中有些可能是"課志"的簡稱。② 雖然目前對"志"的具體性質尚不甚明確,但是理應與"賬簿"、"簿録"相似,"遷陵吏志"應屬於第二類,即遷陵縣吏員記録(簿),這反映的可能是當時的真實數據。

從第 1 枚簡可以看到,"遷陵吏志"的統計是從"令史"一職開始的,而不包括縣令、丞、尉等"長吏",祇含有令史及以下的所謂"少吏"或"稗官"。根據需求的不同每個縣的職官設置可能有所不同,但是秦代縣"吏志"統計中不含有"長吏"或許是一種常態。

秦代"令史"略有争議。《漢書·百官公卿表》在涉及縣屬吏時没有提及令史一職,而在《漢舊儀》、《漢官舊儀》中提到"更令吏曰令史,丞吏曰丞史,尉吏曰尉史",③ 可見在漢代令史爲縣令之史。睡虎地秦簡出土以後,關於"令史"存在兩種看法,一種認爲令史即"縣令的屬吏",④ 另一種意見認爲令史爲"縣府屬吏"。⑤ 從出土秦簡可以看

① 葉山:《解讀里耶秦簡——秦代地方行政制度》第 119 頁。

② 李均明:《里耶秦簡"計録"與"課志"解》,《簡帛》第八輯,上海古籍出版社 2013 年,第 156—157 頁,另見氏著《簡牘文書學》,廣西教育出版社 1999 年,第 405 頁。

③ 〔清〕孫星衍等輯,周天游點校:《漢官六種》,中華書局 1990 年,第 49、82 頁。

④ 睡虎地秦墓竹簡整理小組:《睡虎地秦墓竹簡》,文物出版社 1990 年,第 10 頁;高敏:《雲夢秦簡初探(增訂本)》,河南人民出版社 1971 年,第 203 頁;邢義田:《秦漢史論稿》,東大圖書公司 1987 年,第 501 頁;等等。

⑤ 高恒:《秦漢法制論考》,廈門大學出版社 1994 年,第 17、31、32 頁;栗勁:《睡虎地秦簡譯注斠補》,《吉林大學社會科學學報》1984 年第 5 期,第 91 頁;劉海年:《秦代法吏體系考略》,《學習與探索》1982 年第 2 期;等等。

到秦代令史的職責範圍非常寬泛。[1] 雖然秦代縣令與縣府難以區分,但是可以看出令史"公"的一面更爲明顯。另外,第1枚簡中"吏員"從"令史"開始記錄,而且"令史二十八人",是吏員中所佔人數比例最多的職位之一,這也顯示出秦代遷陵縣"令史"是縣行政機構的重要組成部分。而西漢末期東海郡諸縣的"令史"吏員數多在三至六人之間。[2] 對於秦漢時期令史一職吏員額的巨大差别,筆者認爲這不僅僅是人員數量的變化,更是令史從"公"到"私"性質的變化,其演變詳情將另文續述。

至於"徭使",邢義田先生認爲秦漢官吏出差稱爲"徭"或"徭使"。[3] 關於"吏繇",學者已經做了不少研究,[4]"繇"一般包括送各類服兵役人員、到外地購買物品、向都城的邑主彙報年度工作(上邑計)等。[5] 里耶秦簡中也經常出現此類"繇",如"兵當輸内史"(8-1510),"出弩臂四輸益陽,出弩臂三輸臨沅"(8-151),"八人與吏上計"(8-145),"疏書吏、徒上事尉府者牘北(背)"(8-1517)等。此外,里耶秦簡中"繇"還涉及"讎律令"、"具獄"等内容,如"令史應讎律令沅陵"(6-4),"獄佐辨、平、士吏賀具獄,縣官食盡甲寅,謁告過所縣鄉以次續食"(5-1),等等。

秦律中把倉嗇夫、庫嗇夫、田嗇夫等各種負責某一方面事務的嗇夫總稱爲官嗇夫。[6] 一般而言,縣級單位中一個機構祇設有一個官嗇夫,第2枚簡簡文中"官嗇夫十人"則表明遷陵縣當時應該設有十個官嗇夫負責的機構。那麽,這十個官嗇夫具體包括哪些呢?裘錫圭先生對秦漢時期的官嗇夫進行了詳細而系統的分析,指出縣所屬的官嗇夫有:(1)田嗇夫,(2)司空嗇夫,(3)庫嗇夫,(4)漆園嗇夫,(5)倉嗇夫,(6)廄嗇夫、皁嗇夫,(7)傳舍嗇夫、廚嗇夫,(8)亭嗇夫、市嗇夫,(9)發弩嗇夫,

① 可參看劉向明《從出土秦律看縣"令史"一職》,《齊魯學刊》2004年第3期,第51—54頁。

② 連雲港市博物館等:《尹灣漢墓簡牘》,中華書局1997年,第79—81頁。

③ 邢義田:《尹灣漢墓木牘文書的名稱與性質——江蘇東海縣尹灣漢墓出土簡牘讀記之一》,《大陸雜誌》第95卷1997年第3期,修訂後收入氏著《地不愛寶:漢代的簡牘》,中華書局2011年。

④ 邢義田:《尹灣漢墓木牘文書的名稱與性質——江蘇東海縣尹灣漢墓出土簡牘讀記之一》;高敏:《尹灣漢簡〈考績簿〉所載給我們的啓示——讀尹灣漢簡劄記之三》,《鄭州大學學報》1998年第3期,後收入氏著《秦漢魏晉南北朝史論考》,中國社會科學出版社2004年,第109—114頁;廖伯源:《〈東海郡下轄長吏不在署、未到官者名籍〉釋證》,原刊於謝桂華主編:《簡帛研究二○○一》,廣西師範大學出版社2001年,後收入氏著《簡牘與制度:尹灣漢墓簡牘官文書考證(增訂版)》,廣西師範大學出版社2005年,第181—213頁。

⑤ 侯旭東:《傳舍的使用與漢帝國的日常統治》,《中國史研究》2008年第1期,第75頁。

⑥ 鄭實:《嗇夫考——讀雲夢秦簡劄記》,《文物》1978年第2期,第56頁;高敏:《論〈秦律〉中的"嗇夫"一官》,《社會科學戰綫》1979年第1期,第136、137、139頁。

(10) 少内嗇夫。① 這十種官嗇夫是否恰與"官嗇夫十人"對應呢？也不盡然。以下結合秦簡實例辨析之。

裘錫圭先生所述的田嗇夫、司空嗇夫、庫嗇夫、倉嗇夫、廄嗇夫、發弩嗇夫、少内嗇夫等七種官嗇夫在目前公佈的里耶秦簡資料中大量存在，毋庸贅述，僅舉例表明其設置於遷陵縣之中。需要指出的是，在指具體官嗇夫時往往使用"職官＋人名"的形式來省稱，②至於"職官＋守"，雖有爭議，但是表示"官不在署時的臨時代理者"的觀點是可信的。③

倉嗇夫：……七月庚子朔癸亥，遷陵守丞固告倉嗇夫：以律令從事……

(5-1)

司空嗇夫：……廿六年三月甲午，遷陵司空得、尉乘……　　　(8-133)

少内嗇夫：……少内段、佐卻分負各二百冊五……　　　(8-785)

庫嗇夫：卅一年六月壬午朔庚戌，庫武敢言之……　　　(8-173)

廄嗇夫：廿六年八月庚戌朔壬戌，廄守慶敢言之……　　　(8-163)

發弩嗇夫：……卅三年十月甲辰朔壬戌，發弩繹、尉史過……　　　(8-761)

田嗇夫：三月丙寅，田龜敢言之……　　　(8-179)

這其中略有爭議的是"田嗇夫"。里耶秦簡中多次出現"田(嗇夫)"、"田守"、"田佐"等詞例，此前睡虎地秦簡《田律》中曾出現"田嗇夫"，整理小組認爲是"地方管理農事的小官"，④裘錫圭先生認爲田嗇夫是縣所屬的各種官嗇夫之一，"總管全縣田地等事"。⑤而卜憲群先生推測田嗇夫工作的特殊性也完全可能每鄉都設。⑥ 王彦輝先生則認爲田嗇夫是設置於鄉一級的行政單位，並不是縣一級總管全縣農田水利等事務的"官嗇夫"，⑦

① 裘錫圭：《嗇夫初探》，中華書局編輯部編：《雲夢秦簡研究》，中華書局 1981 年，第 226—301 頁。

② 秦漢官名的省稱參見裘錫圭：《裘錫圭學術文集》，復旦大學出版社 2012 年，第五卷第 69—70 頁；李學勤：《〈奏讞書〉與秦漢銘文中的職官省稱》，《中國古代法律文獻研究》第一輯，巴蜀書社 1999 年，第 61—63 頁；劉樂賢：《里耶秦簡和孔家坡漢簡的職官省稱》，《文物》2007 年第 9 期，第 93—96 頁。

③ 孫聞博：《里耶秦簡"守"、"守丞"新考——兼談秦漢的守官制度》，卜憲群、楊振紅主編：《簡帛研究二〇一〇》，廣西師範大學出版社 2012 年，第 66—75 頁。

④ 睡虎地秦墓竹簡整理小組：《睡虎地秦墓竹簡》第 22 頁。

⑤ 裘錫圭：《嗇夫初探》第 249 頁。

⑥ 卜憲群：《秦漢之際鄉里吏員雜考——以里耶秦簡爲中心探討》第 5 頁。

⑦ 王彦輝：《田嗇夫、田典考釋——對秦及漢初設置兩套基層管理機構的一點思考》，《東北師大學報》2010 年第 2 期，第 50 頁。

而是負責縣領官田。① 針對這兩種意見,陳偉先生通過對里耶秦簡中的"田"進行分析後,認爲"田"可能是田部的另稱,與鄉、司空相當,是隸屬於縣的官署之一,田嗇夫主管全縣農事。② 筆者同意將田嗇夫視爲官嗇夫的一種以及其直接隸屬於縣的觀點。

那麼其餘的"官嗇夫"在遷陵縣是否也有設置呢?

關於漆園嗇夫,睡虎地秦簡《秦律雜抄》簡 20~21 中有如下内容:

> ● 髹園殿,貲嗇夫一甲,令、丞及佐各一盾,徒絡組各廿給。髹園三歲比殿,貲嗇夫二甲而法(廢),令、丞各一甲。③

整理小組未對其中的"嗇夫"進行解釋,而是在譯文中説"罰漆園的嗇夫一甲",學者們認爲存在主管漆園的"漆園嗇夫",而且是官嗇夫之一。④ 但是與之相鄰近的兩條簡文中,有"大車殿,貲司空嗇夫一盾,徒治(笞)五十"(《秦律雜抄》簡 19~20),⑤"馬勞課殿,貲廄嗇夫一甲,令、丞、佐、史各一盾"(《秦律雜抄》簡 29~30),⑥可見"大車殿",懲罰的是"司空嗇夫","馬勞課殿"懲罰的是"廄嗇夫"。所以,考課的對象祇是相關嗇夫負責的一部分,"漆園殿"所要懲罰的是否一定就是"漆園嗇夫",這就要慎重對待了。里耶秦簡簡 8-383＋8-484:

> 田課志。AⅠ
> 髹園課。AⅡ
> ● 凡一課。BⅠ

這裏"髹園課"是記録在"田課志"之下。如上文所舉,里耶秦簡中關於"課志"的簡非常多,而且主體都是田官、司空、畜官、倉、尉、鄉等機構,那麼"田課志"裏的"田"也應該是與其並列的機構。除了尉以外,其他機構的長官如下文所示均稱爲"嗇夫",那麼這裏"田"的長官也應爲"田嗇夫"。由此再來看"髹園殿,貲嗇夫一甲"中的嗇夫或許就是"田嗇夫"而非"漆園嗇夫"。

卅七年,遷陵庫工用計受其貳春鄉髹:柒(漆)三升,猷(飲)水十一升,輦

---

① 王彥輝:《〈里耶秦簡〉(壹)所見秦代縣鄉機構設置問題蠡測》第 52 頁。

② 陳偉:《里耶秦簡所見的"田"與"田官"》第 140—143 頁。

③ 睡虎地秦墓竹簡整理小組:《睡虎地秦墓竹簡》第 84 頁。

④ 鄭實:《嗇夫考——讀雲夢秦簡劄記》;高敏:《論〈秦律〉中的"嗇夫"一官》;裘錫圭:《嗇夫初探》;等等。

⑤ 睡虎地秦墓竹簡整理小組:《睡虎地秦墓竹簡》第 84 頁。

⑥ 睡虎地秦墓竹簡整理小組:《睡虎地秦墓竹簡》第 86 頁。

重八　　　　　　　　　　　　　　　　　　　　　　　　　　(9-1138)①

　　貳春鄉主鬃發。　　　　　　　　　　　　　　　　　　(8-1548)

簡 9-1138 爲遷陵縣庫接收貳春鄉漆園上繳漆的紀録,簡 8-1548 可以看出貳春鄉中有專門負責與漆相關的事務人員。可見遷陵縣確實是產"漆"之地,至於"漆"的產出、徵收、利用、管理等細節,有待更多資料公佈後作進一步研究。

　　至於亭嗇夫,僅睡虎地秦簡中出現一例"都倉、庫、田、亭嗇夫"(《效律》簡52),②在漢代史料中不見都亭嗇夫或亭嗇夫,而有都亭長。如下文"校長"部分所述,一般認爲"亭長"可能即"校長"。從簡文中也可得知遷陵縣治安亭的掌管者爲"校長",而"遷陵吏志"中"官嗇夫"與"校長"是分離的兩部分,所以不宜將"亭嗇夫"視爲遷陵縣"官嗇夫十人"之一。此外,傳舍嗇夫、皁嗇夫、廚嗇夫、和市嗇夫在里耶秦簡中尚未發現,③姑且不論。

　　目前所見到的遷陵縣職官有:縣令、令史、令佐,縣丞,縣尉、尉史、士吏,倉嗇夫、倉佐、倉史、稟人,④司空嗇夫、司空佐、船官,⑤少内嗇夫、少内佐,庫嗇夫、庫佐,廄嗇夫、廄佐,發弩嗇夫,田嗇夫、田佐、田(部)史,⑥獄史、獄佐、牢監,田官、田官佐、田官史,畜官,鄉嗇夫、鄉佐、鄉史,校長、求盜,司馬、鬃長、敦長、什長、伍長。⑦ 此外還有主簿、有秩、舍人、將計丞、從史等,但是其性質暫不明確,姑且不論。

　　其中可以稱爲嗇夫的有田官、畜官和鄉。鄉嗇夫作爲鄉吏,雖然地位和級別與官嗇夫相差無幾,但是不宜將其看作"負責某一方面事務"的官嗇夫。

---

① 游逸飛、陳弘音:《里耶秦簡博物館藏第九層簡牘釋文校釋》,簡帛網(www. bsm. org. cn)2013 年 12 月 22 日。

② 睡虎地秦墓竹簡整理小組:《睡虎地秦墓竹簡》第 75 頁。

③ 《里耶秦簡牘校釋(第一卷)》中除了簡 8-365 "☑ 傳舍發"具體情況不明外,其他"傳舍"並非職官。

④ 睡虎地秦墓竹簡整理小組認爲,"稟人即廩人,管理穀物的收藏出納"(《睡虎地秦墓竹簡》第 58 頁)。此外,學者也往往認爲主管倉的管理包括"倉嗇夫、佐、史、稟人"。筆者認爲,秦簡中出現的"稟人"與《周禮》《儀禮》中的"廩人"可能不是完全同一的概念,稟人通常由徒隸擔任,可能僅僅是進出倉的勞動人員,而且不是倉的管理者。

⑤ 朱聖明認爲"縣司空指導船官工作,是其直接上級"。參見朱聖明:《里耶秦簡所見秦代遷陵縣公船相關問題研究》,《古代文明》2014 年第 2 期,第 47—59 頁。

⑥ 簡 8-269 中"田(部)史"非遷陵縣的職官,但是據此可推測遷陵縣應該也存在"田(部)史"。

⑦ 從簡 8-1574＋8-1787 知遷陵縣設"敦長"一職,根據睡虎地秦簡《秦律雜抄》簡 36 "敦(屯)長、什伍智(知)弗告,貲一甲",可以推測遷陵縣也應有什長、伍長(睡虎地秦墓竹簡整理小組:《睡虎地秦墓竹簡》第 88 頁)。

　　至於"田官",張春龍等先生認爲田官是"鄉嗇夫的佐吏",①卜憲群先生則認爲"田官"可能是鄉中管理土地的官吏,"縣設田嗇夫,鄉設田官",②葉山先生則認爲田官和畜官一樣是倉曹下的機構。③ 但是從上文可以看到"田官"不僅有長官還有"田官佐"、"田官史",有自己的職官組織,而且如簡 8-1574＋8-1787 所示:

　　　　徑會粟米一石八斗泰半。　　卅一年七月辛亥朔癸酉,田官守敬、佐壬、
　　稟人荅出稟屯戍簪裊襄完里黑、士五(伍)胸忍松塗增Ⅰ六月食,各九斗少半。
　　令史逐視平。　　敦長簪裊襄壞(褱)德中里悍出。　　　　壬手。Ⅱ

田官和倉一樣可以自行出稟糧食,所以這都難以將田官視爲鄉官或倉曹之下的官。針對王彥輝先生提出的"田官非縣屬而應是都官"觀點,④陳偉先生對此進行了否定,他指出田官與倉、司空無異,是隸屬於遷陵縣廷的一個官署,負責官府經營的公田。⑤我們贊同陳偉先生的觀點。那麼這樣一來,田官的長官"田官嗇夫"也就應該是"官嗇夫十人"之一。

　　　　……
　　　　其二人付畜官。
　　　　四人付貳春。
　　　　廿四人付田官。
　　　　……
　　　　二人付都鄉。
　　　　三人付尉。
　　　　……
　　　　二人付少内。
　　　　……
　　　　二人付啓陵。
　　　　三人付倉。
　　　　二人付庫。

① 湖南省文物考古研究所、湘西土家族苗族自治州文物處:《湘西里耶秦代簡牘選釋》,《中國歷史文物》2003年第 1 期,第 19 頁。

② 卜憲群:《秦漢之際鄉里吏員雜考——以里耶秦簡爲中心探討》第 5 頁。

③ 葉山:《解讀里耶秦簡——秦代地方行政制度》第 91 頁。

④ 王彥輝:《田嗇夫、田典考釋——對秦及漢初設置兩套基層管理機構的一點思考》。

⑤ 陳偉:《里耶秦簡所見的"田"與"田官"》第 146 頁。

······ (8-145)

卅年十二月乙卯，畜□□□作徒薄（簿）。☑ AⅠ

受司空居貲一人。☑ AⅡ

受倉隸妾三人。☑ AⅢ

☑□□ BⅠ

【凡】☑ BⅡ

【一人】☑ BⅢ（正）

十二月乙卯，畜官守丙敢言之：上。敢言☑ Ⅰ

十二月乙卯水十一刻刻下一，佐貳以來。☑ Ⅱ（背）　　（8-199＋8-688）

畜官課志：AⅠ

徒隸牧畜死負、剝賣課，AⅡ

徒隸牧畜畜死不請課，AⅢ

馬產子課，AⅣ

畜牛死亡課，BⅠ

畜牛產子課，BⅡ

畜羊死亡課，BⅢ

畜羊產子課。BⅣ

·凡八課。BⅤ　　　　　　　　　　　　　　　　（8-490＋8-501）

　　再來看"畜官"。上面簡 8-145 的主要內容是安排徒隸前往各個機構從事勞作，從簡文的格式和内容上可以看到"畜官"與田官、倉、庫、少內等機構没有任何差别，其應該屬於平行機構，而且從簡 8-199＋8-688 可以看到畜官也和其他機構一樣擁有長官與佐。而簡 8-490＋8-501 可以看到"畜官課志"的内容主要涉及"徒隸牧畜"時對畜的處理狀況以及馬、牛、羊的死亡和增殖兩個方面。"徒隸"牧畜與前兩枚簡中"二人（徒隸）付畜官"、畜官"作徒簿"是相吻合的，這也就是説畜官可能是依賴徒隸負責官府的公有"牲畜"。而官府的公有"牲畜"可能指的就是睡虎地秦簡《倉律》中"畜雞"、"畜犬"、"豬"一類的動物。①

　　《秦律雜抄》簡 31：

　　　牛大牝十，其六毋（無）子，貲嗇夫、佐各一盾。·羊牝十，其四毋（無）

---

① 《倉律》簡 63："畜雞離倉。用犬者，畜犬期足。豬、雞之息子不用者，買（賣）之，別計其錢。"（睡虎地秦墓竹簡整理小組：《睡虎地秦墓竹簡》第 35 頁）

子，貲嗇夫、佐各一盾。·牛羊課。①

整理小組認爲"嗇夫，指畜養牛羊機構的負責人"，而裘錫圭先生指出"這裏所説的嗇夫可能不是專指某一種單位所屬的嗇夫，而是泛指各種主管牧養牛羊的嗇夫，估計縣也會有這類管畜牧的嗇夫"，"他們所役使的勞動者無疑主要是小隸臣一類的刑徒、官奴"。② 筆者對裘先生的"泛指"説持保留態度，傾向於認爲簡文中的"嗇夫"可能爲"畜官嗇夫"，但是完全同意裘先生縣内管理畜牧的嗇夫利用刑徒、官奴的説法。所以，我們認爲和田官一樣，畜官的長官也稱爲"畜官嗇夫"。

至此，我們認爲田嗇夫、司空嗇夫、庫嗇夫、倉嗇夫、廄嗇夫、發弩嗇夫、少内嗇夫、田官嗇夫、畜官嗇夫等九個官嗇夫作爲遷陵縣"官嗇夫十人"中的一部分的可能性較大，而漆園嗇夫與亭嗇夫似乎並不在其中，傳舍嗇夫、皂嗇夫、廚嗇夫、市嗇夫由於資料有限，尚難定論。至於第十個官嗇夫究竟指的是什麽，有待更多資料公佈以後再作討論。

"官佐四十七人"，這裏的"官佐"可能有兩種解釋，一種專指官嗇夫之佐，一種泛指官府之佐。簡 8-1231"倉吏見三人，其一段(假)令佐"，簡 8-1118"田缺吏，見一人"，③簡 8-1593"少内缺吏，見二人"等，這也顯示出官嗇夫的佐並不多，而且經常缺額。

"校長六人"。睡虎地秦簡《封診式·群盗》中"某亭校長甲"(簡 25)，整理小組注："校長，見《續漢志·百官志》注：'主兵戎盗賊事。'《封泥彙編》有'校長'半通印封泥。"④高敏先生認爲"校長"本是與"亭長"同類性質的官吏，"校長"可能是"亭長"的别稱。⑤張金光先生認爲亭分爲負責治安之"鄉亭"以及其他的郵亭、市亭、門亭、邊亭、燧亭等，校長、亭長二者同職而異名，校長可能是早起稱謂，亭長可能是後期稱謂。⑥ 廖伯源先生根據張家山漢簡進一步論證了秦及漢初亭有校長，校長當即傳世文獻之亭長。⑦

---

① 睡虎地秦墓竹簡整理小組：《睡虎地秦墓竹簡》第 87 頁。
② 裘錫圭：《嗇夫初探》第 261 頁。
③ 《里耶秦簡牘校釋(第一卷)》釋爲"囚"，陳偉先生指出"囚"可能爲"田"字，此説可從。參見陳偉：《里耶秦簡釋字(二則)》，簡帛網 2013 年 9 月 27 日。
④ 睡虎地秦墓竹簡整理小組：《睡虎地秦墓竹簡》第 152 頁。
⑤ 高敏：《秦漢時期的亭》，中華書局編輯部編：《雲夢秦簡研究》，中華書局 1981 年，第 310 頁。
⑥ 張金光：《秦鄉官制度及鄉、亭、里關係》，《歷史研究》1997 年第 6 期，第 30 頁。
⑦ 廖伯源：《漢初縣吏之秩階及其任命》，《社會科學戰綫》2003 年第 3 期，第 103 頁。

從《二年律令·秩律》中可以知道西漢初年校長"秩各百廿石"。① 簡8-1150＋8-1114
中"☑ 傳畜官,貳春鄉傳田官,別貳春亭、唐亭",可見"貳春亭"與"唐亭"爲遷陵縣所設
之亭,而簡9-1112記載:

> 廿六年二月癸丑朔丙子,唐亭叚(假)校長壯敢言之:唐亭旁有盜,可卅
> 人,壯卒少,不足以追,亭不可空,謁遣□索,敢言之。/二月辛巳,遷陵守丞
> 敦狐敢告尉、告鄉主:以律令從事。尉下亭鄣署士吏謹備。貳[春]鄉上司馬
> 丞。/亭手/即令走涂行。
> 二月辛巳不更興里戌以來/丞半　　壯手②

"唐亭叚(假)校長壯"也恰好證明了"亭"負責盜賊事,而其負責者爲校長。所以,就遷
陵縣而言,亭的長官"校長"在官嗇夫之外,所以"官嗇夫十人"中應該不包括"亭嗇
夫"。目前所公佈的資料中遷陵縣的校長有六位,假校長一位。校長有予言(8-149＋
8-489、8-823＋8-1997)、寬(8-167＋8-194＋8-472＋8-1011)、囚吾(8-167＋8-194＋
8-472＋8-1011)、周(8-439＋8-519＋8-537)、舍(8-565)、援(8-671＋8-721＋8-2163),
假校長有壯(9-1112)。這幾位"校長"是否在同一時間内任職,由於簡牘殘端或簡文未
提,暫不能確定。

關於"牢監",里耶秦簡有:

> ☑□出稟牢監襄、倉佐□。四月三日。Ⅰ
> ☑　感手。Ⅱ　　　　　　　　　　　　　　　　　　　　　(8-270)

《校釋》認爲:"牢,監獄。牢監,監獄吏名。"③"牢監"一職不見於傳世文獻,而在尹灣漢
簡中則出現"牢監",即"牢獄監守"。④ 廖伯源先生認爲"牢監"秩佐史,⑤這一推定不僅
適用於漢代也符合秦代情況,簡文中牢監與倉佐並列正是其表現。此外,里耶秦簡中
還多次出現"牢人",《校釋》疑爲牢獄中的役人。⑥

---

① 彭浩、陳偉、工藤元男主編:《二年律令與奏讞書——張家山二四七號漢墓出土法律文獻釋讀》,上海古籍
　　出版社2007年,第293頁。
② 游逸飛、陳弘音:《里耶秦簡博物館藏第九層簡牘釋文校釋》。
③ 陳偉主編:《里耶秦簡牘校釋(第一卷)》第126頁。
④ 張顯成、周群麗:《尹灣漢墓簡牘校理》,天津古籍出版社2011年,第8頁。
⑤ 廖伯源:《簡牘與制度:尹灣漢墓簡牘官文書考證》第59頁。
⑥ 陳偉主編:《里耶秦簡牘校釋(第一卷)》第127頁。水間大輔先生對此已有專文論述,可參見《里耶秦簡所見
　　的"牢監"與"牢人"》,王沛主編:《出土文獻與法律史研究》第二輯,上海人民出版社2013年,第25—34頁。

　　“倉[食]吏”，葉山先生釋爲“食吏”，里耶秦簡牘校釋小組釋爲“長吏”。首先，從圖版來看，與同簡中“校長”之“長”()差别較大。“長”字上端三横平直且略向上傾向，而上端明顯呈“Λ”狀。若爲“倉”則下端應从“口”，而下端與“口”相去甚遠。所以，筆者認爲釋爲“食吏”更妥，但是此職暫無資料可考，從其在“吏志”中的排位來看，秩級也應爲佐史。

　　綜上所述，雖然“遷陵吏志”可能殘斷不全，信息或許不太完整，但是它可以使我們對遷陵縣的吏員設置狀況有了大致的了解。首先，“遷陵吏志”中並不含有縣令、丞、尉等“長吏”，這可能是秦代書寫“吏志”的一種常態。其次，“令史”是吏員中所佔比例最多的職位之一，這不僅説明秦代縣“令史”是縣行政機構的重要組成部分，而且從秦漢時期“令史”吏員額的巨大差别也顯示出其性質可能經歷了從“公”到“私”的變化。再次，“官嗇夫十人”這條信息至關重要，對秦代遷陵縣縣級機構設置的復原研究提供了重要的構架。據此可以推測遷陵縣應該設有十個官嗇夫負責的機構。通過上文分析可以知道這十個官嗇夫中可能包括田嗇夫、司空嗇夫、庫嗇夫、倉嗇夫、廄嗇夫、發弩嗇夫、少内嗇夫以及田官嗇夫和畜官嗇夫，但是應該不包括漆園嗇夫和亭嗇夫，至於傳舍嗇夫、皂嗇夫、厨嗇夫、市嗇夫，由於資料有限，尚難定論。最後需要指出的是，即使“遷陵吏志”中還含有其他職官，從職官排列順序來看，其應該在“令史”與官嗇夫之間，而且其秩階也將在二者之間。此外，如何理解“遷陵吏志”簡的性質，以及如何將其與上文所列的遷陵縣職官對應是今後有待解决的課題。

嶽麓書院藏秦簡《田律》研究[*]

周海鋒

　　嶽麓書院藏秦簡《田律》共有 6 則，^①計 9 支簡，内容涉及收回及返還有罪者田宅、貸糧草予過往縣吏及郵人爲過往官吏提供炊具或燒飯、田租繳納、禁止黔首居田舍者酤酒等。嶽麓書院藏秦簡《田律》簡數目雖然不多，但是其蘊含的信息卻比較豐富。兹不揣淺陋，就其中一些問題略陳鄙見，以祈方家指正。

一、從嶽麓秦簡《田律》看法律文本之抄録與編纂

　　睡虎地秦墓竹簡、嶽麓秦簡和張家山漢簡都有《田律》，三批簡牘材料時代雖有先後但緊密承接，且有部分律文相似或完全相同，這就爲研究法律文本在傳抄過程中所産生的變化提供了契機。下面以《田律》爲參照，試對秦漢之際法律文本的編纂狀況作一探討。

　　秦律令條文有興替，亦有修訂，這在睡虎地秦墓竹簡中可以找到不少内證，比如《法律答問》："可(何)謂'耐卜隸'、'耐史隸'？卜、史當耐者皆耐以爲卜、史隸。·後更其律如它。"^②"後更其律如它"是説後來對律文進行了修改，卜、史當耐者與其他人同樣處理。更爲直接的證據則來自不同時期針對同一事項所制定的律條在内容上的細微差異，例如：

　　　　行傳書、受書，必書其起及到日月夙莫(暮)，以輒相報殹(也)。書有亡

---

　*　本文爲教育部哲學社會科學研究重大攻關項目"嶽麓秦簡與秦代法律制度研究"(批准號：11JZD013)階
　　段性研究成果之一。
①　1400 號簡雖未見"田律"篇名，但内容與 0994 號極爲相近，當屬《田律》無疑。
②　睡虎地秦墓竹簡整理小組：《睡虎地秦墓竹簡》，文物出版社 1990 年，第 139 頁。

者,亟告官。隸臣妾老弱及不可誠仁者勿令。書廷辟有日報,宜到不來者,
追之。　　　行書。　　　　　　　　　　　(《秦律十八種·行書律》184~185)①

　　行書律曰:傳書受及行之,必書其起及到日月夙暮,以相報。宜到不來
者,追之。書有亡者,亟告其縣。　　　　　　　　　　(嶽麓秦簡 1271)②

通過比較可知,兩則律文在語序、字詞、內容方面均有差異,但是其基本的內容是相同
的。秦始皇二十六年一統六國,進行了一系列的革新,大至政治體制,小到名物稱謂。
法律制度的調整自然也是題中之義,但是這方面的變革是完全在承繼舊成果的基礎
上進行的,而非顛覆性的。或者説,從殘存的秦律文本所傳達的信息來看,秦統一後
對法律制度的變革力度相對而言是比較温和的。試看以下幾則律文:

　　百姓居田舍者毋敢盬(酤)酉(酒),田嗇夫、部佐謹禁御之,有不從令者
有罪。　　　　　　　　　　　　　　　　　　(《秦律十八種·田律》12)③

　　· 田律曰:黔首居田舍者毋敢醘〈盬(酤)〉酒,有不從令者罨(遷)之,田
嗇夫、士吏、吏部弗得,貲二甲。　　　· 第乙　　　　　(嶽麓秦簡 0994)④

　　黔首居田舍者毋敢醘〈盬(酤)〉酒,不從令者罨(遷)之,田嗇夫、【士】吏、
吏部弗得,貲各二甲。丞、令、令史各一甲。　　　　　(嶽麓秦簡 1400)

對比以上律文可知,三則律文主要內容都是禁止在田舍酤酒之事,但是同中有異。相
對於睡虎地秦簡《田律》,嶽麓秦簡《田律》的規則更加細緻些,稱謂上也有些變化。嶽
麓秦簡改"百姓"爲"黔首",此乃律文在秦統一之後作過修訂之力證。據《史記·秦始
皇本紀》,秦始皇二十六年改稱"百姓"爲"黔首"。又在里耶秦簡中,衹見"黔首"而不
見"百姓"。又睡虎地秦簡《田律》衹規定田嗇夫和部佐要嚴加制止百姓在田舍酤酒,
但是並没有給予違犯律令者以處分,衹是講"不從令者有罪"。到底有何罪,我們不得
而知。然到了嶽麓簡《田律》之中,清楚地規定黔首違犯此令,則"遷之";負責監督的
田嗇夫、士吏、吏部若監管不力,要罰二甲;甚至縣丞、縣令和令史也要連帶罰一甲。
"前修未密,後出轉精"的規律在律文的編纂過程中也明顯地體現出來了。

---

① 睡虎地秦墓竹簡整理小組:《睡虎地秦墓竹簡》第 61 頁。
② 陳松長:《嶽麓書院藏秦簡中的行書律令初論》,《中國史研究》2009 年第 3 期,第 31 頁。
③ 睡虎地秦墓竹簡整理小組:《睡虎地秦墓竹簡》第 22 頁。
④ 此則律文內容已刊佈,詳參陳松長:《嶽麓書院所藏秦簡綜述》,《文物》2009 年第 3 期,第 87 頁。先前編
　號爲 0993,後整理小組對嶽麓書院藏秦簡進行重新編號,故前後簡號或有不同。又先前釋文遺漏簡尾信
　息,將"士吏"誤作"工吏"。

　　關於上面引用的二則嶽麓秦簡《田律》尚有幾個問題需要交代。首先,應該如何看待 0994 號與 1400 號在内容上的差異,1400 號似乎比 0994 號的規定更加嚴密,增加了貲罰"丞令、令史各一甲"的規定,同時抄寫時漏抄"士吏"之"士"字。但也有可能是抄録 0994 號的書手不小心漏抄了"丞令、令史各一甲"數字。兩支簡末端均留白,顯然都是完整的律文,簡上均殘留兩道編痕,說明二者曾被編連成册,但是尺寸不完全一致,則極有可能各處一册。二者字體存在差異,應出自不同書手。以上迹象表明,抄手謄録兩支簡時所依據的法律文本是存在差異的。若所有的嶽麓秦簡爲某一個人的陪葬物,墓主人很可能在秦始皇二十六年至秦二世三年之間多次請人抄録編纂其時通行律令以備行政所需。因爲律令是行政所本而秦法律文本不斷被修訂,故墓主人不得不及時雇人抄録最新的律條並重新編聯成册。或許正是由於這個原因,今日所見嶽麓秦簡律令,或内容完全一致,或同中有異;而同一批簡律令以外的内容,如《數》、《質日》、《夢書》、《爲吏治官及黔首》、《爲獄等狀四種》均未出現簡文内容重複的現象。0994 號、1400 號竹簡在不同時期被編成册,但是孰先孰後尚無從考證。

　　其次,0994 號律文結尾處標明了序號"第乙",並以"·"號隔開律文。帶有序號的秦律此尚屬首見,傳達出來的信號就是秦代對律文進行過統一地整理,至於是否基於全部通行的律文,我們不得而知。至少就某一類律,在某個時期是進行了統一編纂的,不然就無法解釋律文編序號的問題。又 0994 號與 1400 號之差異也值得注意,二者最大的區别不在於内容,而在於律文的書寫形態,前者以"田律曰"起首,簡尾標有序號"第乙",而後者没有律名信息,我們是根據内容來判定其極有可能屬於《田律》。倘若没有之前的睡虎地秦墓竹簡《田律》以及同批竹簡 0994 號律文作爲參照,1400 號究竟當歸入何律是拿不準的。我們不能僅僅根據律文内容來斷定其一定是《田律》條文。簡牘整理過程中據内容和字體來給律文歸類的做法是萬不得已之舉,因爲内容相近甚至相同的律文甚至會歸入完全不同的律類之中。如《秦律十八種·關市律》載:"爲作務及官府市,受錢必輒入其錢缿中,令市者見其入,不從令者貲一甲。關市。"①相似的律文卻出現在嶽麓書院藏秦簡《金布律》中:

　　·金布律曰:官府爲作務、市受錢,及受齎、租、質、它稍入錢,皆官爲缿,謹爲缿空(孔),嬰(須)毋令錢能出,以令若丞印封缿而入,與入錢者參辨券之,輒入錢缿中,令入錢者見其入。月壹輸缿錢,及上券中辨其縣廷,月未盡

① 睡虎地秦墓竹簡整理小組:《睡虎地秦墓竹簡》第 42 頁。

而蚝盈者,輒輸之,不如律,貲一甲。　　　　　　　(1411＋1399＋1403)①

關於上述情形,業師陳松長先生撰文認爲是睡虎地秦墓竹簡抄寫者一時疏忽將"金布"誤記爲"關市"。②

又嶽麓書院藏秦簡有一則田律條文内容卻是關於向過往官吏提供糧草借貸及買賣的,簡文如下:"田律曰:吏歸休,有縣官吏乘乘馬及縣官乘馬過縣,欲貸芻稾禾粟米及買菽者,縣以朔日平賈(價)受錢"(1284＋1285),所見秦漢《田律》無相關内容,若簡端没有"田律曰"三字,據其内容我們極容易將其歸入《倉律》或其他律中。因爲根據睡虎地秦墓竹簡和里耶秦簡相關内容,糧食出入多數情況下是由倉這一機構負責的。

又嶽麓秦簡《田律》中有則律文的部分内容,到了漢初《二年律令》竟然被編入了《行書律》之中,個中緣由值得深思,先將律文移録於下:

> •田律曰:侍菽郵、門,期足以給乘傳晦行求燭者,郵具二席及斧斤鑿錐
> 刀甕繘,置梗〈綆〉井旁,吏有縣官事使而無僕者,郵爲飰,有僕,叚(假)之器,
> 毋爲飰,皆給水醬(漿)。　　　　　　(嶽麓秦簡 1277＋1401,見圖版壹)
>
> 一郵十二室。長安廣郵廿四室,敬(警)事郵十八室。有物故、去,輒代
> 者有其田宅。有息,户勿減。令郵人行制書、急書、復,勿令爲它事。畏害及
> 近邊不可置郵者,令門亭卒、捕盗行之。北地、上、隴西,卅里一郵;地險陝不
> 可郵者,得進退就便處。郵各具席,設井磨。吏有縣官事而無僕者,郵爲炊;
> 有僕者,皆給水漿。　　　　　　　　(《二年律令·行書律》265~267)③

以上二則律文内容相似,均規定了郵人有爲過往官吏提供炊具或爲其做飯的職責。不同之處也極爲明顯,"郵具二席及斧斤鑿錐刀甕繘,置梗〈綆〉井旁"被省作"郵各具席,設井磨";"有僕"之後的"叚(假)之器,毋爲飰"數字被省略掉。此外,個別字詞亦有出入,如相對於嶽麓簡,《二年律令·行書律》"縣官事"之後似乎脱落一個"使"字。對讀以上兩則律文,我們不難發現,《二年律令》中此則《行書律》無疑摘録了秦代《田律》律文。但是並非一字不變地移抄,而是對其内容進行精簡壓縮。這也是漢承秦律的通常做法。

行文至此,又有一個不得不考慮的問題,即從内容看,完全講郵人之事和涉及糧草借貸及買賣的律文,何以被編入《田律》之中? 是不是在抄録過程中出現了失誤呢?

---

① 陳松長:《睡虎地秦簡"關市律"辨正》,《史學集刊》2010 年第 4 期,第 18 頁。

② 陳松長:《睡虎地秦簡"關市律"辨正》第 16—20 頁。

③ 張家山漢墓竹簡整理小組:《張家山漢墓竹簡〔二四七號〕》,文物出版社 2006 年,第 169 頁。

顯然我們没有直接的證據佐證抄寫者在抄録過程中出現了失誤,如果僅僅從内容上來判定,謄抄嶽麓秦律的某個書手的確極有可能錯將《行書律》的律文冠以《田律》之名。因爲從所見到的《田律》來看,其内容大都圍繞"田"而制定的,無論是行田規定、田間規劃、農田水利、户賦及芻稾徵收,還是糧草發放、環境保護或田舍禁酒,均與"田"有關聯。而郵人行書與"田"之間的關聯,除了《二年律令·行書律》中郵人"有物故、去,輒代者有其田宅"外,實在没有多少交叉點。又所見《田律》條文没有一則是關於糧草借貸與買賣的,誤將其他律文冠以"田律"篇名的可能性也是存在的。但是這些僅僅是一種不夠嚴謹的推測,我們知道偶然失誤的情形的確難免,但倘若説嶽麓書院藏秦簡 6 則《田律》中有 2 則是他律闌入,則不太可能,必須考慮其他原因。

　　竊以爲對於内容相近而歸屬不一的律文,如果二者時代不一,可能是後來修訂時對其進行了調整;如果二者處於同一時代,也未必是誤抄所致。比如《秦律十八種·倉律》中有幾款條文同時出現在《效律》之中,《倉律》條文主要涉及糧食管理,《效律》條文主要涉及物資核驗,而糧食也是核驗的對象之一,故會出現内容相同或相近的律文分别出現在《倉律》和《效律》的情形。又不同官署之間其執掌或有交叉之處,或有些事務必須幾個部門協同合作纔能完成,故相同内容的律文可能被編入不同律篇之下。據《秦律十八種·内史雜》"縣各告都官在其縣者,寫其官之用律",①里耶秦簡"令史廱鑭律令沅陵"(6-4),②可知各官署要定期派人去指定地方抄寫、核對日常行政所需律文。顯然,在簡牘作爲最主要傳佈工具的秦代,給每一個行政部門配置一部囊括現行法律條款的律典是不太可能的,而律條作爲行政依據,其重要性也是不言而喻的。如何保證來自不同部門的謄抄者在最短的時間内準確無誤地抄録完所需律文,是一個重要問題。何況現在所見秦律令基本來自墓葬,屬於當時官吏私人藏品,必是請人或自己摘録以備日常參考,如此多番轉録,則增加了出錯的概率。

　　所以,根據内容來判定簡的歸屬時,要格外慎重。一方面古人對律文的歸類準則我們未必完全知曉,且法律條文不斷被修訂替換;另一方面在編纂、謄抄數量衆多的律條時,出現張冠李戴的現象也是極有可能的,但是要坐實其誤需要堅實的證據。況且我們今天所能見到的律令殘文,不太可能是當時日常行政中使用的法律原本;既是私人抄録以備他用,魯魚亥豕就在所難免。故在研究秦漢法律文本時,既不能視之爲"金科玉律",也不能輕易將律令條文定性和歸類。

---

① 睡虎地秦墓竹簡整理小組:《睡虎地秦墓竹簡》第 61 頁。
② 陳偉主編,何有祖、魯家亮、凡國棟著:《里耶秦簡牘校釋(第一卷)》,武漢大學出版社 2012 年,第 19 頁。

二、從嶽麓秦簡《田律》看秦代的授田制

　　青川木牘、睡虎地秦墓竹簡的刊佈爲研究秦田制創造了條件,圍繞戰國時期是否普遍實行授田制問題,土地能否買賣問題,學者們見解不一。楊寬先生認爲戰國時代普遍實行國家授田,其土地屬於國有性質,並進一步指出"國家推行的按户授田制,就是以大量的國有土地爲基礎的"。① 袁林先生認爲:"戰國,特别是商鞅變法之後秦的基本田制爲授田制,此制一直延續到秦始皇統一六國之後。"②但是也有學者提出截然不同的觀點,如唐贊功先生認爲授田制反映的是土地私有制而非國有。③ 高敏先生則提出了一個折中的看法,認爲商鞅廢除井田制後,土地國有和土地私有制並存,土地私有制在迅速發展。④ 前輩學者的研究成果均有值得借鑒之處,兹在已有成果基礎之上,依據新見材料,對秦田制作進一步考察。

　　通過《二年律令·户律》可知,所謂授田,即國家將手裏控制的田地按照一定準則分配給齊民耕種,連帶授予的還有宅基地。秦國早就實行過授田制直接有力的證據來源於《秦律十八種·田律》:"入頃芻稾,以其受田之數,無垦(墾)不垦(墾),頃入芻三石、稾二石。"⑤律文規定按照受田頃數多少,每頃繳納芻三石、稾二石。但是關於授田的具體細則,無論是睡虎地秦墓竹簡還是傳世典籍,都無相關記載。所幸嶽麓秦簡《田律》有一則律文可略補缺憾,律文曰:

　　　　田律曰:有辠,田宇已入縣官,若已行、以賞予人而有勿(物)故,復(覆)

　　治,田宇不當入縣官,復畀之其故田宇。　　　　　　　　　　　　　　(1276)

嶽麓秦簡《田律》1276號是對返還舊有田宅的規定,律文的大意是:若一個人犯罪,田地和宅宇已没入官府,或者已經被授予、賞賜他人而碰上其他變故,再次審理案件時發現田地和宅宇不應該没收,則應該將其返還。但是通過簡文我們依舊無法得知"田宇"是由官府先前授予的,還是賞賜的。這二者性質是很不一樣的,若由官府授予,受

---

① 楊寬:《雲夢秦簡所反映的土地制度和農業政策》,《古史論文選集》,上海人民出版社2003年,第23頁。

② 袁林:《戰國授田制度試論》,《社會科學》1983年第6期,第62—66頁。

③ 唐贊功:《雲夢秦簡所涉及土地所有制形式問題初探》,中華書局編輯部:《雲夢秦簡研究》,中華書局1981年,第53—66頁。

④ 高敏:《從雲夢秦簡看秦的土地制度》,《雲夢秦簡初探(增訂本)》,河南人民出版社1981年,第133—154頁。

⑤ 睡虎地秦墓竹簡整理小組:《睡虎地秦墓竹簡》第21頁。

者祇有使用權,並無所有權;若是賞賜所得,完全歸私人所有,可以出售或由他人繼承。秦自商鞅起實行軍功爵制,常賜予有軍功者以田宅爵禄,《商君書·境内》:“能得甲首一者,賞爵一級,益田一頃,益宅九畝,一除庶子一人,乃得入兵官之吏。”又《史記·白起王翦列傳》載王翦前往攻打楚國時向秦始皇“請美田宅園池甚衆”。

關於授田對象問題,也是值得探究一下的。已有學者指出授田制是以户籍制度爲基礎的,①然需要補充的是並非入籍者均可受田。首先,登記户口固然可以爲授田提供某些參考,但是實行户籍制度還有其他目的,如有效地控制人口、徵收賦税及興發徭役等,而受田者所必須承擔者是田租和芻稾税。《法律答問》對“匿户”進行了解釋:“可(何)謂‘匿户’及‘敖童弗傅’? 匿户弗繇(徭)、使,弗令出户賦之謂殹(也)。”②由此可以反推,制定户籍制度的最爲主要的目的是爲了徵收户賦和徵發徭役。其次,治下之民,職業各異,重農抑商是秦向來之主張,那些入市籍的商人是不可能被授予田宅的。此外,刑徒、贅婿、奴婢等,由於其身份特殊,無法享受一般庶民該有的權利,即使名籍可查,也不能受田宅。

刑徒、奴婢不能受田自不待言,至於贅婿,因其不可能成爲户主,自然也不可能被授予田宇,這從《魏户律》可以得知:

> • 廿五年閏再十二月丙午朔辛亥,告相邦:民或棄邑居埜(野),入人孤寡,徼人婦女,非邦之故也。自今以來,叚(假)門逆吕(旅),贅婿後父,勿令爲户,勿鼠(予)田宇。三葉(世)之後,欲士(仕)士(仕)之,乃(仍)署其籍曰:故某慮贅婿某叟之乃(仍)孫。③

“贅婿後父,勿令爲户”,雖然律文講的是魏國的規定,但是從秦簡所見有關贅婿資料來看,秦人對贅婿也極爲鄙視,授田於贅婿的可能性不大。試看嶽麓秦簡相關簡文:

> • 獄史、令史、有秩吏、及屬、尉佐以上,二歲以來新爲人贅壻(婿)者免之。其以二歲前爲人贅壻(婿)而能去妻室者勿免,其弗能行者免之。
> 　　　　　　　　　　　　　　　　　　　　　　　(0559+0359)

從簡文可知,低級官吏近兩年來爲人贅婿者將被罷免,兩年前即入贅若能離開妻室,可以繼續留用,否則亦要罷免。又從傳世典籍可知,贅婿地位極爲低下,常與罪犯、商

① 唐杏來:《在論戰國國家授田及土地私有問題》,《文教資料》2011 年 3 月號中旬刊,第 97—98 頁。
② 睡虎地秦墓竹簡整理小組:《睡虎地秦墓竹簡》第 132 頁。
③ 睡虎地秦墓竹簡整理小組:《睡虎地秦墓竹簡》第 174 頁。

賈同等對待,或被强徵戍邊、服苦役,或規定不得爲吏,如《史記·秦始皇本紀》:"三十三年,發諸嘗逋亡人、贅婿、賈人取陸梁地。"《漢書·貢禹傳》中説:"孝文皇帝時,貴廉潔,賤貪污,賈人、贅婿及吏坐贓者,皆禁錮不得爲吏。"

要保證授田順利進行,國家必須控制相當數量的田地,從秦簡材料來看,國家手裏的田地數量可觀。那些没有被授出的田被稱爲"公田"或"縣官田",其負責人稱"田嗇夫"或"田官守"。公田有一整套嚴密的管理體系,此問題不是幾句話可以講清,此不多敘。在此要交代的是,爲了保證國家有足够的田地,墾荒成了一項重要任務,是官員考課的一項重要指標。如里耶秦簡載:"☐當狠(墾)田十六畝。Ⅰ☐已狠(墾)田十九畝。Ⅱ"(8-1763)從内容推測,此爲遷陵縣某鄉一年之内應當完成和已經完成的墾田數。又"元年八月庚午朔庚寅,田官守顧敢言之:上狠(墾)田課一牒,敢言之。"(9-1869 正)①田官守在每年年末要將全年的墾田情況上報,此爲考課上計的一項重要内容。

需要注意的是黔首除了耕種國家授予的田地之外,似乎十分熱衷於私自墾荒:

卅五年三月庚寅朔,丙辰,貳春鄉兹爰書:"南里寡婦憗自言:'謁狠(墾)草田,故采(桑)地,百廿步,在故步北,恒以爲采(桑)田。'"　　　　　(9-14 正)

卅三年六月庚子朔丁巳,守武爰書:"高里士五吾武自言:'謁狠(墾)草田六畝,武門外,能☐藉以爲田,典☐占。'"　　　　　(9-2350 正)

六月丁巳,田守武敢言之:"上黔首狠(墾)草☐☐,敢言之。"　　　(9-2350 背)

以上兩封爰書均出自里耶秦簡,從内容可知都是向政府請求開墾荒地的。而黔首私自墾荒似乎是十分正當的行爲,里耶秦簡載:"律曰:已狠(墾)田,輒上其數及户數。户嬰之。"(9-39)律文的意思是:新開墾的田地數連同墾田者的户籍信息一起上報,按户分别排列。"上其數"之"數"指墾田畝數,"户數"即户籍名數。如此看來,祇要申請得以允許,所墾之地當是合法的。至於新墾之地是否要繳納租賦,光從秦簡所藴涵的信息中無法得知。但是《史記》中的一則材料或爲此問題之解决提供了一些思路。

《史記·秦始皇本紀》"三十一年,使黔首自實田",馬端臨在《文獻通考·田賦考》中認爲"使黔首自實田",是由於"秦壞井田之後,任民所耕,不計多少,已無可稽考,以爲賦斂之厚薄"。馬氏其時尚未見到秦授田方面的資料,故勉强對"使黔首自實田"這一歷史事件作出了解釋。實則,由官府授予黔首之田地,有詳細的田籍,記載田地本

① 游逸飛、陳弘音:《里耶秦簡博物館藏第九層簡牘釋文校釋》,簡帛網(www.bsm.org.cn)2013 年 12 月 22 日。本文所引里耶秦簡第九層簡牘均來自此文,不另注。

身之狀況、轉讓、歸屬者等信息,這從《二年律令》中可知。依淺見,秦始皇三十一年要統計的應當是黔首私自開墾的田地,之所以要統計這部分田地,其中一個原因當然是爲了徵收租稅。依據里耶秦簡,秦代墾荒活動從未停止過,且規模不容小覷。私田不要繳納芻槀稅、田租,故黔首們墾荒的勁頭十足,若任其發展,後果祇有一種,黔首紛紛拋棄官府授予之田而耕種私田,如此不但田地將面臨拋荒之後果,政府的收入也將大受影響。故秦始皇纔有重新核查田畝之數的政令下達。

三、從嶽麓書院藏《田律》看秦田賦的繳納

秦簡公七年(前408)實行稅制改革,頒佈了"初租禾"法令,"初"爲首次,"租"爲田賦,"禾"一般指糧食,"初租禾"就是首次按畝徵稅,其性質與魯國在公元前594年開始實行的"初稅畝"制度一樣,旨在增加政府收入,提高耕種者的勞作積極性。"初租禾"原本指按照田畝數繳納糧食,但是已經刊佈的秦漢律文中多次提及芻槀稅而未見繳納糧食的内容。從《秦律十八種·田律》中可知芻槀稅按頃徵收:"入頃芻槀,以其受田之數,無(墾)不(墾),頃入芻三石、槀二石。"一頃地要繳納芻三石、槀二石,此徵稅標準在漢初依舊被沿用,《二年律令·田律》:"入頃芻槀,頃入芻三石;上郡地惡,頃入二石;槀皆二石。令各入其歲所有,毋入陳,不從令者罰黄金四兩。收入芻槀,縣各度一歲用芻槀,足其縣用,其餘令頃入五十五錢以當芻槀。芻一石當十五錢,槀一石當五錢。"值得慶幸的是通過嶽麓書院藏《田律》的一則律文可知,田賦的確還包括糧食:

> ·田律曰:租禾稼、頃芻槀,盡一歲不(畢)入及諸貸它縣官者,書到其
> 縣官,盈卅日弗入及有逋不入者,貲其人及官嗇夫、吏主者各一甲,丞令、令
> 史各一盾。逋其入而死、亡有罪,毋後,不可得者,有令官嗇夫、吏代償。
>
> （1278＋1282＋1283）

律文提及的"租禾稼"即繳納糧食,表明其時田租需繳納實物,此則律文是爲了敦促及時上繳田賦而制定的,從簡文可知田賦在當年要完成,否則要罰一甲,相關的官吏也將連坐。但是律文依舊沒有提及一頃地究竟要繳納多少糧食。這個問題的答案從里耶秦簡中可略得之:

> 遷陵卅五年(墾)田輿五十二頃九十五畝,稅田四頃□□ I
> 户百五十二,租六百七十七石。衛(率)之,畝一石五; II
> 户嬰四石四斗五升,奇不衛(率)六斗。 III　　　　　　（8-1519 正）

啓田九頃十畝,租九十七石六斗。A I

都田十七頃五十一畝,租二百卅一石。A II

貳田廿六頃卅四畝,租三百卅九石三。A III

凡田七十頃卅二畝。·租凡九百一十。A IV

六百七十七石。B　　　　　　　　　　　　　　　(8-1519背)①

按照整理者意見,多於三十五年墾田數的部分,蓋爲原有田畝。② 如此一來,遷陵縣在卅五年新墾田達五十二頃九十五畝,而原有田畝數祇有區區十七頃卅七畝,顯然不合常理。且十七頃卅七畝田出租二百三十三石,每畝地租約爲 0.13 石,"與率之,畝一石五"的稅率相差甚遠,舊有田地的田稅率不到新墾田的十分之一,顯然亦説不通。又從所載户數祇有百五十二,定非遷陵縣卅五年户口總數。看來,應該對簡文的重新加以理解,我們認爲遷陵縣卅五年新墾田畝總數是五十二頃九十五畝,其中啓陵鄉九頃十畝,都鄉十七頃五十一畝,貳春鄉田廿六頃卅四畝,這其中稅田"四頃□□"應該是黔首所開墾,剩下的部分是官府開墾的。從"户百五十二,租六百七十七石。衛(率)之,畝一石五"一句可以計算出稅田約有四頃五十一畝。也就是説這四頃五十一畝是遷陵縣百五十二户黔首卅五年新墾的田地,新墾地的稅率是"畝一石五"。秦漢法律規定黔首新墾田要及時上報,里耶秦簡載:"律曰:已狠(墾)田,輒上其數及户數。户嬰之。"(9-39)《二年律令·田律》:"縣道已狠(墾)田,上其數二千石官,以户數嬰之,毋出五月望。"據此可以斷定秦代田賦是每頃繳納糧食百五十石,芻三石,稾二石。

---

① 陳偉主編,何有祖、魯家亮、凡國棟著:《里耶秦簡牘校釋(第一卷)》,第 345—346 頁。

② 陳偉主編,何有祖、魯家亮、凡國棟著:《里耶秦簡牘校釋(第一卷)》,第 347 頁。

讀《里耶秦簡(壹)》醫方簡札記①

劉建民

2002 年至 2005 年,湖南省龍山縣里耶古城遺址共出土了秦代簡牘 3 800 餘枚。2012 年出版的《里耶秦簡(壹)》,完整公佈了里耶古城遺址第五層、第六層、第八層出土的簡牘。在第八層簡牘中,散見少量的醫方簡。② 對於這十幾支醫方簡,學界在文字釋讀、殘簡拼綴等方面已有一些成果。本文在諸位研究者的基礎上,草成札記數條,求教於方家。《里耶秦簡牘校釋(第一卷)》的釋文較原整理者釋文準確,且對文字有所校讀訓釋,③所以本文一般先引出此書釋文,再做按語。

一

《里耶秦簡牘校釋(第一卷)》簡 8-876 釋文作:

• 治暴心痛方﹕令以□屋在□□□□□取其□
□草蔡長一尺,□□三析,傅之病者心上。④

按﹕上引簡文"屋"下所謂的"在"字,實際上是"左"字誤釋,字形對照如下﹕⑤

---

① 本文是國家社科基金青年項目"秦漢簡帛涉醫文獻疑難字詞研究及資料庫建設"(14CYY029)階段性成果。

② 湖南省文物考古研究所﹕《里耶秦簡(壹)》,文物出版社 2012 年。

③ 陳偉主編,何有祖、魯家亮、凡國棟撰﹕《里耶秦簡牘校釋(第一卷)》,武漢大學出版社 2012 年。

④ 陳偉主編,何有祖、魯家亮、凡國棟撰﹕《里耶秦簡牘校釋(第一卷)》第 240 頁。

⑤ 本文用來對照的字形,均選自出土的秦簡牘資料。

所謂的"在"		
"在"	睡虎地秦簡《日書》乙 167	關沮秦簡 298
"左"	睡虎地秦簡《日書》乙 104	里耶秦簡 8-1376

"在"與"左"上部區別明顯，一爲直筆，一爲曲筆。里耶秦簡此字上部與"左"字一致，很明顯不是"在"字。

<h2 style="text-align:center">二</h2>

《里耶秦簡牘校釋(第一卷)》簡 8-1376＋8-1959 釋文作：

　　因以左足□踵其心，□子十踵，女子七踵。
　　嘗試。勿禁。①

按：《里耶秦簡牘校釋(第一卷)》已指出第一個"子"上的字，據文意應是"男"字，此説是。所謂的"十"字，實際上應改釋爲"七"。"女子"二字與"七"字並不緊接，其間還有一字的空間。此處文字雖已模糊不清，但據文意可推斷是"二"字。"男子七"、"女子二七"之類的文字，在出土文獻的祝由方中習見。此處以馬王堆帛書《五十二病方》爲例：②

　　一，祝曰："帝有五兵，爾亡。不亡，探刀爲創。"③即唾之，男子七，女子二七。　　　　　　　　　　　　　　　　　　　　　　　　　　　　　　（第 381 行）

　　一，以月晦日日下餔時，取塊大如雞卵者，男子七，女子二七。

　　　　　　　　　　　　　　　　　　　　　　　　　　　　　　（第 105 行）

　　一，祝疣，以月晦日之室北，磨疣，男子七，女子二七，曰："今日月晦，磨疣室北。"　　　　　　　　　　　　　　　　　　　　　　　　　　　　　（第 110 行）

里耶秦簡第八層簡牘中的醫方簡，出土時已散亂，原始的排列順序已不得而知。

---

① 陳偉主編，何有祖、魯家亮、凡國棟撰：《里耶秦簡牘校釋(第一卷)》第 318 頁。

② 下引馬王堆帛書釋文，除特別説明之外，均取自馬王堆漢墓帛書整理小組：《馬王堆漢墓帛書〔肆〕》，文物出版社 1985 年。

③ "探刀爲創"的釋讀，見陳劍：《馬王堆帛書〈五十二病方〉、〈養生方〉釋文校讀札記》，《出土文獻與古文字研究》第五輯，上海古籍出版社 2013 年，第 498 頁。

我們認爲此處的簡 8-1376＋8-1959 與上條所論的簡 8-876 或應接排連讀,可構成一個完整的醫方:

> ・治暴心痛方:令以□屋左□□□□□取其□□草蔡長一尺,①禹步三,②析傅之病者心上。因以左足□踵其心,③男子七踵,女子二七踵。嘗試,毋禁。　　　　　　　　　　　　　　　　(8-876＋8-1376＋8-1959)

將此二簡接排,主要是出於文意方面的考慮。首先,前一簡題爲“治暴心痛方”,可知此方是用以治療心臟方面的疾病;而後者有“踵其心”,可證此簡所載内容很可能也與心臟疾病的治療相關。其次,前一簡有“禹步三”,可知此方所載並不是單純的以藥物治療疾病,而是一個祝由方;後者有“男子七踵,女子二七踵”,“男子七”、“女子二七”這類的文字,在祝由方中經常出現(上文已舉有三例),可知此簡内容亦是祝由方的一部分。第三,在其他出土醫藥材料中,亦又用左足踐踏的方法來治療心臟疾病的,如關沮秦簡 335～337 簡有如下一方:

> 病心者,禹步三,曰:“皋! 敢告泰山,泰山高也,人居之,□□之孟也。人席之,不知歲實。赤槐獨指,擅某瘕心疾。”即兩手擅病者腹;④“而心疾不知而咸戴”,即令病心者南首卧,而左足踐之二七。

關沮秦簡此方以“左足踐之二七”來治療“病心者”的方法,可以作爲里耶秦簡此方“以左足□踵其心”來“治暴心痛”的旁證。從以上三方面的推測來看,此二簡接排的可能性非常大。

<h1 style="text-align:center">三</h1>

《里耶秦簡牘校釋(第一卷)》簡 8-1230 釋文作:

> 三:一日取闌本一斗,□□二□□□□□□煮□□□
> □□□孰出之復入飲盡。……⑤

---

① 此句“以”字釋讀或不確,此字有可能是“人”字。

② “禹步”二字的釋讀,見方勇:《讀〈里耶秦簡(壹)〉劄記(一)》,簡帛網(www. bsm. org. cn)2012 年 4 月28 日。

③ “踵”上之字,左側从“足”,或是“踐”字。

④ “擅”字的釋讀,見王貴元:《周家臺秦墓簡牘釋讀補正》,簡帛網 2007 年 5 月 8 日。

⑤ 陳偉主編,何有祖、魯家亮、凡國棟撰:《里耶秦簡牘校釋(第一卷)》第 295 頁。

按：所謂的"斗"字,在《里耶秦簡(壹)》的圖版上祇存大致輪廓,具體的筆畫細節已經模糊不清。在秦簡文字中,"斗"、"升"二字字形相近,既然里耶秦簡此字已模糊不清,那麼此字也有可能是"升"字。

闌本即菅根,現代學名叫白茅根,主要功效是涼血止血,清熱解毒。煎服時用量多爲半兩左右。在馬王堆帛書《五十二病方》的"乾瘙方"中有闌(菅)根,與另外一種藥物白付(即白附子,亦名禹白附)的用量加起來總共是一升。里耶秦簡此方中,闌本用量若是一斗,似嫌過大,釋文中的"一斗"或是"一升"的誤釋。

"二"上之字,諸家未釋。此二字在圖版上雖僅存輪廓,但仍可辨識是"洎水"二字。"二"下之字,顯然應是水的量詞。在出土醫方文獻中,以液體來浸、煮藥物時,用量多以斗計,我們此處仍以馬王堆帛書《五十二病方》爲例：

取溺五斗,以煮青蒿大把二、鮒魚如手者七。　　　　　（第 248～249 行）

爲藥漿方：取蔗莖乾冶二升,取諸蔗汁二斗以漬之,①以爲漿,飲之,病已而已。　　　　　　　　　　　　　　（第 250～251 行）

一,傷痙者,擇薤一把,以淳酒半斗煮沸,【飲】之。　　　　　（第 43 行）

浚去汁,洎以酸漿【□】斗,取芥衷莢。　　　　（第 193～194 行）

上引文例中,溺、諸蔗汁、淳酒、酸漿等液體的用量均以斗計(用水的例子見下)。日常生活所用之水,較上述各物更爲易得,所以里耶秦簡此處水的用量或是二斗。

馬王堆帛書《五十二病方》有如下一條：

一,烹三宿雄鸡二,洎水三斗,熟而出,及汁更洎。　　　　　（第 95 行）

引文中的"洎水三斗",與里耶秦簡此簡的"洎水二斗"可以對照。

簡文中釋爲"煮"的字,上部是"者",下部是"鬲",此字亦見於馬王堆帛書《五十二病方》(第 451 行)和關沮秦簡醫方簡(第 314、324、374、375 號簡),爲"煮"字異體。

"煮"前面的兩個字,似是"闌本"二字。"闌"字的"門"旁在圖版上還約略可辨,"本"字下部的豎筆與橫筆也還大致存有殘筆。

四

《里耶秦簡牘校釋(第一卷)》簡 8-1369＋8-1937 釋文作：

---

① "諸蔗"的考釋,見陳劍：《馬王堆帛書〈五十二病方〉、〈養生方〉釋文校讀札記》第 485 頁。

　　病煩心,穿地深二尺,方尺半,□水三四斗,沸,注□
　　水□中視其□□,□一參。①

"半"下之字,諸家未釋。此字爲从"鬲"、"者"聲之字,即"煮"字異體,上文已經提到簡
8-1230 有此字形。馬王堆帛書《五十二病方》有如下一條:

　　一,穿地□尺,而煮水一甕。　　　　　　　　　　　　　（第 77 行）

引文中的"穿地"、"煮水",可與里耶秦簡此方對照。

① 陳偉主編,何有祖、魯家亮、凡國棟撰:《里耶秦簡牘校釋(第一卷)》第 317 頁。

《里耶秦簡(壹)》所見稟食記録

黄浩波

里耶秦簡牘作爲"秦朝洞庭郡遷陵縣遺留的公文檔案",①内容豐富。目前公佈的《里耶秦簡(壹)》雖然祇是里耶秦簡牘的一部分,但是其中即有頗多稟食記録。稟食記録又可分爲"出稟"和"出貸(貣)"兩種類型,《里耶秦簡(壹)》所見以"出稟"類型居多。以下試就《里耶秦簡(壹)》所見稟食記録,側重探討"出稟"類型稟食記録所見的稟食對象、稟食標準、出稟部門、出稟方式、出稟日期以及相關問題,並簡單分析"出貸(貣)"類型稟食記録。

一、稟食對象與稟食標準

《里耶秦簡(壹)》所見"出稟"類型稟食記録的稟食對象以刑徒爲最多。刑徒的稟食標準,《睡虎地秦墓竹簡·秦律十八種·倉律》(以下簡稱《倉律》)有明確的規定:

> 隸臣妾其從事公,隸臣月禾二石,隸妾一石半;其不從事,勿稟。小城旦、隸臣作者,月禾一石半石;未能作者,月禾一石。小妾、舂作者,月禾一石二斗半斗,未能作者,月禾一石。嬰兒之毋(無)母者各半石;雖有母而與其母冗居公者,亦稟之,禾月半石。隸臣田者,以二月月稟二石半石,到九月盡而止其半石。舂,月一石半石。隸臣、城旦高不盈六尺五寸,隸妾、舂高不盈六尺二寸,皆爲小;高五尺二寸,皆作之。②

然而,以《里耶秦簡(壹)》所見刑徒稟食記録核之,刑徒稟食標準與《倉律》規定的

---

① 湖南省文物考古研究所編著:《里耶秦簡(壹)》,文物出版社 2012 年,前言第 4 頁。
② 睡虎地秦墓竹簡整理小組編:《睡虎地秦墓竹簡》,文物出版社 1990 年,釋文第 32 頁。

標準卻不盡一致。

隸臣的稟食記録在《里耶秦簡(壹)》中見有如下一簡:

粟米三石七斗少半斗。卅二年八月乙巳朔壬戌,貳春鄉守福、佐敢、稟
人枳出以稟隸臣周十月、六月廿六日食。

令史兼視平。　敢手。　　　　　　　　　　　　　　　　(8-2247)①

根據里耶秦簡牘所見曆日記録及學者對秦代曆朔的復原,秦始皇三十二年十月爲大
月,②因此,"十月、六月廿六日"共計五十六日。以粟米三石七斗少半斗除以五十六日,
則知隸臣的日稟食標準爲粟米三分之二斗,即粟米六又三分之二升。若以一個月三十
日計算,則月稟食標準爲粟米二石。《里耶秦簡牘校釋(第一卷)》認爲:"粟米,通常泛指
糧食……於此恐是具體指粟(小米)去皮後的穀實。"③《倉律》規定"隸臣禾月二石",同時
《倉律》還有"【粟一】石六斗大半斗,舂之爲糲(糲)米一石",其中"粟一"二字爲整理小組
據《説文解字》所補。④　張家山漢簡《算數書·程禾》有"禾黍一石爲粟十六斗泰(太)半
斗,舂之爲糲米一石",⑤學者多據此認爲《倉律》中句當補爲"【禾黍一】石六斗大半斗,
舂之爲糲米一石"或"【禾黍一】石【爲粟十】六斗大半斗,舂之爲糲米一石",然而多認爲
"石"爲重量單位。⑥　根據《嶽麓書院藏秦簡(貳)·數》有"黍粟廿三斗六升重一石",⑦則
可知《倉律》中"石"當如整理小組所注,是容量單位。"禾月二石",當指每月禾黍二

① 陳偉主編,何有祖、魯家亮、凡國棟撰著:《里耶秦簡牘校釋(第一卷)》,武漢大學出版社 2012 年,第 451
頁。以下所引《里耶秦簡(壹)》簡文若無特別説明,均據此本,標點或有調整,不再另注。

② 張培瑜:《根據新出曆日簡牘試論秦和漢初的曆法》,《中原文物》2007 年第 5 期,第 73 頁;李忠林:《秦至
漢初(前 246 至前 104)曆法研究》,《中國史研究》2012 年第 2 期,第 66 頁;許名瑲:《秦曆朔日復原》,簡帛
網(www.bsm.org.cn)2013 年 7 月 27 日。本文討論凡涉及朔日與大小月者均據此三篇文章復原的曆
法,後文不再一一出注。

③ 陳偉主編,何有祖、魯家亮、凡國棟撰著:《里耶秦簡牘校釋(第一卷)》第 22 頁。

④ 睡虎地秦墓竹簡整理小組編:《睡虎地秦墓竹簡》釋文第 29—30 頁。

⑤ 彭浩:《張家山漢簡〈算數書〉注釋》,科學出版社 2001 年,第 80 頁。

⑥ 鄒大海:《從〈算數書〉和秦簡看上古糧米的比率》,《自然科學史研究》2003 年第 4 期,第 318—328 頁;鄒大
海:《關於〈算數書〉、秦律和上古糧米計量單位的幾個問題》,《內蒙古師範大學學報(自然科學漢文版)》
2009 年第 5 期,第 508—515 頁;彭浩:《睡虎地秦墓竹簡〈倉律〉校讀(一則)》,北京大學考古文博學院編:
《考古學研究(六):慶祝高明先生八十壽辰暨從事考古研究五十年論文集》,科學出版社 2006 年,第
499—502 頁;彭浩:《秦和西漢早期簡牘中的糧食計量》,《出土文獻研究》第十一輯,中西書局 2012 年,第
194—204 頁。鄒大海先生及彭浩先生均認爲"石"爲重量單位。

⑦ 朱漢民、陳松長主編:《嶽麓書院藏秦簡(貳)》,上海辭書出版社 2011 年,彩色圖版第 15 頁,紅外綫圖版第 87 頁。

石,相當於粟三十三斗少半斗(亦即粟三石三斗少半斗),舂之爲糲米二石。因此,粟米應是指由粟舂得的糲米,亦即《里耶秦簡牘校釋(第一卷)》業已指出的"指粟(小米)去皮後的穀實",而里耶秦簡牘所見隸臣的月稟食標準與《倉律》規定的標準相符。

隸妾的稟食記録則所見頗多:

粟米一石二斗半斗。卅一年三月丙寅,倉武、佐敬、稟人援出稟大隸妾□。

令史尚監。　　　　　　　　　　　　　　　　　　　　　　(8-760)

徑膚粟米一石二斗半斗。·卅一年十二月戊戌,倉妃、史感、稟人援出稟大隸妾援。

令史朝視平。　　　　　　　　　　　　　　　　　　　　　(8-762)

粟米一石二斗半斗。·卅一年三月癸丑,倉守武、史感、稟人援出稟大隸妾并。

令史狅視平。感手。　　　　　　　　　　　　　　　　　　(8-763)

徑膚粟米一石二斗少半斗。　卅一年十一月丙辰,倉守妃、史感、稟人援出稟大隸妾始。

令史扁視平。　　感手。　　　　　　　　　　　　　　　　(8-766)

丙膚粟米四石五斗。·卅一年十月甲寅倉守妃、【史】感、稟人援出稟隸妾忍、要、欵娍、類譊、小女、窗、歐。

令史尚視平。感手。　　　　　　　　　　　　(8-821＋8-1584)①

粟米一石六斗二升半升。卅一年正月甲寅朔壬午,啓陵鄉守尚、佐冣、稟人小出稟大隸妾□、京、窯、莒、并、□人、☒

樂㝉、韓歐毋正月食,積卅九日,日三升泰半半升。令史氣視平。☒

　　　　　　　　　　　　　　　　　　　　　　(8-925＋8-2195)

粟米一石二斗六分升四。　　令史逐視平。

卅一年四月戊子,貳舂鄉守氏夫、佐吾、稟人藍稟隸妾廉。　　(8-1557)

丙膚粟米一石二斗半斗。卅一年十二月庚寅,啓陵鄉守增、佐㐬、稟人小出稟大隸妾徒十二月食。

令史逐視平。　㐬手。　　　　　　　　　　(8-1590＋8-1839)②

---

① 何有祖:《里耶秦簡牘綴合(七則)》,簡帛網 2012 年 5 月 1 日。

② 趙粲然、李若飛、平曉婧、蔡萬進:《里耶秦簡綴合與釋文補正八則》,《魯東大學學報(哲學社會科學版)》2015 年第 2 期,第 79 頁;姚磊:《里耶秦簡牘綴合札記(二)》,簡帛網 2015 年 6 月 7 日。

　　　　徑會粟米一石二斗半斗。卅一年二月己丑,倉守武、史感、稟人堂出稟
隸妾援。

　　　　令史狅視平。　感手。　　　　　　　　　　　　　　　　　　(8-2249)

以上所見稟食記録中,隸妾的稟食總量多爲"粟米一石二斗半斗",8-766 簡的"粟米一
石二斗少半斗"和 8-1557 簡的"粟米一石二斗六分升四",亦與"粟米一石二斗半斗"相
去無幾。因此,"粟米一石二斗半斗"應是隸妾的月稟食標準。若以一個月三十日計
算,則隸妾的日稟食標準爲粟米十二分之五斗,即 8-925＋8-2195 簡所見"日三升秦半
半升",亦即粟米四又六分之一升。

　　唯一的例外是 8-821＋8-1584 簡,此簡由何有祖先生綴合。何有祖先生認爲:"這
兩段殘片的紋路、形制以及茬口都比較接近,很可能是一支簡。問題是茬口處綴合而
得的字是'妃'字。""8-821、8-1584 有綴合的可能。"《里耶秦簡牘校釋(第一卷)》在
8-1584 簡之下的注釋認爲"忍、要、欬娥、類讀、小女、窗、歐"皆爲人名。① 然而,若以隸
妾一石二斗半斗的月稟食標準計算,此七人的月稟食總量高達八石七斗半斗,遠多於
簡文所見的"四石五斗";若以隸妾四又六分之一升的日稟食標準計算,七人每日所需
粟米爲二十九又六分之一升,以"四石五斗"除之,結果並非整數;若 8-1584 簡所見不
全是人名,②則"四石五斗"亦不得爲數人一月的稟食總量。此外,茬口處綴合而得的
字是"妃"字,而非文例"史"或"佐"字。綜此判斷,8-821 簡與 8-1584 簡的綴合不能成
立,不宜據以討論隸妾的稟食標準及相關問題。③

　　隸妾"粟米一石二斗半斗"的月稟食標準較《倉律》規定的"隸妾一石半"的標準減
少了二斗半斗。

　　《里耶秦簡(壹)》中亦見有舂的稟食記録:

　　　　徑會粟米一石九斗五升六分升五。　卅一年正月甲寅朔丁巳,司空守
增、佐得出以食舂、小城旦渭等卅七人,積卅七日,日四升六分升一。

　　　　令史□視平。　得手。　　　　　　　　　　　(8-212＋8-426＋8-1632)

　　　　☑□司空守兹、佐得出以食舂、小城旦卻等五十二人,積五十二日,日四
升六分升一。

　　　　☑令史尚視平。　得手。　　　　　　　　　　　　(8-216＋8-351)

---

① 陳偉主編,何有祖、魯家亮、凡國棟撰著:《里耶秦簡牘校釋(第一卷)》第 365 頁。
② 本文最初認爲"小女"並非人名。
③ 對此綴合的討論受匿名審稿先生的啓發。

世一年三月癸酉,貳春鄉守氏夫、佐壬出粟米八升食春央昜等二☐

令史扁視平。☐ (8-1576)

以上所見春的稟食標準多爲"日四升六分升一",即日稟食標準爲粟米四又六分之一升,與隸妾的稟食標準相同。唯有 8-1576 簡例外,爲粟米四升,然而與粟米四升六分之一升亦相去無幾。如此,則知春的月稟食標準亦是粟米一石二斗半斗,較《倉律》規定的"春一石半"的標準也減少了二斗半斗。

《里耶秦簡(壹)》中還見有白粲的稟食記録:

粟米八升少半升。 令史逐視平。☐

世一年四月辛卯,貳春守氏夫、佐吾出食春、白粲☐等二人,人四升六分升一。 ☐ (8-1335＋8-1115)[①]

據此簡則可知,白粲的稟食標準與春相當,亦與隸妾相當。《漢官舊儀》載秦制"凡有罪,男髡鉗爲城旦,城旦者,治城也;女爲春,春者,治米也,皆作五歲。完四歲,鬼薪三歲。鬼薪者,男當爲祠祀鬼神,伐山之薪蒸也;女爲白粲者,以爲祠祀擇米也,皆作三歲"。[②]《倉律》雖未直接規定白粲的月稟食標準,但是白粲與隸妾及春均爲成年女性刑徒,因此在實際出稟中,白粲應是參照隸妾和春的稟食標準。根據隸妾與春及白粲的稟食標準相同,還可以進一步推測,分別與之對應的隸臣、城旦和鬼薪的稟食標準也應相同。

小城旦的稟食標準已見於前揭 8-212＋8-426＋8-1632 簡和 8-216＋8-351 簡,爲"日四升六分升一",與春的日稟食標準相同。此外,小城旦的稟食記録還見有:

☐城旦卻等五十二,積五十二日,日四升六分升一。

☐ 得手。 (8-1894)

此簡前端殘缺,簡文有"日四升六分升一",正與前見小城旦的日稟食標準相符。此外,"小城旦卻"又見於 8-216＋8-351 簡。綜此判斷,此簡"城旦"前面應有"小"字。稟食標準爲"日四升六分升一",則小城旦的月稟食標準亦是粟米一石二斗半斗。《倉律》規定"小城旦、隸臣作者,月禾一石半石;未能作者,月禾一石",則里耶秦簡牘所見較之也減少了二斗半斗。

小隸臣的稟食記録有:

---

① 何有祖:《里耶秦簡牘綴合(四)》,簡帛網 2012 年 5 月 21 日。

② 孫星衍等輯,周天游點校:《漢官六種》,中華書局 1990 年,第 53 頁。

粟米二斗。廿七年十二月丁酉,倉武、佐辰、稟人陵出以稟小隸臣益。

令史戎夫監。 (8-1551)

《里耶秦簡(壹)》還見有數枚小隸臣稟食記録殘簡,其中都明確出稟對象是"使小隸臣"(8-448＋8-1360、8-1580)或是"未小隸臣"(8-1153＋8-1342),而此簡徑直寫作"小隸臣"。"小隸臣"當是指"使小隸臣",即《倉律》中的"小隸臣作者"。① 根據《倉律》,小隸臣和小城旦的稟食標準相同,然而此簡所見稟食總量爲"粟米二斗",若理解爲數日稟食,用二斗除以前見小城旦日稟食標準四又六分之一升,則結果並非整數;若理解爲月稟食標準,則少得離譜。因此,不可據此簡而考得小隸臣的稟食標準。

嬰兒的稟食記録有:

粟米五斗。 廿一年五月癸酉,倉是、史感、稟人堂出稟隸妾嬰兒揄。

令史尚視平。 感手。 (8-1540)

稻四斗八升少半半升。廿一年八月壬寅,倉是、史感、稟人堂出稟隸臣

嬰自〈兒〉槐庳。

令史悍平。 六月食。 感手。 (8-217)

據 8-1540 簡可知嬰兒的月稟食標準爲粟米五斗。至於 8-217 簡,《里耶秦簡牘校釋(第一卷)》已指出簡文"少半半升"即六分之五升,而"自"應是"兒"的壞字,並且據《倉律》指出四斗八升少半半升與半石相近。②

此外,還有一簡:

稻五斗。 廿一年九月庚申,倉是、史感、稟人堂出稟隸臣☒

令史尚視平。 (8-211)

此簡下端自"隸臣"之後殘缺,簡文所見"稻五斗"與隸臣的月稟食標準粟米二石在數量上存在一石五斗的巨大差距,亦不可得爲隸臣整數日的稟食總量,而與隸臣嬰兒的月稟食標準相當。結合 8-1540 簡所見的"隸妾嬰兒"和 8-217 簡所見的"隸臣嬰兒"推測,"隸臣"之後殘缺"嬰兒"及名字。粟米五斗或稻米五斗的月稟食標準與《倉律》所規定的標準"嬰兒之毋母者各半石;雖有母而與其母冗居公者,亦稟之,禾月半石"相符。

除刑徒之外,《里耶秦簡(壹)》所見稟食記録的稟食對象還有戍卒:

---

① 8-1713 簡爲作徒簿殘簡,其中有"受倉小隸臣二人"的記録亦可爲證。

② 陳偉主編,何有祖、魯家亮、凡國棟撰著:《里耶秦簡牘校釋(第一卷)》第 116 頁。

徑廥粟米二石。　☒

卅一年十月乙酉,倉守妃、佐富、稟人援出稟屯☒　　　　　　　　(8-56)

丙廥粟米二石。　　令史扁視平。

卅一年十月乙酉,倉守妃、佐富、稟人援出稟屯戍士五(伍)屏陵咸陰敝

臣。富手。　　　　　　　　　　　　　　　　　　　　　　(8-1545)

徑廥粟米一石八斗泰半。卅一年七月辛亥朔癸酉,田官守敬、佐壬、稟

人茖出稟屯戍簪裊襄完里黑、士五(伍)胸忍松塗增六月食,各九斗少半。

令史逐視平。敦長簪裊襄壞(裏)德中里悍出。　　壬手。　(8-1574+8-1787)

徑廥粟米四石。卅一年七月辛亥朔朔日,田官守敬、佐壬、稟人䃂出稟

罰戍公卒襄城武宜都胅、長利士五(伍)甗。

令史逐視平。　　壬手。　　　　　　　　　　　　　　(8-2246)

徑廥粟米一石九斗少半斗。卅一年正月甲寅朔丙辰,田官守敬、佐壬、

稟人顯出稟屯戍士五(伍)巫狼旁久鐵。

令史扁視平。　　　壬手。　　　　　　　　　　　　　(9-762)[①]

以上稟食記錄所見的稟食對象有屯戍和罰戍,名目中皆有“戍”字,故統稱其爲“戍卒”。除 8-1574＋8-1787 簡和 9-762 簡之外,其餘數簡所見戍卒的人均稟食爲粟米二石,因此,“粟米二石”應即是戍卒的月稟食標準。若以日稟食標準爲粟米三分之二斗計算,9-762 簡所見粟米一石九斗少半斗與粟米二石祇相差一日的稟食;8-1574＋8-1787 簡兩名戍卒人均九斗少半斗,祇相當於十四日的稟食總量,雖然簡文有“六月食”,但是顯然並非六月整月的稟食。

此外,簡文所見戍卒的身份或爲士伍或爲公卒,朱紹侯先生認爲“秦代男子在十五歲(漢代爲二十或二十三歲)‘傅籍’以後,纔能稱爲士伍。士伍獲得爵位,就改稱爵名(如公士、不更、五大夫之類),這就是説士伍的地位低於有爵位的人。但也不是什麼人都能稱士伍。奴隸當然没有資格稱十伍”,[②]而根據張家山漢簡《二年律令·户律》的身份等級劃分,公卒和士伍介乎有爵者和庶人之間。[③] 8-1574＋8-1787 簡所見

① 游逸飛、陳弘音:《里耶秦簡博物館藏第九層簡牘釋文校釋》,簡帛網 2013 年 12 月 22 日;里耶秦簡牘校釋小組:《新見里耶秦簡牘資料選校(二)》,簡帛網 2014 年 9 月 3 日,後收入《簡帛》第十輯,上海古籍出版社 2015 年,第 198 頁。

② 朱紹侯:《軍功爵制考論》,商務印書館 2008 年,第 415—416 頁。

③ 張家山二四七號漢墓竹簡整理小組編著:《張家山漢墓竹簡〔二四七號墓〕(釋文修訂本)》,文物出版社 2006 年,第 52 頁。

戍卒甚至有簪褭爵位。就身份等級而言,士伍、公卒、簪褭均遠高於刑徒隸臣,然而,其稟食標準卻相當。

《里耶秦簡(壹)》所見稟食記録的稟食對象還有居作者:

徑膚粟米一石九斗少半斗。卅一年正月甲寅朔丙辰,田官守敬、佐壬、稟人顯出稟貲貣士五(伍)巫中陵免將。

令史扁視平。　　　壬手。　　　　　　　　　　　　　　　　　　(8-764)

此簡的稟食對象爲"貲貣士五(伍)巫中陵免將",《里耶秦簡牘校釋(第一卷)》已指出"敬、壬、顯、免將,人名","巫,縣名","中陵,應是里名",然而對"貲貣"一詞未有注解。[1] "貲貣士五(伍)巫中陵免將"的書寫格式與前述戍卒稟食記録中"屯戍+士五(伍)+縣名+里名+人名"的書寫格式相同,"貲貣"與"屯戍"對應,由此推測,"貲貣"應是一種身份。從名目上推斷,"貲貣"應與秦代的"居貲贖債"制度中的"居貲"和"居債"有關。所謂"居貲"即有罪被罰款或被罰物者以官作居役來代償貲款或物,所謂"居債"即因種種原因損壞公物、虧欠公款或借貸官府公債者以官作居役來代償。[2] 因此,"貣(貸)"可能即是"債"之一種。關於"貣(貸)",《睡虎地秦墓竹簡·法律答問》見有"'府中公金錢私貣用之,與盜同法。'·可(何)謂'府中'?·唯縣少内爲'府中',其它不爲"和"'貣(貸)人贏律及介人。'·可(何)謂'介人'?不當貣(貸),貣(貸)之,是謂'介人'"。[3]《里耶秦簡(壹)》8-1563 簡見有"巫居貸公卒安成徐",《里耶秦簡牘校釋(第一卷)》認爲:"居貸,疑與居貲贖債類似。"[4]8-764 簡所見的巫縣士五(伍)免將身份爲"貲貣",故而到遷陵縣居作代償。居作者不是刑徒,[5]自然也非戍卒。

關於居作男子的稟食標準,《睡虎地秦墓竹簡·秦律十八種·司空律》(以下簡稱《司空律》)有"有罪以貲贖及有責(債)於公,以其令日問之,其弗能入及賞(償),以令日居之,日居八錢;公食者,日居六錢。居官府公食者,男子參,女子駟(四)"。[6] "男子參"意即居作男子每餐食三分之一斗,每日兩餐,則日稟食標準爲三分之二斗。8-764簡所見稟食總量爲粟米一石九斗少半斗,秦始皇三十一年正月爲小月,以粟米一石九

---

① 陳偉主編,何有祖、魯家亮、凡國棟撰著:《里耶秦簡牘校釋(第一卷)》第 220 頁。

② 張金光:《秦制研究》,上海古籍出版社 2004 年,第 553 頁。

③ 睡虎地秦墓竹簡整理小組編:《睡虎地秦墓竹簡》釋文第 101、143 頁。

④ 陳偉主編,何有祖、魯家亮、凡國棟撰著:《里耶秦簡牘校釋(第一卷)》第 361 頁。

⑤ 張金光:《秦制研究》第 564 頁。

⑥ 睡虎地秦墓竹簡整理小組編:《睡虎地秦墓竹簡》釋文第 51 頁。

斗少半斗除以二十九日,則恰好爲每日三分之二斗,與《司空律》規定的日稟食標準相符。此外,《司空律》還有"轂(繫)城旦舂,公食當責者,石卅錢"。[1] 以每石三十錢計算,則居作男子的日稟食標準三分之二斗折合兩錢,亦符合"日居八錢;公食者,日居六錢"的規定。[2]

居作男子的稟食記録還有以下一枚殘簡:

> ☒朔朔日,田官守敬、佐壬、稟人嫛出稟居貲士五(伍)江陵東就斐☒
> ☒史逐視平。☒　　　　　　　　　　　　　　　　　　　(8-1328)

此簡上下端皆殘,仍可見稟食對象爲"居貲士五(伍)"。此外,根據"朔日"、"田官守敬、佐壬、稟人嫛"、"【令】史逐視平"等殘見簡文推斷,此簡與8-2246簡同爲田官秦始皇三十一年七月辛亥朔朔日的稟食記録。

《里耶秦簡(壹)》中還見有冗作大女的稟食記録:

> 徑膚粟三石七斗少半升。　　　·卅一年十二月甲申,倉妃、史感、稟人窯
> 出稟冗作大女鐵十月、十一月、十二月食。
> 令史狂視平。感手。　　　　　　　　　　　　　(8-1239＋8-1334)

關於"冗作"一詞所指,《里耶秦簡牘校釋(第一卷)》已有詳注,並指出"《二年律令·金布律》418號簡有爲'諸冗作縣官及徒隸'稟衣的規定"。[3] 此外,《倉律》有"雖有母而與其母冗居公者",整理小組注釋曰"居,即居作,罰服勞役",並將此句翻譯爲"雖有母親而隨其母爲官府零散服役的"。[4]《二年律令與奏讞書》認爲"'冗作縣官'與'冗居公者'同義"。[5] 張金光先生認爲"居"者"有居於城旦舂作重體力勞動者,有居於官府作輕雜活者"。[6] 因此,冗作大女當屬"居於官府作輕雜活者",亦在居作者之列。

居作女子的稟食標準,已見於上揭《司空律》"女子駟(四)"。"女子駟(四)"意即

---

① 睡虎地秦墓竹簡整理小組編:《睡虎地秦墓竹簡》釋文第53頁。
② 馬怡對此亦有類似的分析,不過與本文側重點不同,參看馬怡:《秦簡所見貲錢與贖錢》,《簡帛》第八輯,上海古籍出版社2013年,第212頁。
③ 陳偉主編,何有祖、魯家亮、凡國棟撰著:《里耶秦簡牘校釋(第一卷)》第297—298頁。
④ 睡虎地秦墓竹簡整理小組編:《睡虎地秦墓竹簡》釋文第32—33頁。
⑤ 彭浩、陳偉、工藤元男主編:《二年律令與奏讞書——張家山二四七號漢墓出土法律文獻釋讀》,上海古籍出版社2007年,第251頁。
⑥ 張金光:《秦制研究》第563頁。

居作女子每餐食四分之一斗,每日兩餐,則日稟食標準爲半斗,月稟食標準爲一石半石。然而,根據 8-1239＋8-1334 簡稟食記録計算,冗作大女的平均月稟食標準爲粟米一石二斗三又九分之四升,與前述隸妾、舂、白粲的月稟食標準僅有一又九分之五升的差距,若以此差距平均到日稟食標準,其差距更是微乎其微,因此仍可視爲相當。如此,則冗作女子的月稟食標準較《司空律》的規定也減少了二斗半斗。

《里耶秦簡(壹)》所見稟食記録的稟食對象還有吏佐:

> 稻三石泰半斗。卅一年七月辛亥朔己卯,啓陵鄉守帶、佐取、稟人小出
> 稟佐蒲、就七月各廿三日食。
> 令史氣視平。　　取。　　　　　　　　　　　　　　　　(8-1550)

根據簡文數據計算可知,吏佐的日稟食標準爲稻三分之二斗。《里耶秦簡牘校釋(第一卷)》中對所見諸多"稻"字,祇在 8-7 簡"稻五斗"之下有注釋曰:"稻,農作物名,稻穀。"[1]關於稻穀的出米率,《倉律》有"稻禾一石爲粟廿斗,舂爲米十斗",[2]張家山漢簡《算數書·程禾》有"稻禾一石爲粟廿斗,舂之爲米十斗",[3]可見稻穀的出米率比粟的出米率要低,祇有百分之五十。[4] 因此,若"稻"是指稻穀,則稻三分之二斗,折合稻米三分之一斗,吏佐的日稟食標準在數量上便祇相當於隸臣、戍卒、居作男子的日稟食標準粟米三分之二斗的一半,而刑徒隸臣、戍卒、居作者與吏佐的身份地位懸殊,顯然不太可能。據此判斷,吏佐稟食記録中的"稻"當爲稻米,而非稻穀,吏佐的日稟食標準爲稻米三分之二斗。

涉及"稻"的吏佐稟食記録還有:

> 稻四。卅一年五月壬子朔壬戌,倉是、史感、稟人出稟牢監裏、倉佐□。
> 四月三日。
> 令史尚視平。　　感手。　　　　　　　　　　　　(8-45＋8-270)[5]

何有祖先生已經指出"簡文'稟人'下脱一人名","'四月三日'後似脱一'食'字","有可能在'四月'後脱一'各'字。至於是否在'三日'前脱了'廿'或'十'等,則還待更多材料證明"。此外"稻四"之後顯然還脱"石"或"斗"字。根據 8-1550 簡所見吏佐的日

---

① 陳偉主編,何有祖、魯家亮、凡國棟撰著:《里耶秦簡牘校釋(第一卷)》第 30 頁。

② 睡虎地秦墓竹簡整理小組編:《睡虎地秦墓竹簡》釋文第 29—30 頁。

③ 彭浩:《張家山漢簡〈算數書〉注釋》第 80 頁。

④ 在傳統加工工藝條件下,直到清末,稻穀出米率仍僅在百分之五十左右,可參黃鴻山:《晚清稻穀出米率與加工費用小考:以蘇州豐備義倉資料爲中心》,《古今農業》2012 年第 3 期,第 90—95 頁。

⑤ 何有祖:《里耶秦簡牘綴合(七則)》,簡帛網 2012 年 5 月 1 日。

稟食標準計算,稻四斗是吏佐二人三日的稟食總量,而稻四石是吏佐二人三十日的稟食總量,因而並無"三日"之前脱"廿"或"十"的可能;秦始皇三十一年四月是小月,因而亦無簡文"三"之後脱"十"的可能。綜合簡文考量,當以稻四斗爲吏佐二人三日稟食總量爲是。因此,此簡簡文可補足爲:

> 稻四【斗】。卅一年五月壬子朔壬戌,倉是、史感、稟人【?】出稟牢監襄、
> 倉佐□四月【各】三日【食】。
> 令史尚視平。　　感手。　　　　　　　　　　　　　(8-45＋8-270)

以上所見吏佐稟食記録雖然祇有寥寥兩簡,但是所見吏佐頗具代表性,其中8-1550簡所見"佐蒲、就"爲啓陵鄉佐,足以作爲鄉吏佐的代表,8-45＋8-270簡所見"牢監襄、倉佐□"則可作爲諸曹吏佐的代表。此外,兩簡的出稟糧食種類均爲稻米。稻米在先秦至秦漢時期一直被視爲珍貴的糧食。[1] 由此兩簡可以窺見秦時曹佐、鄉佐等基層吏佐的日稟食標準即爲稻米三分之二斗。吏佐的稟食在數量上已與戍卒,甚至與居作男子、隸臣相等,而其身份地位則非戍卒、居作男子、隸臣能比,因此,唯有在稟食質量上體現其身份地位。[2]

綜前所述,《里耶秦簡(壹)》所見刑徒的月稟食標準(以三十日計)爲: 隸臣粟米二石,隸妾、舂、白粲、小城旦粟米一石二斗半斗,嬰兒粟米或稻米五斗。隸臣、嬰兒的月稟食標準仍與《倉律》相符;隸妾、舂、小城旦的月稟食標準則均比《倉律》減少二斗半斗。[3] 戍卒、居作男子的月稟食標準爲粟米二石,與隸臣相同。冗作(居作)女子的月稟食標準則與隸妾、舂、白粲的稟食標準相同。吏佐的月稟食標準則爲稻米二石。

二、出稟部門與出稟方式

關於秦代刑徒稟食的出稟問題,《倉律》有"日食城旦,盡月而以其餘益爲後九月稟所。城旦爲安事而益其食,以犯令律論吏主者。減舂城旦月不盈之稟"。[4] 張金光

---

[1] 俞爲潔:《中國食料史》,上海古籍出版社 2011 年,第 45、98 頁。

[2] 8-1345＋8-2245 簡還見以"稻一石一斗八升"出稟"遷陵丞昌四月五月食",然而遷陵丞日均稟食僅爲二升,不知作何解釋,存疑待考。

[3] 彭浩先生已經發現《里耶秦簡(壹)》中小城旦、舂、隸妾的"供食量似乎有偏低的傾向",減少二斗半的事實,不過他認爲"'粟米'是指未脱皮的粟",見《秦和西漢早期簡牘中的糧食計量》第 197—198 頁。

[4] 睡虎地秦墓竹簡整理小組編:《睡虎地秦墓竹簡》釋文第 34 頁。

先生亦有論斷曰:"口糧是由官府按月發給刑徒主管部門,而主管部門卻按日發給刑徒,遇小月或有剩餘,則歸爲閏月之食費。"①若就里耶秦簡牘所見稟食記録而觀之,刑徒稟食的出稟在實際操作中恐怕更爲複雜。因爲,從《里耶秦簡(壹)》所見作徒簿(或曰徒作簿、徒簿)來看,秦代除了有刑徒主管部門之外,還有刑徒使用部門。使用刑徒勞作的部門有司空、倉、庫、少内、田官、畜官、都鄉、啓陵鄉、貳春鄉、縣尉等,②而所有刑徒均來自倉和司空,具體而言,隸臣、隸妾、小隸臣、小隸妾均來自倉,居責城旦、仗城旦、城旦、鬼薪、舂、白粲、隸臣居貲、隸妾居貲、小城旦、小舂等均來自司空。因而,倉和司空既是刑徒主管部門,又是刑徒使用部門。此外,倉還是糧食的管理部門,《睡虎地秦墓竹簡·爲吏之道》有"倉庫禾粟,甲兵工用"之句,③李均明先生即認爲"秦時倉、庫已分立,倉儲糧,庫存錢、物"。④

　　從前揭諸簡可見,刑徒稟食的出稟集中在貳春鄉、倉、啓陵鄉、司空四個部門。

　　若從出稟部門的角度考察,則倉的刑徒稟食記録還有以下數枚殘簡:

　　　　☑年三月癸丑,倉守武、史感、稟人堂出稟使小隸臣就。

　　　　令史狅視平。　　　　　　　　　　　　　　　　　　(8-448+8-1360)

　　　　徑膚粟米一石二斗半斗。　　卅一年二月辛卯,倉守武、史感、稟人堂出☑

　　　　令史狅視平。　☑　　　　　　　　　　　　　　　　　　(8-800)

　　　　卅一年八月辛丑,倉是、史感、稟堂出稟未小隸臣☐。令史☐視平。感手。

　　　　　　　　　　　　　　　　　　　　　　　　　　　　(8-1153+8-1342)

　　　　☑史感、稟人援出稟大隸妾庇

　　　　☑尚視平。　感手。　　　　　　　　　　　　　　　　　(8-1177)

　　　　☑☐年正月戊午,倉守武、史感、稟人援出稟使小隸臣壽。

　　　　令史狅視平。　感手。　　　　　　　　　　　　　　　　(8-1580)

　　　　稻一石二斗半斗。　　卅一年七月乙丑,倉是、史感、稟☑　(8-1794)

綜合所見,倉的稟食記録中所見刑徒類别分别是:隸妾、使小隸臣、未小隸臣、隸妾嬰兒、隸臣嬰兒,均爲倉管理的刑徒。數枚殘簡中 8-800 簡和 8-1794 簡未見稟食對象,

①　張金光:《秦制研究》第 547 頁。

②　游逸飛、陳弘音:《里耶秦簡博物館藏第九層簡牘釋文校釋》。

③　睡虎地秦墓竹簡整理小組編:《睡虎地秦墓竹簡》釋文第 170 頁。

④　李均明:《里耶秦簡"真見兵"解》,《出土文獻研究》第十一輯第 130 頁。

而分别有"徑廥粟米一石二斗半斗"和"稻一石二斗半斗",從倉的稟食記録中所見刑徒類别上分析,"粟米一石二斗半斗"和"稻一石二斗半斗"恰是隸妾和小隸臣的月稟食標準,因此稟食對象極有可能是隸妾或小隸臣;8-1177 簡未明確見有出稟部門,然而"史感、稟人援"、"令史尚視平"屢見於倉的稟食記録。根據稟食記録推算,倉的稟食記録都是按月出稟,出稟方式則皆是一人一月一稟。①

司空的刑徒稟食記録較少,除了前揭數簡之外,還有以下殘簡:

☑□七日,日四升六分升一。

☑　　得手。　　　　　　　　　　　　　　　　　　　(8-125)

徑廥粟米一石八斗七升半升。　　卅一年正月甲寅朔己巳,司空守增、佐

得出以□☑

令史犴視平。☑　　　　　　　　　　　　　　　(8-474+8-2075)

從有限的記録可見,司空的稟食記録中稟食刑徒類别有舂、小城旦,均爲司空管理的刑徒。殘簡之中,8-125 簡,《里耶秦簡牘校釋(第一卷)》已指出"參看 8-212+8-426+8-1632",②而且所見"得手"屢見於司空的出稟記録,由此可判斷其屬司空出稟記録;8-474+8-2075 簡未見稟食對象,所見"粟米一石八斗七升半升",與各刑徒類别的月稟食標準皆相去較遠,若以日稟食標準粟米四又六分之一升計算,恰是司空所管理刑徒舂、小城旦日稟食標準的四十五倍,因此,稟食對象極有可能是小城旦或舂。此外,根據司空稟食記録文例推測,殘缺部分應有"積卌五日,日四升六分升一"的簡文。如此,則《里耶秦簡(壹)》所見司空的稟食記録都是按日出稟,出稟方式則爲多人一日一稟。

貳春鄉的稟食記録中稟食刑徒類别則有隸臣、隸妾、舂、白粲。出稟方式有按月出稟,一人一月一稟(8-1557);有按日出稟,多人一日一稟(8-1335+8-1115、8-1576),一人多日一稟(8-2247)。啓陵鄉的稟食記録中稟食刑徒類别皆是隸妾。至於出稟方式,8-1839 簡所見爲按月出稟,一人一月一稟;8-925+8-2195 簡所見則是按日出稟,多人多日一稟。

若將倉、司空視爲刑徒管理部門,則可將其出稟記録視爲刑徒管理部門出稟。衹是,如此便不能解釋貳春鄉和啓陵鄉的出稟記録。以貳春鄉的出稟記録爲例,8-1576簡是貳春鄉出稟"舂央笯"等二人的記録,央笯的管理部門是司空,出稟部門卻是貳春

---

① 8-821+8-1584 簡綴合有問題暫不討論。

② 陳偉主編,何有祖、魯家亮、凡國棟撰著:《里耶秦簡牘校釋(第一卷)》第 67 頁。

鄉。貳春鄉的作徒簿中屢見"央芻"的蹤影：

> 卅年十一月癸未,貳春鄉徹作徒簿,受司空城□☑
>
> 其五人爲甄廡取茅：賀、何、成、臧、昈
>
> 一人病：央芻☑　　　　　　　　　　　　　　　　　　(9-564)①
>
> 卅年十一月丁亥,貳春鄉守朝作徒簿。受司空城旦、鬼薪五人,春、白粲
>
> 二人。凡七人。
>
> 其五人爲甄廡取茅：賀、府、成、臧、昈,一人徒養：骨,一人病：央芻。(正)
>
> 田手。(背)　　　　　　　　　　　　　　　　　　　　　　(9-18)②
>
> 三人負士：軫、乾人、央芻。
>
> 二人取城□柱爲甄廡：賀、何。
>
> 三人病：骨、聊、成。(正)
>
> 一人徒☑(背)　　　　　　　　　　　　　　　　　　　　(8-780)
>
> 一人稟人：廉。
>
> 一人求翰羽：強。
>
> 二人病：賀、滑。
>
> 一人徒養：央芻。(正)
>
> ☑帶手。(背)　　　　　　　　　　　　　　　　　　　(8-1259)

對於 8-780 簡和 8-1259 簡所見刑徒"賀",胡平生先生認爲："這幾處的'賀',都是同
一個人。"③9-564 簡和 9-18 簡亦見有"賀",因此,以上四簡中與"賀"同見的"央芻"
也應都是同一個人,以上四簡同屬貳春鄉的作徒簿。8-1557 簡是貳春鄉出稟隸妾
廉的記錄,隸妾廉與 8-1259 簡所見的"一人稟人：廉"的"廉"應是同一個人。《里耶
秦簡牘校釋(第一卷)》已經據 8-1259 簡和 8-1328 簡指出"稟人可由徒隸擔任",④結
合 8-762 簡還可以進一步推斷,稟人一般由隸妾(或者女性刑徒)擔任。以上所舉
兩條貳春鄉的出稟記錄,稟食對象春央芻和隸妾廉均非由貳春鄉管理的刑徒,而

① 湖南省文物考古研究所：《龍山里耶秦簡之"作徒簿"》,《出土文獻研究》第十二輯,中西書局 2013 年,第
　 102 頁。
② 張春龍：《里耶秦簡中遷陵縣之刑徒》,《古文字與古代史》第三輯,中研院史語所 2012 年,第 454 頁。《龍
　 山里耶秦簡之"作徒簿"》此簡無"一人病：央芻",另外釋文中"府"似應改爲"何"。
③ 胡平生：《讀〈里耶秦簡(壹)〉筆記》,《出土文獻研究》第十一輯第 129 頁。
④ 陳偉主編,何有祖、魯家亮、凡國棟撰著：《里耶秦簡牘校釋(第一卷)》第 40 頁。

皆出現在貳春鄉的作徒簿中。因此,貳春鄉的出稟便可以理解爲刑徒的使用部門出稟。

實際上,在倉、司空、貳春鄉、啓陵鄉之外還有其他刑徒使用部門,《里耶秦簡(壹)》中雖然未見有其他刑徒使用部門的稟食記録,但是由刑徒使用部門出稟,還有以下一簡可以作爲旁證:

世年六月丁亥朔甲辰,田官守敬敢言之:疏書日食牘北(背)上。敢言之。(正)

城旦、鬼薪十八人。

小城旦十人。

舂廿二人。

小舂三人。

隸妾居貲三人。

戊申,水下五刻,佐壬以來。/尚半。　　　逐手。(背)　　　　　(8-1566)

此簡是田官守敬上報秦始皇三十年六月甲辰(十八日)"日食"刑徒類型和人數的文書,此文書由佐壬戊申(二十二日)送達。從"日食"一詞推測,田官亦是按日出稟;而從出稟日期和送達日期相差四天可以看出,呈報此文書並非爲請求調撥糧食,更有可能衹是爲了存檔,表明文書所列刑徒在甲辰日已經由田官出稟。此外,值得注意者,簡文"城旦、鬼薪"連寫,除此簡之外還見於 8-1143+8-1631 簡、8-1279 簡、8-2423 簡等作徒簿,可以表明雖然"城旦"、"鬼薪"名稱各異,但是作爲成年男性刑徒,在實際勞作任務分配中應無太大區別,而且在稟食標準上也應無差別,故而在作徒簿和"日食"文書中可以連寫。此處"城旦、鬼薪"連寫,可爲前述推測鬼薪與城旦的稟食標準相同的有力佐證。

貳春鄉、啓陵鄉、田官均非張金光先生所言"刑徒主管部門",而是刑徒使用部門,然而皆有直接或間接的出稟記録。另外,倉和司空亦可視爲刑徒使用部門。因此,若將倉、司空、貳春鄉、啓陵鄉均視爲刑徒使用部門,便能合理解釋刑徒稟食記録所見的出稟部門。綜合前述,里耶秦簡牘所見刑徒稟食記録的出稟部門應是使用刑徒勞作的部門。此外,未能"作"的小隸臣、小隸妾、小城旦、小舂、嬰兒,並無使用其勞作的部門,理應由其管理部門出稟。

在居作者的稟食記録中,出稟部門分是田官和倉,出稟方式均是按月出稟。然而,田官和倉均非居作者的管理部門。張金光先生認爲:"'居貲贖債'者的編管者卻是司空系統(與刑徒一樣是"輸之司空而編諸徒官"的),秦的'居貲贖債'制度正是睡虎地出土秦律十八種之一《司空律》的主要内容。"①如此,則司空繞是居作者的管理部門,居作者的出稟部門亦非其管理部門。

　　在戍卒的稟食記録中,出稟部門有倉和田官,出稟方式均是按月出稟。此外,關於戍卒的出稟部門,還有兩枚殘簡:

　　　　☒佐富、稟人出稟屯戍☒　　　　　　　　　　　　　　　　　(8-81)

　　　　☒鄉夫、佐、稟人婢出稟屯☒　　　　　　　　　　　　　　　(8-1710)

8-81簡所見"佐富"亦見於8-56簡、8-915簡、8-1545簡、8-1739簡,其中8-56簡、8-1545簡同爲秦始皇三十一年十月乙酉倉守妃、佐富、稟人援出稟屯戍的記録。8-1739簡殘見"徑廥粟米二石。卅一年十月乙酉,倉守妃、佐富、稟",根據稟食總量、出稟日期、倉守妃、佐富可以推斷,8-1739簡或亦是秦始皇三十一年十月乙酉倉守妃、佐富、稟人援出稟屯戍的記録。8-915簡殘見"倉守妃、佐富、稟人援"。因此,8-81簡必是倉出稟屯戍的記録,"稟人"之後當脱漏"援"字。8-1710簡所見"鄉夫"又見於8-1238簡,另外,8-157簡有"啓陵鄉夫",8-1445簡有"啓陵鄉守夫",因此,8-1710簡當是啓陵鄉出稟屯戍的記録。

　　在吏佐的稟食記録中,倉佐和牢監的出稟部門是倉,啓陵鄉鄉佐的出稟部門是啓陵鄉,出稟方式則均是按日出稟。此外,吏佐的稟食記録還有三枚殘簡:

　　　　☒八月丙戌,倉是、史感、㒸(稟)人堂出稟令史旃☒
　　　　☒令史悍視平　　　　　　　　　　　　　　　　　　　　　(8-1031)
　　　　☒月庚戌,倉是、史感、稟人堂出稟庫佐處☒
　　　　☒　令史悍視平。　　　☒　　　　　　　　　　　　　　　(8-1063)
　　　　☒稟令史端、德、繞、旃、尚。
　　　　☒　　感手。　　　　　　　　　　　　　　　　　　　(8-1066)②

以上三簡的稟食對象有令史和庫佐,前兩簡可明確出稟部門爲倉,後一簡所見"感手"常見於倉的稟食記録,因而,可以推斷此三簡的出稟部門皆爲倉。

　　根據戍卒、居作者、吏佐的出稟部門,似可以進一步推測,戍卒由駐戍部門出稟,居作者由所居部門出稟,諸曹吏佐由倉出稟,而鄉吏佐則由所在鄉出稟。

---

① 張金光:《秦貲、贖之罰的清償與結算問題——里耶秦簡 JI(9)1～12 簡小記》,《西安財經學院學報》2010年第 4 期,第 95 頁。

② 湖南省文物考古研究所編著:《里耶秦簡(壹)》釋文第 59 頁。

三、出稟日期與大小月的影響

在刑徒稟食記録中,由倉出稟的稟食記録都是按月出稟,出稟方式則爲一人一月一稟。由貳春鄉出稟的稟食記録中也有按月出稟,出稟方式爲一人一月一稟的記録。此外,還有 8-2247 簡和 8-217 簡兩條較爲特别的記録。以下試就按月出稟記録所見的出稟日期,考查出稟日期是否有規律可循,以及按月出稟時稟食總量是否受出稟月份大小月的影響。

首先考查兩條較爲特殊的稟食記録。8-2247 簡簡文已言明是貳春鄉出稟隸臣周十月、六月二十六天,累計五十六天的稟食,出稟日期是"卅二年八月乙巳朔壬戌",即秦始皇三十二年八月十八日,出稟日期已在"十月、六月廿六日"時間範圍之外。8-217 簡則是倉出稟隸臣嬰兒槐庲六月的稟食,出稟日期是"卅一年八月壬寅",即秦始皇三十一年八月二十二日,出稟日期亦已在"六月"之後。關於稟食的領取時限,《倉律》有"有米委賜,稟禾稼公,盡九月,其人弗取之,勿鼠(予)"的規定。① 根據律文及前揭兩簡推測,刑徒作爲"稟禾稼公"的對象之一,其稟食在出稟月份之後至當年九月底之前均可領取。

其次考查按月出稟的稟食記録,此類記録雖然多數並未説明出稟哪一月份的稟食,但是從簡文文意以及特殊記録言明出稟月份、天數的文例判斷,應是出稟日期所見當月的稟食。按月出稟的稟食記録較多,爲方便討論,現將簡號、出稟部門、出稟日期、出稟當月大小、稟食總量及稟食總量是否符合標準,列表如下:

簡　號	部門	出稟日期	當月大小	稟食總量	是否符合標準
8-211	倉	九月庚申(十一日)	大	五斗	是
8-217②	倉	八月壬寅(二十二日)	(六月)小	四斗八升少半半升	否,略少
8-760	倉	三月丙寅(十四日)	大	一石二斗半斗	是
8-762	倉	十二月戊戌(十五日)	大	一石二斗半斗	是
8-763	倉	三月癸丑(初一)	大	一石二斗半斗	是
8-766	倉	十一月丙辰(初二)	小	一石二斗少半斗	否,略少

① 睡虎地秦墓竹簡整理小組編:《睡虎地秦墓竹簡》釋文第 29 頁。

② 爲方便討論按月出稟時稟食總量是否受出稟月份大小月的影響,仍將此簡列入。

續　表

簡　號	部門	出稟日期	當月大小	稟食總量	是否符合標準
8-800	倉	二月辛卯(初九)	大	一石二斗半斗	是
8-1540	倉	五月癸酉(二十二日)	大	五斗	是
8-2249	倉	二月己丑(初七)	大	一石二斗半斗	是
8-1557	貳春鄉	四月戊子(初六)	小	一石二斗六分升四	否,略少

　　從出稟日期的角度考察,出稟日期多集中在當月上旬,中旬、下旬亦有,最早的是朔日,最晚的是二十二日,並不固定。8-800 簡和 8-2249 簡均是倉秦始皇三十一年二月的出稟記録,8-760 簡和 8-763 簡均是倉秦始皇三十一年三月的出稟記録,然而兩組稟食記録的出稟日期都不一致,可見同一個出稟部門每個月並無固定的出稟日期。8-762簡和 8-2249 簡的稟食對象一作"大隸妾援",一作"隸妾援",兩簡時間間隔一個多月,當即同一名刑徒,① 然而兩次稟食記録的出稟日期一在中旬,一在上旬,亦不固定,可見同一名刑徒亦無固定的稟食日期。

　　從大小月與稟食總量是否符合稟食標準的角度考察,大月的稟食總量都符合前述的稟食標準,而小月則会略少於稟食標準。至於小月時稟食減少的數量,8-217 簡是隸臣嬰兒的稟食記録,稟食總量減少一又六分之一升,減少的數量接近於嬰兒的日稟食標準。8-766 簡、8-1557 簡皆是隸妾的稟食記録,8-766 簡減少六分之一斗(即一又三分之二升),減少的數量低於隸妾的日稟食標準,8-1557 簡則減少四又三分之一升,減少的數量超過隸妾的日稟食標準。以上數簡,足以清晰表明大小月是影響稟食總量是否符合稟食標準的因素。小月時會減去一定數量的稟食,卻並非一定減少一日之食,有時略多於一日之食,有時略少於一日之食。至於小月時各類別刑徒的稟食減少的數量是否有其規律性,由於目前所見的里耶秦簡牘中尚未見到小月時由同一部門出稟的同一類別刑徒的兩條稟食記録,因而仍不可考知。

　　綜合考查刑徒稟食記録的出稟日期及出稟月份,可以發現: 按月出稟的稟食記録中,每月月内出稟部門並無固定的出稟日期,較爲特殊的兩條稟食記録所見出稟日期甚至在出稟月份之後;由此推測,出稟日期並無一定之規,可能是當月之内的任意一日,甚至可能是出稟月份之後的當年之内的任意一日,刑徒似乎可以隨到隨取;而出稟月份的大小則是影響稟食總量是否符合稟食標準的因素。

---

① 葉山亦持同樣的觀點,參看葉山:《解讀里耶秦簡——秦代地方行政制度》,《簡帛》第八輯第 109 頁注①。

戍卒的稟食記録亦多是按月出稟,爲考察出稟日期與大小月對稟食總量的影響,亦將稟食記録的簡號、出稟部門、出稟日期、稟食當月大小、稟食總量及稟食總量是否符合標準,列表如下:

簡　　號	部門	出稟日期	當月大小	稟食總量	是否符合標準
8-56	倉	十月乙酉(初一)	大	二石	是
8-1545	倉	十月乙酉(初一)	大	二石	是
8-2246	田官	七月朔日	大	四石	是
9-762	田官	正月丙辰(初三)	小	一石九斗少半斗	否,略少

從出稟日期的角度考察,戍卒的出稟日期均在上旬,且多爲朔日,然而亦有例外,可見亦無固定出稟日期。從大小月與稟食總量是否符合標準的角度考察,大月的稟食總量都符合稟食標準,而小月則会略少於稟食標準。9-762 簡稟食月份正月爲小月,稟食總量較粟米二石減少大半斗,即三分之二斗,恰爲戍卒一日之稟食標準。由此推測,戍卒的稟食總量亦受小月影響,小月則扣除一日的稟食。①

居作男子的稟食記録目前僅見兩簡,然而其出稟日期,一在初三日,一在朔日,冗作(居作)大女的出稟日期在朔日,可見出稟日期亦不固定。至於居作男子稟食總量在小月時扣除一日的稟食標準已見於前文的分析之中。居作女子的稟食總量包括三個月的稟食,較三個月的標準稟食總量減少四又三分之二升,減少的數量略微多於一日的稟食標準。三個月中,十一月是小月,應可視爲小月時扣除一日的稟食。因此,居作者的稟食亦受小月影響。

就目前資料所見,在按月出稟方式的稟食記録中,小月時刑徒中隸妾和嬰兒的稟食總量有所減少,減少數量在一日稟食上下,然而似無固定的減少標準;戍卒和居作男子則扣除一日稟食;冗作大女亦是扣除略多於一日之稟食。因此,按月出稟實際上仍是計日給稟。

四、刑徒稟食標準減少原因蠡測

《里耶秦簡(壹)》中所見刑徒稟食記録有一點值得注意,即絶大多數的記録年代

---

① 居延漢簡所見漢代邊塞吏卒稟食記録亦是逢小月時扣除戍卒一日的稟食,而吏則不變。相關研究可參李天虹:《居延漢簡簿籍分類研究》,科學出版社 2003 年,第 51—66 頁。

爲秦始皇三十一年,僅有兩簡例外,一是 8-1551 簡的秦始皇二十七年,一是 8-2247 簡的秦始皇三十二年。稟食記録所見年代或許可以解答《里耶秦簡(壹)》中所見部分刑徒稟食標準較《倉律》規定的稟食標準減少二斗半斗的疑惑。

《倉律》的具體抄寫年代已不可考定,然而大致年代仍可推知。《雲夢睡虎地秦墓》認爲“《秦律十八種》的寫作年代,大約早於秦始皇時期”。[①] 有學者進而認爲“《秦律十八種》應在莊襄王時到秦始皇之前抄定”。[②] 此外,還有學者根據律文未見“黔首”而多見“百姓”,認爲“睡虎地秦律制訂於秦朝建立以前”。[③] “百姓”一詞也見於《倉律》。《史記·秦始皇本紀》有“更名民曰‘黔首’”,[④] 此事繫於秦始皇二十六年,秦統一六國之後。因此,《倉律》的抄寫年代必定不晚於秦始皇二十六年秦統一六國之時,亦即其中規定的刑徒稟食標準也是秦統一六國之前的標準。

秦統一六國之後對此前的法律進行過修訂。對此,有《行書律》在秦統一之後進行修訂爲佐證。《睡虎地秦墓竹簡·秦律十八種·行書律》有“行命書及書署急者,輒行之;不急者,日觱(畢),勿敢留。留者以律論之”。[⑤] 李均明先生已據《史記·秦始皇本紀》“命爲制,令爲詔”指出此律文條款形成於秦統一六國之前。[⑥] 新見的嶽麓書院藏秦簡《行書律》中 1250 簡和 0792 簡與上揭睡虎地秦簡《行書律》律文内容基本相同,卻不見“命書”一項,陳松長先生據此認爲,嶽麓書院藏秦簡《行書律》“當是摘抄自秦始皇統一六國之後的法律文本,其抄寫時代當略晚於‘睡虎地秦簡’”。[⑦] 此外,陳松長先生根據嶽麓書院藏秦簡《行書律》較睡虎地秦簡條文更爲細密,認爲“這也許間接地説明秦始皇統一六國後,在秦代法律的制定方面經歷了一個細密修訂的過程”,還根據嶽麓書院藏秦簡《行書律》較睡虎地秦簡條文更爲簡潔、有層次條理,認爲“秦統一六國後,一定對沿襲已久的秦國法律作過很詳密的修訂”。[⑧]

《里耶秦簡(壹)》所見稟食記録都是秦統一六國之後的記録,而《倉律》規定的刑徒稟食標準卻是秦統一六國之前的標準。由此推測,《里耶秦簡(壹)》所見刑徒稟食

① 《雲夢睡虎地秦墓》編寫組:《雲夢睡虎地秦墓》,文物出版社 1981 年,第 16 頁。
② 劉嬋:《睡虎地秦簡〈秦律十八種〉研究》,碩士學位論文,湖南大學 2013 年,第 18 頁。
③ 李孝林:《睡虎地 11 號秦墓竹簡反映的時代》,《重慶工學院學報(社會科學版)》2008 年第 8 期,第 10 頁。
④ 司馬遷撰,裴駰集解,司馬貞索隱,張守節正義:《史記》,中華書局 1959 年,第 239 頁。
⑤ 睡虎地秦墓竹簡整理小組編:《睡虎地秦墓竹簡》釋文第 61 頁。
⑥ 李均明:《秦漢簡牘文書分類輯解》,文物出版社 2009 年,第 23 頁。
⑦ 陳松長:《嶽麓書院藏秦簡中的行書律令初論》,《中國史研究》2009 年第 3 期,第 32 頁。
⑧ 陳松長:《嶽麓書院藏秦簡中的行書律令初論》第 32—33 頁。

標準較《倉律》減少的原因,是秦統一六國之後至秦始皇三十一年之間對《倉律》進行修訂,修改了部分刑徒的稟食標準。至於修訂《倉律》的時間,似還可以據 8-1551 簡進一步探討。前述已經指出,根據《倉律》,小隸臣和小城旦的稟食標準相同,然而"粟米二斗"無論理解爲數日稟食還是理解爲一月稟食均不符合《里耶秦簡(壹)》所見小城旦(小隸臣)的稟食標準。若是理解爲秦始皇二十七年時仍沿用《倉律》"小城旦、隸臣禾月一石半"的稟食標準,則"粟米二斗"恰是小隸臣四日的稟食總量。若是如此,則《倉律》的修訂當是在秦始皇二十七至三十一年之間。

當然,限於資料仍然太少,《倉律》的修訂、修訂的時間範圍以及《里耶秦簡(壹)》中所見部分刑徒稟食標準減少的原因祇能作如此蠡測,有待日後新資料的檢驗。

五、出貸記録簡析

以上所述稟食記録在簡文中多寫明"出稟",在《里耶秦簡(壹)》中另有一類記爲"出貸(資)"的稟食記録。《里耶秦簡(壹)》中較爲完整的"出貸(資)"稟食記録簡有:

> 粟米一石九斗少半斗。　　卅三年十月甲辰朔壬戌,發弩繹、尉史過出資
> 罰戍士五(伍)醴陽同□禄。廿
> 　　令史兼視平。　　過手。　　　　　　　　　　　　　(8-761)
> 卅一年六月壬午朔丁亥,田官守敬、佐邰、稟人㛥出資罰戍簪褭壞(褢)
> 德中里悍。
> 　　令史逐視平。　　邰手。　　　　　　　　　　　　(8-781+8-1102)

就簡文格式而言,"出貸(資)"記録的格式與"出稟"記録的格式相同,差別僅在"貸(資)"、"稟"二字之間。

以上兩條出貸(資)記録中,稟食對象均爲罰戍。此外,出貸(資)記録殘簡中稟食對象還有:

> ☑貸適戍士五(伍)高里慶忌☑　　　　　　　　　　　(8-899)
> ☑稟人忠出貸更戍城父士五(伍)陽糴倗八月九月　　　(8-980)
> ☑巳朔朔日,啓陵鄉守狐出貸適戍□☑　　　　　　　(8-1029)
> ☑□出貸吏以卒戍士五(伍)涪陵戲里去死十一月食。
> ☑尉史□出。　　狗手。　　　　　　　　　　　　　(8-1094)
> 粟米二石。卅三年九月戊辰乙酉,倉是、佐襄、稟人藍出貸更☑
> ☑令☑　　　　　　　　　　　　　　　　　　(8-1660+8-1827)

罰戍、適戍、更戍、吏以卒戍,雖然名目各異,但是從名目中的"戍"字可以判斷,四者皆可統稱爲戍卒。

出貸(貣)記錄所見戍卒月稟食標準,8-761 簡爲粟米一石九斗少半斗,8-1660 簡爲粟米二石。若進一步考察出貸月份,還可發現:出貸粟米二石的秦始皇三十三年九月爲大月,而出貣粟米一石九斗少半斗的秦始皇三十三年十月爲小月;出貸(貣)記錄所見戍卒的日稟食標準亦是粟米三分之二斗,小月則扣除戍卒一日之食。

以上數簡的出貸(貣)部門有發弩、田官、倉、啓陵鄉。出貸(貣)部門與出稟部門多有重合,唯有發弩不見於出稟部門。

戍卒之外,出貸(貣)記錄的稟食對象還有居作者:

☑□出貣居貲士五(伍)巫南就路五月乙亥以盡辛巳七日食。
☑　　缺手。　　　　　　　　　　　　　　　　　　　(8-1014)

此簡所見稟食對象居貲亦見於出稟記錄殘簡。《里耶秦簡牘校釋(第一卷)》指出:"'出'前一字,看 8-1328,應是'稟人娿'之'娿'字殘畫。"①除 8-1328 簡之外,"稟人娿"又見於 8-781+8-1102 簡和 8-2246 簡,此三簡皆是田官的稟食記錄,其中兩簡所記時間分別爲秦始皇三十一年六月丁亥和七月朔日。秦始皇三十一年五月得有 8-1014 簡所見的"五月乙亥以盡辛巳",辛巳恰是五月晦日。稟人名相同,曆日可相容,而且五月辛巳距六月丁亥不過短短數日,綜此推斷,8-1014 簡應是田官在秦始皇三十一年五月的出貣記錄。

此外,還有以下一簡亦與"出貸"居作者有關:

廿八年七月戊戌朔癸卯,尉守竊敢之:洞庭尉遣巫居貸公卒安成徐署遷陵。今徐以壬寅事,謁令倉貣食,移尉以展約日。敢言之。
七月癸卯,遷陵守丞膻之告倉主,以律令從事。/逐手。即徐□入□。
(正)
癸卯,胸忍宜利錡以來。/敞半。　齲手。(背)　　　　　(8-1563)

此簡爲洞庭守尉竊下達給遷陵縣,遷陵縣守丞膻之又轉發給倉的公文,要求遷陵縣倉貣食給部署到遷陵縣的巫縣安成里居貸公卒徐。雖然《里耶秦簡(壹)》中並未見到稟食對象爲"居貸"的出貸(貣)記錄,但是根據此簡可知遷陵縣倉貣食給居貸公卒徐,必有倉"出貣巫安成里居貸公卒徐"的稟食記錄。

---

① 陳偉主編,何有祖、魯家亮、凡國棟撰著:《里耶秦簡牘校釋(第一卷)》第 262 頁。

　　出貸(貣)記録所見的出貸(貣)方式,有按月出貸(貣)者(8-761、8-1660＋8-1827),也有按日出貸(貣)者(8-1014),與出稟方式相當。

　　綜上所述,出貸記録與出稟記録,在稟食對象、稟食標準、出稟部門、出稟方式上均無太大的差異。

　　有學者根據稟食記録中"更戍"是"出貸(貣)"而不是"出稟","屯戍"是"出稟"而不是"出貸(貣)",認爲"'更戍'者的糧食必須自給,而'屯戍'者卻是國家供給糧食"。[①]然而,同爲"居貲士五(伍)",8-1014 簡是由田官"出貣",8-1328 簡卻是由田官"出稟";同爲"罰戍",8-761 簡是由發弩"出貣",8-781＋8-1102 簡是由田官"出貸",8-2246 簡卻又是由田官"出稟",因此,不可單據稟食記録是"出稟"或"出貸(貣)"而判斷戍卒是自備糧食還是國家供給。至於爲何同爲"罰戍"有的是"出稟",有的卻是"出貸(貣)",以及"出稟"與"出貸(貣)"的性質究竟有何不同,則有待更進一步的研究。

　　附記: 本文初稿得到游逸飛先生的悉心指正,投稿之後又蒙匿名審稿先生惠賜寶貴修改意見。謹致謝忱。唯文中一切失誤由筆者負責。

---

① 朱德貴:《秦簡所見"更戍"和"屯戍"制度新解》,《蘭州學刊》2013 年第 11 期,第 48—54 頁。

秦與漢初刑事訴訟程序中的
判決："論"、"當"、"報"*

萬　榮

利用出土簡牘文獻,學術界對於秦漢時期的刑事訴訟程序作過不少的探討。[①] 秦漢刑事訴訟程序,大致包括告劾、訊鞫、論當報等環節。對最後一環,學者有不同意見,如或將"論"定性爲判決,但"當"、"論"不分,籠而統之爲"論當";[②]或是將判決籠統稱爲"論報";[③]或認爲"論"含義在于量刑;[④]或認爲"論"意指執行刑罰,"當"包括下級

---

* 本文得到教育部人文社科青年基金項目"張家山漢簡《奏讞書》與秦漢相關問題研究"(編號:10YJC770084)和江西師範大學青年成長基金項目"西漢初期法律文書格式與訴訟程序研究"的資助。

① 參看劉海年:《秦的訴訟制度》,分別載於《中國法學》1985 年第 1、3、4 期、1986 年第 2—4 期;彭浩:《談〈奏讞書〉中的西漢案例》,《文物》1993 年第 8 期;籾山明:《秦代審判制度的復原》,劉俊文主編:《日本中青年學者論中國史》,上海古籍出版社 1995 年;張建國:《漢簡〈奏讞書〉和秦漢刑事訴訟程序初探》,《中外法學》1997 年第 2 期;程維榮:《中國審判制度史》,上海教育出版社 2001 年;李交發:《中國訴訟法史》,中國檢察出版社 2002 年;歐陽鳳蓮:《論兩漢的訴訟程序》,碩士學位論文,吉林大學 2004 年;明慧:《簡牘所見秦漢訴訟制度》,碩士學位論文,蘇州大學 2007 年;籾山明:《中國古代訴訟制度研究》,上海古籍出版社 2009 年;程政舉:《漢代訴訟程序考》,《法學評論》2013 年第 2 期;勞武利:《張家山漢簡〈奏讞書〉與嶽麓書院秦簡〈爲獄等狀四種〉的初步比較》,《湖南大學學報(社會科學版)》2013 年第 3 期。

② 張建國:《漢簡〈奏讞書〉和秦漢刑事訴訟程序初探》;胡仁智:《兩漢郡縣官吏司法權研究》,博士學位論文,西南政法大學 2007 年,第 69 頁。

③ 李均明:《簡牘所反映的漢代訴訟關係》,《簡牘法制論稿》,廣西師範大學 2011 年,第 70—73 頁。

④ 籾山明:《秦代審判制度的復原》,劉俊文主編:《日本中青年學者論中國史》,第 260—261 頁;籾山明:《中國古代訴訟制度研究》第 68—69 頁。

向上級呈報的判決意見和上級回覆下級的判決意見；①或認爲“論”是定罪，“當”是量刑，“報”是上級對下級疑難案件判決。②

　　本文以張家山漢簡《奏讞書》與嶽麓書院秦簡奏讞類文獻(以下簡稱嶽麓奏讞文獻)爲參考，③擬對秦與漢初訴訟程序中與判決有關的“論”、“當”、“報”進行分析，以就教方家。

一、論

　　《史記·孝文本紀》：“今犯法已論，而使毋罪之父母妻子同産坐之，及爲收帑，朕甚不取。其議之。”《後漢書·魯丕傳》：“(建初)七年，坐事下獄司寇論。”李賢注：“決罪曰論，言奏而論決之。”據此，“論”有定決罪行之意。張家山漢簡《奏讞書》案例二十一：“律曰：不孝棄市。有生父而弗食三日，吏且何以論子？……曰當棄市。有(又)曰：……子當何論？……曰：不當論。”類似表述在睡虎地秦律《法律答問》中多見，如“司寇盜百一十錢，先自告，可(何)論？當耐爲隸臣，或曰貲二甲。”“女子甲爲人妻，去亡，得及自出，小未盈六尺，當論不當？已官，當論；未官，不當論。”④對於如何“論”，無罪是“不當論”或“毋論”，有罪則“當某刑”。又《奏讞書》案例四：“吏議：……解雖不智(知)其請(情)，當以取(娶)亡人爲妻論，斬左止(趾)爲城旦。”這是官吏就疑獄提出的判決意見之一，按娶亡人爲妻罪論被告，斬左趾爲城旦，前一部分明確罪行“娶亡人爲妻”，後一部分陳述此罪相應刑罰“斬左趾爲城旦”。綜合上述材料分析，“論”意指定罪與量刑，同理《奏讞書》案例二十一中“當棄市”的完整表述當是“當以不孝論，棄

---

① 陶安：《張家山漢簡〈奏讞書〉吏議札記》，《出土文獻與法律史研究》第二輯，上海人民出版社 2013 年；歐揚：《秦到漢初定罪程序稱謂的演變——取“當”爲視角比較〈嶽麓書院藏秦簡〉(叁)與〈奏讞書〉》，《出土文獻與法律史研究》第三輯，上海人民出版社 2014 年。

② 程政舉：《漢代訴訟程序考》。

③ 彭浩、陳偉、工藤元男主編：《二年律令與奏讞書：張家山二四七號漢墓出土法律文獻釋讀》，上海古籍出版社 2007 年。下文有關張家山漢簡的引文皆出自此書，不另注。朱漢民、陳松長主編：《嶽麓書院藏秦簡(叁)》，上海辭書出版社 2013 年。下文有關嶽麓秦簡的引文皆出自此書，不另注。該報告將此批法律簡牘命名爲“爲獄等狀四種”(參看其“前言”部分以及嶽麓書院藏秦簡整理小組：《嶽麓書院藏秦簡“爲獄等狀四種”概述》，《文物》2013 年第 5 期)，蘇俊林認爲嶽麓秦簡這批材料包括“奏讞書”與“狀”兩類，二者内容並無關聯，參看氏撰《嶽麓秦簡〈爲獄等狀四種〉命名問題探討》，田澍、張德芳主編：《簡牘學研究》第五輯，甘肅人民出版社 2014 年；《秦漢時期的“狀”類司法文書》，《簡帛》第九輯，上海古籍出版社 2014 年。本文姑且稱作“嶽麓書院秦簡奏讞類文獻”。

④ 睡虎地秦墓竹簡整理小組編：《睡虎地秦墓竹簡》，文物出版社 2001 年，第 95、132 頁。

市"。以"論"爲定罪或爲量刑即"按已確定的罪狀適用刑罰"之説均有失全面。① 以"判決"定義"論"亦有失簡略。

如上所述，"論"程序中並未明確區分定罪與量刑，"論"既要解決被告是否構成犯罪的問題(對有無犯罪、犯何種罪、輕罪或重罪進行確認與評判)，又要解決有罪被告的量刑問題，顯示了秦與漢初刑事訴訟定罪與量刑合一的模式。

成文法張家山漢簡《二年律令》律文的基本格式，一種是罪行＋量刑，一種是罪行＋"以……論"(例見"以奴婢律論之"、"以律論"，"它各以其罪論之"，"以鞫獄故不直論"，"以匿罪人律論"等)，後者表示某罪行按某律/罪定罪量刑，舉例如《二年律令・亡律》："取(娶)人妻及亡人以爲妻，及爲亡人妻，取(娶)及所取(娶)，爲謀(媒)者，智(知)其請(情)皆黥爲城旦舂。其真罪重，以匿罪人律論。"張家山漢簡《奏讞書》、嶽麓奏讞文獻中有關判決的表述如"當以取(娶)亡人爲妻論，斬左止(趾)爲城旦"(定罪量刑)、"當耐爲侯(候)(量刑)"、"當以從諸侯來誘論"(定罪)、"黥爲城旦"(量刑)、"耐學隸臣"(量刑)等，這些表述詳略不一，但如前所述，"(某人)當以……論，某刑"是完整表達，即定罪＋量刑，但很多時候二者僅保留其一，或定罪，或量刑，如"當耐爲侯(候)"是"當以……論，耐爲候"之省。對比分析可知，在立法活動中，"以……論"除了指依據律文確定被告人的刑事責任，也意味着據此基礎上給予被告人的刑罰。在司法活動中，則以"(當)以……論，某刑"(定罪、量刑二者多僅保留其一)説明判決。

歐揚撰文曾簡略提及"論"指執行刑罰程序。② 陶安亦認爲"論"是執行刑罰之意，將論與論報、論決等同。③ 他由張家山漢簡《奏讞書》案例十七講乞鞫案中數次出現"論黥講爲城旦"入手，認爲此不僅是長官的判斷，而且實際上講已黥爲城旦，並據此認爲"論"有執行刑罰之意。《奏讞書》案例十七中"論黥講爲城旦"完整意思是"以盜牛論之，黥講爲城旦"，開篇"黥城旦講乞鞫曰"的確也表明"論黥講爲城旦"的判決已被執行。同樣的描述亦見於嶽麓奏讞文獻案例十一開篇"當陽隸臣得之乞鞫曰"，後文記述初審"當陽論耐得之爲隸臣"，表明當陽縣的"論"已被執行。但這些祇能説明犯人乞鞫前初審判決已被執行，並不能説明"論"是執行，判決被執行並不是"論"的直接結果。"論某人某刑"實則是"以……論，(某人)某刑"，從這個角度而言，"論"或可以解釋爲"論處"，包括定罪與量刑，即"以某罪論，處以某刑"，是最終的判決，因此作爲法定術語出現在成文法《二年律令》中。而一旦定"論"，也意味着刑罰執行的到來，

① 程政舉：《漢代訴訟程序考》；籾山明：《秦代審判制度的復原》。

② 歐揚：《秦到漢初定罪程序稱謂的演變——取"當"爲視角比較〈嶽麓書院藏秦簡〉(叁)與〈奏讞書〉》。

③ 陶安：《張家山漢簡〈奏讞書〉吏議札記》。

執行是判決行爲的自然延伸。

簡而言之,“論”作爲成文法中判決的法定術語,具備終審意義,含義包括定罪與量刑,可以解釋爲“論處”。

二、當

歐揚曾詳細分析嶽麓奏讞文獻與《奏讞書》中用爲動詞的“當”。① 本文討論作爲判決形態之一的“當”,不涉及具體判決語中的“當”。

“當(之)”,嶽麓奏讞文獻中不見,《奏讞書》中共五例,見於案例十四、十五、十六、十八、二十一。其中,前四個案例屬郡級已審結案件的報請,勞武利據此認爲在《奏讞書》案例分類中應分出“當”類。② 案例二十一是廷尉吏的議罪記録。“吏當”僅《奏讞書》中三例,見於案例一、二、五。

> 當:平當耐爲隸臣,錮,毋得以爵當、賞免。令曰:諸無名數者,皆令自占名數。令到縣道官盈卅日,不自占書名數,皆耐爲隸臣妾,錮,毋令以爵償免,舍匿者與同罪。以此當平。南郡守强、守丞吉、卒史建舍治。 (案例十四)
>
> 當:恢當黥爲城旦,毋得以爵減、免、贖。律:盗臧(贓)直(值)過六百六十錢,黥爲城旦;令:吏盗,當刑者刑,毋得以爵減、免、贖,以此當恢。恢居酈邑建成里,屬南郡守。南郡守强、守丞吉、卒史建舍治。 (案例十五)
>
> 律:……。‧以此當蒼。律:……‧以此當信。律:……。‧以此當丙、贅。當之:信、蒼、丙、贅皆當棄市,繫。新郪甲、丞乙、獄史丙治。
>
> (案例十六)
>
> 令:……;律:……以此當庳。‧當之:庳當耐爲鬼薪。庳繫。訊者七人,其一繫,六人不繫。不存皆不訊。 (案例十八)③

---

① 歐揚:《秦到漢初定罪程序稱謂的演變——取“當”爲視角比較〈嶽麓書院藏秦簡〉(叁)與〈奏讞書〉》。按,歐揚認爲“當”作爲動詞指稱定罪量刑行爲,從秦至漢初逐漸取代“論”成爲最重要的司法領域術語。就嶽麓奏讞文獻與《奏讞書》中“當”、“論”實際使用情形而言,此説可再商榷。其還認爲《奏讞書》中“當”指代記録定罪量刑的文書,但未確指哪些内容屬於“當”文書,有關論證略顯薄弱。而判決記録是否可以獨立用某一類文書稱呼,亦值得商榷。

② 勞武利:《張家山漢簡〈奏讞書〉與嶽麓書院秦簡〈爲獄等狀四種〉的初步比較》。

③ 此部分編聯調整可參看陶安:《張家山漢簡〈奏讞書〉編排商榷兩則》,《出土文獻與古文字研究》第四輯,上海古籍出版社 2011 年。

（廷尉等）議當之，皆曰：律：……。當之，妻尊夫，當次父母。而甲夫死不悲哀，與男子和奸喪旁，致次不孝、勢（傲）悍之律二章。捕者雖弗案校上，甲當完爲舂，告杜論甲。　　　　　　　　　　　　（案例二十一）

敢讞（讞）之。……疑毋憂罪，它縣論，敢讞（讞）之。謁報，署獄史曹發。•吏當：毋憂當要（腰）斬，或曰不當論。•廷報：當要（腰）斬。

　　　　　　　　　　　　　　　　　　　　　　　　　　　（案例一）

敢讞（讞）之。……疑媚罪，它縣論，敢讞（讞）之。謁報，署中𥚃發。•吏當：黥媚顏頯，畀禒，或曰當爲庶人。　　　　　　　（案例二）

敢讞（讞）之。……疑武、視罪，敢讞（讞）之。謁報，署獄西𥚃發。•吏當：黥武爲城旦，除視。•廷以聞，武當黥爲城旦，除視。　　（案例五）

《字彙》田部："當，斷罪曰當，言使罪法相當。"由此可知，"當"亦有定罪量刑之義。上引八個案例中的"當"可以分作兩類，案例十四、十五、十六、十八爲一類，案例一、二、五、二十一爲一類。

第一類"當"，案例十四、十五由郡審理上報，十八由郡覆審上報，十六由郡巡視後下達縣吏覆審，雖是縣吏覆審，但代表郡的審查活動，其結果上報當屬郡上報行爲。那麽，這四例均屬於郡報請已審案件文書，"敢言之"的使用表明上行文書的性質。如勞武利、陶安所言，因爲這些案例中所涉及的犯罪人由於自身爵位或官職的特殊性，初審單位審理後無權最終確定刑罰，需上報上級單位審核。[①] 其中"當"或"當之"内容就是郡級部門所作判決意見，[②]上報上級即廷尉覆核確認判決。法律上對於審訊官吏判決權的限制，在《二年律令》中可以找到相關規定，《興律》記曰："縣道官所治死罪及過失、戲而殺人，獄已具，勿庸論，上獄屬所二千石官。二千石官令毋害都吏復案，問（聞）二千石官，二千石官丞謹掾，當論，乃告縣道官以從事。徹侯邑上在所郡守。"[③]此條規定縣道所治案涉及死罪判罰、死人等重大刑事案件時，縣道雖可審訊但無權定罪，需上報其所屬二千石官，二千石官派都吏覆審，覆審結果二千石官丞需認真記録，

---

① 勞武利：《張家山漢簡〈奏讞書〉與嶽麓書院秦簡〈爲獄等狀四種〉的初步比較》；陶安《張家山漢簡〈奏讞書〉吏議札記》。

② 按，"當"、"當之"性質一致，僅表述略有變化：用"當"時，前一部分直接寫明對犯罪人的量刑結論，後一部分説明定罪量刑的律令依據，最後以"以此當某"點明是根據前述律令量刑。用"當之"時，將定罪量刑的律令陳述在前，用"當之"説明量刑結論在後。

③ 陶安將此條律文中"掾，當論"讀爲"掾（録）當論"，將"當論"作名詞，解釋爲縣道官的判決草案（見《張家山漢簡〈奏讞書〉吏議札記》），此説不妥。

覆核後如果有定罪量刑者,通報縣道官吏按要求執行。由此可知,縣道治獄在涉及死罪判決、郡縣治獄在涉及有爵位有職位的特殊犯罪人時(由上文對有爵有官職者郡吏的判決權受限分析,縣道官的判決權也肯定是有限制的),需要上報上級部門進行核准,此舉應當旨在保證有爵位有官職等特殊階層者刑罰的謹慎執行以及控制死刑的適用。從某種意義而言,此規定與今天法律中的死刑覆核核准程序類似。

根據《奏讞書》既有案例可知,郡吏(案例十四、十五中"南郡守强、守丞吉、卒史建舍治"說明郡守、試守郡守、郡守丞、卒史等均可參與此類案件的審訊與判決討論)報請上級部門批准的判決意見是以"當(之)"的形式出現在上報文書中。那麼,第一類"當"是特指郡級官吏向廷尉呈報請求核准的判決意見,而不是泛指下級機關向上級機關呈報的判決意見。① 也正因爲此,"當"不見於普通案件記録文書中。② 審訊部門有論決權的普通案件記録文書中,對判決的記載應是以"論某人某刑"形式記録,具體可參看《奏讞書》案例十七中有關"故獄"部分的內容,其始於亭長慶的報告,結尾以"丞昭、史敢、銚、賜論,黥講爲城旦"記録定罪量刑的結果,未見定罪量刑的說明。相較而言,"當"類判決意見則詳細陳述定罪量刑的依據與判決結論,如此詳細向上級展示判決形成的過程,恰證明這份判決需要上級的認定。

第二類"當",屬疑獄的判決討論。其中案例一、二、五爲疑獄奏讞文書,案例二十一是廷尉對疑獄的議罪記録。《漢書·刑法志》有載:"自今以來,縣道官獄疑者,各讞所屬二千石官,二千石官以其罪名當報之,所不能決者,皆移廷尉,廷尉亦當報之。廷尉所不能決,謹具爲奏,傅所當比律令以聞。"規定了疑獄需採取縣—郡—廷尉—皇帝的逐級上讞制度。郡二千石官、廷尉對疑獄的處理"當報",包括"當"與"報"(詳下)。《奏讞書》案例一、二、五中,在縣奏讞文書"敢讞之"與"吏當"之間有"謁報,署某某發",陶安參照里耶秦簡文書書寫格式,分析認爲"謁報,署某某發"屬郡守轉呈廷尉文書的存留,由此認爲"謁報"之後的"吏當"屬郡級官吏的判決意見。③ 此說甚確。由案例一、三"吏當"後的"廷報"、"廷以聞"等廷尉終審判決分析,亦可證明縣奏讞文書與廷尉"廷報"之間的"吏當"是郡級官吏對疑獄的判決意見,也即《刑法志》"二千石官當

---

① 按,縣級官吏向上級部門呈報請求覆核的文書,目前出土文獻未見相關材料,但從郡級官吏報請覆核"當"並結合下文郡吏"當"疑獄分析,"當"用於特指郡級部門判決意見,縣級判決意見應不會以"當"的形式上報。

② 陶安認爲是因爲古代法律採用絕對確定刑原則,判決後立即執行,不需寫判決意見"當"(見《張家山漢簡〈奏讞書〉吏議札記》),此說不確。

③ 陶安:《張家山漢簡〈奏讞書〉吏議札記》。

報之”的“當”。案例二十一記録的是廷尉部門對疑獄的討論過程,其中“當之”是廷尉吏形成的判決意見,即《刑法志》“廷尉亦當報之”的“當”。在廷尉吏“當之”後,廷史申加入議罪,“非廷尉當”而重新“議曰”,這也説明“當”衹是疑獄的判決意見而非定論。如若廷尉也無法形成定論,則需將判決意見“當”及參考的“比”、律令一起上奏皇帝終審,即“傅所當比律令以聞擄”。廷尉部門參與“議當”的官員,據案例二十一,包括廷尉及廷尉正、廷尉監、廷尉史等屬吏,那麽《刑法志》“廷尉當報之”中的“廷尉”包括廷尉及其屬吏,同理,郡二千石官“當報之”也是包括郡守及其屬吏作出的。[①] 此外,案例二十一記録的是廷尉“議當”内容,由此類推,奏讞文書中郡級“吏當”内容當來自郡“當”記録,衹是《奏讞書》編纂者編輯過程中略去了定罪量刑的討論僅保留判決意見,並加上“吏當”標題。概而言之,第二類“當”指郡守、廷尉等二千石官及其屬吏就疑獄所作的判決意見。

綜合上述分析,“當”是郡守、廷尉等二千石官及其屬吏所作判決意見,具體分作郡吏報請上級核准的判決意見與郡、廷尉“讞獄”所作判決意見。不論哪一種“當”,都是不具終審定論意義的判決意見,都需要上級部門核准或定讞,屬於非確定性的判決建議,與上文所言終審定論的“論”存在本質差異。

上文對“當”的討論中,論及奏讞文書中“吏當”是郡吏對縣上讞疑獄的判決意見,而在嶽麓奏讞文獻與張家山漢簡《奏讞書》中尚有“吏議”與之非常相似,並常與“吏當”混言,以下就“吏議”略作辨析。“吏議”《奏讞書》兩例,嶽麓奏讞文獻六例:

> 敢瀻(讞)之。……疑闌罪,毄(繫),它縣論,敢瀻(讞)之。·人婢清助趙邯鄲城,已即亡從兄趙地,以亡之諸侯論。今闌來送徙者,即誘南。·吏議:闌與清同類,當以從諸侯來誘論。·或曰:當以奸及匿黥舂罪論。十年八月庚申朔癸亥,大(太)僕不害行廷尉事,謂胡嗇夫:瀻(讞)獄史闌,瀻(讞)固有審,廷以聞,闌當黥爲城旦,它如律令。(《奏讞書》案例三)

> 敢瀻(讞)之。……疑解罪,毄(繫),它縣論,敢瀻(讞)之。·吏議:符有數明所,明嫁爲解妻,解不智(知)其亡,不當論。·或曰:符雖已詐(詐)書名數,實亡人也。解雖不智(知)其請(情),當以取(娶)亡人爲妻論,斬左止(趾)爲城旦。·廷報曰:取(娶)亡人爲妻論之,律白,不當瀻(讞)。
>
> (《奏讞書》案例四)

> 敢瀻(讞)之:……敢瀻(讞)之。吏議曰:癸、瑣等論當殹(也);沛、綰等不當

---

① 《二年律令·具律》:“相國、御史及二千石官所置守、假吏,若丞缺,令一尉爲守丞,皆得斷獄、讞獄。”

論。或曰：癸、璅等當耐爲侯(候)，令璅等環(還)癸等錢；縮等【……】……南郡叚
(假)守賈報州陵守縮、丞越：……
（嶽麓奏讞文獻案例一）

敢讞(讞)之：……敢讞(讞)之。吏議：以捕群盜律購尸等。或曰：以捕
它邦人【……】南郡叚(假)守賈報州陵守縮、丞越：……
（嶽麓奏讞文獻案例二）

敢讞(讞)之：……敢讞(讞)之。吏議曰：除多。或曰：黥爲城旦。
（嶽麓奏讞文獻案例五）

謁讞(讞)……敢讞(讞)之。吏議：貲曁一甲，勿羸(累)。
（嶽麓奏讞文獻案例六）

敢讞(讞)之：……敢讞(讞)之。吏議：婉爲大夫□妻；貲識二甲。或曰：
婉爲庶人；完識爲城旦，絫(纍)足輸蜀。
（嶽麓奏讞文獻案例七）

敢讞(讞)之：……敢讞(讞)之。吏議：耐學隸臣。或【曰】：令贖耐。讞
(讞)報：毋擇巳(已)爲卿，貲某、某各一盾。謹窋窮以灋(法)論之。
（嶽麓奏讞文獻案例十四）

周海鋒撰文認爲嶽麓奏讞文獻中的"吏議"之"吏"是二千石官所派都吏無疑。①
這裏尚有較多的推敲空間。首先，他從張家山漢簡《二年律令》中《具律》以及《興律》
有關條文分析，認爲都吏有審理案件權力且地位高於縣令長。其引述有關條文如下：

气(乞)鞫者各辭在所縣道，縣道官令、長、丞謹聽，書其气(乞)鞫，上獄
屬所二千石官，二千石官令都吏覆之。都吏所覆治，廷及郡各移旁近郡，御
史、丞相所覆治移廷。
（《具律》）

縣道官所治死罪及過失、戲而殺人，獄已具，勿庸論，上獄屬所二千石
官。二千石官令毋害都吏復案，問(聞)二千石官，二千石官丞謹掾，當論，乃
告縣道官以从事。徹侯邑上在所郡守。
（《興律》）

然則上述律文祇是説明都吏有覆審案件權，並未表明都吏有讞疑獄權。

其次，他認爲《奏讞書》中"吏議"或"吏當"以"廷報"收尾，"廷"指廷尉，那麼"吏
議"之"吏"就是都吏，因爲祇有代表郡守的都吏纔可直接與廷尉直接文書往來，形成
"吏議"並能直達廷尉，縣吏不能直接向中央機構發送文書。但嶽麓奏讞文獻中，"吏
議"後不見有"廷報"，而是郡守的批覆。那麼，如何解釋"吏議"與郡守批覆的關係呢？

---

① 周海鋒：《〈爲獄等狀四種〉中的"吏議"與"邦亡"》，《湖南大學學報(社會科學版)》2014年第4期。

以都吏解釋顯然比較牽强。《奏讞書》中兩例"吏議"之後均爲"廷報",如若以縣吏解釋"吏議"之"吏",的確顯示了縣吏與中央廷尉的直接聯繫,這恰恰是由於案件初審單位的特殊行政歸屬,導致縣級文書可直接呈送至廷尉,具體分析詳見下文。

再次,《具律》載:"縣道官守丞毋得斷獄及瀄(讞)。相國、御史及二千石官所置守、叚(假)吏,若丞缺,令一尉爲守丞,皆得斷獄、瀄(讞)獄。"據此他認爲縣道守丞都無權斷獄、讞獄,那麽縣中小吏更無權參與斷讞。按此邏輯分析,他是由縣道守丞無權讞獄推導出縣中小吏無權參與審判,由此得出"吏議"之"吏"不當爲縣中小吏。但從《奏讞書》案例一至五中開篇提起奏讞的官員看,參與讞獄的祇限於縣道令、長與縣丞,與所謂縣小吏無涉,換言之,縣道令、長、丞是縣級具備斷獄權與讞獄權的官長,"吏議"之"吏"完全有可能指縣道令、長、丞。至於上述《具律》條文,祇是補充説明郡縣兩級試守丞的司法權力,其中縣守丞無權斷獄、讞獄,祇有二千石官所置守丞纔可斷獄、讞獄。

綜上所述,周海鋒"吏議"之"吏""必爲都吏無疑"的觀點不太妥當。另,歐揚以爲"吏議"、"吏當"是一回事,是郡級所作,[1]這一看法也值得商榷。"吏議"之"吏"當指"縣道官"(包括縣道令、長、丞以及縣道守令、長),[2]"吏議"當是縣道官行使讞獄權所擬的判決建議。具體討論如下。

從文書層次分析,郡吏的判決建議"吏當"是隨着郡奏讞文書一同上報給廷尉。那麽,緊接在"敢讞之"之後的"吏議"很可能就是縣級官吏的議罪結論,附於縣向郡發出的奏讞文書之後。嶽麓奏讞文獻整理者即持此觀點。[3] 從文書内容分析,嶽麓奏讞文獻案例一、二中,在"吏議"之後是上級部門南郡守的判決批覆,"南郡叚(假)守賈報州陵守綰、丞越",疑獄定判的結論來自縣所屬郡,那麽"吏議"就不當是郡的議罪,而是縣的議罪,如陶安所言,此時的郡是平議機構而不是奏讞機構,縣纔是奏讞機構。同時,根據《奏讞書》案例一至五、嶽麓奏讞文獻案例一至四、十四中提起奏讞的縣級部門官員分析(例如"夷道介、丞嘉"、"胡狀、丞憙"、"州陵守綰、丞越"等),參與案件審訊並有斷獄、讞獄權的縣級官員包括縣道令、長、縣道守令、長與縣丞,縣守丞無斷獄、讞獄權。

既然"吏議"屬縣的議罪,理論上講,其後的批覆當是郡所作,如上引嶽麓奏讞文

---

① 歐揚:《秦到漢初定罪程序稱謂的演變——取"當"爲視角比較〈嶽麓書院藏秦簡〉(叁)與〈奏讞書〉》;歐揚:《論張家山漢簡〈奏讞書〉定罪量刑程序》,《法制博覽》2012 年第 1 期。

② 據上引《具律》中"縣道官令、長、丞謹聽"分析,縣令、長、丞當是統稱爲縣道官。

③ 朱漢民、陳松長主編:《嶽麓書院藏秦簡(叁)》第 110 頁。

獻中案例一、二。基於這樣的分析,嶽麓奏讞文獻案例十四"吏議"後的"瀺(讞)報"整理小組即認爲是郡的批覆。① 然則,如上文所言,《奏讞書》案例三、四縣吏"吏議"後卻是廷尉的批覆,究其原因,與案件奏讞機關有關。案例三、四的奏讞機關均爲胡縣。《漢書·地理志》"京兆尹"條下記:"故秦内史,高帝元年屬塞國,二年更爲渭南郡,九年罷,復爲内史。"其屬縣"湖"條下記:"有周天子祠二所。故曰胡,武帝建元年更名湖。"案例三、四時間均在漢高祖十年(前 197),當時"胡"縣仍屬内史,行政管轄歸屬上,内史不屬任何郡,而是直屬中央政府,因此,内史所轄縣奏讞案件是由中央司法機關廷尉直接負責,這也解釋了爲何這兩則案例中"吏議"後直接是廷尉批覆。

"吏議"作爲奏讞文書中的組成部分,與上文"吏當"同理,内容採自縣道官的議罪,但略去具體討論僅保留判決意見,加上"吏議"標題。據《奏讞書》案例二十一中廷尉"議當"分析,雖有二千石官"議",但用"吏議"特指縣道官議罪。不論"議"或"當",都不是定論,"吏議"、"吏當"内容,有用"或曰"陳述兩種判決意見,表達意見分歧無法定奪;也有僅陳述一種意見,表達對此判決意見不確定。換言之,顯示議罪官吏未能形成定論的不是"(吏)議當"内容中的"或曰",而是"議當"程序本身。《奏讞書》案例二十一記録了廷尉吏對疑案的議罪,就是一次一次的議當,最終,或是形成判決結論下達,或是形成待決的"當"上奏皇帝。郡縣級官員的議罪程序亦當與廷尉吏一樣。

三、報

"廷報"。見於《奏讞書》案例一、四、六至十三以及嶽麓奏讞文獻案例十一中(見前引有關案例)。一般認爲,"廷報"内容是廷尉對奏讞疑案的終審裁決,因此,既有研究多直接將"報"解釋爲判決。② 但就里耶秦簡中"謁報"、③《奏讞書》中"謁報"以及嶽麓奏讞文獻中的"南郡叚(假)守賈報"而言,"報"用於上下級間的公文傳遞中,"報"的本質意義是批覆、答覆,"謁報"是下級請求上級批覆,"某某報"則是上級向下級作批覆。據此而言,"廷報"的字面意思是廷尉批覆,内容涉及對疑獄的裁決。與"廷報"類似者,尚有嶽麓奏讞文獻案例十四中的"讞報"(見前引有關案例)。按整理小組意見,此屬郡報,④即郡對縣的答覆,内容是對疑獄的裁決。無論"讞報"或"廷報",内容都非

① 嶽麓秦簡整理小組認爲是郡報,參見朱漢民、陳松長主編:《嶽麓書院藏秦簡(叁)》第 280 頁。

② 李均明:《簡牘所反映的漢代訴訟關係》;程政舉:《漢代訴訟程序考》。

③ 湖南省文物考古研究所等:《湖南龍山里耶——戰國秦代古城一號井發掘簡報》,《文物》2003 年第 1 期。

④ 朱漢民、陳松長主編:《嶽麓書院藏秦簡(叁)》第 280 頁。

常簡潔,僅陳述判決結果,與上文"吏當"、"吏議"類似,應當也是奏讞文書編纂者對廷尉、郡守原始批覆內容的概括。那麼,郡或廷尉就縣、郡上讞疑獄的判決答覆的完整表述是怎樣呢?

嶽麓奏讞文獻案例一、二,在文書末尾,"吏議"之後有"南郡叚(假)守賈報州陵守綰、丞越"的內容,這部分就是郡對疑獄的判決結論,以郡守"報"縣吏的方式下達:

南郡叚(假)守賈報州陵守綰、丞越:子讞(讞):……（案情回顧）。讞(讞)固有審矣。癸等……（各涉事被告的判決）。它有律令。①

那麼,"某郡報某縣:……"即是郡"讞報"的完整表述。

吏議:……十年八月庚申朔癸亥,大(太)僕不害行廷尉事,謂胡嗇夫:讞(讞)獄史闌,讞(讞)固有審,廷以聞,闌當黥爲城旦,它如律令。

　　　　　　　　　　　　　　　　　　　　　　　　　　　（《奏讞書》案例三）

二年十月癸酉朔戊寅,廷尉兼謂汧嗇夫:雍城旦講乞(乞)鞫曰:……覆之:……。（廷尉覆審答覆）　　　　　　　　　　（《奏讞書》案例十七）

謂當陽嗇夫:當陽隸臣得之乞(乞)鞫曰:……。覆之:……（廷尉覆審答覆,整理小組認爲或爲縣廷）②　　　　　　　　　　　　　　（嶽麓秦簡案例十一）

謂魏嗇夫:重泉隸臣田负斧質乞(乞)鞫曰:……。覆之:……。（廷尉覆審答覆）　　　　　　　　　　　　　　　　　　　（嶽麓秦簡案例十二）

上引第一個案例中,"吏議"後的內容是暫攝行廷尉之職的太僕不害對縣疑獄的判決結論。後三例是廷尉乞鞫案的答覆。廷尉對疑獄、乞鞫案的答覆文書均是以"廷尉謂某人:……"的格式進行,也是廷尉批覆疑案"廷報"的完整表述。此外,補充說明一點,上文分析過參與郡、廷尉審判議罪的官員有郡守、廷尉及其屬吏,但郡、廷尉對下級單位的批覆祇有郡守、郡假守與廷尉等部門官長有權作出,這意味着判決討論最終是由郡(假)守、廷尉定論。

簡而言之,郡對縣疑獄的判決以"報"形式進行答覆,廷尉對疑獄的判決則以"謂"形式進行批覆,在奏讞案例編纂過程中,則以"讞報"、"廷報"概括了郡、廷尉的判決內容,正因爲"讞報"、"廷報"的內容簡略到祇有判決結果,使得司法審判文書中的"報"在批覆之外引申出了判決的意義。《漢書·胡建傳》:"知吏賊傷奴,辟報故不窮審。"

---

① 參看朱漢民、陳松長主編:《嶽麓書院藏秦簡(叁)》第 111 頁注四十五、第 305、313 頁。

② 朱漢民、陳松長主編:《嶽麓書院藏秦簡(叁)》第 202 頁。

顏師古注引蘇林曰："報，論也。斷獄爲報。"這裏的"報"已然被賦予了判決的意義。

結　語

秦與西漢初年刑事訴訟的判決，與之相關的幾類判決形態包括"論"、"當"、"報"。其中，"論"是成文法中用以表示定罪量刑論處的一般法律術語，具有定審的確定性。"當"、"報"則是報請核准與疑獄奏讞程序中的判決類型。正如前引《刑法志》所言，縣道上讞疑獄，郡二千石官如若能定論，則向下級縣"報之"批覆，如若不能，則"當之"向上級廷尉尋求判決；廷尉對於郡縣(特指内史直屬縣)疑獄，如若能定論，則向郡縣"報之"，如若不能，就需要向皇帝提供"當"由皇帝終審。"當"作爲郡守、廷尉所作(包括疑罪上讞"當"與已審案件判決意見上請"當")，屬於没有定審意義的判決意見。司法文書中的"報"特指對疑獄"議當"的批覆，内容是對疑獄的終審判決，因此"報"又引申出判決之義。

秦國戰役史與遠征軍的構成

[日] 宮宅潔

前　言

　　爲何秦國能完成戰國時代各諸侯國的統一呢？要回答這個問題並不容易。這是因爲成功的原因不止一個，許多原因是錯綜複雜地結合在一起的。但常被指出的一個重要原因是秦國的軍事力量。例如張儀是這樣描寫秦兵的戰況的：

　　　　秦帶甲百餘萬，車千乘，騎萬匹，虎賁之士跿跔科頭貫頤奮戟者，至不可勝計。秦馬之良，戎兵之衆，探前趹後蹄閒三尋騰者，不可勝數。山東之士被甲蒙冑以會戰，秦人捐甲徒裼以趨敵，左挈人頭，右挾生虜。

（《史記·張儀列傳》）

這是對韓王的威脅，意在向其施壓，所以其真實性需要打些折扣。但荀況也承認秦軍相對而言是優秀的，並歸因於秦國除了建立軍功以外没有進身之階的制度（《荀子·議兵》）。

　　秦軍的兵士被認爲是受到徵發的農民兵，"耕戰之士"一語可以證實這種假定。關於這種徵發農村士兵的制度已有若干研究，大體上有如下看法：秦代的兵役雖然基本上每年需要服役一定期間，實際上有時服役時間更長，也有些年份完全不服役，餘缺轉到次年，其累計達一年時即可免役。[1]

　　然而當我們轉移視綫來看秦國的戰役史，對於上述兵役制度能否保證這些軍事行動，不能不感到疑問。尤其是前四世紀末以後，大批軍隊長期派往關外的情形增

---

[1] 于豪亮：《西漢適齡男子戍邊三日説質疑》，《考古》1982 年第 4 期；楊振紅：《徭、戍爲秦漢正卒基本義務説——更卒之役不是"徭"》，《中華文史論叢》2010 年第 1 期。

多,從軍時間最多不超過一年的農民兵的軍隊能够完成這些戰役,這是無論如何都難以設想的。

對這種事實與制度的乖離,有人試圖通過重新解釋相關史料來説明。但結果是不可避免地出現如下結論,即若在非常時期進行臨時徵集,則需從軍到戰役結束,如此,兵役制度的原則就幾乎被完全忽視。①

誠然,若是保衛領土與城邑的防衛戰,不顧"規定"之類隨手聚集兵力,其中甚至會有女人與少年。見於《墨子·備城門》的由男女老幼組成的小隊等,就是這種通過非常徵集而組建的一個事例。② 但派遣遠征軍時,情况則完全不同。此時必然有某種程度的計劃,事先檢討了需要的兵士規模及其確保的方法,在考慮將對農業生產的影響縮小到最低限度的同時,根據一定方針實施徵兵工作。

指望臨時、强制徵發的質量參差不齊的農民兵取得遠征的勝利,是值得懷疑的。由"耕戰之士"組成的秦軍的力量,的確盛傳四方,其極致就是上文所舉張儀談到的秦國兵士勇猛果敢的形象。然而,秦國的農民果真都是勇敢的,無須訓練與戰場經驗就成爲優秀的兵士,爲了賞賜就不帶甲而戰的嗎?

對於説客所談的"勇敢的農民兵"的印象,絶不能囫圇吞棗。如果軍隊本身的强大也是秦國取得勝利的原因的話,那麼其强大的秘密需要用具體的事例來説明。以下先從追溯秦國的戰役史入手。

一、秦國戰役史——昭襄王以後

要追尋秦代兵役制度的發展,就會遇到缺乏史料的問題。雖想一邊探求戰役的記載,一邊整理動員的時期、範圍與遠征軍的進軍路綫、戰鬥規模,解明在哪裏、如何招集怎樣的兵士的問題,史料卻幾乎都沈默不語。筆者想根據可以了解秦軍規模、動員的時期、範圍、會戰之前的進軍路綫、駐地等有限的戰鬥記載,探討其所反映的内容。

---

① 屈建軍以爲董仲舒的"一歲屯戍"云云並非對秦制的正確敘述,將秦國的軍役分爲常備役與預備役,認爲常備役任期長達4～5年,預備役在遠征時徵發,從軍至戰鬥結束。見氏撰《秦國兵役徭役制度試探》,《咸陽師專學報(綜合版)》1994年第1期。此外,藤田勝久推測在編入常備軍一年後再根據需要徵兵的制度,見氏撰《戰國·秦代の軍事編成》,《東洋史研究》第46卷第2號,1987年。

② 《墨子·備城門》:"守法,五十步,丈夫十人,丁女二十人,老少十人。計之,五十步四十人。"

　　1. 秦軍的規模

　　張儀對於秦軍的規模,談到"虎賁之士百餘萬,車千乘,騎萬匹,積粟如丘山","秦帶甲百餘萬,車千乘,騎萬匹,虎賁之士跿跔科頭貫頤奮戟者,至不可勝計"(《史記·張儀列傳》)等。在始皇二十三年(前 224)征服楚國之戰中王翦所率的破例的大規模軍力爲 60 萬(《史記·王翦列傳》),因此 100 萬這個數字不是一次投入的兵士數量,而應看作秦國可能動員的兵士的總數。

　　正如下文所述,始皇二十三年的遠征實施了被稱爲"大興兵"的非常徵集,因此可以認爲昭襄王時代以前的秦軍尚無這樣大的規模。但除了上述的對楚戰争的事例,在一次戰役中所投入的秦軍總數没有任何明確記載。白起攻郢時(前 278)率"數萬之衆"(《戰國策·中山策》)之類僅舉出概數,至於華陽之戰(前 273)後,穰侯將自己軍隊的兵士 4 萬給趙,使其攻齊,①長平之戰(前 260)的別動隊有 25 000 人,②邯鄲包圍戰(前 257)中戰敗的秦國的鄭安平與 2 萬兵士一起投降等等,③雖有明確的數字,但這些都衹是一部分的兵士人數。當然,關於秦國方面受到的損失,史料没有任何具體説明。

　　另一方面,關於秦國方面的戰果,即秦軍所舉的斬首數量,在多達 19 次的戰役中舉出了其數字。最早是出現在獻公二十一年(前 364)的石門之戰,斬首 6 萬(《史記·秦本紀》)。這種現象與秦國根據斬首數量給予爵位的軍功獎賞制度有關,自不待言。"如秦、趙長平之戰,……估計雙方所投入兵力都在五六萬以上,……"等推測,④是以秦軍獲得首級 45 萬爲根據的。

　　根據敵方的斬首數量來推測秦軍的規模,在某種程度上是可以接受的。但需要注意的是的:① 斬首數量可能是數次會戰的總數,② 其中除了甲首,可能還包括了非戰鬥人員的首級。就長平之戰的戰果而言,首先 45 萬這個斬首數量是"前後斬首虜四十五萬人"(《史記·白起列傳》),暗示了①的可能性。而據記載因糧道被斷而投降的是趙"卒四十萬人"(《史記·白起列傳》),但可以想見其中包括了從上黨地區到趙國的不少難民。當然,獎賞的對象僅限於戰士之首("甲首"),⑤因此在認定軍功時進行首級的查驗。但據説在此時有過將己方首級假冒爲

---

① 《史記·穰侯列傳》:"秦將益趙甲四萬以伐齊。"

② 《史記·白起列傳》:"秦奇兵二萬五千人……,又一軍五千騎。"

③ 《史記·范雎列傳》:"以兵二萬人降趙。"

④ 郭淑珍、王關成:《秦軍事史》,陝西人民教育出版社 2000 年,第 77 頁。

⑤ 《商君書·境内》:"能得甲首一者,賞爵一級,益田一頃,益宅九畝。級除庶子一人,乃得入兵官之吏。"

敵方首級進行申報等情形。① 除了特別突出的長平之戰的戰果,②其次是伊闕之戰(前294)的 24 萬,再次是華陽之戰的 15 萬,③其他都在 10 萬以下。雖然尚有問題需要解決,但如欲舉出目前所知大體的數字,估計昭襄王時期的遠征軍最大可達 10～20 萬的規模。

2. 動員的時期與對象

關於動員時期,雖然基本未見提及,但就少數可以知道的戰鬥開始時期、兵員增派時期而言,可舉出夏季(昭公四十一年)、秋季以後(昭公四十七年)、九月(昭公四十八年)、十月(始皇三年、十三年)、十二月(昭公五十年)、一月(昭公四十九年)。雖有例外,大體上有秋季到冬季期間進行動員的傾向。可以認爲,在冬季的農閑時期徵發、派遣的遠征軍中有許多農民兵。

但派往關外的遠征幾乎沒有在農閑期間結束的情況。從頭至尾持續兩年的戰役也不少,攻郢之戰在昭襄王二十七至三十年,到華陽之戰爲止的對魏之戰在三十一至三十四年,均是前後持續了大約四年。其間,遠征軍一度解散重新徵集兵士的可能性雖然的確無法否定,但如下文所述,投入攻郢之戰的並非通常的兵士,難以設想遠征軍會中途解散。而關於華陽之戰,觀察戰役的發展就會發現情況與此相同。

此次對魏之戰由穰侯魏冉指揮,開始於昭襄王三十一年,三十二年包圍魏都大梁,一度講和。但三十三年由於魏國背棄和約,穰侯再次伐魏,取得斬首 4 萬的戰果。

---

① 進行首級查驗這一點,由睡虎地秦簡《封診式》的"奪首"條可以窺知:

奪首 軍戲某爰書,某里士五(伍)甲縛詣男子丙,及斬首一,男子丁與偕。甲告曰:甲,尉某私吏,與戰刑(邢)丘城。今日見丙戲旞,直以劍伐痍丁,奪此首,而捕來詣。診首,已診丁,亦診其痍狀。　　　　　　　　　　　　　　　　　　　　　　　　　　　(《封診式》31～33)

在此之後以失去篇題的爰書格式(《封診式》34～36)記載,對兩兵互相争奪的首級進行查驗後,公告説"如有掉隊或遲到的情形,應該前來查驗首級"。此處有將己方的甲首假冒爲敵方之首的嫌疑是顯而易見的:

□□ □□某爰書,某里士五(伍)甲、公士鄭才(在)某里曰丙共詣斬首一,各告曰:甲、丙戰刑(邢)丘城,此甲、丙得首殹(也)。甲、丙相與争,來詣之。● 診首□鬋髮,其右角痏一所,袤五寸,深到骨,類劍迹,其頭所不齊膬膬然。以書讞首曰:有失伍及菌(遲)不來者,遣來識戲次。　　　　　　(《封診式》34～36)

② 《白起列傳》雖説"斬首虜四十五萬",卻將降卒 40 萬人活埋,"40 萬"可能不是在認定軍功時確認首級後的正確數字。

③ 《白起列傳》不説斬首十五萬,而説斬首十三萬,沈其卒二萬人於河中;而《穰侯列傳》也説斬首十萬,然後攻魏國的卷與趙國的觀津。《秦本紀》的"十五萬"很可能是合計了幾次戰役的戰果而得出的數字。

次年即三十四年,魏、趙攻打韓國的華陽,穰侯接獲韓國的求援消息後即赴華陽,大獲全勝。① 此時求援的使者"一宿之行"趕到穰侯處(《戰國策·韓策三》),援軍則是"八日而至"(《史記·韓世家》)。穰侯至少從上一年的勝利以後並未解散軍隊,駐軍於自華陽"一宿之行"的範圍之內,這種看法應該比較自然。

因此可以設想,即使徵兵的對象是農民,他們一開始就是以長期從軍爲前提受到徵用的。

長期從軍當對生活産生重大影響,而通過何種手續安排農民從軍,反映其詳細情況的史料並不多。再者,即使明確了這種制度,也不能保證實際徵用就是按照這種程序。史料也記載了殺人後避仇於吳中的項梁,縣內每有"大徭役"及"喪",則常爲主辦,②有可能制度上的手續與選拔標準另當別論,實際上是由當地的頭面人物安排從軍者的。

另一方面應該指出的是,組織遠征軍時,不是在秦國領土內大面積、低比例地招兵而是在特定地區重點徵發的事例散見於史籍。始皇十二年可見以"四郡之兵"攻楚,③始皇十八年"大興"時,也是在上地與河內動員的兵士尤多。④ 而且在長平之戰中,也以河內爲重點進行了非常徵集。

長平之戰的經過可以概述如下:首先昭襄王四十七年四月至六月,王齕攻趙,其後於七月進入堅壁以待的持久戰。兩軍更換將軍後再次會戰,秦軍成功地切斷、包圍趙軍。其時間不詳,但九月時趙軍已"不得食四十六日"(《史記·白起列傳》),因此可以推測約在八月初。爲此秦王前往"河內",徵發所有十五歲以上的人加強包圍。九月趙將趙括戰死,趙卒 40 萬投降。秦軍繼續前進,攻打上黨地區與邯鄲以西的武安,但嫉妒白起功績的范雎插手干擾,爲了"休士卒"而於正月"罷兵",亦即命令解散遠征軍。就是說,四十七年夏開始攻打長平的秦軍規模與構成雖不明確,在其軍隊成功切斷趙軍後,爲了徹底包圍 40 萬趙軍切斷其補給綫,八月前後,在進入農閑時期的河內地方進行非常動員招集了新的人手,然後在戰勝之後,最遲在次年正月允許他們回鄉,這個過程是清楚的。

此處動員對象的"河內"可以認爲不是後代的河內郡的範圍,而是指從河曲到河

---

① 《秦本紀》以爲三十二年攻大梁,同時取得斬首 4 萬的戰果,三十三年在攻取魏國諸城之後,在華陽也取得勝利。但該繫年與六國年表及《編年記》不一致,故不採此説。

② 《史記·項羽本紀》:"項梁殺人,與籍避仇於吳中。吳中賢士大夫皆出項梁下。每吳中有大縣役及喪,項梁常爲主辦,陰以兵法部勒賓客及子弟,以是知其能。"

③ 《史記·六國年表》有"發四郡兵助魏擊楚",《資治通鑑》胡注引此解釋爲"關東四郡之兵"。

④ 《史記·秦始皇本紀》:"十八年,大興兵攻趙,王翦將上地、下井陘,端和將河內、羌瘣伐趙,端和圍邯鄲城。"

内郡一帶的黃河北岸地區。① 在長平之戰時,秦國的確已佔領漢河内郡西部的主要城市,爲防備來自東面的進攻還築了壘壁。② 但佔領此地爲時尚短,③能否在這個地區進行大規模動員還有疑問。而且昭襄王親自來到對魏戰爭的最前綫督戰,這也有些難以想像。因此如將"河内"的範圍擴大到河曲以東的黃河一帶,那裏有惠文王時期以來秦人進行徙民的曲沃與陝,④又有昭襄王二十一年魏國所獻的安邑,秦國遷出其原住民招募徙民,罪人也被遷到此地。⑤ 這些都城成爲秦國東進的橋頭堡。可以設想這些被送到關外的新佔領地的徙民成爲重點徵發的對象。上郡應當也有相同的情形。

　　在同是秦國邊郡的南郡,睡虎地4號墓發現了秦始皇時代在佔領楚國的戰爭中從軍兵士的書信(6號、11號木簡)。⑥ 那是兩個兵士"黑夫"與"驚"聯名寫給其"母"的書信,因此這兩個人很可能是兄弟。⑦ 可以想像南郡也進行了集中徵用,以致兄弟中有兩個人被徵用當兵。

　　進行過這種集中徵用的戰役,還可舉出攻郢之戰(昭襄王二十七至三十年)。這是秦國首次在關外進行的佔領廣大領土的大規模遠征,該戰役的進軍路綫與參加戰役的兵士的身份在一定程度上是可以把握的,看來是集中徵用了隴西地區的兵士與

---

① "河内"與"河外"對指,也可指從河曲到河東、河北一帶:

　　　《史記·晉世家》:"當此時,晉疆,西有河西,與秦接境,北邊翟,東至河内。"《索隱》:"河内,河曲也。内音汭。"

　　　《史記·魏世家》:"任西門豹守鄴,而河内稱治。"《索隱》:"按,大河在鄴東,故名鄴爲河内。"《正義》:"古帝王之都多在河東、河北,故呼河北爲河内,河南爲河外。又云河從龍門南至華陰,東至衛州,折東北入海,曲繞冀州,故言河内云也。"

② 《史記·魏世家》:"秦固有懷、茅、邢丘,城垝津以臨河内,河内共、汲必危。……從林鄉軍以至于今,秦七攻魏,五入圍中,邊城盡拔,文臺墮,垂都焚,林木伐,麋鹿盡,而國繼以圍。又長驅梁北,東至陶衛之郊,北至平監。所亡於秦者,山南山北,河外河内,大縣數十,名都數百。"《正義》:"河外謂華州以東至虢、陝,河内謂蒲州以東至懷、衛也。"

③ 漢河内郡西部諸城中,軹(枳)於昭襄王十八年(據秦表。《編年記》作十七年)被佔領,其他各城的佔領較晚,懷在昭襄王三十九年(表、《編年記》),邢丘在四十一年降秦。

④ 秦國佔領陝縣的經過與居民更替帶來的埋葬文化的明顯變化可從墓葬的遺迹加以確認,詳見大島誠二:《秦の東進と陝縣社會》,中央大學東洋史研究室《アジア史における制度と社會》,刀水書房1996年;柏倉伸哉:《秦による東方徙民の一側面》,《學習院史學》44號,2006年。

⑤ 《史記·秦本紀》:"二十一年,錯攻魏河内。魏獻安邑,秦出其人,募徙河東賜爵,赦罪人遷之。"

⑥ 釋文據雲夢睡虎地秦墓編寫組:《雲夢睡虎地秦墓》,文物出版社1981年,第25—26頁。

⑦ 于豪亮等認爲文中的"衷"也是黑夫等人的兄弟,兄弟三人中有兩人受到徵發。參看于豪亮、李均明:《秦簡所反映的軍事制度》,中華書局編輯部編:《雲夢秦簡研究》,中華書局1981年。

罪人。以下介紹戰役的發展。

3. 攻郢的過程

對郢的進攻是從兩路進行的。一是沿漢水南下，另一則是從長江上游東進。兩支軍隊獲得的戰果往往被歸於"白起"，但這不過是舉出總司令之名而已。昭襄王二十七年由蜀沿長江攻入的是司馬錯（《秦本紀》），可以認爲實際上是白起率領漢水方面軍，司馬錯率領長江方面軍。

兩軍進攻的方法也不同。漢水方面軍是將罪人遷往佔領地的要衝，一邊鞏固基礎一邊進軍。先於昭襄王二十六年將罪人遷到溳水流域的穰，二十七年在南陽，二十八年在攻下的鄧、鄢都進行徙民。① 如此在漢水流域確保補給據點後，二十九年進入攻郢之戰。漢水方面的進軍路綫接近韓、魏的勢力範圍，秦軍應當強烈意識到鞏固兵站基礎的重要性。② 可以認爲這樣遷徙的罪人在後方支援了攻郢之戰。③

另一方面，司馬錯在昭襄王二十七年自蜀沿長江而下攻入黔中，其遠征之前在隴西地方進行徵兵。④ 隴西的東部有秦襄公、文公的都城西垂，早已在秦國疆域之內。但據説向西部發展則相當遲，直到孝公時期纔控制該地區的西戎到達渭水的河源。⑤

在該地區組建的遠征軍是由哪些兵士組成，不得其詳。但毋庸贅言，隴西是被稱

---

① 《史記·秦本紀》："二十六年，赦罪人遷之穰。……二十七年，錯攻楚。赦罪人遷之南陽（《正義》"南陽及上遷之穰，皆今鄧州也"）。……二十八年，大良造白起攻楚，取鄢、鄧，赦罪人遷之。"

② 《戰國策》中可見昭襄王與春申君的如下問答：

是王攻楚之日，則惡出兵？王將藉路於仇讎之韓、魏乎？兵出之日而王憂其不反也，是王以兵資於仇讎之韓、魏。王若不藉路於仇讎之韓、魏，必攻陽、右壤。隨陽、右壤，此皆廣川大水、山林谿谷不食之地。王雖有之，不爲得地。是王有毀楚之名，無得地之實也。

（《戰國策·秦策四》"頃襄王二十年"）

這被認爲是攻郢以後的問答，而且此處所示的進軍路綫是沿隨水南下，是攻郢時的路綫以東的另一條路綫。因此這與攻郢時選進軍路綫並無直接關係，但可以窺見自北攻楚時擔心受到來自韓、魏的威脅。

③ 據《戰國策·中山策》"昭王既息民繕兵"，白起攻入楚地後，破壞橋梁燒毀船隻，斷絕退路使兵士專心作戰，既然斷絕了同後方的聯繫，就在當地掠奪糧食（"故起所以得引兵深入，多倍城邑，發梁焚舟以專民，以掠於郊野，以足軍食"）。但該記載完全未提及兵分兩路等事宜，在多大程度上準確反映了實際的進攻情況，尚有疑問。

該史料認爲白起所率數萬軍隊非常團結，"秦中士卒，以軍中爲家、將帥爲父母，不約而親，不謀而信，一心同功，死不旋踵"。這支軍隊應該正是下文所述遠征軍核心的精鋭部隊。可以想像這支部隊是爲被遷徙的罪人組成的輜重兵與後方補給據點所支持的。在進攻時也許有《戰國策》所説的背水之陣，但難以認爲那是常態。

④ 《史記·秦本紀》："又使司馬錯發隴西，因蜀攻楚黔中，拔之。"

⑤ 參看吉本道雅：《中國先秦時代の羌》，《中國古代史論叢》第六集，2009 年。

爲"六郡良家子"之一的優秀騎兵的産地,[1]秦國將軍李信就是隴西成紀人。[2] 而隴西有縣諸、翟獂等諸多戎狄,[3]這些外民族也有被徵用的可能。據《華陽國志》,司馬錯率"巴蜀衆十萬"攻楚,[4]湖南省漵浦縣馬田坪巴人墓與秦人墓的共同發現也可以證實這一記載。[5] 這幾點聯繫起來可知長江方面軍中一定有隴西及巴、蜀出身的許多外民族兵士。可以認爲這支軍隊在二十七年攻黔中後,二十八年繼續沿長江而下攻打西陵,[6]並不就此解散,而是與漢水方面軍一起參加了二十九年的攻郢之戰。

二十九年郢都陷落後,又進兵至其東的竟陵,在該地設置南郡。[7] 次年白起進一步攻楚,[8]併楚國的巫郡與江南之地,設置黔中郡。這些是除上郡與巴、蜀郡等關中的新佔領地以外首次在關外設置的郡。[9] 如果考慮罪人的投入與巴人墓的發現等,可以説此時的攻郢既是戰鬥行爲,又是大規模的徙民,也是其後佔領、統治廣大領土的軍事行動。

在組建遠征軍時,農民兵被大量徵用是明確的。但通過上文分析需要再次强調的是,實施長期遠征時,並非對疆域內的臣民大面積、低比例、平等地施加兵役的負擔,而有對特定地區與對象——具體地説是邊境與新佔領地的徙民、外民族、罪人——有重點地要求從軍的

---

① 《漢書·趙充國傳》:"趙充國字翁孫,隴西上邽人也,後徙金城令居。始爲騎士,以六郡良家子,善騎射補羽林。"顏師古注引服虔曰:"(六郡)金城、隴西、天水、安定、北地、上郡是也。"

② 《史記·李將軍列傳》:"李將軍廣者,隴西成紀人也。其先曰李信,秦時爲將,逐得燕太子丹者也。"

③ 《史記·匈奴列傳》:"秦穆公得由余,西戎八國服於秦,故自隴以西有縣諸、緄戎、翟、獂之戎,岐、梁山、涇、漆之北有義渠、大荔、烏氏、朐衍之戎。"據《漢書·地理志》,天水郡有縣諸道、獂道,隴西郡有狄道。關於此處所舉諸民族,吉本道雅有考證,見氏撰《史記匈奴列傳疏證—上古から冒頓単子まで—》,《京都大學文學部研究紀要》第45號,2006年。

④ 《華陽國志·蜀志》:"(周赧王)七年,封公子惲爲蜀侯。司馬錯率巴蜀衆十萬、大舶舩萬艘、米六百萬斛,浮江伐楚,取商於之地,爲黔中郡。"此次攻楚被認爲是在赧王七年(前308,秦武王三年),不同於昭襄王二十七年(前280)的進攻。但《華陽國志·蜀志》中除了此條以外未見涉及司馬錯攻楚之處,疑紀年有混亂。

⑤ 馬田坪24號墓隨葬秦式的青銅器,被推測爲攻楚的秦將之墓。據説在與馬田坪墓葬群同時代的墓中,發現了8座隨葬巴式兵器的墓葬。見湖南省博物館、懷化地區文物工作隊:《湖南漵浦馬田坪戰國西漢墓發掘報告》,《湖南考古輯刊》第2輯,嶽麓書社1984年。

⑥ 西陵,見《史記·楚世家》,《集解》認爲"屬江夏",《正義》引《括地志》認爲是黃州的地名,但將其定爲郢以東,從進軍路綫來看不能不説是不自然的。《會注考證》以爲"今湖北宜昌府,楚西陵地",今從。

⑦ 《史記·六國年表》的秦表中有"白起擊楚,拔郢,更東至竟陵,以爲南郡",睡虎地《編年記》有"攻安陸",可知進而向東進兵。

⑧ 《白起列傳》云"武安君因取楚,定巫、黔中郡",將此歸功於白起,但《本紀》及《華陽國志》則以爲由蜀守張若指揮。因而攻郢軍隊的解散時期尚不明確。

⑨ 關於秦置郡的歷史參看土口史記:《先秦時代の領域支配》,京都大學學術出版會2011年。

傾向。就是説需要優先服軍務的人群與該人群以外的人受到區別，可以説以前者爲遠征軍的核心力量，藉此將軍事行動所産生的對農業生産的影響與社會的動盪控制在最小範圍。

　　作爲"需要優先服軍務的人群"，當然也需要舉出職業兵士。根據制度設置的武官、軍吏、甚至處於樞要地位的軍人私人擁有兵士，[①]一旦命令下達就是率先參加遠征的兵力。而且，是否稱爲"職業軍人"暫且不論，[②]有些兵士在受到選拔與訓練這一點上應與一般的徵集兵有所區別。重近啓樹論述漢代的地方常備軍，闡明其成員是受到選拔的兵士，他們被分爲"材官"與"騎士"等兵種，每年在一定期間到所屬的縣接受軍事訓練，另一方面税役負擔受到免除。[③] 重近還將這種制度的存在上溯至秦代，認爲睡虎地秦簡所見的"駕騶"與"輕車、蹋張、引强、中卒"是組成縣常備軍的兵種，[④]並

---

① 睡虎地秦簡《封診式》可見在邢丘之戰中從軍的"尉"的"私吏"：

　　　奪首　　軍戲某爰書，某里士五(伍)甲縛詣男子丙，及斬首一，男子丁與偕。甲告曰：甲，尉
　　某私吏，與戰刑(邢)丘城。今日見丙戲籞，直以劍伐痍丁，奪此首，而捕來詣。診首，已診丁，亦
　　診其痍狀。　　　　　　　　　　　　　　　　　　　　　　　　　　　　(《封診式》31～33)

可知"尉"級的武官也將私人擁有的部下帶往戰場。其規模與構成雖不明確，但趙國將軍趙奢有"身所奉飯飲而進食"者數十人、"所友者"數百人，而且將賞賜分給"軍吏、士大夫"，維持私人的聯繫，這是爲人所知的。

　　　始妾事其父，時爲將，身所奉飯飲而進食者以十數，所友者以百數，大王及宗室所賞賜者盡
　　以予軍吏士大夫，受命之日，不問家事。　　　　　　　　　　　　　(《史記·趙奢列傳》)

② 將"騎士"與"材官"等專門兵視爲一種職業軍人，還是祇看作農民兵，學者有不同見解。關於這個論題，高村武幸整理了各種説法，見高村武幸：《漢代の地方官吏と地域社會》，汲古書院 2008 年。對此，筆者在拙文中强調"官"與"民"的界綫並不明確，毋寧説是漸變狀態的連續。參看宮宅潔：《漢代官府の最下層——"官"と"民"のあいだ——》，《東方學報》京都 87 册，2013 年；中文譯文(顧其沙譯)載《中國古代法律文獻研究》第七輯，社會科學文獻出版社 2013 年。

③ 參看重近啓樹：《秦漢税役體系の研究》，汲古書院 1999 年。

④ "駕騶"見於本文開頭所舉《秦律雜抄》1～4：

　　　● 駕騶除四歲，不能駕御，貲教者一盾，免，賞(償)四歲繇(徭)戍。　　(《秦律雜抄》3)

他們經銓敘程序("除")而擔任職務，是處於官吏或與其相當地位的人員。是否領取俸禄雖不明確，但至少被免除了"繇戍"。而且《六韜》認爲：

　　　選車士之法，取年四十已下，長七尺五寸已上，走能逐奔馬，及馳而乘之，前後左右，上下周旋，能束
　　縛旌旗，力能彀八石弩，射前後左右，皆便習者，名曰武車之士，不可不厚也。　(《六韜·犬韜·武車士》)

出現了"車士"的選拔制度。"駕騶"可以設想也是通過選拔任用的。可以想像在"通過選拔任用"、"免除繇役"這些方面地位類似魏的"武卒"(《荀子·議兵》)。

　　　● 輕車、蹋張、引强、中卒所載傳(傳)到軍，縣勿奪。奪中卒傳，令、尉貲各二甲。(《秦律雜抄》7～9)

推測秦末地方常備軍的規模是各縣有 300 人左右。①

　　除了這些兵士,此處還想指出的是以長期從軍爲前提招集的募兵——"冗募"的存在。以下另起一節來討論這個問題。

二、"冗募"——長期從軍的募兵

　　"冗募"一詞已見於睡虎地秦簡:

> 冗募歸,辭曰日已備,致未來,不如辭,貲日四月居邊。

(《秦律雜抄》35)

關於秦代募兵的存在,前賢已經指出。② 但例句很少,"冗"字的字義也不清楚,因此過去不太受到重視。

　　但隨着《二年律令》的出土,明確了"冗"是"更"的對意語,相對於"更"指輪流服役,"冗"則指不參加這種輪流、處於隨時可以動員而長期工作的服役形態。③ 參照這種理解,"冗募"是指長期工作的募兵。

　　睡虎地秦簡中亦見"冗邊"一詞,可知其服役長達五年:

> 百姓有母及同牲(生)爲隸妾,非適(謫)罪殹(也)而欲爲冗邊五歲,
> 毋賞(償)興日,以免一人爲庶人,許之。……司空律

(《秦律十八種》151~152)

此處的服役是爲了赦免成爲隸妾的親屬,並非所有"冗邊"的任期均爲五年。但聯繫上文所引《秦律雜抄》35 來考慮,這些募兵也是事先就確定了任期,結束後領取證書獲准回鄉。再者,嶽麓書院藏簡中有:

> ● 令曰:吏及宦者、群官官屬、冗募群戍卒及黔首縣使,有縣官事,未得
> 歸,其父母、泰父母不死而
(1668)

---

① 據《史記·項羽本紀》,項羽舉兵得到會稽郡守管轄的"精兵八千人",因此認爲會稽郡常備軍的規模是 8 000 人,除以所轄的縣的個數得到這個數字。

② 參看重近啓樹:《秦漢税役體系的研究》第 230 頁。

③ 參看廣瀨薰雄:《秦漢律令研究》,汲古書院 2010 年;楊振紅:《秦漢簡中的"冗"、"更"與供役方式——從〈二年律令·史律〉談起》,《簡帛研究二○○六》,廣西師範大學出版社 2008 年;宮宅潔《漢代官府の最下層—"官"と"民"のあいだ—》。

　　　　吏日死,以求歸者,完以爲城旦。　　　　　　　　　　　　　　　(1665)①

可以窺知"冗募群戍卒"的祖父母、父母如果亡故,任期中也允許回鄉。"冗募群戍卒"
一語也出現於里耶秦簡:

　　　　☑ 冗募群戍卒百卅三人　　　　　　　尉守狐課
　　　　☑ 廿六人　　 ● 死一人　　　　　　十一月己酉視事,盡十二月辛未。
　　　　☑ 六百廿六人而死者一人　　　　　　　　　　　　(8-132＋8-334)

看來這是記載縣尉管轄的戍卒人數及其類別,不過上部殘缺,無法準確理解。但可知
其中 143 名戍卒是"冗募"。這種"冗募群戍卒"也被稱爲"冗戍":

　　　　卅年五月戊午朔辛巳,司空守敞敢言之。冗戍士五(伍)☑
　　　　歸高成免　 衣　 用。當傳,謁遣吏傳。謁報。
　　　　敢言之。(正)
　　　　辛巳旦食時食時,隸臣殷行　 武☑(背)　　　　　(8-666＋8-2006)

第二行"免衣用"附近字間空白不自然,意義不明確。不過這應是司空要求進行有關
"冗戍"某的物資傳送的上行文書。與此處的"冗戍"成對的是"更戍":

【司】空佐敬二甲 L	庫佐駕二甲——	令佐圂一盾——	更戍嬰二甲
【司】空守謷三甲——	田官佐賀二甲——	令佐冣七甲——	更戍☑二甲
司空守巸三甲——	髳長忌再☑罷——	令佐逎二甲已利	更戍蕺贖耐二
司空佐沈二甲以	校長予言貲二甲——	☑廿錢	更戍得贖耐
☑☑☑一盾入	發弩☑二甲——	更戍畫二甲	更戍堂贖耐
庫武二甲——	倉佐平七【盾】	更戍五二甲	更戍齒贖耐
	田佐☑一甲	更戍登二甲	更戍暴贖耐

　　　　　　　　　　　　　　　　　　　　　　　　　　　(8-149＋8-489)

上舉的簡中分四段記録了"職位、人名、刑罰名稱"的組合。第 1～3 段所列"司空佐"
等是官名,從第 3 段末尾至第 4 段末列舉 10 個"更戍",被處以"(貲)二甲"、"贖耐"等
刑。這些"更戍"中可見城父縣人:

　　　　☑人忠出貸更戍士五(伍)城父陽鄭得☑　　　　　　　　　(8-850)

_____

① 未公開簡,見王笑《秦漢簡牘中的"冗"和"冗募"》(王沛主編:《出土文獻與法律史研究》第三輯,上海人民
　 出版社 2014 年)引述。

　　　　　　☑稟人忠出貸更戍城父士五(伍)陽粫佣。八月九月☑　　　　　(8-980)

看來這是稟人"忠"出貸的記録,其出貸的對象是泗水郡城父縣陽里的鄭得與同屬陽里的粫佣。"更戍"顯然是輪流服役的戍卒,赴任者由郡來上班,這一點已爲人知。[1]從城父縣與里耶即遷陵縣之間的距離來看,這種輪流工作不是一個月交替之類短期的輪流,不過可供推測其期間的材料目前不存在。但一定不是長達5年那樣的長期服役。

　　不僅"更戍"、"冗戍",被稱爲"罰戍"的戍卒也出現在里耶秦簡中。比如以下各例:

　　　　　　罰戍士五貣中宕登爽,署遷陵書。　　☑　　　　　　　　　　(8-429)
　　　　　　粟米一石九斗少半斗。卅三年十月甲辰朔壬戌,發弩繹·尉史過出貸
　　　　罰戍士五醴陽同☑＝禄。　　廿。
　　　　　　令史兼視平。　　過手。　　　　　　　　　　　　　　　　　(8-761)
　　　　　　徑廥粟米四石。卅一年七月辛亥朔朔日,田官守敬·佐壬·稟人娙出
　　　　稟罰戍公卒襄城武宜都胅·長利士五齲。
　　　　　　令史逐視平。　　壬手。　　　　　　　　　　　　　　　　　(8-2246)

"罰戍"當是犯罪後被處戍邊之刑者與以邊境的勞役代服財産刑者。[2] 這些"罰戍"的籍貫多種多樣,與"更戍"的籍貫比較統一、顯示其爲一併徵用的特點形成對比。

　　總之,秦代在遷陵縣工作的戍卒一般有徵集兵、應募兵、罪人三種,後兩者的工作期間比輪流工作的徵集兵更長。"冗募群戍卒"143名這個數字是全縣的人數,還是比

---

[1] 雖然尚有其他"更戍"之例,但籍貫明確者均爲城父縣的戍卒:

　　　　　　☑人忠出貸更戍士五城父中里簡　　　　　　　　　　　　　(8-1000)
　　　　　　卅四年七月甲子朔甲戌、牢人更戍士五城☑　　　　　　　　(8-1401)
　　　　　　令佐温
　　　　　　更戍士五城父陽翟執
　　　　　　更戍士五城父西中痤
　　　　　　胥手　　　　　　　　　　　　　　　　　　　　　　　　(8-1517背)

[2] 關於戍邊刑參看宮宅潔:《中國古代刑制史の研究》,京都大學學術出版會 2011 年,第 55—65 頁。以下的里耶秦簡看來是因娶賈人之子而被處"戍四歲"者的記録:

　　　　　　城父蘩陽士五枯,取賈人子爲妻。戍四歲☑　　　　　　　　(8-466)

里耶秦簡可見犯貲罪者以邊境的勞役償罪之例(9-1~9-12)。

較小規模的單位中的人數尚不清楚,但可以説其比例絶不是微乎其微的。

　　目前所見"冗募"均限於有關邊境防備的史料,尚無明確證據表明這種應募兵被動員用於遠征軍。但此處想强調的是應募長期從事邊境防備工作的人爲數不少。他們就是所謂爲了生活而選擇當兵的人。其中應當也有半以當兵爲職業的人。① 如果秦代存在這種人群,朝廷方面也將其作爲募兵靈活使用,那麽在組建遠征軍時也一定是既徵集一般的農民兵,又靠募兵確保兵源。

　　兵士的素質絶不是相同的。相較於一般的農民兵,職業軍人與歷經訓練的專門兵或有長期從軍經驗的募兵,作爲戰鬥力應該受到許多期待。史料中被稱爲"鋭師"、"鋭士"的,②大概是這種熟練人員。其規模雖不清楚,但可想見即使總數甚少,昭襄王

---

① 嶽麓書院藏簡的爲獄等狀四種〇三"猩、敝知盜分贓案"(44~61簡)中出現三名"冗募",僱人進行銅的買賣,逃亡成爲漁夫,與本案所審的盜墓也有關聯。這是了解當"冗募"的人的社會階層、從軍時或從軍後的生活方式的耐人尋味的材料。

② 例如昭襄王二十三年,秦與三晉、燕一同攻齊,此時遠征軍不是由將軍而是由"尉"斯離率領,雖是長距離的遠征,估計軍團規模不大大。《史記·田敬仲完世家》記此戰役云:

　　　四十年,燕、秦、楚、三晉合謀,各出鋭師以伐,敗我濟西。

想來雖然規模小但派出了"鋭師"。《史記·趙世家》有:

　　　二十四年,肅侯卒。秦、楚、燕、齊、魏出鋭師各萬人來會葬。子武靈王立。

説明在惠文王時秦國可以動員一萬人的"鋭師"。當然"鋭"也可能不過是美稱,沒有實質意義。但《史記·楚世家》有:

　　　韓嘗以二十萬之衆辱於晉之城下,鋭士死,中士傷,而晉不拔。

此處"鋭士"顯然被當作比"中士"更有戰鬥力的兵士。

　　在表示遠征軍的規模時,據下引材料可知其不僅爲戰鬥人員的數量,還包括輜重兵:

　　　料大王之卒,悉之不過三十萬,而廝徒負養在其中矣。　　　　　　(《史記·張儀列傳》)

關於輜重兵的比例,正如《史記·蘇秦列傳》所指出的:

　　　武士二十萬,蒼頭二十萬,奮擊二十萬,廝徒十萬,車六百乘,騎五千匹。

是全體的1/7。另一方面,《墨子·非攻下》有:

　　　若使中興師,君子庶人也,必且數千,徒倍十萬,然後足以師而動矣。

該史料雖非直接説明軍隊構成本身,但可知在軍隊核心的"君子"、"庶人"之兵以外還需要大量人員,可以設想他們的重要作用之一是兵站。

時期的遠征軍的核心就是這種"鋭士",而被徵發的農民兵則在其周圍完成輔助性的任務。

但到了秦始皇征服六國的戰爭,開始進行史無前例的大規模遠征。號稱 60 萬人的大軍被動員起來,如相信這個數字,那麼秦國能服兵役的成人男子就有 60％被徵當兵。儘管其真實性可疑,但組織了與過去相比規模明顯擴大的遠征軍是毫無疑問的。關於組建遠征軍的這種變化,在最後來總結一下。

三、征服六國與兵役制度的轉變

1. 長平之戰以後

長平之戰對秦國的兵役制度也産生了重大影響。因爲秦國的確大獲全勝,另一方面秦國也受到了極大的損失。史料没有具體提到秦國方面的任何損失,但白起明確談到秦國所受打擊之大:

> 武安君言曰:"邯鄲實未易攻也。且諸侯救日至,彼諸侯怨秦之日久矣。今秦雖破長平軍,而秦卒死者過半,國内空。遠絶河山而争人國都,趙應其内,諸侯攻其外,破秦軍必矣。不可。"　　　　　　　(《史記·白起列傳》)

如果再次回顧長平之戰以後的戰役史,會發現在對趙之戰告一段落之後,暫時没有大規模的遠征。昭襄王五十二年吞併西周,五十三年使天下諸侯到秦國入朝,五十四年於雍郊見上帝等,昭襄王大爲活躍,但軍事行動到其死(五十六年)爲止都没有再起。

同時引人注目的是睡虎地《編年記》中昭襄王五十三年(前 254)所記的"吏誰從軍"一句。整理小組認爲"誰"是"推"的通假字,將此句意思解釋爲"官吏推薦使其從軍"。[①] 但此處受到推薦並非墓主。當時,11 號墓的主人"喜"年僅 9 歲,作爲徵兵對象還太早。所以此處的"吏誰(推)從軍"並非屬於墓主個人歷史的記述,而與秦史有關,暗示這一年秦國兵役制度有某種改變。

如果此前的徵兵完全没有官吏的選拔,就有些難以設想。因此這應是要求加強選拔工作的命令。不過,這種改變制度的動向的出現,應該暗示了在長平之戰中兵力受到損失因而企圖重建、强化兵役制度。在與此基本相同的時期(安釐王二十五年,

---

① 睡虎地秦墓竹簡整理小組:《睡虎地秦墓竹簡》,文物出版社 1990 年。

前 252),魏王也下達指示非常動員體制的命令,①在邯鄲攻防戰中送去援軍的魏國也面臨同樣的問題。

更具體地談到長平之戰以後的秦國的動員戰略的是《商君書·徠民》。《徠民》談到長平之戰,成書在其後是無疑的,書中提議進一步獲得六國之民,將這些"新民"投入農業生產,另一方面對原來的秦人("故秦")進行總動員使其從事軍事活動:

> 夫秦之所患者,興兵而伐,則國家貧。安居而農,則敵得休息,此王所不能兩成也。故四世戰勝,而天下不服。今以故秦事敵,而使新民作本,兵雖百宿於外,境內不失須臾之時,此富強兩成之效也。臣之所謂兵者,非謂悉興盡起也。論境內所能給軍卒車騎,令故秦兵,新民給芻食。
>
> (《商君書·徠民》)

這個提議在多大程度上被接受,對此無法作出過分的評價,但秦始皇即位,在開始親政時實施了與此記載相仿的大動員。

2. 征服六國之戰(始皇十五年至二十六年)的開始

呂不韋在被免去相邦赴封地河南以後,仍與諸侯的賓客、使者往來,而秦始皇也在十年(前 237)迎接齊王、趙王的來朝等等,仍未捨棄封建制下形成秩序的方法。但其後秦國將路綫改爲依靠軍事力量征服六國。②

十一年王翦等從北(閼與、橑楊等漳水流域)與南(鄴方面)兩面攻入趙國,十二年發四郡之兵攻楚。十三年又再次攻趙,雖然一度取得勝利,卻在宜安敗給李牧。十四年又從南北兩面攻趙,終於在十五年"大興兵"後攻入趙國。

"大興兵"一語在《秦始皇本紀》中出現了 3 次(始皇十五年、十八年、二十五年),

---

① 睡虎地秦簡《爲吏之道》附記的兩道命令即此。前者是附有《魏戶律》名稱的魏王的命令,禁止發放土地給"棄邑去野"的"假門逆旅、贅婿後父",後者被稱爲《魏奔命律》,使"假門逆旅、贅婿後父"從軍,命令其從事填城郭之濠的危險工作。

> ● 廿五年閏再十二月丙午朔辛亥,〇告相邦,民或棄邑居埜(野),入人孤寡,徼人婦女,非邦之故也。自今以來,叚(假)門逆呂(旅),贅婿後父,勿令爲戶,勿鼠(予)田宇。三枼(世)之後,欲仕(仕)士(仕)之,乃(仍)署其籍曰:故某慮贅婿某叟之乃(仍)孫。魏戶律。　　(《爲吏之道》16-5~21-5)
>
> ● 廿五年閏再十二月丙午朔辛亥,〇告將軍。叚(假)門逆閭(旅),贅婿後父,或衛(率)民不作,不治室屋,寡人弗欲。且殺之,不忍其宗族昆弟。今遺從軍,將軍勿恤視。亯(烹)牛食士,賜之參飯而勿鼠(予)殽。攻城用其不足,將軍以堙豪(壕)。魏奔命律。　　(《爲吏之道》22-5~28-5)

② 參照吉本道雅:《中國先秦史の研究》,京都大學學術出版會 2005 年,第 536 頁。

這不見於昭襄王時期戰役的記載。① 再者,《本紀》雖然未記,但睡虎地《編年記》在秦始皇二十三年的對楚之戰之前,特意補寫"興"字。這些"大興兵"、"興"應當顯示了進行過不同於平時的非常徵集。

　　第一次"大興兵"是十五年爲了對趙作戰而進行的,此時也是從趙國的南北兩面進兵。"喜"也從南郡參加這支軍隊,這一點據《編年記》可知。秦軍雖拔狼孟與番吾,此時仍敗於李牧而撤退。次年十六年實施了"初令男子書年"(《秦始皇本紀》)的改制,②目的無疑是再次把握可以動員的男子,充實徵兵體制。經過這一改制,十八年進行第二次"大興兵",次年趙國滅亡。

　　接着是二十三年的"興",雖然僅見於《編年記》,但此時的動員是派遣總共號稱60萬人的攻楚的大遠征軍。這個對楚征服戰始於二十一年。據《王翦列傳》,王翦提議需要60萬人的兵士,秦始皇卻拒絕了,首先是李信與蒙恬率20萬兵士攻入。但李信軍隊在城父敗於楚軍而潰逃。據説爲此秦始皇纔贊同王翦要求的動員60萬人的方案。秦始皇送遠征軍至灞上,可知這支軍隊是先在關中徵集後再出擊的。③

　　王翦於次年捉住楚王,二十五年平定江南之地,設置會稽郡。因此王翦的遠征前後長達三年,但60萬的軍隊是否一直維持到遠征結束爲止並不清楚。另一方面二十五年又進行了第四次"大興兵",實施對燕國的遠征。這支軍隊捉住燕王後,翌年南下攻齊,迫使齊王投降。至此完成了以武力統一六國。

　　王翦爲何估計需要兵士60萬,其理由没有明確記載。但率軍20萬進攻的李信,在攻打"鄢郢"後一度帶兵回西面時受到楚軍的追擊而戰敗。④ 這應是爲了維持兵站

---

① "大興兵"之語在《史記》中亦見於《晉世家》襄公四年的"秦繆公大興兵伐我"句中,絶不是特殊的制度用語。但其集中出現於秦始皇的六國征服戰中,而且如此記載的戰役與不如此記載者錯出,可以保證這一用語作爲表示戰役規模與動員法的不同的大體基準加以關注的妥當性。

② 在這個改制以前是以身高爲標準進行徵發的。渡邊信一郎認爲一般男子身高達七尺則被看作"大",成爲力役徵發的對象。參看渡邊信一郎:《中國古代國家的思想構造—專制國家とイデオロギー——》,校倉書房1994年,第105頁。

③ 《史記·王翦列傳》:"於是始皇問李信:'吾欲攻取荆,於將軍度用幾何人而足?'李信曰:'不過用二十萬人。'始皇問王翦,王翦曰:'非六十萬人不可。'始皇曰:'王將軍老矣! 何怯也? 李將軍果勢壯勇,其言是也。'遂使李信及蒙恬將二十萬南伐荆。……王翦:'大王必不得已用臣,非六十萬人不可。'始皇曰:'爲聽將軍計耳。'於是王翦將兵六十萬人,始皇自送至灞上。"

④ 《史記·王翦列傳》:"李信攻平與,蒙恬攻寢,大破荆軍。信又攻鄢郢,破之,於是引兵而西,與蒙恬會城父。荆人因隨之,三日三夜不頓舍,大破李信軍,入兩壁,殺七都尉,秦軍走。"也有注釋將"鄢郢"分爲"鄢"與"郢","郢"是對楚國的都城、陪都或行宫所在地的稱呼。參看吳良寶:《戰國楚簡地名輯證》,武漢大學出版社2010年,第68頁。此處的"鄢"可以認爲是潁川郡的"鄢陵"(《資治通鑑》卷七胡注)。

而沿着過度延伸的補給綫返回時從背後受到進攻。根據這個失敗,不難想像派出的大軍並非全部投入實戰,其大半當是爲了維持佔領地與補給綫而安排的。是否相信60萬人這個數字暫且不論,在征服六國之戰中,兵士的素質置之不理,無論如何需要湊齊人數,應當是爲此而進行了大動員。可以認爲這種動員對秦國的社會、經濟產生了重大的影響,但其征服戰約用 10 年,通過 4 次大動員來完成,這對秦國而言祇能説是幸運。

代 結 語

　　雖然缺乏綫索,但一邊排比間接證據一邊追尋秦國遠征軍的組建,可知其動員方法絶不是聽憑君主任意指揮,而是考慮通過有選擇地動員需要優先從事軍務者,防止農業生產的惡化與社會的動盪,另一方面在秦國統一全國的不久以前進行了大規模的非常動員。

　　在春秋時代的戰鬥中,動員戰車的數量在 1 000 乘以下,領土狹小的國家也能準備這種水準的戰鬥力,是因爲居住在各國首都的士以上的"國人"組成軍隊。但我們知道自前 6 世紀中葉開始,出現了投入近 5 000 乘戰車的戰役,首都以外各城的兵士也受到動員。[1]

　　據推測秦國也採用了同樣的體制,這種軍事體制發生轉變是由於獻公十年(前375)的"爲户籍相伍",即在製作户籍之後將人民組建爲"伍"的改制。據此庶人也成爲兵役負擔者,秦軍的構成與規模當發生了重大變化。

　　根據詳細分析了春秋戰國時代的銅戈、戟的江村治樹的見解,春秋-戰國前期的造戈銘中舉出作爲督造者的國君與其他有勢力者的名字,與此相對,戰國前期以後出現了記載地方官之名者,並逐漸增加。江村推測這種變化是由於以郡縣爲單位的徵兵制度的形成與發展。[2] 可以説從特定的人專門負擔兵役的制度演變爲廣泛課以軍務的體制,這也反映在兵器鑄造的機制上。

　　但如果説隨着徵兵制度的發展,在此之前存在過的"常備軍"立即消失,這也有些難以設想。作爲可以計算的戰鬥力量,常備軍的兵士應當被動員繼續投入戰鬥,毋寧説成爲軍事組織的核心。這些人群後來歷史如何尚不清楚,但將"需要優先服軍務

---

① 參看吉本道雅:《中國先秦史の研究》第 229—232 頁。

② 參看江村治樹:《春秋戰國秦漢時代出土文字資料の研究》,汲古書院 2000 年,第 531—532 頁。

者"具體的内涵假定爲過去的常備軍兵士及其後裔,應該還是可以允許的。至少可以認爲,將戰國時秦國的軍隊平板式地理解爲僅由徵集到的農民兵組成的軍事組織,認爲他們平時就習慣於紀律嚴明的集體行動,爲了恩賞拼命作戰,如對説客所談的秦軍强大的秘訣囫圇吞棗,那就可能誤解了秦國軍事史的真實情形。

附記:本文是《秦の戰役史と遠征軍の構成─昭襄王期から秦王政まで─》(宫宅潔編:《中國古代軍事制度の總合的研究》科研費報告書,2013年。以下簡稱"舊稿")的中文修訂版。根據2014年10月在簡帛論壇進行的以舊稿爲基礎發表的評論與新發表的史料,對舊稿加以必要的修訂,譯成漢語。謹向在論壇惠賜寶貴意見的各位先生表示感謝。

(陳捷 譯)

讀孔家坡漢簡《日書》雜記

李天虹　蔡　丹

　　2014 年下半年發掘的湖北隨州周家寨 8 號漢墓出土了一批簡牘，内容主要是《日書》。[1] 配合周家寨漢簡的整理，我們對 2000 年出土於同地且時代很接近的孔家坡漢簡《日書》也進行考察，[2]兹擇取三例心得以就正同好。

一

　　《隨州孔家坡漢墓簡牘·日書》附録"未編聯殘片"殘 35 下應與殘 38 綴合。殘 35 簡面完整，殘 38 簡面左側殘去，右部保存較好。兩簡右部茬口大體吻合，殘 38 上端茬口處的筆畫，正好是殘 35 下端茬口處"己"字的末筆，兩者基本合成一個完整的"己"字。綴合後的簡文作"乙巳、丑，丁酉、卯，己未、辛巳、丑，癸亥、未□"。這段文字抄寫干支日，乍看上去没有什麽特别，可是仔細分析，可以發現其天干的出現有規律性，依次是乙、丁、己、辛、癸，在術數之學中這五個干日都屬於柔日，其餘五個干日甲、丙、戊、庚、壬屬於剛日。《禮記·曲禮上》"外事以剛日，内事以柔日"，孔穎達疏："剛，奇日也。十日有五奇、五偶，甲、丙、戊、庚、壬五奇爲剛也。……乙、丁、己、辛、癸五偶爲柔也。"《淮南子·天文訓》："凡日，甲剛乙柔，丙剛丁柔，以至於[壬]癸。"放馬灘秦簡《日書》乙種也有類似記載。[3] 其簡一一三第一段文字云："凡甲、丙、戊、庚、壬、子、寅、巳、酉，是胃（謂）岡（剛）日、陽、牡日殹，女子之吉日殹。"簡一一四第一段文字云："凡

① 關於周家寨 8 號漢墓的發掘及其出土簡牘的情況，參看羅運兵、史德勇、凡國棟：《湖北隨州周家寨漢墓發現大量漆器和簡牘》，中國文物信息網(www. ccrnews. com. cn)2015 年 2 月 27 日。
② 湖北省文物考古研究所、隨州市考古隊：《隨州孔家坡漢墓簡牘》，文物出版社 2006 年。
③ 甘肅省文物考古研究所：《天水放馬灘秦簡》，中華書局 2009 年。

乙、丁、己、辛、癸、丑、辰、午、未、申、亥,是胃(謂)柔日、①陰日、牝日殹,男子之吉日殹。”“剛日”也就是“牡日”,“柔日”也就是“牝日”。孔家坡漢簡《日書》有“牝牡日”篇,其中簡186壹抄寫有關“牡日”的禁忌,簡187壹抄寫有關“牝日”的禁忌,兩枚簡的上部均殘缺,現存文字作:

　　　　☑爲牡日,牡日以死及葬,必復之。　　　　　　　　　　　　　　(186壹)

　　　　☑牝日,牝日以死及葬,必復之。　　　　　　　　　　　　　　　(187壹)

缺去的内容主要是紀日干支。殘35+殘38抄寫的天干屬柔日亦即牝日,將其與簡187試爲拼綴,殘38的下端與簡187的上端右部茬口走向基本一致,而且比照屬於“牝牡月”篇的完簡184,殘35+殘38+簡187的長度,基本與簡184天頭之下的長度相符,可見綴合後這枚簡上部祇是殘去了天頭,殘35的“乙巳”就是這枚簡所抄寫文字的起始處。殘38下端“未”字之後的殘字整理者未釋,依據文例,應是“爲”,而此字現存筆畫正好與“爲”字相合,這也進一步證明殘38與簡187應當綴合(圖版貳,1)。

　　“未編聯殘片”殘37的内容也是紀日干支,應下與簡186綴合。除去殘37左側略有缺損,兩簡的茬口基本吻合(圖版貳,2)。結合完簡的長度看,殘37之上,還殘去了五六個字。殘37現存文字,整理者的釋文作“□戌午申庚午辰壬戌子”,天干依次是庚、壬,正好屬於牡日。

　　這樣,可以把孔家坡漢簡《日書》“牝牡日”篇進一步復原作:

　　　　☑□戌、午、申,庚午、辰,壬戌、子爲牡日,牡日以死及葬,必復之。

　　　　　　　　　　　　　　　　　　　　　　　　　　　　(殘37+186壹)

　　　　乙巳、丑,丁酉、卯,己未,辛巳、丑,癸亥、未【爲】牝日,牝日以死及葬,必復之。　　　　　　　　　　　　　　　　　(殘35+殘38+簡187壹)②

二

　　孔家坡漢簡《日書》中“求”、“來”兩字多見,且字形相近,如“求”字作 、,“來”字作 、。

---

① 這處“是胃(謂)”的釋讀,參看楊錫全:《出土文獻“是＿”句淺析》,復旦大學出土文獻與古文字研究中心網(www. gwz. fudan. edu. cn)2009年11月3日。

② 此篇天干與地支的搭配似有規律,現存文字中,剛日搭配子、辰、午、申、戌,柔日搭配丑、卯、巳、未、酉、亥。如此可以推測殘37之上殘去的文字中,應有支日“寅”。

兩個字的區別,主要在字的上部。"來"字上部的橫筆比較長,可以覆蓋下部筆畫。簡347"求"字上部似作一橫筆,但是其長度較"來"字橫筆短,且兩端有較明顯的"頓筆",尚可見篆書"求"字上部所从"又"形的餘韻;簡345"求"字上部相當之處,應是兩筆寫成的。

同書"嫁女"篇簡172,整理者釋文作:

> 春三月戌,夏三月丑,秋三月辰,冬三月未,來妻,妻入必计之。丙午、寅利來人。己未之人室,必得女为妻。

兩例所謂"來"字,原簡文分別作 ![字], ![字],參考上文所述"求"、"來"兩字的特點,恐應改釋爲"求"。改釋後,相關辭例"求妻"、"求人"比原釋"來妻"、"來人",文意也更加順暢。①

三

孔家坡漢簡《日書》有"始種"篇,其中簡456～457整理者釋文作:

> 以秋禾孰(熟)時,取禾穜(種)數物各一斗粟,盛新瓦甕(甕)中,臧(藏)燥地,到正月朎取其息最……穜(種)之。②

王強先生指出,西漢氾勝之著《氾勝之書》及東漢崔寔著《四民月令》中有類似記載。《齊民要術》引《氾勝之書》云:"欲知歲所宜,以布囊盛粟等諸物種,平量之,埋陰地。冬至後五十日,發取量之,息最多者,歲所宜也。"引《四民月令》云:"平量五穀各一升,小甖盛,埋垣北墻陰下,……"又《四時纂要》:"試穀種:崔寔種穀法:以冬至日平均五穀各一升,布囊盛,北墻陰下埋之。冬至後五十日,發取平均之,取多者,歲宜之。"簡文所記應即"試穀種",而且是目前所見最早的記錄。③ 通過與農書記載的對比,對這段簡文的性質就有了更明確的認識。

簡文"粟",是帶殼穀物的總稱。《説文》卤部"粟,嘉穀實也",段玉裁注:"嘉穀之實曰粟,粟之皮曰糠,中曰米。""取禾種數物各一斗粟",即取數種未脱殼的穀物種子

---

① 簡300叄中整理者釋爲"來"的字,原簡作 ![字],王強先生改釋爲"求",可信。參氏作《孔家坡漢墓簡牘校釋》,碩士學位論文,吉林大學2014年,第117頁。
② 整理者將兩枚簡次第排列而没有連讀簡文,王強先生將兩枚簡文字連讀,兹從之。參王強:《孔家坡漢墓簡牘校釋》第159頁。
③ 王強:《孔家坡漢墓簡牘校釋》第160頁。

各一斗。"藏燥地",上舉農書相當之處作"埋陰地"、"埋垣北墻陰下",《氾勝之書》又有"取禾種,擇高大者,斬一節下,把懸高燥處,苗則不敗"的記載,[①]均可參。"救取"的"救",整理者注:"《爾雅·釋言》:'撫也。'"可是文獻中"救"之訓"撫",是安撫、愛撫的意思,放在簡文中並不合適。王強先生引述李春桃先生的看法,認爲這裏的"救"其實是"敝"字異體,應破讀爲"發",簡文"敝取"即傳世文獻的"發取"。[②] 結合字形和文意看,我們懷疑"救"是"料"的譌字。"救",原簡文作 ;"料",睡虎地秦簡《秦律十八種·内史雜》簡 194 作 、《效律》簡 11 作 。對比可知,兩個字形體相近,抄錯或者説抄混是有可能的。"料"有度量、計數的意思。《説文》斗部"料,量也",段玉裁注:"稱其輕重曰量,稱其多少曰料,其義一也。"《國語·楚語上》"椒舉娶於申公子牟"章"楚師可料也,在中軍王族而已",韋昭注:"料,數也。"那麽簡文"料取"的意思,正可呼應上舉農書的"發取量之"、"發取平均之"。又,"料取"亦是古成語,有擇取、選取的意思。《三國志·吳書·陳表傳》:"表乃稱曰:'今除國賊,報父之仇,以人爲本。空枉此勁鋭以爲僮僕,非表志也。'皆輒料取以充部伍。"如果把簡文"料取"直接解釋爲擇取,文義也很順暢。

附記:本文蒙劉國勝先生審閱並指正,謹此致謝。

---

① 萬國鼎輯釋:《氾勝之書輯釋》,中華書局 1957 年 2 月,第 40 頁。
② 王強:《孔家坡漢墓簡牘校釋》第 160 頁。

孔家坡漢簡校讀拾遺[*]

王 强

孔家坡漢墓簡牘包括《日書》、《曆日》、《告地書》三部分内容。2006 年《隨州孔家坡漢墓簡牘》一書作爲整理報告正式出版，其釋文及注釋由李天虹、劉國勝等先生完成，水平很高。儘管如此，學者們還是陸續指出了該書存在的一些或大或小的問題。我們在研讀過程中也有一些粗淺想法，今不揣冒昧綴成此文，敬請專家批評指正。

一

裁衣吉凶是日書中的常見選擇項目，《論衡·譏日》載"裁衣有書，書有吉凶，凶日製衣則有禍，吉日則有福"，睡虎地、放馬灘、武威、水泉子等地出土日書都有相關内容。據整理者意見，孔家坡《日書》中僅存兩支殘簡與裁衣有關，即 194 和 195 號簡。第 28 號殘簡云："十月丁酉以□……"整理者缺釋之字簡文作 ，陳炫瑋先生釋作"裁"，並據此將該簡歸入"裁衣"篇。[①] 今按"裁衣"篇裁字寫作 ，且睡虎地《日書》甲種"衣"篇 114 號簡背及 119～120 號簡背皆有"十月丁酉材（裁）衣，不卒歲必衣絲"之語，故陳説可從。又 28 號殘簡上端完整，殘長 5.8 釐米，194 及 195 號簡上端殘缺，殘長分别爲 21.8 釐米和 21.9 釐米，據整理者統計，孔家坡《日書》簡完簡長 33.8 釐米。我們懷疑 28 號殘簡可能是 194 或 195 號簡的上端，至於到底可與兩支簡中哪一支遙綴，檢索相關材料未發現明確綫索，暫存疑。194 和 195 號簡文如下：

……以裁衣，必衣絲。入月旬七不可裁衣，不墦乃亡。194

＊ 本文爲吉林大學研究生創新基金資助項目"出土日書釋文校訂及相關問題研究"（2015124）階段性成果。
① 陳炫瑋：《孔家坡漢簡日書研究》，碩士學位論文，臺灣清華大學 2008 年，第 105—106 頁。

……及冠,必燔亡。八月,九月,癸丑、寅、申、亥不可裁衣常(裳),以之

死。195

整理者讀"旛"爲"燔",並注作:"燔,《玉篇》:'燒也。'"①想來整理者大概的理解是,不可裁衣而裁衣,就會得到衣物被焚毀的惡果。檢視《日書》所見"裁衣"諸篇,吉凶時日之後的占辭,或者説明人會如何,如"媚人"、"必死"、"終身衣絲"等;或者説明衣物會如何,如"必敝"。就本篇而言,如指衣物,"不燔乃亡"可以解釋爲不燒毀就會亡失,但是"必燔亡"就不好解釋了,因爲根據日書占辭的使用習慣,"必"後的結果是唯一的,不可能存在燒毀和丟失兩種結果。如果指人的話,"燔亡"固然可以解釋爲"燒死",但"不燔乃亡"卻又解釋不通了。因此,整理者的意見對於理解簡文的意思是存在障礙的。

　　值得注意的是,武威漢簡"日忌"篇簡6載"申毋財(裁)衣,不煩必亡",本篇195號簡所記裁衣忌日也有申日,陳夢家先生指出"凡此以申日忌裁衣最多"。② 因此煩與旛應是異文關係,所表達的含義是相同的。番、煩同爲並紐元部字,古書中从番之字與煩字相通的例子習見。③《武威漢代醫簡》"人髮一分,煩之令焦"之煩借作旛,也可爲證。"日忌"篇分別以十天干和十二地支爲序占斷吉凶,觀其占辭,皆是説明人的結果,如"不死必亡"、"不宜姑公"、"令人遠行"、"令人得財"等,未見説明物的詞句,因此可以斷定"不煩必亡"也當是指人而言。我們懷疑上文"旛"、"燔"及"煩"皆當讀作訓爲遷徙、流亡之義的"播"。《尚書·大誥》"于伐殷逋播臣",孔穎達《正義》:"'播'謂播蕩逃亡之意。"《後漢書·獻帝紀》"身播國屯",李賢注:"播,遷也。"武威漢簡"不煩(播)必亡"的意思是:即使不流離失所,也一定會死亡。本篇"不旛(播)乃亡"與之同義。"燔亡"相應地當讀作"播亡",同爲流亡之義。《晏子春秋·雜下》"君之内隸,臣之父兄,若有離散,在於野鄙,此臣之罪也;君之外隸,臣之所職,若有播亡,在於四方,此臣之罪也",文中播亡與離散對文,即是其例。

二

……正月廿一日,二月十九日,三月十七日,四月十五日,五月十二

---

① 湖北省文物考古研究所、隨州市考古隊編著:《隨州孔家坡漢墓簡牘》,文物出版社2006年,第153頁。
② 陳夢家:《武威漢簡補述·日忌簡册》,收入氏著《漢簡綴述》,中華書局2004年,第285—286頁。
③ 張儒、劉毓慶:《漢字通用聲素研究》,山西古籍出版社2002年,第666—667頁。

日,六月十日,七月八日,₂₀₂八月五日,九月三日心,凡月 之 ……₂₀₃

睡虎地《日書》甲乙種有相同内容,題爲"直心",尚民傑先生認爲與二十八宿記日有關,簡文用來說明十二月當中的某一天與二十八宿中心宿的對應關係。[①] 陳炫瑋先生贊同尚先生的意見,並且據孔家坡"星官"篇排出了每月心宿所值的日子,現將其所作表格移録於下:

睡虎地《日書》甲乙種 "直心"篇	孔家坡"直心"篇	依"星官"篇月朔所推 心宿所值之日
正月二日一日	正月廿一日	正月廿一日
二月九日	二月十九日	二月十九日
三月七日	三月十七日	三月十七日
四月旬五日	四月十五日	四月十五日
五月旬二日	五月十二日	五月十二日
六月旬	六月十日	六月十日
七月八日	七月八日	七月八日
八月五日	八月五日	八月五日
九月三日	九月三日	九月三日
十月朔日	缺	十月一日
十一月二旬五日	……日	十一月廿六日
十二月二日三日	□月廿四日	十二月廿四日

陳炫瑋先生據此指出睡虎地"直心"篇簡文存在的五處錯誤,此外還指出殘簡 40 爲本篇内容。[②] 按殘簡 40 内容爲"……日心,□月廿四日心□……",通過上表可以看出十二月直心日爲廿四日,與殘簡 40 日期正合,可見陳氏的意見是可取的,不過他沒有確定其具體位置。我們認爲殘簡 40 應該緊接 202 簡上端,其末尾殘字作 ▓ ,應該是"正"字上部一橫,202 簡"正月"合文殘作 ▓ ,"正"字上部恰好殘失,衹是因爲竹簡殘斷處有殘損,已經不能拼出完整的"正月"合文了。殘簡 40 上端殘失,餘長 5 釐

① 尚民傑:《雲夢〈日書〉星宿記日探討》,《文博》1998 年第 2 期,第 62—68 頁。
② 陳炫瑋:《孔家坡漢簡日書研究》第 109—110 頁。

米,202 簡長 23.3 釐米,二者相加和爲 28.3 釐米,而孔家坡《日書》整簡長 33.8 釐米,可知上部殘失竹簡長度在 5 釐米左右。根據陳炫瑋先生的推算,我們可以將殘 40+202 上端殘失簡文補作"十月一日心,十一月廿六",長度 5 釐米左右的竹簡應該完全有能力容納這十字,至於其上端是否書有標題,就不得而知了。本篇月序安排可能是沿用秦曆,以十月建亥爲歲首,睡虎地秦簡《日書》甲種"玄戈"及"秦楚月名對照表"皆以十月爲起始。但也有可能是考慮十月朔日所當之星宿恰好爲心,故以此月爲首。

三

　　天刺,凡朔日,六月六日、七日,望,十八日,二十二日,此天刺,不可祠及殺。236

　　整理者所釋第一個"六"字簡文作 ![字] ,第二個"六"字寫作 ![字] ,相形之下知前一形實非"六"字。其字左邊撇畫下爲墨點而非筆畫,亦當釋"入",孔家坡漢簡"入"字寫作 ![字] 、![字] ,可資對比。睡虎地《日書》甲種"刺毀"篇有與本篇相似的內容,簡文云:"入月六日刺,七日刺,八日刺,二旬二日刺,旬六日毀。"(124 背)可進一步證明我們所作的改釋是正確的。關於"刺"的含義,劉樂賢先生提出兩種解釋,其第一種解釋是與睡虎地《日書》甲種"遷徙"篇的"刺離"相聯繫,不過我們認爲彼處"刺離"有可能讀爲"析離"(詳另文),意同孔家坡"徙時"篇之"別離",與本篇及"刺毀"篇並無關聯。第二種解釋是認爲與月相有關,他指出:"古人將農曆初七、初八叫作上弦,二十二日、二十三日叫作下弦。如《論衡·四諱》:'猶八日月中分謂之弦。'本篇'刺'之日爲每月六、七、八及二十二日,正與月弦的日期相合,故刺可能與弦是一回事。"①從本篇看,朔日、入月六日七日、望、十八日、廿二日與月相變化的臨界時日相同或相近,可以證明刺確與月相有關,劉先生的第二種解釋可從。岳山秦牘《日書》也有類似內容,舊因圖版效果不佳而未被認識,現據近出《秦簡牘合集》知其所記亦爲刺日,可參看。

四

　　北門毋東徙,東門毋北徙,南門毋西徙,西門毋南徙,296 貳大徙之大數,小徙〖之〗小數。297 貳

---

① 劉樂賢:《睡虎地秦簡日書研究》,文津出版社 1992 年,第 290—291 頁。

整理者釋"敽"之字簡文作 ▨ 、▨ ，陳炫瑋先生認爲大敽與小敽跟"司空"篇的大徽相關，是一種土地神煞。① 但若依陳説，"大徙之大敽，小徙之小敽"頗難講通。我們認爲此二字並非"敽"字，應當釋爲"毁"，如从"敽"之"徽"寫作 ▨ ，與簡文不類，"毁"字寫作 ▨ 、▨ 等，與簡文完全吻合。《慧琳音義》卷五"呰毁"注引顧野王曰："毁，猶損也。内損曰毁，外損曰傷。"大毁、小毁指程度不同的損害，義同"直室門"篇簡 294"外毁孫，内毁子"之"毁"。

五

未：馬也。盜者長頸而長耳，其爲人我（娥）我（娥）然，好歌（歌）舞，臧（藏）之芻稾瘝（廄）中。其盜秃而多（侈）口，善數步。374

"我"字簡文作 ▨ ，范常喜先生認爲"我"實當釋作"兪"，可讀爲"弗"、"咈"或"拂"，"弗弗然"意爲"違戾，拂逆"，②陳炫瑋先生從之。③ 我們認爲范説不確，字形上看，上部兩筆向兩邊撇開，分別與兩豎筆相連，絶非"亼"形，日本二玄社《簡牘名蹟選》所載高清彩照作 ▨ ，可以清楚地看到這一點。④ 2006 年湖北雲夢出土了大量西漢簡牘，其中有一部分記載伍子胥故事的書籍簡，有簡文作"今子率衆報我亦甚矣"，"……行到河上，胃（謂）船人曰：渡我"，兩處"我"字分別寫作 ▨ 、▨ ，與本篇"我"字相同，劉樂賢先生據此肯定了孔家坡漢簡整理者的釋讀。⑤ 此外，周家臺376 號簡"我"字寫作 ▨ ，張家山"蓋盧"篇 38 號簡"我"字寫作 ▨ ，也是其比。范文用於説明睡虎地《日書》簡文"我我"爲"弗弗"之謁寫的字例"義"，爲探討這種特殊的"我"字之由來提供了綫索。"義"有異體"羛"，見於傳抄古文，如 ▨ （汗簡 2.18）、▨ （碧落碑），學者一般認爲這種字形是正常寫法的譌變，⑥但對其譌變過程鮮有論及。里耶秦簡有一例"義"字

① 陳炫瑋：《孔家坡漢簡日書研究》第 148 頁。
② 范常喜：《孔家坡漢簡〈日書〉劄記四則》，簡帛網（www. bsm. org. cn）2006 年 12 月 26 日。但是在後來正式發表的《孔家坡漢簡〈日書〉劄記四則》（《東南文化》2008 年第 3 期，第 56—58 頁）中，范先生删掉了此條，可能他已經放棄此説。
③ 陳炫瑋：《孔家坡漢簡日書研究》第 178 頁。
④ 西林昭一責任編集：《簡牘名蹟選 4 · 湖北篇（二）》，二玄社 2009 年，第 68—69 頁。
⑤ 劉樂賢：《睡虎地 77 號漢墓出土的伍子胥故事殘簡》，《出土文獻研究》第九輯，中華書局 2010 年，第 42—45 頁。
⑥ 李春桃：《傳抄古文綜合研究》，博士學位論文，吉林大學 2012 年，第 539 頁。

寫作 (8-135),所从“我”字已經具備了與“弗”形混同的條件,在嶽麓秦簡中我們已經可以看到寫作 (占夢 3 正)的“義”字。下面我們列出戰國五系文字中“我”、“義”二字的寫法:

齊	楚	燕	三晉	秦
(郏公鈌鐘)	(郭·緇 30)	(璽彙 0601)	(邵黛鐘)	(里·8-135)
(黐鎛)	(郭·成 31)	(璽彙 2840)	(璽彙 2119)	(里·8-135)

對比各系寫法可以基本斷定,“義”字的寫法是從秦文字的寫法演變而來的,類弗的“我”字亦然。

六

入正月八日,見赤雲禾爲,黑雲叔(菽)爲,青雲麥爲,黃帝〈雲〉禾爲,白雲稻爲,五色大飢(饑)。413

“色”字簡文作 ,整理者認爲“‘色’字形體有譌誤”。① 孔家坡漢簡正常寫法的“色”字作 、,與簡文之字確有不同。不過睡虎地秦簡及馬王堆帛書中還有寫作 、 的形體,本篇之字説成形體譌誤自然可以,但也可以認爲是繼承了秦簡及帛書的寫法,祇不過其刀旁(早期从爪)與卩旁共用筆畫,這種現象在古文字學上稱“借筆”或“併畫性簡化”。② 此例也是隸變階段字形沒有完全固定的表現。

七

正月朔日,風從南方來,五日不更,炊(吹)地瓦石見,是胃(謂)燕風,飢(饑)。從東方,五日不更,是胃(謂)418 襄(穰),國有大歲。從西方,五日不更,是胃(謂)蘕㝾風,大旱,百姓皆流。從北方,五日不更,419 是胃(謂)山木

---

① 湖北省文物考古研究所、隨州市考古隊編著:《隨州孔家坡漢墓簡牘》第 181 頁。
② 吳振武:《古文字中的借筆字》,《古文字研究》第二十輯,中華書局 2000 年,第 308—337 頁;林澐:《古文字學簡論》,中華書局 2012 年,第 95—97 頁。

入<u>康</u>。一日四周是兵起，必戰，得數萬。₄₂₀

"燕風"前一字簡文作 ，我們認爲整理者釋"胃"不確，當釋作"受"，如 332 號簡"受"字寫作 ，仔細觀察可以看出二者的相同之處。"受燕"與"蕲麻"一樣，同爲二字風名。①

整理者釋"康"之字簡文作 ，然"入康"不辭。我們認爲此字當釋"庸"，漢簡庸字寫作 、、，可證。"庸"讀爲"用"，"入用"即可用之意，例如《周書·帝紀》："瓦木诸物，凡入用者，盡賜下民。"山木入用乃是豐年的象徵。

八

十〔一〕月<u>庙</u>（廪）事於酉，必請，風忘，正（政）亂，下不聽。₄₇₈

整理者釋"庙"之字簡文作 。依據大概是《集韻》所記載的"廪古作庙"。廪字初文作 ，象倉廪之形，也有寫作 形的，即"庙"所本（古文字偏旁宀、广往往通用無別）。戰國文字累加禾或米作義符。② 秦漢簡承襲戰國文字寫法作 、 等形，又有外加广旁的 形，獨未見寫作庙的形體，且簡文所從與上舉廪字諸形所從也不相同。我們認爲此字釋"庙"不可信。在馬王堆遣策中，"盾"字有 和 兩種寫法，簡文之字即在第二種寫法基礎上稍變而成。張家山 327 號墓有簡文作"十一月循事於酉，必請，風去（法）亂，下不聽"，③內容與 478 簡文字基本相同，"循"字寫作 ，釋讀當

---

① 此前李天虹先生曾指示筆者"這個字正好位於編繩處，圖版中這個字右下部捺筆在紅外照片中祇有很淺的痕迹，這個痕迹或可能與編繩有關。"當時筆者並未深信，後來愈加發覺下部筆畫與上部字迹確有不同，李先生説可從，此字究爲何字仍待研究。

② 參吳振武：《戰國"亩（廪）"字考察》，《考古與文物》1984 年第 4 期，第 80—87 頁。

③ 見《文物》1992 年第 9 期圖版壹 2 號簡。這一條簡文過去未見學者討論，標點爲我們所加。"去"字簡文作 ，裘錫圭先生在《談談古文字資料對古漢語研究的重要性》（收入《裘錫圭學術文集》，復旦大學出版社 2012 年，第四卷第 40—48 頁）中以爲："過去認爲是會意字的'澹'（法）字可能也是從'去'（盍）聲的。"據此，我們認爲簡文之字可能祇是與來去的"去"同形，實際上是"盍"所從之"去"（即"盍"字初文，裘先生文有論述），讀作"法"。"法亂"，孔家坡簡文作"政亂"，二者含義相同。另外需要說明的是，張家山 327 號墓即原來之 127 號墓，具體更名原因不詳。李零先生在《簡帛古書與學術源流（增訂本）》（生活·讀書·新知三聯書店 2004 年）308 頁提道："我於 2003 年 7 月 14 日和彭浩先生通電話，承他指教，簡報所説 M136，將來編號要改稱 M336。"M127 後改稱 M327 或可由此推論。李零先生的話蒙任攀兄告知，謹致謝忱。

無疑問,可證我們將"峀"改釋爲"盾"是正確的。"盾事"當依張家山簡讀作"循事",也見於典籍。《戰國策·趙策四》"爲齊獻書趙王章"載:"臣以齊循事王。"又見於馬王堆帛書《戰國縱橫家書》"蘇秦謂齊王章(四)",其文曰:"臣保燕而循事王,三晉必無變。"三處"循事"並當訓作順事,意爲順從地侍奉,例如《史記·五帝本紀》:"(舜)順事父及後母與弟,日以篤謹,匪有解。"

九

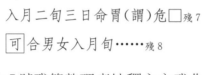

入月二旬三日命胃(謂)危□殘7

可合男女入月旬……殘8

其中 7 號殘簡整理者缺釋之字殘作 ，而 8 號殘簡"不"字殘作 ，將此二者拼合,可得一完整簡文 (不)。二簡拼合之後如左圖。荏口吻合無間,證明二者拼合確無可疑,拼合後簡文作:

入月二旬三日命胃(謂)危,不可合男女,入月旬……

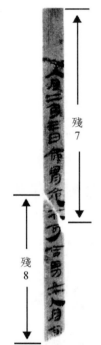

殘7

殘8

在古文獻中,"合男女"既可表示男女婚嫁,例如《禮記·禮運》載:"用水、火、金、木、飲食必時,合男女、頒爵位必當年、德,用民必順。"孫希旦《集解》謂:"合男女,謂《媒氏》'令男三十而取,女二十而嫁'。"又可作爲房中術語指男女行房事,如馬王堆出土房中書《天下至道談》云:"故貳生者食也,損生者色也,是以聖人合男女必有則也。"之後是對各種房中知識的講解,可證"合男女"確用作房中術語。男女婚嫁也是日書中常見的選擇項目,通常稱作"娶妻嫁女"或"娶婦嫁女",沒有用"合男女"的例子,因此我們認爲簡文"合男女"當取第二種含義。古書中又稱男歡女愛爲"合陰陽",同樣見於馬王堆房中書,實際上這兩種叫法並無區別,如明代房中書《素女妙論》云:"凡男女交合,乃一陰一陽之道也。是以陰中有陽,陽中有陰,陰陽男女,天地之道也。"又云:"然失其要,則疾病起矣。"因此古人對待房事通常採取十分謹慎的態度。日本中醫古籍《醫心方》第廿八卷整理彙編了多種已經亡佚的中國古代房中書內容,其書引《素女經》云:"夫人合陰陽,當避禁忌。"[1]爲此,該書還特設"禁忌"一節專門記録種種合陰陽禁忌,從內容看當時的規定非常繁複。而在這些禁忌中,月相變化是備

---

[1] 丹波康賴撰,高文柱校注:《醫心方》,華夏出版社 2011 年。本文所引內容俱見該書第廿八卷。

受人們重視的因素,我們將該卷提到的與月相有關的文字引述如下:

> 求子第廿一
>
> 引《千金方》:"夫欲令兒子吉良者,交會之日當避丙丁日,及<u>弦望朔晦</u>、大風大雨大霧、大寒大暑、雷電霹靂、天地昏冥、日月無光、虹霓地動、日月薄蝕。"
>
> 引《産經》:"夫合陰陽之時,必避九殃……<u>弦望</u>之子,必爲亂兵風盲,八也。"
>
> 引《玉房秘訣》:"合陰陽有七忌。第一之忌,<u>晦朔弦望</u>以合陰陽,損氣,以是生子,子必刑殘,宜深慎之。"
>
> 禁忌第廿四
>
> 引《蝦蟆圖經》:"岐伯對曰:以其不推<u>月之盛毀</u>,日之明暗,不知其禁,而合陰陽,是故男女俱得病也。"
>
> 引《養生要集》:"房中禁忌:<u>日月晦朔</u>、<u>上下弦望</u>、六丁六丙日、破日、月廿八日、月蝕、大風甚雨、地動、雷電霹靂、大寒大暑、春秋冬夏節變之日、送迎五日之中,不行陰陽。"

再回過頭來看簡文,所記"入月旬二十三"正是月下弦之日,與上引房中書每月逢弦日不可合陰陽的記載吻合,這更進一步證明了簡文的房中屬性。《醫心方》成書於宋代初年,所收皆隋唐古醫籍,可見上下弦不可合陰陽的禁忌至少在隋唐兩漢時期是人所共知的規定。本條簡文内容雖簡略,但卻爲研究中國早期房中術又添一份資料,彌足珍貴。

十

《曆日》24 號簡有曆注 ▨ 字,整理者釋作"臘",並注釋稱:"臘,原文似作'膓','臘'字異體。《説文》:'臘,冬至後三戌臘祭百神。'"按細審字形,其左旁與月(肉)旁不類,孔家坡《日書》中有"獵"字,簡文作 ▨ 、▨ 、▨ 等,與曆注"臘"字簡文形體基本相合,因此我們懷疑此字當釋"獵",借爲"臘"。關於臘祭,段玉裁所論甚詳,引述如下:

> 臘本祭名,因呼臘月、臘日耳。《月令》:"臘先祖五祀。"《左傳》:"虞不臘矣。"皆在夏正十月。臘即蜡也。《風俗通》云:"《禮傳》:夏曰嘉平,殷曰清

祀,周曰大蜡。"皇侃曰:"夏殷蜡在己之歲終。"皇説是也。《秦本紀》:"惠王十二年初臘。"記秦始行周正亥月大蜡之禮也。始皇三十一年十二月更名臘曰嘉平。十二月者,丑月也。始皇始建亥,而不敢謂亥月爲春正月,但謂之十月朔而已。《項羽紀》書漢之二年冬,繼之以春,繼之以四月,可證也。更名臘爲嘉平者,改臘在丑月用夏制,因用夏名也。臘在丑月,因謂丑月爲臘月,《陳勝傳》書臘月是也。漢仍秦制,亦在丑月。而用戌日,則漢所獨也。《風俗通》曰:"臘者,接也。新故交接,大祭以報功也。"漢家火行,火衰於戌,故曰臘也。高堂隆曰:"帝王各以其行之盛而祖,以其終而臘。火生於寅,盛於午,終於戌。故火家以午祖,以戌臘。"按必在冬至後三戌者,恐不在丑月也。鄭注《月令》曰:"臘謂以田獵所得禽祭也。"《風俗通》亦曰:"臘者,獵也。"按獵以祭,故其祀從肉。[1]

附記:小文初稿蒙吴振武師審閲並提出修改意見,又得李天虹先生指正本文存在的若干問題,謹此並致謝忱。

---

[1] 段玉裁:《説文解字注》,上海古籍出版社 2008 年,第 172 頁。

説馬王堆帛書《五星占》的"地盼動"

王挺斌

馬王堆出土的帛書《五星占》"水星占"部分文句作：

> 北方水，其帝端（顓）玉（頊），其丞玄冥，〔其〕神上爲晨（辰）星。主正四時，春分效婁，夏至〔效東井〕，〔秋分〕效兊，冬至效牽牛。一時不出，其時不和；四時〔不出〕，天下大饑。其出蚤（早）于時爲月蝕，其出免（晚）于時爲天夭〔及彗〕星。其出不當其效，其時當旱反雨，當雨反旱，〔當温反寒〕，〔當〕寒反温。其出房、心之間，地盼動。其出四中（仲），以正四時，經也；其上出四孟，王者出；其下出四季，大耗（耗）敗。凡是星出廿日而入，經也……①

對於"其出房、心之間，地盼動"一句，陳久金先生直接翻譯爲"當水星出現在房宿、心宿之間，將發生地震"，對"盼"字没有單獨注釋。② 席澤宗先生認爲"盼"字"似無必要"，認爲可能是一處衍文。③ 劉釗先生在《馬王堆漢墓簡帛文字考釋》一文中認爲"地盼"或"盼動"都不成詞，於是便别出一義，認爲"盼"是"眽"字的譌誤，"地眽動"應該讀爲"地脈動"，並引相關文獻作爲依據。④ 劉樂賢先生認爲"盼"通"釁"，引《玉篇》與《左傳》文，把"釁"訓爲"動"，又引《史記・天官書》、《漢書・天文志》、《開元石經》相關文

---

① 該釋文依據劉樂賢：《馬王堆天文書考釋》，中山大學出版社 2004 年，第 51—54 頁。

② 陳久金：《帛書及古典天文史料注析與研究》，萬卷樓圖書有限公司 2001 年，第 125 頁。

③ 席澤宗：《古新星新表與科學探索》，陝西師範大學出版社 2002 年，第 186 頁。

④ 劉釗：《馬王堆漢墓簡帛文字考釋》，《語言學論叢》第二十八輯，商務印書館 2003 年，後收入氏著《古文字考釋叢稿》，嶽麓書社 2005 年，第 343、344 頁；劉釗：《〈馬王堆天文書考釋〉注釋商兑》，《簡帛》第二輯，上海古籍出版社 2007 年，第 504、505 頁，後收入氏著《書馨集——出土文獻與古文字論叢》，上海古籍出版社 2013 年，第 132、133 頁。

句作爲疏證。①

　　我們認爲,帛書《五星占》上該處確實是"盼"字。該字寫作" ",馬王堆帛書《經法》"分"字寫作" ",銀雀山漢簡"分"字寫作" "、" "、" "等形。② 比較可知," "當從"分",釋爲"盼"。劉釗先生認爲"盼"是"眽"字的譌誤,但兩者字形畢竟還是存在一定的差距。揚雄《河東賦》的"眽"雖然有異文"盼",但兩者也有可能祇是近義關係,《漢書·揚雄傳上》"瞰帝唐之嵩高兮,眽隆周之大寧"顏師古注:"瞰、眽,皆視也。"《廣雅·釋詁一》:"眽、盼,視也。"③何況可與"地脈動"相比照的書證比較晚出。

　　我們懷疑"盼動"當讀爲"變動"。"盼"從分聲,古音在滂母文部,"變"從絲聲,古音在幫母元部,聲韻皆近。從一些通假例子上看,二字是可以相通的。比如"粉"通"藩","芬"通"蘋","變"又與"蕃"、"煩"通。④ 故聲符分、番、煩、絲皆通。又,上博簡二《容成氏》第24號簡"禹親執枌耜","枌"即讀爲"畚","畚"從弁得聲,在楚簡中"弁"與"變"常常通用,例證十分豐富。⑤ 故聲符分、弁、絲通。分聲與從"奔"、"賁"之字關係十分密切,《釋名·釋姿容》"奔,變也,有急變奔赴之也",是以"變"聲訓"奔";《周易·賁卦》釋文引鄭玄注"(賁,)變也,文飾之貌",是以"變"聲訓"賁"。⑥ 故聲符分、奔、賁、絲皆通。又,《爾雅·釋草》:"虋,赤草。"《釋文》:"虋,《詩》作穈。"故"虋"通"穈"。《爾雅·釋草》:"蘠蘼,虋冬。"郭注:"虋冬,一名滿冬,《本草》云。"故"虋"通"滿"。滿字從㒼聲,《説文》"㒼"字"讀若蠻",而"蠻"又通"麻"。⑦ 故聲符分、麻、㒼、絲皆通。另外,"分"、"辨"、"別"、"班"諸字音義皆近,是同源詞,"變"和"別"、"辨"、"班"都可通,"變"通"辨",參見《古字通假會典》;⑧"變"通"別",如《周易·革·象》的"虎變"、"豹變",在

---

① 劉樂賢:《馬王堆天文書考釋》第53頁。

② 陳松長:《馬王堆簡帛文字編》,文物出版社2001年,第39頁;駢宇騫:《銀雀山漢簡文字編》,文物出版社2001年,第31頁。

③ 《廣雅》此處原缺脱"盼"字,清人王念孫輯補之,詳王念孫:《廣雅疏證》,江蘇古籍出版社2000年,第31、32頁。

④ 高亨纂著,董治安整理:《古字通假會典》,齊魯書社1989年,第144、210頁。

⑤ 陳劍先生撰寫《容成氏》釋文時,把"枌"讀爲"畚",同時標注問號以示略有疑惑,後來劉樂賢先生進一步對此加以論述,認爲這個讀法是合適的,詳陳劍:《上博簡〈容成氏〉的竹簡拼合與編連問題小議》,《戰國竹書論集》,上海古籍出版社2013年,第34頁;劉樂賢:《讀上博簡〈容成氏〉小劄》,《戰國秦漢簡帛叢考》,文物出版社2010年,第13、14頁。楚簡"弁"與"變"通用例子見白於藍:《戰國秦漢簡帛古書通假字彙纂》,福建人民出版社2012年,第769、770頁。

⑥ 分聲與"奔"、"賁"通,參見高亨纂著,董治安整理:《古字通假會典》第142—146頁。按,"賁"當從奔省聲。

⑦ 高亨纂著,董治安整理:《古字通假會典》第210頁。

⑧ 高亨纂著,董治安整理:《古字通假會典》第103頁。

《法言・吾子》中作"虎別"、"豹別";"變"通"班",如《説苑・政理》"變而立至"句,孫詒讓説本自《左傳》,"變而立至"當作"變立而至",即《左傳》的"班位、能否",是"變"通"班","立"同"位",其説同盧文弨校所引的惠棟語。① 《周易・巽》"用史巫紛若",李鼎祚《周易集解》引荀爽説:"史以書勳,巫以告廟。紛,變。"這條古注非常重要。"紛"字緣何可以訓爲"變"? 兩者在詞義上恐怕很難有什麼聯繫,字形上的關係也不大,合理的解釋大概衹能從語音上看待。換句話説,"紛"、"變"應該是通假關係。② 總之,分、綜聲通,"盼"、"變"二字可相通假。從馬王堆帛書的字詞習慣上看,對一個曾出現過的字,後來卻用了另外一個假借字來表示該字所代表的詞,我們認爲這種情況是正常的。甲本《老子・道經》"曲則金(全),枉則定",乙本則作"曲則全,汪(枉)則正",根據今本以及文義,"定"當讀爲"正",但是"正"曾出現於甲本《老子・道經》末句及《五星占》等篇中。又,乙本《老子・道經》中"萬物昔而弗始",對讀今本可知"昔"當讀爲"作",但"作"字在馬王堆帛書中也是常見的。又如金文中常見的"永寶用","永"字雖然常見,但恒簋卻作"虞寶用",用了"虞"這個借字。③ 今本《周易・革》"虎變"、"豹變"在馬王堆帛書《周易》中假借"使"字來表示。所以,雖然"變"字曾出現於《戰國縱横家書》、《十問》等篇中,而這裏卻用"盼"字,這也是正常的現象。

"變動"一詞出現時間較早,周秦漢魏古書習見:

　　上貳代舉,下貳代履,周旋變動,以役心目,故能治事,以制百物。

（《國語・晉語一》）

　　《易》之爲書也不可遠,爲道也屢遷,變動不居,周流六虚,上下無常,剛柔相易,不可爲典要,唯變所適。　　　　　　　　（《周易・繫辭下》）

　　保章氏掌天星,以志星辰日月之變動,以觀天下之遷,辨其吉凶。

（《周禮・春官》）

　　上得天時,下得地利,觀敵之變動,後之發,先之至,此用兵之要術也。

（《荀子・議兵》）

　　由此觀之,夫物愈淖而愈易變動搖蕩也。　　（《春秋繁露・天地陰陽》）

　　汝刻而無恩,好盡人力,窮人以威,魯國不容子矣,而使子之齊。凡奸將

---

① 惠棟以爲"而至"二字是衍文,孫詒讓認爲"而"、"能"字同,"至"是"否"的譌誤,詳孫詒讓:《札迻》,中華書局 1989 年,第 253 頁;許嘉璐主編:《孫詒讓全集・札迻》,中華書局 2009 年,第 290 頁。

② 《史記・司馬相如列傳》"瞋盼軋沕",《漢書・司馬相如傳》、《文選・上林賦》"盼"作"紛"。

③ 于豪亮:《于豪亮學術文存》,中華書局 1985 年,第 22 頁。

作,必於變動。害子者,其於斯發事乎! 　　　　　　　(《列女傳·魯臧孫母》)

凡人能以精誠感動天[者],專心一意,委務積神,精通於天,天爲變動,然尚未可謂然。 　　　　　　　　　　　　　　　　　　(《論衡·感虛》)①

蚤虱螻蟻爲順逆横從,能令衣裳穴隙之間氣變動乎? 蚤虱螻蟻不能,而獨謂人能,不達物氣之理也。 　　　　　　　　　　　　(《論衡·變動》)

"變"即變動之義,《國語·晉語四》:"臣聞昔者大任娠文王不變,少溲於豕牢而得文王,不加病焉。"韋注:"不變,不變動。"《國語·楚語上》:"且夫制城邑若體性焉,有首領股肱,至於手拇毛脈,大能掉小,故變而不勤。"韋注:"變,動也。"《禮記·樂記》:"聲音動静,性術之變,盡於此矣。"孔疏:"變,謂變動。"《禮記·檀弓下》:"夫子之病革矣,不可以變,幸而至於旦,請敬易之。"鄭注:"變,動也。"

所以,"地盼動"即"地變動",可以叫作"地動",也可以叫作"地變"。"地動"一詞比較常見,現代漢語中還在使用。至於"地變",漢申培《詩説·小正傳》:"幽王之時,天變見於上,地變動於下。"《漢書·翼奉傳》:"天變見於星氣日蝕,地變見於奇物震動。"

帛書的"地盼動"就是大地變動,亦即地震。劉樂賢先生聯繫了文義,考慮到"盼"能通"釁","釁"可訓爲動,但是"釁動"這樣的詞卻不見於古書。劉樂賢先生的文章曾引了《史記·天官書》、《漢書·天文志》、《開元石經》相關文句作爲疏證,我們在《論衡》一書中還發現四處,條列於下:

齊景公問太卜曰:"子之道何能?"對曰:"能動地。"晏子往見公,公曰:"寡人問太卜曰:'子道何能?'對曰:'能動地。'地固可動乎?"晏子嘿然不對。出見太卜曰:"昔吾見鉤星在房、心之間,地其動乎?"太卜曰:"然。"晏子出,太卜走見公[曰]:"臣非能動地,地固將自動。"夫子韋言星徙,猶太卜言地動也。地固且自動,太卜言己能動之;星固將自徙,子韋言君能徙之。使晏子不言鉤星在房、心[間],則太卜之奸對不覺。宋無晏子之知臣,故子韋之一言,遂爲(售)其[欺]是(耳)。 　　　　　　　　(《論衡·變虛》)②

子雲識微,知後復然,借變復之説,以效其言,故願貫械以待時也。猶齊晏子見鉤星在房、心之間,則知地且動也。使子雲見鉤星,則將復曰:"天以鉤星譴告政治,不改,將有地動之變矣。" 　　　　　　　(《論衡·譴告》)

……鉤星在房、心之間,地且動之占也。 　　　　　　　　(《論衡·變動》)

---

① 依黄暉校本,見黄暉:《論衡校釋》,中華書局 1990 年,第 231 頁。

② 黄暉:《論衡校釋》第 210、211 頁。

晏子曰："鉤星在房、心之間,地其動乎?"夫地動,天時,非政所致。

(《論衡·恢國》)

"鉤星"即"水星",也叫作"辰星"。《史記·天官書》:"兔七命,曰小正、辰星、天攙、安周星、細爽、能星、鉤星。"①司馬貞《索隱》:"謂星凡有七名。命者,名也。小正,一也;辰星,二也;天兔,三也;安周星,四也;細爽,五也;能星,六也;鉤星,七也。"《論衡》上關於鉤星與地震關係的這幾處文字,大多與晏子有關,經學者研究,初見於《晏子春秋》外篇"太卜給景公能動地晏子知其妄使卜自曉公第二十一",後來在《淮南子·道應》篇上也出現過。②

不過,從《史記·天官書》、《漢書·天文志》、《晏子春秋》、《淮南子·道應》、《論衡》、《開元石經》等文獻中看,表達大地震動這一概念的,一般就叫作"地動",有的地方則稱爲"地變";而在馬王堆帛書《五星占》中稱"地變動",這看起來讓人覺得有點繁複累贅。其實這也是正常的。比如,古書中表示背叛盟約的詞有叫作"渝盟",《左傳》桓公元年:"公及鄭伯盟于越,結祊成也。盟曰:'渝盟無享國!'"杜注:"渝,變也。"《詛楚文》中有"變輸盟約"一語,"輸"即"渝"的假借字,"變輸"即"變渝",同義複用。③又如九店楚簡《日書》第39、40號簡下部有文句作:

凡五亥,不可吕(以)畜六牲腼(擾),帝之所吕(以)鏐六腼之日。

李家浩先生曾有精彩的考釋,他認爲:

"腼"見於《玉篇》肉部,《集韻》卷四尤韻以爲"脜"的重文。"百"即《説文》"首"字的古文。"頁"從"百"從"儿",前人指出本即"首"字(王筠《説文句讀》),所以古文字"首"可以寫作"頁"……簡文"腼"當讀爲"擾"。"六擾"與"六牲"同義。《周禮·天官·膳夫》:"凡王之饋……膳用六牲。"《夏官·職方氏》:"河南曰豫州,其畜宜六擾。"鄭玄注:"'六牲','六擾',皆云馬、牛、羊、豕、犬、雞。"所以簡文"牲擾"連言,構成同義複詞。④

對於"六牲腼"一詞,劉樂賢先生也曾在《九店楚簡〈日書〉研究》一文中認爲"六腼"即

---

① "兔"字,或作"兔"。
② 黄暉:《論衡校釋》第210頁。
③ 《詛楚文》上的這個"約"字,原本從束從勺,同"約",這裏直接寫成"約"字。
④ 湖北省文物考古研究所、北京大學中文系編:《九店楚簡》,中華書局2000年,第103頁。

“六擾”，“六擾”與“六牲”所指實同，“牲贋”不可斷讀。①

　　又，經營家業、謀治生計叫作“治生”，古書習見，如《管子·輕重戊》：“父老歸而治生，丁壯者歸而薄業。”也可以叫作“治産”，如《法言·學行》：“或謂子之治産，不如丹圭之富。”《論衡》一書中“治生”和“治産”同出，其中《命禄》篇一共出現了兩次“治産”，一次“治生”。生、産義近，可以複用，所以“治生”或“治産”也可以叫作“治生産”，如《史記·貨殖列傳》：“故曰：‘吾治生産，猶伊尹、吕尚之謀，孫吴用兵，商鞅行法是也……’蓋天下言治生祖白圭。”這裏“治生産”與“治生”同時出現，意思相同。

　　我們在上文已經徵引古訓説明“變”本身即含有變動之義，那麽“變動”其實也是一個同義複詞，“地變動”的含義，與“地動”或“地變”是一樣的。

　　附記：小文原讀碩期間舊稿，蒙黄天樹師與陳英傑先生審閲指正，謹致謝忱！

―――――――――

① 劉樂賢：《九店楚簡〈日書〉研究》，《戰國秦漢簡帛叢考》第 69、70 頁。

一種漢晉河西和邊塞使用的
農具——"鎬(櫖)"

邢義田

  1981 年裘錫圭先生在他著名的《漢簡零拾》一文中首先指出居延漢簡中被釋爲"鎬"、"櫖"或"楛"的字,實應釋作"鍤"或"桶",即"舀",並説:"根據鳳凰山遣册的'桶'字和馬王堆帛書的'舀'字,完全可以肯定居延簡裏過去被釋作'鎬'的字是'鍤'字,被釋作'櫖'和'楛'的字都是'桶'字。它們都是當起土工具講的'舀'的專用字。居延簡裏有些'鍤'字的'舀'旁,的確寫得跟齒字没有區别。這是漢代人寫别字的一個例字。"① 劉釗先生在 2014 年發表一文,徵引金文和楚簡例證,談舀字源流,並舉漢簡十六例,指出有些簡文之舀字部分形體上部訛化成了類似"止"形,使此字整體看上去像是齒字。② 換言之,他們都認爲漢代並没有"鎬"或"櫖"字,簡中所見都是"鍤"或"桶"的訛化或别字。

  中研院史語所簡牘整理小組因爲重新釋讀居延出土的這批漢簡,必得再度斟酌從木旁或金旁的齒字到底應釋爲何字。我們起先遵從裘、劉二氏,將這樣的字一律改釋爲"鍤"或"桶"。③ 但再校釋文時感覺這樣釋讀,仍有未安。一則在簡中找到明確的"鍤"、"插"、"桶"和"舀"字,二則在魏晉畫像磚上有一種過去未能確切命名的農具,没有榜題,依特徵看,不無可能就是漢簡中所見的"鎬"或"櫖"。這種農具明顯不用於起土而是耙地。因此決定仍將從木旁或金旁的"齒"釋作"鎬"或"櫖",並推測它是漢魏

<hr>

① 裘錫圭:《漢簡零拾》,收入《裘錫圭學術文集》,復旦大學出版社 2013 年,第二卷第 91—93 頁。

② 劉釗:《"舀"字源流考》,《古文字研究》第三十輯,中華書局 2014 年,第 592—600 頁。

③ 馬怡、張榮强主編的《居延新簡釋校》(天津古籍出版社 2013 年)釋爲"鍤"或"桶"。京都大學人文科學研究所簡牘研究班編《漢簡語彙——中國古代木簡辭典》([東京] 岩波書店 2015 年)第 346 頁"桶"字條、第 347 頁"鍤"字條視"桶"、"鍤"、"插"和"舀"爲同一字而未收"鎬"或"櫖"字。他們顯然都遵從裘説。

晉時代河西和邊塞一種由牛牽挽、丁字形橫向列有尖鐵齒、用於碎土和整田的農具(圖 1-1～1-7),很可能類似《齊民要術》所説的"鐵齒鎃榛"或後世常説的杷或耙(圖 1-8、1-9)。①

　　古代農具衆多,因時因地,或同形異名,或同名異形,要釐清十分不易。古今學者在認識上歧異很大。例如最常見的農具——臿,傳世文獻即有多種不同的解釋。《説文》説"臿,舂去麥皮";《廣韻》也説是"舂去皮",但顏師古注《急就》卻説:"插者,擔也。兩頭鐵鋭,所以插刺禾束而擔之也。"近世的學者包括林巳奈夫、孫機和裘錫圭先生根據文獻、出土實物和石刻畫像,幾乎都認爲臿是一種頗似耒耜,單頭或歧頭,木質直柄或曲柄,包有金屬頭,手持起土的工具。

圖 1-1

(酒泉西溝魏晉墓畫像磚)

圖 1-2

(嘉峪關十二號魏晉墓畫像磚)

圖 1-3

(嘉峪關十三號魏晉墓畫像磚)

圖 1-4

(嘉峪關六號魏晉墓畫像磚)

圖 1-5

(嘉峪關六號魏晉墓畫像磚)

---

① 後世類似農具參雷于新、蕭克之主編:《中國農業博物館館藏中國傳統農具》,中國農業出版社 2002 年,第 126—139 頁;臺灣總督府殖産局編:《臺灣の農具》,(東京)慶友社 1923 年刊,1992 重印,圖六～十四。

圖 1-6

（嘉峪關六號魏晉墓畫像磚）

圖 1-7

（嘉峪關六號墓畫像磚，林巳奈夫摹本）

圖 1-8　浙江浦江花轎鄉盛田坂徵集的鐵齒耙

（《中國農業博物館館藏中國傳統農具》1-322）

圖 1-9　臺灣日據時代的鐵齒耙

（《臺灣の農具》第七圖）

　　再例如《説文》説櫌是"摩田器也"，鄭玄注《論語·微子》"耰而不輟"，説"耰，覆種也"，將"耰"視爲動詞，或意指以耰埋覆種子。林巳奈夫根據嘉峪關魏晉一號墓出土的畫像磚，認爲畫像中由牛牽引丁字形的農具是用來破碎土塊的櫌或耰（圖 1-6、1-7），[①] 但又認爲同樣見於畫像磚的，一種手持的小型椎土工具，也叫櫌或耰。此外他據《説文》、《釋名·釋用器》對"櫌"和"檀"字的解説以及畢沅《釋名疏證》，認爲櫌即檀，也是摩田器。

　　甘肅嘉峪關魏晉一號墓畫像上由牛牽引丁字形的農具和手持的小型椎土器，在外形上差別很大，再加上所謂的檀，林巳奈夫顯然認爲異物可因功能相似而同名。孫機依據類似文獻，另據新疆尼雅出土的實物木質槤頭，認爲櫌或耰是"捶碎土塊所用的木槤頭"，其説可和王禎《農書》裏説的木椎形的耰相印證（圖 2-3）。[②] 孫機又指出山東滕縣黃家嶺畫像石上由牛牽挽"横桿狀的摩田器"爲橖（圖 2-4）。[③] 換言之，同爲摩

---

① 林巳奈夫：《漢代の文物》，（京都）京都人文科學研究所 1976 年，第 277 頁圖 6-32。

② 孫機：《漢代物質文化資料圖説》，文物出版社 1991 年，第 2—3 頁。

③ 陳文華早在 1985 年發表的論文中已據黃家嶺畫像石指出這一點，參氏著《從出土文物看漢代農業生產技術》，《文物》1985 年第 8 期，第 41—42 頁。又居延新簡 EPF22.24 有"大車半橖軸一，值萬錢"，此"橖軸"和本文所説農具顯然無關。

田器,不論外形和使用的方法相同與否,即可有耰、耱和下文將談到的勞(耮)等不同的名稱。這些名稱因時因地而異,有些固然見於文獻,有些則否。因此,出土文字材料中如果出現了不見於傳世文獻的農具名,或圖像材料中存在未曾明確辨識的農具,特別值得我們注意。

圖 2-1

（嘉峪關魏晉一號墓出土畫像磚局部及"耕(耕)種"二字榜題）

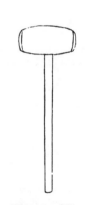

圖 2-2　犁、播種與勞(耮)　　　　　　　　圖 2-3　耰

（嘉峪關魏晉一號墓出土畫像磚,林巳奈夫摹本）　　（《農書》卷八）

圖 2-4　犁與勞(耮)

（山東滕縣黃家嶺漢代畫像石局部,中研院史語所藏拓）

　　先回到本文主題——舌。在居延漢簡中,可以明確見到"舌"、加手旁的"插"和金旁的"鍤"字。除了湖北江陵鳳凰山八號漢墓遺册,廣西貴縣羅泊灣漢墓出土"從器志"和"田器志"牘上也有从木的"檤"字(參表1)。[①] 這些舌字,都从"舌"而不从"齒",十分清楚。漢代簡牘中既有明確的"舌"、"鍤"、"檤"、"插"字,也有很多筆畫可辨的"齒"字(參表2)。從字形看,齒字一般从"止",从"凵",但表2第4例下半从"臼",臼中有竪筆,第11、12例下半从"臼",的確和"舌"形相似易混。古來有舌字,[②]卻無鑡字,因此説"鑡"或"檤"字是"鍤"或"檤"的别字或譌化,"鑡金"即"舌金"或"鍤金",不無道理。不少學者指出,起土的舌有單頭也有歧頭,其木製或鐵製的圓尖刃部,狀似齒。因此鍤、檤譌寫成了鑡、檤似乎也説得通。如此,將鑡看成是鍤的别字,鍤和鑡爲同一物,就是一個頗爲自然的推論。

<h3 style="text-align:center">表1　舌、插、鍤、檤字例[③]</h3>

1. 舌 EPT27.56B	2. 舌 EPT49.85A	3. 持舌 EPT65.446A	4. 舌刃 130.14
5. 舌 E. Chavannes, no. 779	6. 插 9.1	7. 鍤 EPT50.144A	8. 鍤 EPT53.132
9. 檤 羅泊灣"從器志"	10. 檤 羅泊灣"田器志"		

① 金立:《江陵鳳凰山八號漢墓竹簡試釋》,《文物》1976年第6期,第69—75頁;陳振裕:《從鳳凰山簡牘看文景時期的農業生産》,《農業考古》1982年第1期,第62—70頁;廣西壯族自治區文物工作隊:《廣西貴縣羅泊灣一號墓發掘簡報》,《文物》1978年第9期,第31—32頁;廣西壯族自治區博物館編:《廣西貴縣羅泊灣漢墓》,文物出版社1988年,第79—85頁,圖版41、42;王貴元:《廣西貴縣羅泊灣一號漢墓木牘字詞考釋》,《西北大學學報》2011年第1期,第108頁。

② 參劉釗:《"舌"字源流考》第594—597頁。

③ 居延觚9.1 字也有學者主張釋爲"掩",《居延漢簡(壹)》(中研院史語所2014年)從之。若據EPT49.85A舌字 ,上从干或千,竪筆貫穿下半字,甚至稍有出頭,我認爲 字右旁書爲上"土"(非"大")下"申",仍以釋爲"插"或"掩"較妥。這一 字出現在《倉頡》木觚上,觚上文字書寫十分工整老練,應是《倉頡》範本,其字形應有較高的參考價值。參邢義田:《漢代〈倉頡〉、〈急就〉、八體和"史書"問題》,《治國安邦》,中華書局2011年,第616—617頁。

表 2　"齒"例字表①

1	2	3	4	5
EJT11：4	EJT14：13	EJT21：48	EJT21：209	EJT21：213
6	7	8	9	10
EJT21：216	EJT21：276	EJT23：106	EJT23：297	EJT23：673
11	12	13	14	15
EJT26：13	EJT26：14	EJT26：16	EJT26：35	EJT26：36

　　然而以上頗見理據的看法,細細一想仍不無商量的餘地。首先,傳世文獻已見"鑡"字。《三國志·烏丸鮮卑東夷傳》裴注引《魏略》云,"至王莽地皇時,廉斯鑡爲辰韓右渠帥",廉斯鑡後歸降漢樂浪郡,"郡即以鑡爲譯"。樂浪郡用廉斯鑡當通譯,可見他必爲韓人,其名應爲韓語的漢字譯音。以鑡字譯音,可證寫作《魏略》的三國時代必有鑡字;據漢簡,則可知漢代早有鑡字。② 果如此,從金或從木的齒是否爲別字或譌化,宜再斟酌。

　　其次,漢簡中不乏別字和筆畫不够準確的字,但以下表 3 所列檣、鑡字例分別出自 A35 大灣、A8 破城子和 A32 金關遺址,分由不同的人所寫。爲何大家不約而同都寫了相同的別字? 是別字已爲當時人認可接受? 或其本非別字? 再者,"齒"和"舌"字明白區分的例子實多於相混的。如果根據少數別字或譌化字例,去論證"鉐"或"鑡"和"桶"或"檣"是指同一字、同一物,似不如據較多的例證去考慮它們爲不同字,指涉名稱和功能都不同的兩種物品。

　　第三,視鑡爲鉐的別字或譌化,"鉐金"、"鑡金"爲同一事,是比較單純地從文字學角度作的思考。如果換個角度看:某種帶齒的器具外形不像舌(鉐)那般僅具一、二齒,功能不同,是不是可有不同的稱謂? 也就是説,是否可視"鑡"或"檣"爲不同於舌(桶、鉐)的專名? "鉐金"、"鑡金"是否可能如同"斧金"(簡 498.1),是指不同器具的金

①　以《肩水金關漢簡》(二)、(三)爲代表,其餘請參佐野光一《木簡字典》。

②　《康熙字典》亥集下"齒"部引《集韻》有"齫"字,謂:"測洽切,音舌。齫,齒動貌。"可見這一從齒從舌的後起字和農具無關,可置而不論。

表3　橚、鑡字例

1	2	3	4
47.4(A35)	47.5(A35)	85.4(A8)	132.20A(A8)
5	6	7	8
214.17A(A8)	227.61(A8)	312.17(A8)	15.44(A35)
9	10	11	12
522.20(A35)	73EJT1:142A(A32)	EPT51.212A(A8)	EPT51.212A(A8)
13	14	15	16
EPT51.212A(A8)	EPT51.212A(A8)	EPT51.212A(A8)	EPT51.212A(A8)
17	18	19	20
EPT51.212A(A8)	EPT51.212A(A8)	EPT51.212B(A8)	73EJT1:271(A32)
21	22	23	24
85.23(A8)	85.28(A8)	303.1＋303.6(A35)	512.14A(A35)

屬部件？ 鉔金是鉔的金屬部件,鑡金是鑡的金屬部件,斧金是斧的金屬部件,因此簡中各有鉔金、鑡金、斧金若干或若干枚的記録。

第四,從金或從木的"鑡"和"橚"在簡中出現不少,非一二個別現象(參表3)。"鑡"或"橚"字之後多出現數量詞,並和其他斧、斤、鋸、椎、承軸、承釭等器物同時出現在"什器簿"中。① 什器泛指日常使用的用器或雜器,② 什器簿中的各種器物各有用途,

---

① "什器簿"一名見簡81.3,相關什器見簡85.4。
② 什器即用器,泛指日常使用的雜器。參沈剛:《居延漢簡語詞彙釋》,科學出版社2008年,第37頁。

非必相關。值得注意的是鑛曾明確地出現在第二別田令史的車載物品清單中(簡47.5)。別田令史無疑是某種田官。① 裘先生已敏鋭地指出這枚簡出土於大灣 A35,而這裏曾出土大量與屯田有關的簿籍,應和屯田有關。② 另一枚大灣出土簡 310.19"第五丞別田令史信元鳳五年四月鐵器出入集簿"也值得注意。鐵器雖可泛指一切鐵製器物,別田令史所出入的鐵器,可想而知應以農具爲主。鐵器中當然也有軍事裝備,如鐵鎧(居 285.13)、鐵鍉督(居 288.18)之類,但居延和敦煌簡中軍事裝備或兵器常名之爲"兵物"或"守御器",其簿册曰"兵物録"或"守御器簿";鐵器則另有"鐵器簿"。③ 因而可知所謂"鐵器"應與"兵物"或"守御器"有别。破城子簡 EPT52.15 曾提到"狠(墾)田以鐵器爲本"云云,這裏的鐵器無疑是指農具,可補證裘先生之説。裘説對理解"鑛"之爲農具名稱,提示了一個重要的脈絡綫索。

很多古代農具的名稱固然留存在傳世文獻裏,有些不免失載;而失載農具的名稱或形象卻會出現於出土的文字或圖像材料。考證名物宜將傳世文獻、出土簡帛、實物和石刻、壁畫等圖像資料都納入視野;如果將非文字的資料納入思慮,可供思慮的綫索即可增加。前文所説河西魏晉畫像磚上那種耕者蹲踞或站立在丁字形多齒的橫桿上、由牛牽挽、以破碎土塊和整平田地的農具可爲一例。它雖無榜題,以外觀特徵而言,即有可能是居延漢簡中所記的鑛或檔。其所以名之爲鑛(檔),顧名思義,正是因爲它以木和鐵質構件製成,具有多達八九齒的多齒狀貌。

這種多齒的農具名稱於文獻無考,唯北魏賈思勰《齊民要術·耕田》稱爲"鐵齒鎘榛"。這是一種用於墾殖荒地,可"杷之"的工具。④ 元代王禎《農書》卷八《農器圖譜》將單排或雙排、各帶六至八齒的農具稱爲方耙或人字耙(圖 3-1、3-2)。⑤ 因此有些書將前述畫像中使用鑛或檔的畫面解釋爲"耙地"。⑥但漢魏以前所謂的"把"、"杷"或"耙"很清楚是指一種用手持握,長柄帶齒,推引聚集或播揚穀物的工具。顏師古注《急就》"捃穫秉把插

---

① 參沈剛:《居延漢簡語詞彙釋》第 113 頁。

② 裘錫圭:《漢簡零拾》第 93 頁。

③ 例如 520.1、EPT52.488、敦 1064A、敦 1295A。可惜我們没有例證可以明確知道鐵器簿的具體内容。

④ 《齊民要術》卷一:"耕荒畢,以鐵齒鎘榛再遍杷之,漫擲黍稷,勞亦再遍。明年,乃中爲穀田。"參繆啓愉:《齊民要術導讀》,巴蜀書社 1988 年,第 191 頁。

⑤ 王禎《農書》圖譜所見方耙和人字耙的形象,也見於近代浙江、山東、安徽、河南等地農村中的實物,參雷于新、肖克之主編:《中國農業博物館館藏中國傳統農具》第 129—133 頁,圖 1-322～1-331。

⑥ 例如張寶璽編:《嘉峪關酒泉魏晉十六國墓壁畫》,甘肅人民美術出版社 2001 年,第 127、176 頁;胡之主編:《甘肅嘉峪關魏晉六號墓彩繪磚》,重慶出版社 2000 年,第 24 頁;胡之主編:《甘肅酒泉西溝魏晉墓彩繪磚》,重慶出版社 2000 年,第 54—55 頁;陳文華編:《中國古代農業科技史圖譜》,農業出版社 1991 年,第 244—245 頁;周昕:《中國農具史綱暨圖譜》,中國建材工業出版社 1998 年,第 56 頁。

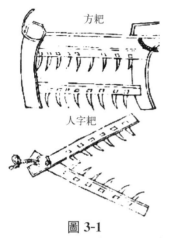

方耙

人字耙

圖 3-1

（《農書》卷八農器圖譜）

圖 3-2 山東文登徵集的人字耙

（《中國農業博物館館藏中國傳統
農具》1-330，木框邊長 133 釐米）

圖 4-1 耙

（酒泉西溝魏晉墓畫像磚）

圖 4-2 耙

（嘉峪關一號魏晉墓畫像磚）

捌耙"句，謂："無齒爲捌，有齒爲耙，皆所以
推引聚禾穀也。"在河西魏晉畫像磚上可以
清楚看見手持有齒的"耙"播揚或推聚穀物
（圖 4-1～4-3）。居延簡 EPT51.64 提到畫天
田用"耙"，應是用耙去推平或聚攏天田中的
沙。無論如何，顏注提示我們：古人於農具
可因有齒無齒而分別命名。如此，少齒或多
齒的農具有不同的名稱，不也在情理之中？

圖 4-3 耙

（嘉峪關五號魏晉墓畫像磚）

在河西魏晉畫像磚上除了見到多齒的钃(欘)，河西和山東也存在一種外形有些
相似卻不帶齒的農具。不帶齒的纚是林巳奈夫和孫機所説的耰、櫌或橘，也就是字書
所謂播種後用於摩田或覆種的器具（圖 2-1、2-2、6-1～6-5）。林巳奈夫將帶齒的説成是
耰，欠妥。或許他没注意到有齒和無齒的區別，因此没説無齒的是什麼。孫機正確地

指出無齒的緤是耰或耱,但可能因爲在傳世文獻中找不到合適的字詞,他没説有齒的又該稱作什麼。林、孫二位在考證名物的方法上都相當嚴謹,以傳世文獻中既有的字或詞比對出土實物及圖像資料,凡有不合,都闕而不論。如此一來,歷來字書和農書所無的鐋(檔)以及鐋(檔)在圖像材料中存在的可能性,就被忽略了,而多齒農具另有傳世文獻以外專名的可能,也就在想像之外了。

現在看來,多齒的鐋(檔)和無齒的耰或耱,在功能和外形上都不同,無疑應加區別。鐋(檔)、鑷榛或耙都有銳利的木或鐵齒,容易傷及播下的種子,顯非用於摩田覆種,而是用於碎化和整平犁過的田土。各地土質乾濕軟硬鬆緊不同,種植作物有異,需要的翻土、下種或整平等耕種程序和器具即非全同。例如《齊民要術·耕田》説:"耕荒畢(1),以鐵齒鑷榛再遍杷之(2),漫擲黍穄(3),勞亦再遍(4)。明年,乃中爲穀田。"爲清眉目,我在以上引文中附加了編碼。鑷榛很清楚是一種具有鐵齒,用來耙地的工具。漢魏河西和邊塞多荒地,正需要鐋(檔)、鑷榛或杷(耙)這樣的農具。要化荒地爲所謂的穀田,大致有編碼所示的四個步驟。最後一步"勞而再遍"的"勞"是動詞,其所使用的工具也叫勞,天野元之助和繆啓愉曾據文獻清楚考證,就是《説文》所謂的"摩田器"和王禎《農書》所説的勞(耮)或耱(圖 5-1、5-2),其功能之一即"種後覆土"。①

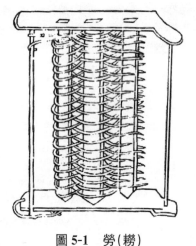

圖 5-1　勞(耮)

(《農書》卷八農器圖譜)

圖 5-2　陝西三原陂西徵集的耱

(《中國農業博物館館藏中國傳統
農具》1-359,長 78、寬 48 釐米)

上述的步驟,除了用鐋(檔)或鐵齒鑷榛這一步,都可以在嘉峪關一號墓畫像磚上

---

① 繆啓愉:《齊民要術導讀》第 194 頁。其説與日本學者天野元之助同,或即據天野。參天野元之助:《後魏的賈思勰〈齊民要術〉の研究》,收入山田慶兒編:《中國の科學と科學者》,(京都)京都大學人文科學研究所 1978 年,第 423—430 頁。

清楚看見(圖 2-1、2-2)。這方磚的右上端有榜題"耕(耕)種"二字,[1]明確提示了畫面的內容。從畫面左端開始,清楚顯示耕者以牛挽犁耕田在前,其後有二婦女自容器中取種並用手漫而撒下,接着又有人踏在無齒的勞(櫢)或櫢上"摩田",也就是用櫢或勞的橫桿抹過土表,使撒在土表的種子覆壓到土中去。[2]山東滕縣黃家嶺畫像石僅呈現了先犁耕,後櫢田的相似步驟,省略了兩步之間的播種。

《齊民要術》則較完整地記述了開荒種植所有的步驟或程序。程序最後一步所用的耰、櫢或勞(櫢)這類"摩田器",在外形上雖不完全一樣(例如圖 6-5),一個共同的特點是都不帶齒。

此外,使用耰、櫢或勞(櫢)的人皆站立,以雙腳或單腳踩在橫桿上,似不必太過重壓,能使撒下的種子埋入土中即可(圖 6-1～6-5)。圖 6-5 所示由多排橫竪的木桿構成,這和前述《農書》農器圖譜所謂的無齒耙——"勞"以及近世徵集的實物勞最爲相似(圖 5-1、5-2)。或許由於這種多排縱橫木桿構成的耰、櫢或勞(櫢)本身已有足夠的重量,由牛牽引,抹過土表,即足以使種子翻覆在土下,因此畫像中的耕者可較省力地在前牽牛而已。河西畫像上單條或雙條多排的丁字形橫木器(圖 6-1～6-5)應是作用相同但

圖 6-1　櫢或櫢(勞)

(酒泉西溝魏晉墓畫像磚)

圖 6-2　櫢或櫢(勞)

(酒泉西溝魏晉墓畫像磚)

圖 6-3　櫢或櫢(勞)

(嘉峪關魏晉五號墓畫像磚)

---

① 耕爲耕的異體字見顧南原:《隸辨》,中國書店 1982 年,卷二平聲下,耕第十三所收費鳳別碑,第 254 頁。

② 修訂小稿期間,纔發現天野元之助在《後魏的賈思勰〈齊民要術〉的研究》一文中,已利用相同的畫像磚得到相同的見解,特此聲明。又天野之作已極詳盡地徵引了中日前輩學者的研究,本文一概從略。又王禎《農書》中所見櫢的形象,也見於近代陝西興平、三原陝西和甘肅永靖農村中的實物,參雷于新、肖克之主編:《中國農業博物館館藏中國傳統農具》第 145—146 頁,圖 1-358～1-360。

図 6-4　糖或耮(勞)

(嘉峪關魏晉三號墓畫像磚)

図 6-5　空曳糖或耮(勞)

(甘肅高臺魏晉墓畫像磚)

構造較簡單的耰、糖或勞(耮)(不像圖 5-1、5-2 所示木桿上加纏柳條)。因構造簡單，重量較輕，耕者常須單腳或雙腳站在橫木上加壓。以上畫像中所見，頗可以和繆啓愉在《齊民要術導讀》中對勞的解釋相印證：

> 勞：《要術》也用於種後覆土和苗期中耕，使用時有重勞、輕勞之分，依據不同季節和不同作物，看需要重壓還是輕壓而定。重勞是勞上站人或坐人以增加重量，輕勞是勞上不加人的空勞，就是《要術》説的"空曳勞"。[1]

図 7　居延簡 85.28＋85.23 及局部

可是使用鑡(檔)碎土，須蹲踞在鑡(檔)的橫桿上，利用耕者的體重加壓，使木或鐵齒能較深地劃入土中，達到碎土的效果。因爲蹲踞或坐在橫桿上，身體較低矮，可同時伸手除去田中雜草。《齊民要術·種穀第三》提到禾苗長出後，要以鐵齒鋸榛縱橫杷而勞之，並記載了"杷法：令人坐上，數以手斷去草，草塞齒，則傷苗"。[2]這種坐在鋸榛上的姿勢和河西魏晉畫像磚上所見幾乎一模一樣(圖 1-2～1-4、1-6)。

最後必得承認，以上所説缺少畫像榜題"鑡"或"檔"的直接證據，漢簡也没描述鑡(檔)的外形或功用，因此頂多是一個不同角度的猜測。不過居延簡 85.28＋85.23 所列什器中有"具六分鑡一枚 具四分鑡一枚"(圖 7)。[3]"具"字應如同"具

---

① 繆啓愉：《齊民要術導讀》第 58 頁。

② 繆啓愉：《齊民要術導讀》第 204—205 頁。

③ 這原是兩件削衣，2014 年由史語所簡牘整理小組顏世鉉先生成功綴合。

弩"的具,指部件齊備的器物。六分或四分之意有兩種可能:一指齒長六分或四分。從前引河西畫像磚和實際功能看,齒如僅長六分或四分,不到一寸,未免太短,難以發揮耙地功能。另一個可能是"分,別也"(《説文》),六分、四分鏈指其齒六別或四別,即鏈一件具有六齒或四齒。不論何者爲是,六分鏈或四分鏈在外形上,都不可能和單頭或歧頭的禾目相同。如六齒或四齒一説可成立,六齒或四齒的鏈較河西魏晉畫像磚上所見八九齒者更爲輕便簡單。這當然是猜測中的猜測,僅供參考而已。

以上猜測最好有出土實物可相印證。可惜貝格曼的額濟納考古報告列有不少鐵製農具,[①]没有可和鏈(櫌)部件相比對的。1973~1974 年發掘破城子等遺址的報告目前尚未出版,如果出版,或許可以有些綫索。目前勉可一提的綫索是敦煌馬圈灣漢代烽隧遺址發掘報告,報告中列有不少鐵製器具,例如鐮、斧刃、刀、鑿、削、鋤、禾目刃,還有所謂的鐵"釘"。其中三枚 I 型鐵釘,以鍛鐵片捲爲圓形錐狀,一頭平,一頭尖,中空,長 15.7 釐米;四枚 II 型鐵釘,鍛打成方柱實心釘,一頭尖,一頭平,長 14.5 釐米(圖 8)。[②] 這七枚釘祇有兩枚有圖版刊佈。據圖版,兩枚釘的尖部都已殘損,殘長相近,一爲圓錐中空,一爲方錐柱實心,形制不同。其中一種不無可能是漢簡中所説的鏈金。這些十餘公分長的鐵釘若干枚成排插在橫木桿上即成了耙地的鏈。插入的方式可參圖 3-1、3-2。後世農具的耙齒有鐵製,也有木製。中國農業博物館所藏者,鐵、木齒長短不一,在五至二三十釐米左右,鐵製者則多爲十六七釐米。[③] 臺灣日據時代的耙齒長"七寸",[④]也在十六七釐米左右,稍長於前述兩種失去尖部的馬圈灣鐵"釘"殘件。這些殘件尖部如復原,長度即約略相當。我必須强調即使馬圈灣這些所謂的鐵釘是鏈金,目前證據也嫌太少,仍待今後有更多類似鐵釘和伴出木質部件出土,纔能確證

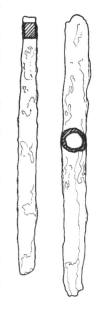

圖 8　敦煌馬圈灣遺址出土
I 、II 型鐵釘

① Bo Sommarström, *Archaeological Researches in the Edsen-Gol Region Inner Mongolia* (Statens Etnografiska Museum, 1957), pp. 116, 122, 138, 154, 177, 183.

② 甘肅省文物考古研究所編:《敦煌漢簡》,中華書局 1991 年,附錄第 95 頁、第 124 頁圖 26。

③ 參雷于新、肖克之主編:《中國農業博物館館藏中國傳統農具》第 126—138 頁,圖 1-315~1-342。

④ 臺灣總督府殖產局編:《臺灣の農具》第 12 頁。

拙説。木齒在考古遺址中或許較不易留下痕迹;即使留下痕迹,過去大家没意識到有
"櫌"這種農具的存在,因此不會留意;即便留意,如無伴出部件,也容易被誤認爲木釘
之類吧。今後如能注意和辨認,也許就能有較好的證據。

　　此外還有兩點需要交代。第一,鑴(櫌)作爲農具名稱,爲何不見於傳世的《方
言》、《急就》、《説文》、《釋名》等字書或其他漢晉文獻? 而僅見於居延漢簡和河西魏晉
畫像磚? 我的猜測是這樣形式和功能的農具,各地雖曾普遍使用,其名稱卻可能屬漢
晉河西和西北邊塞所特有,中原士人不熟悉,因此失載。例如《方言》卷五曾列出"舀"
在宋魏之間、江淮南楚之間、沅湘之間、趙魏之間、東齊各地,甚至東北朝鮮洌水之間
的異稱,獨獨不及"自關而西"和河西的名稱。這是因爲江淮南楚和自關而西都稱爲
舀? 或是因爲揚雄没能採集到自關而西和河西相關的方言材料? 不得而知。揚雄和
王莽同時,王莽時既有人名曰廉斯鑴,鑴字和其所指之事物,明明存在,揚雄没提,應
屬失載。賈思勰《齊民要術》雖提及和鑴(櫌)功用相似的杷,卻名之曰鐵齒鍋棒。這
是因爲《要術》一書主要是反映黄河中下游,尤其是作者比較熟悉的齊地耕俗和土
語,[①]因此也没提到河西和西北邊塞的鑴(櫌)。

　　第二,有些讀者可能會懷疑本文用了不少後世,甚至晚到 20 世紀的農具去理解
漢三國魏晉之世的情況,這不是明明犯了史學研究方法上"以今證古"的大忌? 這樣
作,確實有危險。但由於這十餘年我關注傳統中國的基層社會,尤其是作爲人口主體
的農業聚落和生活,不得不説中國農村兩千多年來在各方面的延續性,强烈到令人訝
異的程度。僅以本文所涉的農具和使用方法爲例,大家衹要稍稍比較本文所曾引用
陳文華編《中國古代農業科技史圖譜》(1991 年)、周昕編《中國農具史綱暨圖譜》(1998
年)和雷于新、蕭克之編《中國農業博物館館藏中國傳統農具》(2002 年)三書輯録從古
到近世的農具實物和圖像,應該就能大大減少原本可能有的疑慮。

附圖出處:
王禎:《農書》,據史語所電子文獻資料庫《四庫全書》本。
甘肅省文物考古研究所編:《敦煌漢簡》,中華書局 1991 年。
周昕:《中國農具史綱暨圖譜》,中國建材工業出版社 1998 年。
胡之主編:《甘肅嘉峪關魏晉六號墓彩繪磚》、《甘肅酒泉西溝魏晉墓彩繪磚》等,中國古代壁
　　畫精華叢書,重慶出版社 2000 年。

---

① 《齊民要術》反映的地域性,請參天野元之助:《後魏の賈思勰〈齊民要術〉の研究》第 388—389 頁;繆啓愉:
　　《齊民要術導讀》第 4—6 頁。繆啓愉和天野元之助的説法相同。

張寶璽編:《嘉峪關酒泉魏晉十六國墓壁畫》,甘肅人民美術出版社 2001 年。

雷于新、蕭克之主編:《中國農業博物館館藏中國傳統農具》,中國農業出版社 2002 年。

臺灣總督府殖産局編:《臺灣の農具》,(東京)慶友社 1923 年,1992 年重印。

　　附記: 本文修改期間曾得馬怡、顔世鉉和黃儒宣指正和提供資料,特此誌謝。又 2015 年 5 月訪長沙,承蒙李洪才先生持贈其 2014 年博士論文《漢簡草字整理與研究》。一閱纔知他於 "橗"之外,已以肩水金關簡 73EJT1∶142 爲例,另列出"橗"字,但未收"鑃"字。

2015 年 6 月 22 日補記

漢簡"折傷兵物楬"試探 *

——兼論漢邊塞折傷兵器的管理

樂　游

　　西漢武帝時期,漢朝對匈奴主動戰略反擊,大啓封疆,從元狩到元鼎年間,在新獲的河西地區陸續設立郡縣。太初三年(前 102)又"使强弩都尉路博德築居延澤上"(《漢書·匈奴傳》),逐步建立了河西走廊的烽燧亭鄣等邊塞防禦體系,是對抗匈奴、保障内地安全的屏障和基地。百餘年來,在河西漢代邊塞遺址,尤其是漢代居延、敦煌故地出土了數萬枚漢代簡牘,是當時河西行政、軍事、生活真實而生動的記録。漢塞爲軍事候望系統,許多漢簡反映了兵器管理制度和具體規程,頗能補史籍之闕。近年來,據漢簡研究兵器管理制度這一課題頗受學界關注,並已取得不少成果。① 我們擬在時賢的基礎上,通過一枚簽牌(正式名稱爲"楬")上文字的改釋,劃分出一類新型簽牌,再勾稽相關簡牘,以求進一步完善對漢代西北邊塞折傷兵器管理規程的認識。

　　20 世紀 30 年代出土的居延舊簡中編號爲 266·14 的木簡(圖 1)出於破城子甲

＊ 本文寫作受到國家社科基金重大項目"簡牘學大辭典"(14ZDB027)、國家"十一五"重大科技攻關項目"兩漢、吳、魏、晉簡牘文字的搜集與整理"(項目編號：0610-1041BJNF2328/07)的資助。

① 相關論著如黄今言：《秦漢時期的武器生産及其管理制度》,《江西師範大學學報(哲學社會科學版)》1993年第 3 期,第 7—14 頁;趙沛：《居延漢簡所見〈兵簿〉〈被兵簿〉——兼論居延邊塞兵器配給》,《西北史地》1994 年第 4 期,第 20—29 頁;黄登茜：《漢簡兵簿與漢代兵器論考》,碩士學位論文,西北師範大學 2001年;李天虹：《居延漢簡簿籍分類研究》,科學出版社 2003 年,第 90—120 頁;韓勇：《漢簡所見邊塞兵器裝備及其管理制度》,碩士學位論文,東北師範大學 2009 年;范香立：《漢代河西戍邊軍隊後勤保障考述》,碩士學位論文,西北師範大學 2009 年;趙寵亮：《行役戍備——河西漢塞吏卒的屯戍生活》,科學出版社2012 年,第 254—263 頁。

266·14A　266·14B
圖1

渠候官遺址(A8)。此簡保存完整,尺寸爲10.3×0.9釐米,上端兩側各有一契口,用以繫繩,正面書 13 字,背面 8 字,字迹潦草。從形制和内容看,該簡是一枚簽牌(楬),但製作比較草率,可能屬倉促修治、臨時使用。勞榦《居延漢簡·圖版之部》中祇著録此簡背面照片,在《考釋之部》中亦僅録背面釋文。① 社科院考古所編訂的《居延漢簡甲乙編》(以下簡稱《甲乙編》)中雖無正面照片,卻給出了正面釋文,並標明"失照"。② 臺灣中研院史語所"漢簡整理小組"自 20 世紀 80 年代末重新整理所藏居延舊簡,重拍此簡圖版並公佈於"漢代簡牘資料庫"中,學者始得見全貌。③ 我們先將晚出且質量較高的《中國簡牘集成》(以下簡稱《集成》)釋文移録於下:

(1) 第十八　　　稟矢三　　　　　　·凡廿四　　　　　　　　　　(266·14A)
　　　　　　　　　蚤矢廿一

　　　　　　☑豐　稟矢一　　　　　　　　　　　　　　　　　　　(266·14B)④
　　　　　　　　　蚤矢廿一

　　　勞榦釋文前並無表示缺失字數不確定或殘斷的"☑"符,《甲乙編》釋文則有此符號,其後馬先醒《新編》、謝桂華等《合校》以及《集成》等皆有之,⑤我們細審簡背圖版,可發現該簡保存完整,簡文並無缺損,故"☑"符實應除去。簡背"豐"字,自勞榦釋"豐"以來,《新編》、《合校》、《集成》等學界主要參考的釋文皆從之,王夢鷗《漢簡文字類編》也列於"豐"字下,任攀近年校訂居延舊簡,亦從此説。⑥ 目前所見,祇有賀昌群

---

① 勞榦:《居延漢簡·圖版之部》,中研院史語所 1957 年初版,1992 年影印一版,第 317 頁;勞榦:《居延漢簡·考釋之部》,中研院史語所 1997 年影印五版,第 109 頁。

② 中國社會科學院考古研究所編:《居延漢簡甲乙編(下册)》,中華書局 1980 年,第 190 頁。

③ 臺灣中研院史語所藏漢代簡牘資料庫(http://ndweb.iis.sinica.edu.tw/woodslip_public/System/Main.htm)。

④ 中國簡牘集成編輯委員會編:《中國簡牘集成(標注本)》第七册,敦煌文藝出版社 2001 年,第 147 頁。

⑤ 馬先醒、吳昌廉等:《居延漢簡新編》,臺北簡牘學會 1981 年,第 229 頁;謝桂華、李均明、朱國炤:《居延漢簡釋文合校》,文物出版社 1987 年,第 445 頁。

⑥ 王夢鷗:《漢簡文字類編》,藝文印書館 1974 年,第 100 頁;任攀:《居延漢簡釋文校訂及相關問題研究(居延舊簡部分)》,碩士學位論文,復旦大學 2012 年,第 178 頁。

《漢簡釋文初稿》稿本和《甲乙編》曾釋爲"還"。[①] 前者是 20 世紀 30 年代對居延舊簡最早的整理手稿,但近年纔影印面世,後者一般認爲闕誤甚多,皆少有學者參考,後者此處釋文是否受前者影響尚不清楚。按,原簡中此字作下揭之形:

(以下用 A 代替)

西北邊塞漢簡中"豐"字有下列諸形:

(286·17)　　 (EPF22:71A)　　 (敦煌 280)

(287·15A)　　 (EPT43:46)　　 (287·15B)

漢代及以後的文字中豐、豊二字常混用,[②]但上舉諸字皆爲人名,古人名豐者甚多,而且出身下層的戍邊吏卒,也不至於以不常用字"豊"爲名,故皆應用爲"豐"。諸例字形依次趨於草化,程度較高的後三例下部與 A 似相近,但即使是在這三例草字中,也明確無誤的突出了上部"曲"形作爲特徵筆畫,與 A 的上部實不相類。是故釋 A 爲豐缺乏字形依據。

漢簡中寫法較工整的"還"字作(160·7)、(EPF22:25)等形,書寫有所草化的則作(507·11)、(EPF22:193)等形,在此基礎上寫法更趨草化的可以進一步減省到如(503·17)、(101·27)等。減省的主要是"袁"形部分的筆畫,而"吅"形則一般作爲還字的特徵筆畫保留。舊居延漢簡中又有下揭字形:

(198·1)

該簡辭例爲"☐七日還入奉",是貧急吏卒以俸錢償債之事的記録,同類文例如"負官錢九千七百廿……其二百冊二☐十二月還入奉"(EPT59:184),故此字釋"還"當無可疑。對比此字與 A 可發現其上部如出一轍,A 的""形其實就是草寫的"吅"形。另外,在漢代簡牘草書中,辵旁很容易直接省寫作一筆橫畫,如下揭諸字:

道:(170·3A)　　通:(118·1A)

遂:(133·9)　　遣:(264·30)

是以 A 底部橫畫完全可以是草寫的辵旁,而"吅"形與辵旁之間的筆畫,則是"袁"形的

---

① 賀昌群:《漢簡釋文初稿》,北京圖書館出版社 2005 年,第 790 頁。

② 林澐:《豐豊辨》,《古文字研究》第十二輯,中華書局 1985 年,第 181—186 頁。

省寫。雖然省變劇烈,但是參照前引 、 形和 (31・31)等字形,再考慮到此簡背書寫十分潦草,矢寫作 、,盅寫作 ,槀更是減省作 ,都是少見的極度簡省、草化的寫法,還字有這樣的省變也不意外。是故從字形來看,此字宜釋爲還。《漢簡釋文初稿》、《甲乙編》釋文整體水準不如後來諸本,當前參考者亦不多,但對該字的釋讀卻獨值得採信。

推想諸家釋"豐"的原因,除了輪廓略近外,可能還因衹看到單面簡文而認此位置爲人名,乃以常見人名"豐"當之。又因爲若依漢簡文例,類似位置的人名前面須有人的身份、姓氏等信息,故疑其缺失而冠以"☒"符。今依紅外圖版可知"還"前本無缺字,再對照簡正面,又可知其位置不應是無姓氏的人名,因而不必受此影響而釋"豐"。

簡文正面"第十八"應是序數烽燧"第十八燧"的省稱,漢簡中多有烽燧名省去"燧"字之例,如:

(2) 甲渠候官,以亭☒

　　　　十月癸酉,第十卒商□☒　　　　　　　　　　　　　　　(44・24)

(3) □□□ 萬歲,五人　定作十五人
　　　　　　第三,十人　　　馬　　　　　　　　　　　　　(EPT27:14)

(4) 第四　　驚虜張樂　　望虜李蓋☒　　　　　　　　　(73・23)

上引諸簡中"第十"、"萬歲"、"第三"、"驚虜"等皆燧名。槀矢、盅矢是漢代西北烽燧普遍配備的用弩發射的箭矢,其具體形制尚待與出土實物比定,一般認爲槀矢箭杆較長而盅矢較短。[①] 由漢簡中兵物資料可知,幾乎每個烽燧皆配備這兩種箭矢,一般配備數百枚不等。烽燧存放箭矢時要綴上簽牌,以標識種類和數量等信息:

(5) ▨ 第廿三燧槀、盅矢銅鍭百,完　　　　　(EPF22:469A)

(6) ▨ 居延甲渠第九燧
　　　槀矢銅鍭百,完　　　　　　　　　(額 2000ES9SF3:9A)

────────────

① 李天虹:《居延漢簡簿籍分類研究》第 94—95 頁;邢義田:《居延出土的漢代刻辭箭杆》,《地不愛寶:漢代的簡牘》,中華書局 2011 年,第 51—67 頁。按,孫機《漢代物質文化資料圖説》曾謂地下實物中有一種裝有很長鐵鋋的三翼鍭,鍭與鋋合長約漢制 1.6 尺,可能就是《方言》所謂"其三鐮長尺六者,謂之飛盅"之飛盅。但無論盅矢是否即文獻中的飛盅,這種長鋋箭矢應非漢簡中的盅矢。首先僅有金屬部分是無法發射的,如果加上箭杆,則這類箭矢應相當之長。其次,成本較高,可能是特製用品,很難像漢簡中那樣普遍列裝,居延地區也未發現。而邢義田提到史語所藏與居延舊簡同出的箭矢中,有杆、羽俱全,僅長 30 多釐米(約漢代 1.6 尺)者,最有可能就是盅矢。

(7) ◗ 大煎都厭胡燧　　　　　　　　　　　　　　　　（敦煌 1818A）

　　陷堅茧矢銅鏃

　◗ 五十,完　　　　　　　　　　　　　　　　　　　（敦煌 1818B）

"完"即完好無損之意。據漢簡資料,當時箭矢在裝備時一般以五十枚爲單位裝入一"蘭"(簡),配備給單兵使用。[①] 在存放狀態下,則似乎習慣將兩個單位的箭矢,即百枚置於一處,加綴一枚簽牌。簡(1)雖是箭矢簽牌,但不管是從形制、内容、格式上還是從所標識的數量上,都與(5)～(7)一類大相徑庭,顯然不是存放箭矢的簽牌,而是一種新見類型,其用途、用法尚需討論。我們頗疑它與折傷箭矢的管理有關,是候官屬下各部烽燧所配屬的兵器發生折傷現象後,向候官上交時所加綴的説明情況的標籤。

　　漢代西北邊塞各烽燧配備的弓弩、箭矢、有方、盾等兵器一般由候官、都尉府等上級單位負責發放,如"第二燧三石具弩一,建昭二年受官"(326・4)、"第廿燧卒□丘定,有方一,刃生,右卒兵受居延"(311・2)是其證。[②] 西北烽燧地處漢帝國邊防前哨,承擔着防禦外族入侵,保障國家安全的重要功能,故其所配兵器是否齊全完好,一直受到重視。候官下屬各部候長須逐月以"被兵簿"、"被兵名籍"等簿籍呈報所屬兵器狀況,[③]如:

	六石具弩二,完	蘭三,完	櫝☑
(8) 窮虜燧	三石具弩一,完	蘭冠三,完	
	弩幟三,完	有方一,完	
	稟矢銅鏃百五十,完		(EPT53:3)

(9) 戌卒魏郡元城臨河里郝更生	五石具弩一	稟矢銅鏃五十	蘭冠一　☑
	弩循一	蘭一	☑
			(EPT59:48)

候官一級單位還要將相關資料按年度彙總存檔。對於破損折傷的兵器,各烽燧還要

---

① 李天虹:《居延漢簡簿籍分類研究》第 93 頁。另外,百矢爲一單位,與西周金文對箭矢的記載相合,可見一脈相承之制。

② 311・2 之"居延"或以爲指居延縣,如趙寵亮:《行役戍備——河西漢塞吏卒的屯戍生活》第 261 頁。按,應以理解爲同屬軍事系統的居延都尉府更合理,且甲渠第廿燧接近居延中心區域,在一定情況下由都尉府武庫提供兵器,是可能的。

③ 李天虹:《居延漢簡簿籍分類研究》第 93、101 頁。

編制"兵完、折傷簿"等簿籍上報,由候官按月上報都尉府(EPT52:453),並至少每季度歸檔一次(174·34),其形式大致如下:

(10) □石具弩十,其四傷淵,獲胡、辟非、如意、臨渠。

　　　三石具弩四,皆傷。

　　　督十四,完。

　　　盾四,完。

　　　　　陷堅蚩矢五十,其五咋呼。

　　　　　稾矢千五十,其卅四咋呼:三辟非,十二如,二第六,八臨渠,廿一

　　　　　　完軍。

　　　　　蚩矢千二百,其卌咋呼:獲胡十八、辟非三、如意二、第六八、臨渠

　　　　　　六、完軍三。　　　　　　　　　　　　　　　　　　(75·17)

(11) 稾矢七,羽幣(敝)　　　　　　　　　　　　　　　　　　(45·14)

(12) ☑ 其二□□一完　　　　蘭四,其二組幣(敝)

　　　☑ 四羽幣(敝),可用　　　靳干二,其二□約解

　　　☑ 六十五咋呼　　　　　盾一,□靡　　　　　　(EPS4T2:76)

上舉諸簡中"傷淵"、"咋呼"、"幣(敝)"等是對兵器保存狀態的描述,傷淵指弩上的弓之淵部受傷,裘錫圭先生認爲弓之左右淵當指弓體部的彎曲部分。[1] 咋呼或寫作"斥呼",爲漢晉人常用語,是"坼罅"的假借,即破裂、裂縫之意。[2] 據漢簡資料可知,箭矢的折傷主要有箭杆"斥呼"和箭羽"敝"等,視具體情況還有"小斥呼"(136·11、154·16)之類區分程度。箭矢的折傷情況在存放箭矢的簽牌上也有所反映:

(13) ■第四燧弩稾矢銅鏃百,其卌二

　　　　完·五十八干(杆)咋呼,左下編　　　　　　　(EPS4T2:46)

(14) ●平望朱爵燧　蚩矢銅鏃百　　其卌四干(杆)斥呼

　　　　　　　　　　　　　　　　　五十六,完　　☑　　(敦煌2117)

上揭二簽牌應當是檢核完箭矢保存狀況之後,重新書寫製作的,以代替不合現狀的原有簽牌。(13)之"左下編"似尚無確解,頗疑是謂已將"干(杆)咋呼"的五十八枚稾矢揀出並單獨捆紮,放置於此簽牌所標識的四十二枚完整箭矢左下方。又如敦煌漢簡

① 裘錫圭:《漢簡零拾·弩弓各部位的名稱》,《文史》第十二輯,中華書局1981年,第30—32頁。
② 于豪亮:《〈居延漢簡甲編〉補釋》,《于豪亮學術文存》,中華書局1985年,第233頁;陳直:《居延漢簡研究》,天津古籍出版社1986年,第312頁。

2261是一枚簽牌,上書"●右卅五干(杆)斥呼",應屬同類簡牘。

　　除了這種例行的檢查與呈報外,上級部門派出官吏"行塞",巡視各部、燧時也會對烽燧的兵器狀況進行檢查,有時甚至還會有朝廷委派的官吏到邊塞"循邊兵"、"行邊兵"(如135·2、7·7A等所記)。這些過程中如發現問題,還會形成"舉書"以彰其過:

(15)　▨　地節四年三月
　　　　　　卒兵舉　　　　　　　　　　　　　　　　　(126·26A,B面同文)

(16)　糸弦諸兵物少、不足,各有數□如舉,作治□□□▨　　　(EPT6:67)

(15)爲文書簽牌,"卒兵舉"即關於吏卒兵器的"舉書",(16)之"如舉"是"如舉書"之省。其既言"作治",可能是對於某些缺損程度較輕的兵器先要責成部、燧戍卒就地修治,如:

(17) 第十五燧長李嚴	鐵鞮瞀二,中毋絮,今已裝。	五石弩一。左強三分。今已亭。
	鐵鎧二,中毋絮,今已裝。	稾矢十二,干(杆)咔呼,未能會。
	六石弩一,細緩,今已更細。	葟矢十三,干(杆)咔呼,未能會。

　　　　　　　　　　　　　　　　　　　　　　　　　　　　(3·26)

簡(17)可能是對"卒兵舉"一類文書的答覆,居延舊簡3·7也屬同類簿籍,惟殘損較嚴重。"未能會"或釋"未能會會",[①]居延舊簡3·7的同文例寫作"未能會會日",是其全稱,會日即限定的日期。由"今已裝"、"今已亭"來看,諸如盔甲缺絮、弩弓絅繩寬緩、左右力道稍微不均勻等較輕的問題,是可以由烽燧限期自行修治解決並上報的。但可能由於箭矢修理對技術和材料要求較高,"干(杆)咔呼"這樣的損傷,不是普通烽燧的條件可以解決的,故祇有箭矢"未能會會日"。對於無法就地修理的折傷的兵器,上級單位會發出檄文命令相關部燧上交,以換取新兵器:

(18) 元延二年八月乙卯,累虜候長敞敢言之。官檄曰:累虜六石弩一,傷右
　　 槫。受降燧六石弩二,其一傷兩槫,一
　　 傷右槫。遣吏持詣官,會月廿八日。謹遣驪喜隧長馮音持詣官,敢言之。

　　　　　　　　　　　　　　　　　　　　　　　　　　　　(170·5A)

---

① 釋文異同可參謝桂華、李均明、朱國炤:《居延漢簡釋文合校》第3頁;《中國簡牘集成》編輯委員會編:《中國簡牘集成(標注本)》第五冊第6頁。學者或誤認爲此處"會"指召會,是匯報折傷情況,説見朱慈恩:《漢代邊防職官行塞制度述論》,碩士學位論文,華東師範大學2006年,第21頁。

(19)▨九枚,幣(敝)。謹遣尉史承禄齎弩、靳(旃)幡詣府。　　　　　(57・11)

由(18)知各燧兵器由所在的部統一上繳,而且明文規定須以吏而非戍卒致送,亦可見其較爲重視。(19)中的物品還要由候官送到更高一級的都尉府。各部、燧吏"詣官"上交折射兵器這一過程在漢簡中可以稱爲"還",如下揭諸例:

(20)　隧長張嘉,休,還四月(?)兵物　　　　　　　　　　　　(EPT17:4)

(21)　士吏、候長、候史還盾、有方課,言府①　●一事一封▨　(EPT52:408)

(22)　▨部　稟矢九百,在官,其百五十斥呼,未還。　●笚矢百,見。
　　　　　　見韋百五十。　　　　　　　　　　　　　　　　　(EPF22:624)

簡(20)爲草書,"還"與"兵物"之間的文字作 ·四 、卩4 形,或釋"月官",或以二字以爲一字,釋"官",皆不可信。② 可能是作爲文書草稿,書寫時顛倒了"四月"二字所致,但此簡無疑是爲交還兵物的記録。簡(21)爲"封刺",即發文記録,"●"之前的文字是文書提要,所發公文是甲渠候官各部吏交還兵器的考核記録,收文單位爲居延都尉府。(22)之"未還"明顯應是未交還的意思。

　　我們前文已論證簡(1)背面第一字應當釋"還",再聯繫簡文語境可知其含義和用法與上舉三簡中的還字正屬一類,都是交還折傷兵器的意思。一個烽燧一次交還二十餘枚折傷箭矢,與簿籍所載可對應,數量上也合情合理。據此,簡(1)這枚簽牌應當用於居延甲渠第十八燧向甲渠候官交還折傷箭矢的過程中。正面提到的二十四枚箭矢應當是該燧出現折傷情況的稟矢和笚矢總數,背面則應是指要其中需要上交的二十二枚。至於最後未上交的兩枚稟矢,可能是因爲尚可使用抑或已經修理好。簽牌的製作應當是在第十八燧完成的,兩面並非一次書寫而成,字體上也不一致,正面書寫較早,背面爲後來補充。簽牌書寫完成之後加綴於應交還的二十二枚箭矢上,先後致送到第十七部和甲渠候官。各烽燧交還的折傷兵器集中到候官後,有的需修繕,有的需毀棄,有的還可能繼續上交,③都要儘快分選處理,因此這類簽牌顯然是臨時標記而非長期使用,應用周期較短。如此我們也就不難理解其製

———————————————

① 《集成》標點爲"還盾、有方,課言府",不確,此類簡文依格式應在"課"後斷句,相關文例可參考李均明:《秦漢簡牘文書分類輯解》,文物出版社 2009 年,第 429—431 頁。

② 甘肅省文物考古研究所等編:《居延新簡——甲渠候官與第四燧》,文物出版社 1990 年,第 66 頁;《中國簡牘集成》編輯委員會編:《中國簡牘集成(標注本)》第九冊,敦煌文藝出版社 2001 年,第 157 頁。

③ 李天虹:《居延漢簡簿籍分類研究》第 106 頁;趙寵亮:《行役戍備——河西漢塞吏卒的屯戍生活》第 263 頁。

作和書寫何以如此草率。

由簡(1)的改釋我們發現了明確寫有"還"字的兵器簽牌,證明了漢代邊塞折傷兵器歸還過程中需要用到這種臨時的簽牌。有它作爲基準,我們可以對下面兩枚簡牘(圖2)的性質作出推定:

(23) ●次吞燧𧬅矢五,小唶呼,詣官。　　　(145·16)

(24) 第卅一隧長王猛 三石承弩一,傷一淵,循(幡)一幣(敝),
　　　二年兵。　　　　　　　　　　　　　　(EPT53:78)

145·16　　EPT53:78

圖2

二簡均出甲渠候官,皆單面書寫,簡下端平齊,未見殘斷,前兩字之間的位置皆有契口。簡(23)尺寸爲 10.5×1.1 釐米,(24)爲 10.3×1.8 釐米,都與簡(1)的長度近似,而稍短於漢尺的半尺,這樣的長度顯然是不適合編入漢代最常見的一漢尺規格爲主的簡册中的。再參照契口的形制和簡文内容,它們應當都是與交還折傷兵器有關的簽牌。另外,三簡寬度與漢簡中常見的"札"(單行)或"兩行"簡大致相當,而長度約合大多數簡牘(1 漢尺)的一半。類似的簽牌漢簡中較常見,多屬比較簡易者,可能不需要專門製作,而是取常用的一漢尺長的木簡從正中橫斷後,再剗出契口即可。

次吞燧和第卅一燧都是甲渠候官所屬的基層部燧,分屬吞遠、鉼庭兩部候長統轄。簡(23)所謂"詣官"應即指遣人赴候官交還這五枚折傷的箭矢,與我們前面所描述的過程正可相應,箭矢數量上也合乎情理。簡(24)在描述弩的折傷情況後加注"二年兵"三字,在漢簡中是比較少見的,推考文義,"二年"所指應當是該弩發放的時間,即與書寫時間屬同一年號的某"二年",故可以不必專門指出。這樣標注的目的或與交還折傷兵器時便於核對之前記載配發信息的簿錄有關。這兩枚簽牌中(23)更可能在次吞燧上一級的吞遠部製作,(24)則不能排除在第卅一燧即製作完成的可能性,然後隨所標識的折傷兵器一起被送到更高級別的甲渠候官。值得注意的是,簡(1)、(23)、(24)同爲歸還折傷兵物時使用的簽牌,但它們的簡文内容除了皆標明兵器名稱及原屬信息外,似乎並無嚴格的書寫格式,而是隨具體情況有所變化,這可能與它們祇是起臨時標識作用,祇需讓經手人明白情況即可,故不必規定專門的程式有關。另外,河西屯戍漢簡中時見一些原屬某烽燧的實物簽牌,出土地卻在候官或其他烽燧遺址中,它們之中是否也有與折傷器物的交還有關者,是值得考慮的。而在通過所出漢簡比定烽燧的漢代名稱的研究中,這種因素也是應考慮在内的。[①]

　　要之,簡(1)、(23)、(24)這三枚簽牌是漢代邊塞折傷兵器交還過程中使用過的簽牌實物。它們的重新釋讀與歸類,不但深化了對"簽牌(楬)"這類特殊簡牘本身形制和用途的認識,也提供了新的材料,使我們對河西漢塞兵器管理中折傷兵器繳還的具體操作流程有了更加完整的把握,從而進一步加深對漢邊塞兵器管理制度的認識。

　　附記: 初稿寫成後曾蒙吴振武師、林澐先生及同窗胡永鵬兄審閱指正,謹致謝忱。

[①] 在比定漢塞遺址性質的研究中,封檢和簽牌所記録的燧名的重要性顯然要高於文書類的簡牘,但是有時也會産生一些問題,如居延舊簡中出於甲渠塞 A6(可能是 T11)遺址者有"第十六燧"的簽牌和封檢,而額濟納漢簡出土後,學者多認爲 T9 爲第十六燧。邢義田先生曾對類似情況提出疑問,説見邢義田:《全球定位系統(GPS)、3D衛星影像導覽系統(Google Earth)與古代邊塞遺址研究——以額濟納河烽燧與古城遺址爲例(增補稿)》,《地不愛寶: 漢代的簡牘》,中華書局 2011 年,第 230—236 頁。

簡牘文獻所見漢代的縣級政區"邑"*

鄭　威

漢代的縣級政區有縣、道、邑、侯國等幾種,性質各不相同。《漢書·百官公卿表》曰:"列侯所食縣曰國,皇太后、皇后、公主所食曰邑,有蠻夷曰道。"《續漢書·百官志》稱:"凡縣主蠻夷曰道,公主所食湯沐曰邑。"《漢書·地理志》(下文簡稱《漢志》)中,凡爲侯國或道的縣級政區,均有明文標出,唯有"邑"未加區分,常與縣合稱。如關於縣級政區的數量,《漢志》曰:"縣邑千三百一十四,道三十二,侯國二百四十一。"將道、侯國單列,而將縣、邑合稱,導致很難窺得邑的真實面貌。

近代以來,漢代簡牘材料的出土和整理,爲邑的研究提供了一些新資料,但研究成果不多。目前僅見有馮小琴的《居延敦煌漢簡所見漢代的"邑"》一文,對居延及敦煌漢簡所見的邑進行了初步的探討。① 近幾年新公佈的肩水金關漢簡等簡牘文獻中,有不少新見之"邑"。因此,本文擬重新梳理漢簡材料,重點討論"邑"的性質、分佈等問題,不當之處,祈請方家正之。

一、縣級政區"邑"的性質

出土於江蘇省東海縣的尹灣漢墓簡牘(下文簡稱"尹灣漢牘"),對我們了解邑的性質很有幫助。尹灣漢牘的書寫年代爲西漢晚期成帝之時,與《漢志》所載的政區年代最爲接近。牘文中的六種行政文書,涵蓋了東海郡的政區與吏員設置等內容。在

* 本文爲國家社科基金一般項目"出土文獻所見戰國秦漢楚地郡縣研究"(14BZS015)及 2015 年武漢大學自主科研項目(人文社會科學)"新出簡牘所見秦漢郡縣研究"成果,得到"中央高校基本科研業務費專項資金"資助。

① 馮小琴:《居延敦煌漢簡所見漢代的"邑"》,《敦煌研究》1999 年第 1 期,第 78—89 頁。

政區設置上,牘文所記與《漢志》東海郡部分基本吻合,其中一個較爲顯著的不同,是牘文對東海郡所轄的縣、邑有明確的區分,而《漢志》則統稱爲縣。牘文稱:"縣、邑、侯國卅八:縣十八,侯國十八,邑二。"(牘 YM6D1)①這兩個邑是朐與況其。

　　從牘文所載的《東海郡吏員簿》(牘 YM6D2)、《東海郡下轄長吏名籍》(牘 YM6D3～4)來看,東海郡所轄縣級政區的排列,基本上遵循先縣邑、後侯國的順序。朐邑、況其邑雜入十八個縣中,未單獨列出。

　　　　朐吏員八十二人:令一人,秩六百石;丞一人,秩三百石;尉二人,秩三百石;鄉有秩一人;令史三人;獄史二人;官嗇夫四人;鄉嗇夫六人;遊徼二人;牢監一人;尉史二人;官佐四人;鄉佐六人;亭長卅七人。凡八十二人。

　　　　況其吏員五十五人:長一人,秩四百石;丞一人,秩二百石;尉二人,秩二百石;令史四人;獄史二人;官嗇夫二人;鄉嗇夫五人;遊徼三人;牢監一人;尉史三人;官佐六人;鄉佐二人;亭長廿三人。凡五十五人。

　　　　　　　　　　　　　　　　　　　(《東海郡吏員簿》,牘 YM6D2 正)

朐、況其兩邑設邑令(長)、邑丞、邑尉等,吏員的配置與其他諸縣相同。而侯國設相、侯家丞等,與邑明顯不同。廖伯源先生指出:"縣邑雜列,顯示行政上縣與邑無差別,故行政文書中不必分開。此其一。縣與邑屬吏之吏名與吏員,並無不同,與侯國吏員中有侯家臣若干人大異。此其二。邑無家臣,顯示邑之爲太后、皇后、公主湯沐邑,以太后、皇后、公主不居於其湯沐邑,故邑中並無家吏。"②正是由於縣、邑行政上大致相同,載於簡牘的行政文書纔未加區分,混列一處。而班固所依據的西漢晚期的材料,性質或與之近似,因此寫作《漢志》時亦沿襲下來。

　　記載這兩個邑或邑內吏員的文字,有時會加"邑"字説明,有時又不加"邑"字。明確稱邑的情況居多,以與縣相別,體現了"邑"的特殊性質。如:

　　　　朐邑令,[沛][郡]……遷。
　　　　朐邑丞,臨淮郡取慮楊明,故長……,以功遷。
　　　　朐邑左尉,楚國畜丘田章始,故東郡大守文學,以廉遷。
　　　　朐邑右尉,楚國彭城□殷,故相書佐,以廉遷。

　　　　　　　　　　　　　　　　(《東海郡下轄長吏名籍》,牘 YM6D3 正)

---

① 本文所引尹灣牘文内容以張顯成、周群麗《尹灣漢墓簡牘校理》(天津古籍出版社 2011 年)爲準。除有特殊説明外,不再注出。
② 廖伯源:《簡牘與制度:尹灣漢墓簡牘官文書考證(增訂版)》,廣西師範大學出版社 2005 年,第 177—178 頁。

胊邑丞楊明,十月五日上邑計。

[況]其邑左尉宗良,九月廿三日守丞上邑計。

況其邑丞孔寬。

(《東海郡下轄長吏不在署、未到官者名籍》,牘 YM6D5 正)

其中最引人注目的是胊邑丞、況其邑左尉"上邑計"的記載。在牘文中,上邑計祇存在於這兩個邑中,説明是邑所獨有的上計制度。滕昭宗先生指出這是湯沐邑向公主等邑主上計的制度,對象是"長安城内之公主府或管理公主府之宗正府"。① 廖伯源先生有更細緻的分析,指出了縣、邑、侯國在上計制度方面的差異:

東海郡有 18 侯國,侯國亦當向封邑主(列侯)上計,漢文帝二年之後,列

侯例居其國,侯國相應在侯國内完成向列侯之上計手續。

縣、邑之差異,前此僅知皇太后、皇后、公主所食縣曰邑。今據此二條牘

文,推考邑除與縣一般,得上計於郡外,邑尚須另向其邑主(在京師之皇太后

或皇后或公主)上計。②

廖伯源先生指出,上邑計一般由邑丞完成,如胊邑丞之例。如果邑丞未到官,則臨時派遣其他官員完成,況其邑就是這種情況。他談道:

此牘文第 97-1 條"[況]其邑左尉宗良九月廿三日守丞上邑計",況其邑

爲皇太后或皇后或公主之食邑,況其邑除向東海郡上計外,又向其邑主上

計。而向邑主上計,例遣邑丞。因況其邑丞孔寬未到官,乃遣況其左尉臨時

守丞事奉計。③

就上計制度而言,縣上計於郡,侯國、邑則既要上計於郡,又須上計於列侯、邑主,體現了郡及封建領主對它們的雙重管理體制。

由此可知,邑是一種既不同於縣,又不同於侯國的縣級政區。作爲封建領主,邑主不居邑,與居國的列侯不同。因此,在吏員配置上,侯國内有侯家丞,以侯家丞爲中心,還有僕、行人、門大夫、先馬(洗馬)、中庶子等爲侯府服務的人員,而邑内則無需這些人員,吏員配置與縣無别,行政體系估計也大致相當。當然,邑内的邑丞等官員需要定期向邑主上計(邑丞不在官時,由邑尉等替補)並繳納賦税收入,這是邑與縣的重

---

① 滕昭宗:《尹灣漢簡所見上邑計》,《中國文物報》1998 年 7 月 8 日,第 3 版。

② 廖伯源:《簡牘與制度:尹灣漢墓簡牘官文書考證(增訂版)》第 200 頁。

③ 廖伯源:《簡牘與制度:尹灣漢墓簡牘官文書考證(增訂版)》第 212 頁。

要區別。

作爲縣級政區的一種,邑常與縣、道、侯國並稱,説明邑有其獨特性,不能以縣或侯國替代之。在傳世文獻之外,簡牘行政文書中有更多這方面的材料,如:

　　取傳之居延過所縣邑侯國勿苛留如律令　　　　　　　　(居延漢簡 140.1A)①

　　移過所縣邑毋苛留如律令　　　　　　　　(肩水金關漢簡 73EJT2：9A)②

　　毋獄事當爲傳移過所縣道邑毋可留敢　　　　　　(金關漢簡 73EJT2：56A)

　　☐過所縣邑侯國關門亭河津毋苛留☐　　　　　　(金關漢簡 73EJT9：247)

　　正月丙寅温守丞禹移過所縣邑侯國河津關如律令

　　　　　　　　　　　　　　　　　　　　　　　(金關漢簡 73EJT21：104)

簡牘文書中,若某縣級政區爲邑,一般在地名之後加“邑”字加以標示,道、侯國也有類似的情形,而作爲縣級政區主體部分的縣名,往往省去“縣”字。以居延、敦煌、肩水金關等西北漢簡爲例,行政文書中有大量的名縣爵里資料,用以標示一個人的基本身份。作爲行政文書,這些資料需要客觀而精確,可信程度自然很高。其中不少名籍中的縣級政區地名後綴有“邑”字,即以“地名＋邑”的形式出現,這些地方無疑就是邑,與尹灣漢牘中的況其、朐性質相同。

班固稱“皇太后、皇后、公主所食曰邑”,《漢舊儀》則言“内郡爲縣,三邊爲道,皇后、太子、公主所食爲邑”,③又云“皇后、太子各食四十縣,曰湯沐邑”。④ 依據柳春藩先生的研究,湯沐邑的邑主,既包括公主、皇后、皇太后等宗室、外戚中的貴婦,也包括王子(未封侯者)、翁主(王女,又稱王主)、王太后、王后等王國貴婦,甚至還有帝王自己的湯沐邑,如高祖以沛爲湯沐邑即是一例。⑤ 可知一些男性貴族也有湯沐邑。不過,邑主仍應以女性貴族爲主體。

除湯沐邑外,縣級政區中,還有一些稱“邑”的情形。

其一爲陵縣,其正式名稱是陵邑。西漢諸帝后有在陵寢附近設縣的傳統,稱陵

---

① 本文所引居延漢簡材料,均依據謝桂華、李均明、朱國炤:《居延漢簡釋文合校》(文物出版社 1987 年),除特別説明外,不再注出。

② 本文中,肩水金關漢簡省稱“金關簡”或“金關漢簡”。所引簡文出自甘肅簡牘研究中心等編《肩水金關漢簡(壹)》(中西書局 2011 年)、《肩水金關漢簡(貳)》(中西書局 2012 年)、《肩水金關漢簡(叁)》(中西書局 2013 年),除有特殊説明外,不再注出。

③ 孫星衍等輯:《漢官六種》,中華書局 1990 年,第 82 頁。

④ 孫星衍等輯:《漢官六種》第 80 頁。

⑤ 柳春藩:《秦漢封國食邑賜爵制》,遼寧人民出版社 1984 年,第 108—113 頁。

縣,又稱陵邑。相關記載如:"置陽陵邑";[①]"初置茂陵邑";[②]"玄成兄弘爲太常丞,職奉宗廟,典諸陵邑";[③]"元帝永光元年,分諸陵邑,屬三輔"等。[④] 不過,這些記載僅見於傳世文獻,出土文獻中未見將帝后陵縣稱邑的例證。

其二爲奉郊縣,也稱奉郊邑。是爲了郊祀封禪而設置的縣級政區,周振鶴先生總結認爲西漢時期典型的奉郊縣(邑)有五個,即奉高邑、崇高邑、雍縣、汾陰、雲陽。[⑤]

其三是侯國別邑,指的是侯國在外郡所領有的飛地性質的封地,往往稱"邑",馬孟龍先生對此有較爲細緻的分析。目前可稽考的侯國別邑僅有兩例,一爲富平侯元城邑,見於居延新簡 EPT51.533"☐魏郡富平侯元城邑安昌里王青☐",[⑥]是陳留郡之富平侯在魏郡的別邑;一爲襄平侯中廬,是沛郡之襄平侯在南郡的別邑。[⑦] 新公佈的肩水金關漢簡 T25:89 有簡文曰"戍卒魏郡元城邑多禾里大夫鄭☐",當亦是富平侯之元城邑,省去了"富平侯"三字。由此看來,侯國別邑亦可省稱爲"地名+邑"的形式,從行文格式上很難與湯沐邑相區別。

出土文獻中,"地名+邑"諸例中,尚未發現陵邑和奉郊邑,所見的縣級政區"邑",大體上應是湯沐邑和侯國別邑,而又以湯沐邑爲主。對列侯來說,爵位可以世襲傳承,侯國亦可世代延續,而侯國別邑的設置臨時性較强,隨時可能廢邑爲縣。[⑧] 而湯沐邑有着與侯國別邑相同的特點。《後漢書·皇后紀》曰:"其皇女封公主者,所生之子襲母封爲列侯。"作爲邑主主體的貴婦,去世之後,其湯沐邑或收歸漢廷,或由其子承襲,轉而成爲侯國。無論如何,都不再稱邑。這樣看來,不管是哪種類型的邑,其置廢變化較侯國更爲頻繁,也更難稽考。

---

① 《史記·漢興以來將相名臣年表》。

② 《漢書·武帝紀》。

③ 《漢書·韋賢附子玄成傳》。

④ 《漢書·百官公卿表上》。

⑤ 周振鶴:《西漢縣城特殊職能探討》,原載《歷史地理研究》第 1 輯,復旦大學出版社 1986 年,收入《周振鶴自選集》,廣西師範大學出版社 1999 年,第 15—35 頁。

⑥ 本文所引居延新簡文字,均以馬怡、張榮强所編《居延新簡釋校》(天津古籍出版社 2013 年)爲準。除有特殊説明外,不再注出。這支簡中的"魏"字從馬孟龍所釋,參看馬孟龍:《松柏漢墓 35 號木牘侯國問題初探》,《中國史研究》2011 年第 2 期,第 29—45 頁。

⑦ 參看馬孟龍:《松柏漢墓 35 號木牘侯國問題初探》。

⑧ 參看馬孟龍:《松柏漢墓 35 號木牘侯國問題初探》。

二、簡牘文獻中的縣級政區"邑"

除了東海郡所管轄的朐、況其之外,尹灣牘文還記載了一些外郡的縣級政區"邑",有些邑同時見於其他簡牘材料,説明其長期存續,性質較爲穩定。依據各類漢代簡牘所見邑的屬郡,可逐一羅列如下。

(一) 南陽郡

1. 堵陽邑

利成右尉,南陽郡堵陽邑張崇,故亭長,以捕格山陽賊尤異除。

(尹灣漢牘 YM6D3)

《漢志》南陽郡下有堵陽縣,在今河南方城縣城關鎮東。[1] 堵陽又見於居延新簡:"戍卒南陽郡堵陽北舒里公乘李國"(EPT51.305),"☒郡堵陽淵里李可"(EPW7)。説明堵陽曾爲縣,亦曾爲邑。

2. 湼陽邑

[繒]左尉,南陽郡湼陽邑幾級,故亭長,以捕格山陽賊尤異除。

(尹灣漢牘 YM6D3 反)

湼陽,《漢志》作"涅陽",屬南陽郡。"湼陽邑"之名亦見於居延新簡:

戍卒南陽郡湼陽邑東城里公乘何鎮年廿四河平四年七月甲戌渡河☒

(居延新簡 EPT52.44)

河平四年,即公元前 25 年,較尹灣簡牘時代稍早,都在漢成帝時期。這兩條材料可以互證,説明成帝時湼陽曾爲邑。湼陽在今河南鄧州市穰東鎮翟莊村張寨,[2]高帝七年至文帝五年(前 200—前 175)間曾爲侯國。[3] 國除之後,設邑之前,湼陽當長期爲縣。東漢光武帝建武十五年(39 年),湼陽曾再次成爲湯沐邑。《後漢書》載:"皇女中禮,十

---

[1] 國家文物局主編:《中國文物地圖集·河南分册》之《方城縣文物圖·堵陽東陂遺址》,中國地圖出版社 1991 年,第 572 頁(文物單位簡介)、第 234 頁(圖版)。

[2] 國家文物局主編:《中國文物地圖集·河南分册》之《鄧州市》,第 558 頁(文物單位簡介)、第 231 頁(圖版)。

[3] 馬孟龍:《西漢侯國地理》第 383 頁。

五年封涅陽公主,適顯親侯大鴻臚竇固,肅宗尊爲長公主。"①肅宗即章帝,公元 76 至 88 年在位。可見東漢時期,涅陽爲公主湯沐邑的時間較長。有"涅陽邑空丞"印,②當是涅陽邑内吏員所用。

3. 冠軍邑

☑陽郡冠軍邑中都里公乘鄧苟年☑　　　　　　　　　(居延漢簡 230.1)

☑冠軍邑市陰里☑　　　　　　　　　　　　　　　(居延漢簡 230.14)

戍卒南陽郡冠軍邑長里射嬰年卅八　　　(金關漢簡 73EJT10:298)

冠軍邑安甯里張輔年卅☑　　　　　　(金關漢簡 73EJT25:171)

除稱邑外,還有冠軍稱縣的材料:

累虜隊戍卒南陽郡冠軍縣憨衆里☑　　　　　(居延漢簡 327.11)

從者南陽冠軍宣□☑　　　　　　　　　　　(居延漢簡 504.10)

《漢志》南陽郡有冠軍縣。冠軍也曾封侯,爲侯國,存在年代爲元朔六年四月至元封元年(前 123—前 110),地節三年四月至地節四年(前 67—前 66),③地在今河南鄧州市張村鎮冠軍村。④

4. 舞陰邑

戍卒南陽郡舞陰邑□☑　　　　　　　　　　(居延漢簡 101.34)

簡文另有舞陰縣的材料:

舞陰趙盖衆署第廿三隊　　　　　　(居延新簡 EPT51:227B)

戍卒南陽郡舞陰辜里李☑　　　　　(金關漢簡 73EJT8:41)

《漢志》南陽郡有舞陰縣,地在今河南泌陽縣北部的羊冊鄉古城村,⑤據簡文可知曾爲邑。

5. 穰邑

穰邑臨渴里萬□　　　年廿七　　☑　　　(金關漢簡 73EJT6:96)

---

① 《後漢書·皇后紀下附皇女紀》。

② 羅福頤:《漢印文字徵》,文物出版社 1978 年,第十一部分第 9 頁。

③ 馬孟龍:《西漢侯國地理》第 453、485 頁。

④ 國家文物局主編:《中國文物地圖集·河南分册》之《鄧州市》,第 559 頁(文物單位簡介)、第 230 頁(圖版)。

⑤ 國家文物局主編:《中國文物地圖集·河南分册》之《泌陽縣》,第 457 頁(文物單位簡介)、第 198 頁(圖版)。

穰邑固里謝護錢千☑　　　　　　　　　（居延新簡 EPT51：167）

☑穰邑西里張賢　　　　　　　　　　　（居延新簡 EPT52：92）

穰邑西里張鎮　　　　　　　　　　　　（居延新簡 EPT52：93）

穰邑長安里房和　　　　　　　　　　　（居延新簡 EPT52：94）

穰邑陬里董次夫①　　　　　　　　　　　（居延漢簡 50.23）

南陽郡穰邑☑　　　　　　　　　　　　（居延漢簡 135.5）

戍卒南郡穰邑□里　　　　　　　　　　（居延漢簡 326.8A）

　　陳直先生指出，最後一條簡文之"南郡"當爲"南陽郡"之誤書。②《漢志》南陽郡有穰縣，地在今河南鄧州市市區小東門外賈莊一帶，③據簡文可知曾爲邑。

　　6. 宛邑

戍卒南陽郡宛邑臨洞里魏合衆衣橐　　　（居延新簡 EPT51：149）

簡文另有宛縣的材料：

甘露四年二月己酉朔丙辰南鄉有秩過佐賴敢告尉史宛當利里公乘陳賀

年卌二　　　　　　　　　　　　　　　（金關漢簡 73EJT10：121A）

南陽郡宛縣柏楊里段帶　　　　　　　　（金關漢簡 73EJT10：267A）

甘露四年即公元前 50 年，這一年有宛稱縣，不知何時曾稱邑。《漢志》南陽郡有宛縣，在今河南南陽市老城區東北蔡莊村。④

　　7. 博望邑

戍卒南陽博望邑徐孤里蔡超年卌八　　　（金關漢簡 73EJT2：4）

　　另有簡文曰"戍卒南陽郡博士度里公乘張舜年卌"(73EJT10：103)，"博士度里"是"博望士度里"省稱，⑤此簡博望爲縣。博望也曾封侯，三度置侯國，存續年代爲元朔六年(前 123)三月至元狩二年(前 121)、元康三年(前 64)三月至河平四年(前 25)、元

---

① 本簡"穰"字從裘錫圭先生所釋，參看裘錫圭：《〈居延漢簡甲乙編〉釋文商榷(續三)》，《人文雜志》1982 年第 5 期，第 103 頁。

② 陳直：《居延漢簡研究》，中華書局 2009 年，第 409 頁。

③ 國家文物局主編：《中國文物地圖集·河南分冊》之《鄧州市》，第 558 頁(文物單位簡介)、第 231 頁(圖版)。

④ 國家文物局主編：《中國文物地圖集·河南分冊》之《南陽市》，第 526 頁(文物單位簡介)、第 221 頁(圖版)。

⑤ 此從周波：《説肩水金關漢簡、張家山漢簡中的地名"贊"及其相關問題》，《出土文獻研究》第十二輯，中西書局 2014 年，第 286—309 頁。

延二年(前 11)六月至西漢末。① 《漢志》仍稱博望侯國,地在今河南方城縣博望鎮老街一帶。② 博望邑的設置當不在博望侯國時期。

8. 鄧邑

　　　治渠卒南陽郡鄧邑陽里公乘胡凡年卅　　　　　　(金關漢簡 73EJT31:70)

《漢志》南陽郡有鄧縣,地在今湖北省襄陽市西北團山鎮鄧城村南。③

(二) 潁川郡

1. 襄城邑

　　　戍卒潁川襄城邑中費里☑　　　　　　　　　　　(居延漢簡 484.47)

襄城,又常作"襄成",曾兩爲侯國,存續年代爲高后元年(前 187)四月至高后二年(前 186)、元朔四年(前 125)七月至后元二年(前 87)。④ 《漢志》潁川郡有襄城縣,地在今河南省襄城縣縣城西北隅。⑤

2. 陽翟邑

　　　☐☐☐年六月丁巳朔庚申陽翟邑獄守丞就兼行丞事

　　　　　　　　　　　　　　　　　　　　　　　(居延漢簡 140.1A)

　　　戍卒潁川郡(陽)翟邑陽郵里公乘司馬乙年卌四⑥

　　　　　　　　　　　　　　　　　　　　　　　(金關漢簡 73EJT9:81)

　　　☑☐潁川郡陽翟邑汲陽里張樂年廿八　　　(金關漢簡 73EJT9:206)

　　　陽翟邑東平里史明　　　　　　　　　　　　(敦煌漢簡 1735)⑦

　　　戍卒,潁川郡陽翟邑步利里,公乘,成遺,年卅六　(敦煌漢簡 2051)

　　　戍卒,潁川郡陽翟邑定翹里,幹赤,病死　　　(敦煌漢簡 2267)

---

① 馬孟龍:《西漢侯國地理》第 453、490、517 頁。

② 國家文物局主編:《中國文物地圖集・河南分册》之《方城縣》,第 572 頁(文物單位簡介)、第 235 頁(圖版)。

③ 國家文物局主編:《中國文物地圖集・湖北分册》之《襄樊市》,西安地圖出版社 2002 年,第 61 頁(文物單位簡介)、第 132 頁(圖版)。

④ 馬孟龍:《西漢侯國地理》第 401、447 頁。

⑤ 國家文物局主編:《中國文物地圖集・河南分册》之《襄城縣》,第 87 頁(文物單位簡介)。

⑥ "翟邑"當是"陽翟邑"之省稱。

⑦ 本文所引敦煌漢簡材料,均以白軍鵬《"敦煌漢簡"整理與研究》(博士學位論文,吉林大學 2014 年)爲準。除有特殊説明外,不再注出。

潁,出土文獻常作"穎",潁川即穎川。另有簡文曰"穎川郡陽翟畸里召☒"(金關漢簡 73EJT25：99),此陽翟應爲縣。《漢志》潁川郡有陽翟縣,在今河南省禹州市朱閣鄉八里營村北側。①

3. 郟邑

罷戍卒穎川郡郟邑東☒　　　　　　　　　　　(金關漢簡 73EJT10：196)

戍卒,穎川郡郟邑子長里,狐柱　　　　　　　　　　　(敦煌漢簡 817)

另有簡文曰"戍卒穎川郡郟翟里成適年卅二"(居延漢簡 32.7),"富貴隧戍卒,穎川郡郟業丘里張丁"(敦煌漢簡 829A),此郟當爲縣。《漢志》潁川郡有郟縣,在今河南郟縣治。②

4. 傿陵邑

騎士兆☐公,穎川郡鄢陵邑廣☐里☐☐☐　　　　　　(敦煌漢簡 2111)

☒傿陵邑東中里公乘壽未央☒　　　　　　(金關漢簡 73EJT2：61)

戍卒穎川郡傿陵邑步里公乘舞勝聖年卅黑中長七尺四寸

　　　　　　　　　　　　　　　　　　　(金關漢簡 73EJT3：95)

"傿陵"又常作"鄢陵"。另有簡文曰"安土燧戍卒穎川傿陵臺里傅固"(金關漢簡 73EJT24：261),此傿陵當爲縣,《漢志》屬潁川郡。出土封泥有"傿陵丞印",③應是傿陵縣丞用印。傿陵亦曾封侯,爲侯國,存續年代爲高帝十二年(前 195)六月至文帝七年(前 173),④地在今河南鄢陵縣彭店鄉古城村、田崗村一帶。⑤

5. 郾邑

☒郾邑武里張年　　　　　　　　　　　(居延新簡 EPT7：8)

另有簡文曰"郾定陽里高顧"(居延漢簡 44.18)、"郾軍陽里"(居延漢簡 272.11)、"戍卒穎川郾萬年里記固"(敦煌漢簡 1306),此郾應指郾縣。《漢志》郾縣屬潁川郡,在今河南省漯河市郾城區城關鎮古城村。⑥

---

① 國家文物局主編:《中國文物地圖集·河南分册》之《禹州市》,第 319 頁(文物單位簡介)、第 159 頁(圖版)。
② 周振鶴編著:《漢書地理志彙釋》,安徽教育出版社 2006 年,第 111 頁。
③ 趙平安:《秦西漢印章研究》,上海古籍出版社 2012 年,第 365 頁。
④ 馬孟龍:《西漢侯國地理》第 398 頁。
⑤ 國家文物局主編:《中國文物地圖集·河南分册》之《鄢陵縣》,第 328 頁(文物單位簡介)、第 161 頁(圖版)。
⑥ 國家文物局主編:《中國文物地圖集·河南分册》之《郾城區》,第 333 頁(文物單位簡介)、第 163 頁(圖版)。

6. 潁陽邑

　　潁陽邑元康元年九月

　　□□調三千　　　　　　　　　　　　　　（居延漢簡 183.18A）

　　潁陽即潁陽。元康爲漢宣帝年號,元康元年爲公元前 65 年,潁陽在這一年爲邑。《漢志》潁陽縣屬潁川郡,地在今河南襄城縣潁陽鄉小河村西北。①

7. 臨潁邑

　　田卒潁川郡臨潁邑鄭里不更范後年廿四　　　（金關漢簡 73EJT3：96）

　　臨潁即臨潁。另有簡文"臨潁定里斡賞"(居延新簡 EPT51：384),此臨潁當爲縣。《漢志》潁川郡有臨潁縣,地在今河南臨潁縣西。②

8. 長社邑

　　田卒潁川郡長社邑潁里韓充年廿四　　　　（金關漢簡 73EJT3：97）

　　戍卒潁川郡長社邑重里公乘成朔年廿八　　　（金關漢簡 73EJT6：48）

　　另有簡文記曰"戍卒潁川郡長社臨利里樂德同縣安平里家橫"(居延新簡 EPT57：85),記載了兩個均來自長社縣的戍卒。《漢志》長社縣屬潁川郡,地在今河南省長葛市東。③

9. 潁陰邑

　　戍卒潁川郡潁陰邑真定里公乘仁青跗明年卅四（金關漢簡 73EJT8：7）

　　戍卒潁川郡潁陰邑西時里鄭未央年卅四長七尺二寸

　　　　　　　　　　　　　　　　　　　　　　（金關漢簡 73EJT8：33）

　　戍卒潁川潁陰邑真定里公乘司馬如年冊一長七尺二寸

　　　　　　　　　　　　　　　　　　　　　　（金關漢簡 73EJT8：73）

　　潁川郡潁陰邑□☑　　　　　　　　　　　（金關漢簡 73EJT31：1）

　　潁陰即潁陰。潁陰曾封侯,爲侯國,存續年代爲高帝六年正月至武帝建元六年(前 201—前 135),④地在今河南省許昌市。⑤

---

① 國家文物局主編:《中國文物地圖集・河南分冊》之《襄城縣》,第 85 頁(文物單位簡介)、第 86 頁(圖版)。

② 周振鶴編著:《漢書地理志彙釋》第 112 頁。

③ 周振鶴編著:《漢書地理志彙釋》第 110 頁。

④ 馬孟龍:《西漢侯國地理》第 371 頁。

⑤ 周振鶴編著:《漢書地理志彙釋》第 111 頁。

(三) 汝南郡

1. 西華邑

　　武陽侯國丞,汝南郡西華邑尹慶,故武都大守文學卒史,以功遷。

(尹灣漢牘 YM6D4)

　　入戍卒汝南郡西華邑南安里☒　　　　　　　(居延漢簡 336.44)

簡文另有西華縣的材料:

　　戍卒淮陽郡西華南川里不更周充年廿三　　(金關漢簡 73EJT10:294)

　　戍卒淮陽郡西華田里不更蔡樂年廿三①　　(金關漢簡 73EJT9:45)

　　田卒淮陽郡(西)華商里高奉親②　　已移家在所　　(居延漢簡 293.7)

《漢志》汝南郡有西華縣,在今河南西華縣城關鎮。③ 簡文之西華邑屬汝南郡,而西華縣屬淮陽郡。按《漢志》無淮陽郡,僅有淮陽國,在汝南郡以北。淮陽國在漢初置廢較爲頻繁,景帝三年(前 154)國除後,長期爲郡,至宣帝元康三年(前 63)復置國。考之輿圖,汝南郡之西華縣距淮陽國頗近,在元康三年淮陽置國之前,當屬淮陽郡所有。這説明元康三年淮陽置國後,較之淮陽郡,政區有所調整,西華歸汝南郡管轄。因此,簡文之西華邑,其設置年代必然在元康三年之後,尹灣漢牘中西華邑存在的年代也與之相合。

2. 長平邑

　　戍卒汝南郡長平邑緹里公乘丁恢年廿四　　(金關漢簡 73EJT24:117)

簡文中有關長平縣的材料十分豐富,舉例如下:

　　戍卒淮陽郡長平夕陽里不更何生年廿☒　　(金關漢簡 73EJT9:6)

　　田卒淮陽郡長平西陽里公士夏結年廿三④　　(居延漢簡 509.27)

　　田卒淮陽長平東陽里不更鄭則年卅八　　(金關漢簡 73EJT30:8)

---

① 原釋文作"西釜田里",此從周波先生所釋。參看周波:《説肩水金關漢簡、張家山漢簡中的地名"贊"及其相關問題》。

② 原釋文作"萊田里",任攀先生改釋爲"華",馬孟龍先生認爲"華"爲"西華"之省。參看任攀:《居延漢簡釋文校訂及相關問題研究》,碩士學位論文,復旦大學 2012 年,第 189 頁;馬孟龍:《居延漢簡地名校釋六則》,《文史》2013 年第 4 輯,第 273 頁。

③ 國家文物局主編:《中國文物地圖集·河南分册》之《西華縣》,第 412 頁(文物單位簡介)。

④ "夏"字,原釋"邊",此從任攀所釋。參看任攀:《居延漢簡釋文校訂及相關問題研究》第 226 頁。

長平的情況與西華相同,當稱長平縣時,全爲淮陽郡之屬縣,而稱長平邑時,則屬汝南郡。元康三年淮陽置國之後,長平改屬汝南,置邑當在此年之後。居延、金關漢簡的名縣爵里資料中,名籍在長平縣、西華縣的人數頗多,而在長平邑、西華邑的人數很少,説明對這兩地戍卒、田卒的徵發,當集中在元康三年之前。《漢志》西華縣屬汝南郡,在今河南西華縣田口鄉董城村。①

(四) 淮陽郡

1. 城父邑

戍卒淮陽郡城父邑楊里□▨   (金關漢簡 73EJT1：31)

戍卒淮陽郡城父邑道成李王年廿四②   (金關漢簡 73EJT9：113)

有一方出土西漢銅印"城父邑左尉",③或應是邑中左尉用印。另有簡文曰"戍卒淮陽郡城父甯里劉畢▨"(金關漢簡 73EJT21：260)、"淮陽郡城父幸里"(金關漢簡 73EJT30：16)、"戍卒淮陽郡城父□上里陳廣年"(居延漢簡 7.24),所指應爲城父縣。城父在漢初曾封侯,存在時代爲高帝六年(前 201)三月至高后三年(前 185),地在今安徽亳州市譙城區城父鎮。④ 出土封泥有"城父侯相",⑤用印者應是城父侯國之相。《漢志》城父縣屬沛郡。前文談到,景帝三年(前 154)淮陽國除,爲淮陽郡,至宣帝元康三年(前 63)復置國。簡文之"城父邑",設置年代應在元康三年之前,淮陽復置國後,政區有所調整,城父劃歸鄰近的沛郡管轄。

馮小琴先生另輯録淮陽郡之"嚚堂邑"(居延漢簡 498.14A),⑥馬孟龍先生根據所獲得的紅外綫照片,將"嚚"改釋爲"贊",簡文當爲"田卒淮陽郡贊堂邑里上造趙德",⑦所指爲贊縣之堂邑里,與邑無涉。

———————————

① 國家文物局主編:《中國文物地圖集·河南分册》之《西華縣》,第 412 頁(文物單位簡介),第 185 頁(圖版)。

② 本條簡文,張新俊先生釋作"戍卒淮陽郡城父邑道成里李王年廿四",參看張新俊:《〈肩水金關漢簡(壹)〉釋文》,簡帛網(www.bsm.org.cn)2011 年 9 月 23 日。所釋多出"里"字。核查圖版,無"里"字,仍當以《肩水金關漢簡(壹)》釋文爲準。從簡文體例上看,道成應是城父邑中之里,簡牘書手記録時恐漏書"里"字。

③ 趙平安:《秦西漢印章研究》第 213 頁。

④ 馬孟龍:《西漢侯國地理》第 378 頁。

⑤ 趙平安:《秦西漢印章研究》第 315 頁。

⑥ 馮小琴:《居延敦煌漢簡所見漢代的"邑"》。

⑦ 馬孟龍:《談肩水金關漢簡中的幾個地名(二)》,《中國歷史地理論叢》2014 年第 2 輯,第 88—92 頁。

(五) 陳留郡

1. 雍丘邑

□□陳留郡雍丘邑中……慶里公大夫爰禄年卅一

(居延新簡 EPT56：111A)

《漢志》陳留郡有雍丘縣，在今河南省杞縣城關鎮。①

(六) 河南郡

1. 宛陵邑

田卒河南郡宛陵邑□□里公乘□□☑　　　　(居延漢簡 218.13)

《漢志》河南郡有苑陵縣，《史記·樊噲傳》作“宛陵”，曰：“(樊噲)攻宛陵，先登，斬首八級，捕虜四十四人，賜爵封號賢成君。”《續漢書·郡國志》作“菀陵”。清人王先謙注曰：“蓋秦邑，後漢因。”②宛陵(苑陵)在今河南新鄭市龍王鄉古城村東。③

2. 新成邑

□新成邑右尉□　　　　　　　　(金關漢簡 73EJT4：208)

趙海龍先生指出，漢制大縣置左右尉，新成是縣名無疑，《漢志》屬河南郡。④ 另有新成侯國，綏和二年(前 7)五月立，建平元年(前 6)廢，屬南陽郡。⑤ 考《漢志》南陽郡無新成縣，此新成侯國當旋立旋廢，簡文之新成邑應與之無涉。另有簡文曰“河南郡新成當利里乾充字子遊”(敦煌漢簡 1296A)。依此，新成邑應屬河南郡，地在今河南伊川縣平等鄉北古城村。⑥

(七) 河東郡

1. 臨汾邑

陽朔三年五月廿八日河東臨汾邑□☑　　　　(居延漢簡 279.8)

---

① 國家文物局主編：《中國文物地圖集·河南分册》之《杞縣》，第 66 頁(文物單位簡介)、第 78 頁(圖版)。

② 王先謙：《漢書補注·地理志上》，上海古籍出版社 2009 年，第 2275 頁。

③ 國家文物局主編：《中國文物地圖集·河南分册》之《新鄭市》，第 17 頁(文物單位簡介)、第 64 頁(圖版)。

④ 趙海龍：《〈肩水金關漢簡(壹)〉地名訂補》，簡帛網 2014 年 8 月 23 日。

⑤ 馬孟龍：《西漢侯國地理》第 520 頁。

⑥ 國家文物局主編：《中國文物地圖集·河南分册》之《伊川縣》，第 143 頁(文物單位簡介)、第 106 頁(圖版)。

陽朔三年即公元前 22 年,據此可知成帝陽朔年間臨汾曾爲邑。馮小琴先生披露懸泉漢簡Ⅱ T0314②：332 亦記臨汾邑："戍卒河東臨汾邑有德里李長君。"①《漢志》河東郡有臨汾縣,在今山西襄汾縣趙康鎮趙康村東約 100 米處。②

2. 絳邑

鴻嘉三年六月壬寅朔壬申河東絳邑西鄉☑　　（金關漢簡 73EJT23：307）

☑ 河東絳邑定里　　　　　　　　　　　　（居延新簡 EPT59：365）

戍卒河東絳邑世里王誼　　　　　　　　　（居延新簡 EPT65：379）

戍卒河東絳邑蘭里[榦]逢除　　　　　　　（居延新簡 EPS4T2：11）

漢成帝鴻嘉三年,即公元前 18 年。漢高祖六年(前 201)正月,周勃受封爲絳侯,子亞夫死後國絕。《漢書·周勃傳》曰："平帝元始二年,繼絕世,復封勃玄孫之子恭爲絳侯,千户。"元始二年即公元 2 年。此時絳或已改邑爲縣,可立侯國。《漢志》絳縣屬河東郡,在今山西省曲沃縣樂昌鎮與侯馬市鳳城鄉之間。③

3. 聞喜邑

聞憙邑高里傅定

庸同縣魚廬里郅羌　　　　　　　　　　　（金關漢簡 73EJT24：321）

"聞喜",簡文寫作"聞憙"。從簡文"同縣"可知聞憙邑爲縣級政區,高里、魚廬里爲縣下之里。另有殘簡曰"☑ 東郡聞喜 ☑"(敦煌漢簡 2464)、"☑ 東聞喜利里魏延年"(敦煌漢簡 848)。前端當殘"河"字,指河東郡聞喜縣,地在今山西省聞喜縣桐城鎮上郭村、邱家莊村。④

(八) 河内郡

1. 蕩陰邑

☑[河]内郡蕩陰邑焦里田亥告曰所與同郡縣☐ ☑

（居延新簡 EPT58：46）

---

① 馮小琴：《居延敦煌漢簡所見漢代的"邑"》。

② 山西省文物管理委員會侯馬工作站：《山西襄汾趙康附近古城址調查》,《考古》1963 年第 10 期,第 544—546 頁。

③ 國家文物局主編：《中國文物地圖集·山西分册》之《曲沃縣》,中國地圖出版社 2006 年,第 856 頁(文物單位簡介)、第 305 頁(圖版)。

④ 國家文物局主編：《中國文物地圖集·山西分册》之《聞喜縣》,第 1122 頁(文物單位簡介)、第 350 頁(圖版)。

　　　　河內郡蕩(陰)邑陽里公乘藉☐ ①　　　　　　　(金關漢簡 73EJT3：83)

　　另有簡文曰"河內蕩陰軒里侯得"(居延新簡 EPT57：106)，此蕩陰當爲縣。《漢志》河內郡有蕩陰縣，在今河南省湯陰縣治。②

（九）東郡

1. 濮陽邑

　　　　濮陽邑里田平見胡戍卒周正☐青馬里徐壽☐☐☐☐黑壯長粗能書如牒，敢言之。　　　　　　　　　　　　　　　　　　　(敦煌漢簡 822)

　　"濮陽邑里"或亦可指濮陽縣之里名，暫列於此。另有簡文曰"濮陽槐里景黠"(居延漢簡 271.1)，當指濮陽縣。出土封泥有"濮陽丞印"，③或是濮陽縣丞用印。《漢志》濮陽屬東郡，在今河南省濮陽縣子岸鄉故縣村。④

2. 畔邑

73EJT9：116　73EJT24：543
　(部分)　　　(部分)

　　　　田卒東郡畔邑利里公大夫孫成☐☐年廿九
　　　　　　　　　　　　　　　　(金關漢簡 73EJT9：116)

　　此條簡文之"畔"，原釋文作"西"，黃浩波先生改釋"臨"，説："東郡，《地理志》、《郡國志》皆無西邑，然皆有臨邑，且東郡縣邑以邑命名者，唯有臨邑。"⑤細審圖版，此條竹簡右半部殘缺，此字的右半邊也因此缺失，左邊所存應爲田字旁。

　　金關漢簡有一支簡内容與之相關，簡文曰"戍卒東郡畔大曲里單地餘"(73EJT24：543)，其中"畔"指東郡畔縣。比較這兩條簡文的圖版(參左圖)，不難發現，簡

─────────

① 原釋文作"蕩邑"，晏昌貴先生補作"蕩陰邑"，認爲或漏寫"陰"字，參看晏昌貴：《增補漢簡所見縣名與里名》，《歷史地理》第 26 輯，上海人民出版社 2012 年，第 249—255 頁。周波先生認爲是"蕩邑""蕩陰邑"之省稱，而非漏書，參看周波：《説肩水金關漢簡、張家山漢簡中的地名"贊"及其相關問題》。

② 周振鶴編著：《漢書地理志彙釋》第 87 頁。

③ 趙平安：《秦西漢印章研究》第 398 頁。

④ 國家文物局主編：《中國文物地圖集·河南分册》之《濮陽縣》，第 301 頁(文物單位簡介)、第 150 頁(圖版)。

⑤ 黃浩波：《〈肩水金關漢簡(壹)〉所見郡國縣邑鄉里》，簡帛網 2011 年 12 月 1 日。

73EJT24：543 之"郡畔"兩字的左半邊"君田"，與簡 73EJT9：116 殘存之"君田"部分完全相同。而東郡轄縣中僅有畔縣之"畔"字的左半邊爲田字旁，因此，簡文應改釋爲"東郡畔邑"無疑。

東郡畔縣亦見於居延漢簡"戍卒東郡畔成里靳軀"(簡 13.6)、"戍卒東郡畔東成里公乘☒"(簡 146.3)。關於畔縣，段玉裁、日比野丈夫、周振鶴先生都有討論，其地當在今山東省聊城市附近。①

3. 離狐邑

戍卒東郡離狐邑富聚里不更孫千秋年□☒　　(金關漢簡 73EJT21：323)

《漢志》東郡有離狐縣，治今河南濮陽縣東南。②

4. 茌平邑

戍卒東郡茌平邑□☒　　　　　　　　(金關漢簡 73EJT24：392)

《漢志》東郡有茌平縣，北宋宋祁曰"'茌'當作'茌'"，王先謙認爲宋説有誤。③《史記·酷吏列傳》曰："尹齊者，東郡茌平人。"《漢書·酷吏傳》亦有相同記載。依據簡文，當以"茌平"爲是，茬、茌均因形似而誤。茌平曾置邑，地在今山東省茌平縣韓集鄉高垣墙村、南鄭村。④

(十) 魏郡

1. 館陶邑

戍卒
魏郡
館陶邑　　　　　　　　　　　　　　　　(居延漢簡 198.18)
戍卒
魏郡
館陶邑　　　　　　　　　　　　　　　　(居延新簡 EPT56：170、171)

---

① 周振鶴編著：《漢書地理志彙釋》第 98—99 頁。
② 周振鶴編著：《漢書地理志彙釋》第 101 頁。
③ 王先謙：《漢書補注·地理志上》第 2280 頁。
④ 國家文物局主編：《中國文物地圖集·山東分册》之《茌平縣》，中國地圖出版社 2007 年，第 848 頁(文物單位簡介)、第 330 頁(圖版)。

　　　　館陶邑第一車長韇毋傷▨ ①　　　　　　　　　（居延漢簡 311.13）

　　館陶稱邑的簡文不多,更多的是館陶縣的記載,如:"戍卒魏郡館陶池上里龐勝"
(居延漢簡 67.5)、"第十三隧卒魏郡館陶上庫里尹疾去"(居延漢簡 159.24)、"戍卒魏
郡館陶春陽里李廣"(居延新簡 EPT65:449)。關於館陶邑、館陶縣之關係,陳直先生
説:"太后公主所食湯沐爲邑,本簡館陶一稱邑,一不稱邑,蓋一度稱邑,旋即罷廢,當
非同時之物。"②館陶邑存在時間估計不長,故簡文中館陶稱縣者居多。馮小琴指出,
漢宣帝長女名施,曾受封館陶公主,其時代與簡文較相合,簡文之館陶邑應是劉施湯
沐邑。③ 其説或是。《漢志》魏郡有館陶縣,即今河北省館陶縣治所在。④

　　2. 元城邑

　　　　▨□郡富平侯元城邑安昌里王青▨　　　　　（居延新簡 EPT51:533)
　　　　元城邑　　　　　　　　　　　　　　　　　（居延漢簡 208.2)
　　　　戍卒魏郡元城邑多禾里大夫大夫鄭▨　　　　（金關漢簡 T25:89)

　　據上文可知,元城邑爲富平侯之别邑。《漢志》魏郡有元城縣,地在今河北大名
縣東。⑤

　　3. 陰安邑

　　　　□陰安邑便里垣年　　　　　　　　　　　　　（居延漢簡 38.38)

　　陰安稱邑的簡文僅見於此,另有簡文曰"魏郡陰安東脩里王富"(居延新簡 EPT51:
102)、"戍卒魏郡陰安平里焦承"(居延新簡 EPT51:383)、"魏郡陰安高里大夫田莫
如"(居延新簡 EPT53:187)、"魏郡陰安左池里賈廣"(居延新簡 EPT59:10)、"魏郡
陰安新所里王益衆"(居延漢簡 173.29),所指都應是陰安縣。陰安亦曾封侯,爲侯國,
存在年代爲元朔五年(前 124)四月至元鼎五年(前 112),⑥在今河南清豐縣古城鄉古城
村東北。⑦

─────────────

① "韇"字從任攀所釋,參看任攀:《居延漢簡釋文校訂及相關問題研究》第 194 頁。

② 陳直:《居延漢簡研究》第 132 頁。

③ 馮小琴:《居延敦煌漢簡所見漢代的"邑"》。

④ 周振鶴編著:《漢書地理志彙釋》第 173 頁。

⑤ 周振鶴編著:《漢書地理志彙釋》第 174 頁。

⑥ 馬孟龍:《西漢侯國地理》第 451 頁。

⑦ 國家文物局主編:《中國文物地圖集·河南分册》之《清豐縣》,第 310 頁(文物單位簡介)、第 154 頁
(圖版)。

（十一）濟陰郡

1. 呂都邑

　　　　☑□濟陰郡呂都梁安里

　　　　☑戍卒濟陰郡呂都邑梁　　　　　　　　　　（居延漢簡 126.27A）

　　另有簡文曰"濟陰呂都開陽里徐利"（居延新簡 EPT65：139）此呂都爲縣。《漢志》濟陰郡有呂都縣，地在今山東省菏澤市西。[①] 濟陰郡始置於景帝后元元年（前143），宣帝甘露二年至黃龍元年（前 52—前 49）、成帝河平四年至哀帝建平二年（前25—前 5）爲定陶國，其餘年份爲郡。[②] 呂都邑的存在時間當在濟陰爲郡之時。

（十二）大河郡

1. 瑕丘邑

　　　　田卒大河瑕丘邑廣昌里張☑　　　　　　　　（居延漢簡 515.42）

　　出土封泥有"瑕丘邑令"，[③]可與簡文瑕丘置邑互證。大河即大河郡，多見於簡文，如"大河郡瑕丘直陽里田延年廿四"（金關漢簡 73EJT24：766）、"田卒大河郡瑕丘襄成里王勝年卅八"（居延漢簡 498.11）、"大河郡瑕丘多禾里陽振"（居延漢簡 499.3），這三處瑕丘應爲縣。《漢志》"東平國"條曰："東平國，故梁國，景帝中六年別爲濟東國，武帝元鼎元年爲大河郡，宣帝甘露二年爲東平國。"據此可知大河郡的存在時代，爲武帝元鼎元年至宣帝甘露二年（前 116—前 52），瑕丘邑亦當在這段時間內存在。不過，令人疑惑的是，瑕丘曾置侯國，始置於武帝元朔三年（前 126）三月，一直存續至西漢末年。[④] 我們知道，漢簡的名縣爵里材料中，若籍貫在某侯國，一般會清晰標明。這樣看來，瑕丘縣、瑕丘侯國或同時並存，而瑕丘縣一度置邑。尹灣漢牘所記東海郡政區，既有平曲縣，又有平曲侯國，也是同樣的情況。瑕丘地在今山東兗州市新嶧鎮東頓村南500 米處。[⑤]

① 周振鶴編著：《漢書地理志彙釋》第 159 頁。

② 參看周振鶴：《西漢政區地理》，人民出版社 1987 年，第 61 頁。

③ 趙平安：《秦西漢印章研究》第 362 頁。

④ 馬孟龍：《西漢侯國地理》第 438 頁。

⑤ 國家文物局主編：《中國文物地圖集·山東分冊》之《兗州市》，第 417 頁（文物單位簡介）、第 236 頁（圖版）。

(十三) 渤海郡

1. 廣邑

費長,山陽郡都關孫敞,故廣邑長,以廉遷。　　　　（尹灣漢牘 YM6D3）

《漢志》齊郡有廣。馬孟龍指出齊郡的廣曾分別於前 201 至前 157 年、前 33 年至王莽時期爲侯國。[1] 出土封泥有"廣侯相印",[2]應是廣侯國相之用印。

比較縣、邑、侯國内的吏員設置,縣、邑設令或長,侯國設相,無令長。牘文中的"廣邑長",必然不是廣侯國内的吏員,祇能是廣邑之邑長。從時代上看,尹灣簡牘的年代正與齊郡的廣侯國存續時代相重合,簡文的廣邑應不在此。查《漢書·王子侯表》,另有廣侯順,河間獻王子,元朔三年(前 126)十月受封,元鼎五年(前 112)免侯,侯國屬渤海郡,地望不詳。此廣侯國廢置後,或曾爲邑,稱"廣邑"。

(十四) 臨淮郡

1. 取慮邑

厚丘長,臨淮郡取慮邑宋康,故丞相屬,以廉遷。　　（尹灣漢牘 YM6D3）

《漢志》臨淮郡有取慮縣,地在今安徽靈璧縣北。[3]

(十五) 東海郡

據尹灣漢牘可知,成帝時東海郡轄況其邑、朐邑。況其在今江蘇省贛榆縣西南,朐在今江蘇省連雲港市西南。[4]

(十六) 趙國

1. 邯鄲邑

戍卒趙國邯鄲邑中陽陵里士伍趙安世年三十五　　（居延漢簡 50.15）

簡文中,邯鄲稱邑僅見此一例,而邯鄲縣的材料十分常見,如"戍卒趙國邯鄲縣蒲

---

① 馬孟龍:《西漢侯國地理》第 368、506 頁。

② 趙平安:《秦西漢印章研究》第 371 頁。

③ 周振鶴編著:《漢書地理志彙釋》第 256 頁。

④ 參看拙文《西漢東海郡的轄域變遷與城邑分佈》,《歷史地理》第 25 輯,上海人民出版社 2011 年,第 171—188 頁。

里董平"(居延漢簡 346. 1)、"戍卒趙國邯鄲樂中里樂彊"(金關漢簡 73EJT25：133)等。由此或可知邯鄲爲邑的時間並不長,徵發邑中戍卒的記載因此很少。《漢志》趙國邯鄲縣在今河北省邯鄲市市區及西南郊區一帶。[①]

三、簡牘所見邑的地理分佈

根據尹灣漢牘及西北漢簡材料,可輯考的邑共有四十一個。其中部分有明確紀年,部分可以推考出大致的設置年代。由於西北諸批簡牘的時代以西漢中後期爲主,不早於武帝太初年間,所考諸邑的存在年代也應當在這一時期。總的來看,集中在公元前 1 世紀,即西漢後期,尚不清楚是否有東漢時期的邑。

根據上文的梳理,可將簡牘材料所見漢代(主要是西漢中後期)的邑列表、繪圖如下:

表 1　簡牘所見漢邑地理分佈表

序號	屬郡(國)	邑名	邑中里名	可考年代	地　望
1	南陽郡	堵陽		成帝時期	河南方城縣城關鎮東
2		涅陽	東城里	成帝時期	河南鄧州市穰東鎮翟莊村張寨
3		冠軍	中都里、市陰里、長里、安甯里		河南鄧州市張村鎮冠軍村
4		舞陰			河南泌陽縣北羊册鄉古城村
5		穰	臨渴里、固里、西里、長安里、陬里、□里		河南鄧州市市區小東門外賈莊一帶
6		宛	臨洞里		河南南陽市老城區東北蔡莊村
7		博望	徐孤里		河南方城縣博望鎮老街一帶
8		鄧	陽里		湖北襄陽市西北團山鎮鄧城村南
9	潁川郡	襄城	中費里		河南襄城縣縣城西北隅
10		陽翟	陽郵里、汲陽里、東平里、步利里、定翹里		河南禹州市朱閣鄉八里營村北側

[①] 國家文物局主編:《中國文物地圖集·河北分册》之《邯鄲市》,文物出版社 2013 年,第 751 頁(文物單位簡介)、第 395 頁(圖版)。

序號	屬郡(國)	邑名	邑中里名	可考年代	地　　望
11	潁川郡	郟	子長里		河南郟縣治
12		傿陵	廣□里、東中里、步里		河南鄢陵縣彭店鄉古城村、田崗村一帶
13		郾			河南漯河市郾城区城關鎮古城村
14		潁陽			河南襄城縣潁陽鄉小河村西北
15		臨潁	鄭里		河南臨潁縣西
16		長社	潁里、重里		河南長葛市東
17		潁陰	真定里、西時里		河南許昌市
18	汝南郡	西華	南安里	宣帝元康三年之後	河南西華縣城關鎮
19		長平	緹里	宣帝元康三年之後	河南西華縣田口鄉董城村
20	淮陽郡	城父	楊里、道成里	宣帝元康三年之前	安徽亳州市譙城區城父鎮
21	陳留郡	雍丘	慶里		河南杞縣城關鎮
22	河南郡	宛陵	□□里		河南新鄭市龍王鄉古城村東
23		新成			河南伊川縣平等鄉北古城村
24	河東郡	臨汾	有德里	成帝陽朔年間	山西襄汾縣趙康鎮趙康村東約100米處
25		絳	西鄉、定里、世里、蘭里	成帝鴻嘉年間	山西曲沃縣樂昌鎮與侯馬市鳳城鄉之間
26		聞喜	高里、魚廬里		山西聞喜縣桐城鎮上郭村、邱家莊村
27	河內郡	蕩陰	焦里、陽里		河南湯陰縣治
28	東　郡	濮陽			河南濮陽縣子岸鄉故縣村
29		畔	利里		山東聊城市附近
30		離狐	富聚里		河南濮陽縣東南
31		茌平			山東茌平縣韓集鄉高垣墻村、南鄭村

續 表

序號	屬郡(國)	邑名	邑中里名	可考年代	地 望
32		館陶			河北館陶縣治
33	魏 郡	元城	安昌里、多禾里		河北大名縣東
34		陰安	便里		河南清豐縣古城鄉古城村東北
35	濟陰郡	呂都	梁安里		山東省菏澤市西
36	大河郡	瑕丘	廣昌里	大河郡時期(前116—前52)	山東兗州市新嶧鎮東頓村南500米處
37	渤海郡	廣		成帝時期	不詳
38	臨淮郡	取慮		成帝時期	安徽靈璧縣北
39	東海郡	況其		成帝時期	江蘇贛榆縣西南
40		朐		成帝時期	江蘇連雲港市西南
41	趙 國	邯鄲			河北邯鄲市市區及西南郊區一帶

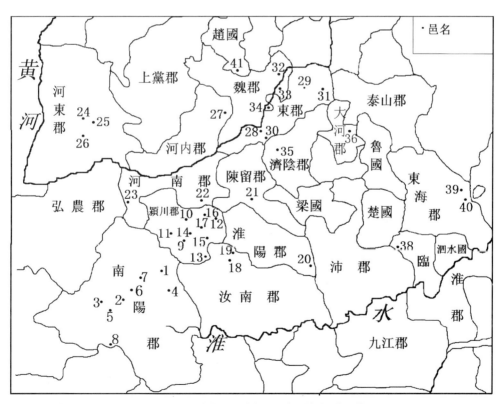

説明: 本圖主要體現漢邑的地望及分佈,不反映郡國名稱與界域的情形。

圖1 簡牘所見漢邑地理分佈示意圖

　　依據表、圖所示,可以看出武帝之後縣級政區"邑"的地理分佈特點:

　　1. 集中分佈在太行山至新函谷關一綫以東。從地理空間上看,西漢前期,漢與王國東西對立且異制,其分界綫在西河(晉、陝兩省之間的黃河)、崤山、豫西至鄂西山地一帶。其西爲關中(山西),其東爲關東。武帝推行"廣關"政策之後,分界綫東移至太行山、新函谷關(位於今河南新安縣)一綫,河東、上黨、弘農等郡都歸屬於關中,其範圍因此得到擴展。[①] 關中是漢廷直接控制的統治核心區,而關東王國林立,是漢廷需要重點防備的區域。

　　從上圖可見,除了河東郡有三個邑分佈外,其餘諸邑均位於關東地區,其背後或有某些政治因素。再觀察河東郡的三個邑,臨汾、絳均在西漢晚期的成帝年間爲邑,聞喜爲邑的年代或許也比較晚。這反映出西漢有關中不置邑的傳統,這一傳統直至西漢晚期纔有所突破。無論是湯沐邑還是侯國別邑,分置於關東諸郡,其賦税收入歸邑主或列侯,客觀上起到了削弱關東勢力的作用,特別對邑集中分佈的潁川、南陽等郡而言,這一作用顯得尤爲明顯。

　　2. 主要分佈在淮水以北的關東漢郡之中,以南陽、潁川郡最爲密集。可考的四十一個邑中,祇有趙國的邯鄲邑位於王國封域中,其餘都在漢郡之內。我們知道,推恩令實施之後,王子侯國別屬漢郡,王國之內基本上沒有侯國存在。邑主與同爲封建領主的列侯,性質上有很強的相似性,或許也遵循了王國之內不封邑的原則。邯鄲作爲趙國的都城,爲何稱邑,尚難以解明。

　　漢郡之邑,幾乎都聚集在淮水以北的關東經濟發達區。以潁川、南陽、東郡、魏郡等地最爲密集。《漢志》潁川郡有二十個縣級政區,有九個曾爲邑,幾乎佔到一半,而這祇是從有限的簡牘材料中看到的現象,實際設置的邑可能更多。以貴婦湯沐地爲主體的邑,其首要考慮的是經濟收入,選擇經濟發達地區封邑,是顯而易見且容易理解的。

　　由於我們依靠的主要是西北漢簡中的戍卒徵發材料,這些戍卒的來源集中於幾個郡的現象比較明顯。材料的局限性可能會導致結論上的局限性,但無論如何,仍可窺得漢邑分佈之大概。

餘　論

　　雖然傳世文獻關於縣級政區"邑"的文字不多,但仍有些蛛絲馬迹。《漢志》廬江

---

① 參看辛德勇:《漢武帝"廣關"與西漢前期地域控制的變遷》,《中國歷史地理論叢》2008 年第 2 輯,第 76—82 頁;馬孟龍:《西漢侯國地理》第五章"武帝'廣關'與河東地區侯國遷徙"第 311—328 頁。

郡有"湖陵邑",九江郡有"寿春邑"。我們懷疑這兩個地名中的"邑"字應是班固自注,用於標明湖陵、壽春的性質。如《漢志》記九江郡有"曲陽,侯國"、"博鄉,侯國"等例,應讀作"湖陵,邑"、"壽春,邑"。湖陵地望無考,大致當在今安徽省太湖縣東,壽春在今安徽省壽縣。《漢志》依據的是西漢末年的材料,這兩個邑的存在年代,估計也應在西漢晚期。

與《漢志》不同,《續漢志》(《續漢書・郡國志》)記載了不少作爲縣級政區的湯沐邑。河內郡有山陽邑,河東郡有聞喜邑、絳邑,潁川郡有舞陽邑,魏郡有陰安邑,南陽郡有冠軍邑、舞陰邑、湖陽邑、育陽邑,吳郡有陽羨邑等。由於《續漢志》保存的是順帝永和五年(140)左右的政區材料,所以這些邑也多是順帝所封或當時仍然存在的。如順帝阿母宋娥封山陽君,食邑山陽;聞喜公主爲和帝女,食邑聞喜;陰安公主爲章帝女,食邑陰安;順帝長女爲舞陽公主,食邑舞陽;順帝二女爲冠軍公主,食邑冠軍;安帝妹稱舞陰公主,食邑舞陰。此外,《後漢書》還記有陽翟長公主、長社公主、潁陰長公主、臨潁長公主、汝陽長公主等,從封號可知其封邑所在。這些封邑中,聞喜、絳、陰安、冠軍、舞陰、陽翟、長社、潁陰、臨潁亦見於簡牘之邑,很值得注意。

附記:本文曾提交"中國簡帛學國際論壇 2014"(武漢大學簡帛研究中心與芝加哥大學顧立雅中國古文字學中心主辦,2014 年 10 月)。宣讀之後,得到了陳偉、來國龍等先生的指正,得以及時修訂,謹致謝忱。

2014 年秦漢魏晉簡牘研究概述 *

魯家亮

本文主要是對 2014 年秦漢魏晉簡牘研究概況的簡介。行文體例、分類標準、收録原則大體與往年所作概述保持一致,少量往年漏收的重要成果亦有補充。希望小文能給對秦漢魏晉簡牘研究感興趣的學者提供些許便利,其疏漏和不足亦請各位讀者見諒。

一、秦簡牘的研究

1. 雲夢睡虎地 4 號秦墓木牘和 11 號秦墓竹簡

中國政法大學中國法制史基礎史料研讀會對《秦律十八種》的《倉律》進行集釋。① 彭浩認爲《金布律》66 號簡中的"福(幅)廣二尺五寸"可能是"幅廣二尺二寸"之誤。② 江春治樹以《秦律十八種》和《效律》爲中心,從出土秦律的律文形式、適用範圍等方面對睡虎地秦簡所見秦律的性質進行了討論,論文認爲它們是將與縣和都官管理工作中有關的律文進行彙編的書。③ 趙久湘、張顯成對睡虎地秦簡《秦律十八種》、《秦律雜抄》、《法律答問》等篇中部分簡文的標點、斷句、注釋、翻譯進行了補正,共 5 條。④ 蔣

* 本文寫作得到教育部哲學社會科學研究重大課題攻關項目"秦簡牘的綜合整理與研究"(項目批准號:08JZD0036)、國家社科基金青年項目"漢初律令體系研究"(項目編號:12CZS014)的資助。

① 中國政法大學中國法制史基礎史料研讀會:《睡虎地秦簡法律文書集釋(三):〈秦律十八種〉(〈倉律〉)》,《中國古代法律文獻研究》第八輯,社會科學文獻出版社 2014 年。

② 彭浩:《秦律"幅廣二尺五寸"質疑》,《出土文獻與法律史研究》第三輯,上海人民出版社 2014 年。

③ 江春治樹著,單印飛譯:《雲夢睡虎地出土秦律的性質》,《簡帛研究二○一四》,廣西師範大學出版社 2014 年。

④ 趙久湘、張顯成:《秦漢簡牘法律文獻釋文補正——以睡虎地秦簡和張家山漢簡爲對象》,《魯東大學學報(哲學社會科學版)》2014 年第 6 期。

菲菲懷疑《法律答問》第 65 號簡的"蝕"本字應作"失",即遭竊盜丢失物品之義;同簡
"人"字下的重文符號似爲衍文,當删。①

伊强將《爲吏之道》9 號簡"以任吏"的"吏"改釋作"事";18 號簡中的"賤士"改釋
作"賤土";45 號簡中的"富"改釋作"宿",讀作"災"等。②

陳偉將嶽麓秦簡《占夢書》與《日書》對讀,指出《日書》甲種 48 號簡中的"僞="當
析讀爲"化爲";《日書》甲種"詰"篇 53～56 號簡背三中的"井血"當讀爲"井洫"。③ 趙
平安依據孔家坡漢簡《日書》的記載,指出睡虎地秦簡《日書》甲種 83 號簡背的"渡衒"
可讀爲"閭巷",指"里巷"。④ 陳偉對《日書》甲種的《馬禖祝》進行校讀,論文指出篇首
的"馬禖祝"三字有作爲篇題的可能;"笱"是祝禱類文獻的關鍵詞,可讀爲"苟",假如
之義,"主君笱(苟)屏詷馬"應作一句讀;原釋作"脚"之字當改釋作"肤",指肋部。⑤ 方
勇也對《日書》提出札記 7 則。⑥

辛德勇依據睡虎地秦墓出土的竹簡和書信木牘,結合傳世文獻,在對已有成果辯
駁的基礎上,對李信、王翦南滅荆楚的地理進程進行了詳細的考證和復原。⑦

2. 四川青川郝家坪秦木牘

四川省文物考古研究院、青川縣文物管理所詳細介紹了青川郝家坪 M50 墓葬和
出土木牘的信息。⑧ 何有祖將木牘中"利津梁"的"梁"改釋作"㷱",讀作"隧",簡文"利
津隧",似指修治通往渡口的道路。⑨

3. 甘肅天水放馬灘秦簡牘

(1) 編聯與綴合

魯家亮對乙種《日書》中"占雨"有關的文獻提出兩條編聯意見,即 144～153 號的

---

① 蔣菲菲:《訓釋簡牘語義不明文字的間接證據——以校釋雲夢睡虎地秦簡〈法律答問〉65 簡釋文及語譯爲
例》,《簡帛研究二○一四》。

② 伊强:《睡虎地秦簡〈爲吏之道〉補説》,《江漢考古》2014 年第 2 期。

③ 陳偉:《讀嶽麓秦簡〈占夢書〉札記》,《簡帛》第九輯,上海古籍出版社 2014 年。

④ 趙平安:《睡虎地秦簡〈日書〉"渡衒"新解》,《出土文獻》第五輯,中西書局 2014 年。

⑤ 陳偉:《睡虎地秦簡日書〈馬禖祝〉校讀》,《湖南大學學報(社會科學版)》2014 年第 4 期。

⑥ 方勇:《讀睡虎地秦簡札記七則》,《湖南省博物館館刊》第十輯,嶽麓書社 2014 年。

⑦ 辛德勇:《雲夢睡虎地秦人簡牘與李信、王翦南滅荆楚的地理進程》,《出土文獻》第五輯。

⑧ 四川省文物考古研究院、青川縣文物管理所:《四川青川縣郝家坪戰國墓群 M50 發掘簡報》,《四川文物》
2014 年第 3 期。

⑨ 何有祖:《釋秦漢簡牘所見"利津㷱"》,《出土文獻研究》第十二輯,中西書局 2013 年。

次序當爲 153、152、151、150、148、149、147、146、145、144;154、158 兩簡當連讀。①

(2) 文本考釋與研究

海老根量介指出《日書》"盜者"篇中"再在"之"再"應理解爲"拾取失物"的"舉"。② 程少軒對乙種《日書》中《三十六禽占》進行研究,涉及"三十六禽"的源流及與式占的關係,論文指出三十六禽本質上是一組符號,是爲了使式占中複雜抽象的概念形象化而設立的,其最早可能起源於戰國之世的中國本土,創製者可能是戰國時代的五行家。③ 程氏還認爲《日書》乙種 207 號簡中的"胎濡"是三十六禽之一,可讀爲"胎燕",義指胎生的燕子,即蝙蝠。④《日書·星度篇》所保留的二十八宿古距度,程氏也有梳理與研究,他認爲這套距度與汝陰侯出土之圓盤以及《開元占經》所記均屬同一套古度系統,並利用這些距度表對這套系統的距星進行了推測。⑤ 劉玉環對《日書》乙種也提出釋文校讀意見 10 則。⑥

黃傑將放馬灘秦簡《丹》與《泰原有死者》對讀,補釋了《丹》篇簡 1 的"獻"字,並就復生過程、"四肢不用"等簡文的理解提出不同看法,論文指出簡文中的"今七年"、"八年"應分別指秦惠文君七年(前 331)、秦惠文王後元八年(前 317)。《丹》篇這類文獻是從事喪葬、祭祀事務的人(術士)創作的,性質爲喪葬文書。該墓的下葬時間當在前 317 年八月初九日之後不久。⑦ 姜守誠對《志怪故事》二十多年的研究從釋文的考訂、簡序的編綴、篇名的擬定、文本性質等方面進行了系統梳理,並附有放馬灘秦簡研究文獻目録(1989—2013)。⑧ 方勇、侯娜也結合前人研究成果對《志怪故事》的釋文重新進行了梳理與簡要注解。⑨

4. 湖北雲夢龍崗秦簡牘

李天虹、曹方向參考紅外綫照片,對龍崗秦簡的釋字和編聯提出 6 條意見,如將

---

① 魯家亮:《放馬灘秦簡乙種〈日書〉"占雨"類文獻編聯初探》,《考古與文物》2014 年第 5 期。

② 海老根量介:《放馬灘秦簡〈日書〉中的"再"字小考》,復旦大學出土文獻與古文字研究中心網站(www. gwz. fudan. edu. cn,以下簡稱復旦網)2014 年 1 月 3 日。

③ 程少軒:《放馬灘簡〈三十六禽占〉研究》,《文史》2014 年第 1 輯。

④ 程少軒:《胎濡小考》,《中國文字研究》第十九輯,上海書店出版社 2014 年。

⑤ 程少軒:《放馬灘簡〈星度〉新研》,《自然科學史研究》2014 年第 1 期。

⑥ 劉玉環:《放馬灘秦簡乙種〈日書〉補遺》,《簡帛研究二〇一四》。

⑦ 黃傑:《放馬灘秦簡〈丹〉篇與北大秦牘〈泰原有死者〉研究》,簡帛網(www. bsm. org. cn)2014 年 10 月 14 日(按: 本文原載《人文論叢》2013 年卷,中國社會科學出版社 2013 年,此爲修訂本)。

⑧ 姜守誠:《放馬灘秦簡〈志怪故事〉考釋》,《簡帛研究二〇一四》。

⑨ 方勇、侯娜:《讀天水放馬灘簡〈志怪故事〉札記》,《考古與文物》2014 年第 3 期。

33 號簡中原釋作"當"之字改釋作从"鹿"之字,並將該簡析分爲兩段;將 82 號簡析分爲兩段,其中第一段又與 83 號簡遥綴;106 號簡與 110 號簡遥綴、108 號簡又當綴於110 號簡之後,107 號簡或當從 103~109 這組簡文中剔除;126 號簡的所謂"二"字應是一個標識符號和"一"字的誤釋;將 205 號簡的"史□"釋作"夬(決)之"。①

5. 湖北江陵周家臺秦簡

李明曉認爲周家臺《日書》中所見"日出時"是表示對"日出"這一時段的細分。② 張雷指出《病方及其他》372 號簡中"已鼠方"的"鼠"當理解爲疾病名,即"鼠瘻"。③ 高一致認爲《病方及其他》354 號簡中的"種"當釋作"穜"(同"種"),並對"朕黍"等詞進行補論,最後指出該簡所反映的數術活動、操作方式或即《氾勝之書》的源頭。④ 劉國勝依據孔家坡日書等資料的記載,指出《病方及其他》363 號簡的内容可以稱爲《五勝》,簡文中的"越"當是勝過之義。⑤

6. 湖南龍山里耶古城秦簡牘

(1) 資料公佈

湖南省文物考古研究所公佈了里耶秦簡中與"徒簿"有關的簡牘釋文,共計 178 條,並有簡要分析。⑥《湖南出土簡牘選編》和《湖南出土簡牘選編(一)》選刊了部分里耶秦簡的彩色照片與釋文,⑦其中包含以往未正式發表的資料。兩相比較,《湖南出土簡牘選編》圖版較大,《湖南出土簡牘選編(一)》圖版偏小但是公佈簡的數量比前者略多。里耶秦簡牘校釋小組則對這些新見的資料進行了選校,涉及第 7、9、10、11 四層的新刊簡牘。⑧

(2) 編聯與綴合

何有祖提出綴合 7 則:8-1786＋8-1339＋8-225＋8-302、8-877＋8-966、8-1245＋8-

① 李天虹、曹方向:《龍崗秦簡再整理校記》,吉林大學古籍研究所編:《吉林大學古籍研究所建所 30 周年紀念論文集》,上海古籍出版社 2014 年。
② 李明曉:《周家臺秦簡〈日書〉中的"日出時"考察》,《古文字研究》第三十輯,中華書局 2014 年。
③ 張雷:《周家臺秦簡"鼠"字考辨》,復旦網 2014 年 11 月 6 日。
④ 高一致:《讀秦簡雜記》,《簡帛》第九輯。
⑤ 劉國勝:《孔家坡漢簡日書"五勝"篇芻議》,《簡帛》第九輯。
⑥ 湖南省文物考古研究所:《龍山里耶秦簡之"徒簿"》,《出土文獻研究》第十二輯。
⑦ 鄭曙斌、張春龍、宋少華、黄樸華:《湖南出土簡牘選編》,嶽麓書社 2013 年;宋少華、張春龍、鄭曙斌、黄樸華:《湖南出土簡牘選編(一)》,嶽麓書社 2013 年。
⑧ 里耶秦簡牘校釋小組:《新見里耶秦簡牘資料選校(一)》,簡帛網 2014 年 9 月 1 日;《新見里耶秦簡牘資料選校(二)》,簡帛網 2014 年 9 月 3 日。

1374、8-1276＋8-1697；^①8-725＋8-1528、8-1054＋8-1756、8-1603＋8-1818。^② 雷海龍提出 5 條綴合,如 8-843＋8-1240、8-1761＋8-1769、8-1162＋8-1289,又將 8-249＋8-2065 的綴合改爲 8-1714＋8-2065,將 8-834＋8-1609 的綴合改爲 8-1104＋8-1609。^③劉平、雷海龍合綴 8-345＋8-806。^④

(3) 文本考釋與研究

　　楊先云對里耶秦簡 6-1、8-1438 等簡中的“史”或“吏”的混淆進行了辨析,指出8-1437 當從原整理者釋“墼”;改釋 8-1689 中的“内”爲“日”等。^⑤ 伊强認爲 8-48 中的“滑人”可能是雙字名或“人”當釋作“入”;改釋 8-94 中的“以”爲“已”;補釋 8-300 第三行中的人名“華”;將 8-630 末尾符號和殘字補作“·今”;疑 8-867 末尾殘字爲“夫”;8-1351 中的“末”當如原釋文作“未”;改釋 8-1516 的“刑”並補釋“事”;補釋 8-1777＋8-1868 中的“丑”。^⑥ 高一致指出 8-50 中的“傛”當釋作“俱”;8-200 的“建”當改釋作“逮”;8-461 中的一行簡文當爲“[王]宫曰宫”;8-1459 的“沅”當釋作“泥”;補釋 8-1494“君”字;8-1586 的“作”字。^⑦ 方勇認爲 8-1143 中“裝瓦”的“裝”可能是“裝”字異體,“裝瓦”可能是指把瓦胚裝入窰中之義。^⑧ 魯家亮對 8-138＋8-174＋8-522＋8-523 號木牘所見“令史行廟”文書的文本進行梳理,在此基礎上還就令史行廟的間隔以及排序原則進行了分析。^⑨ 陳侃理依據字形、句式特點以及“書同文字”的時代背景對8-461 木方第一欄第 3-13、15、18、19 等行中的缺釋字進行了補釋,並就該木方所揭示“書同文字”政策的問題進行了初步分析。^⑩ 鄔文玲對 5-1 等“續食”簡的斷句提出商榷,主要涉及“雨留不能投宿齎”、“當騰期丗日”兩句,並就這些文書的結構進行分析。^⑪ 朱紅林對 6-5、8-71、8-477、8-550、8-559、8-771、8-1165 等簡進行校讀,並就其中

① 何有祖:《里耶秦簡牘綴合札記(四則)》,《簡帛研究二〇一四》。

② 何有祖.《里耶秦簡牘綴合(八)》,簡帛網 2014 年 2 月 12 日。

③ 雷海龍:《里耶秦簡試綴五則》,《簡帛》第九輯。

④ 劉平、雷海龍:《里耶秦簡綴合一則》,簡帛網 2014 年 4 月 26 日。

⑤ 楊先云:《里耶秦簡識字三則》,簡帛網 2014 年 2 月 27 日。

⑥ 伊强:《〈里耶秦簡(壹)〉文字釋讀(七則)》,《簡帛》第九輯。

⑦ 高一致:《讀秦簡雜記》,《簡帛》第九輯。

⑧ 方勇:《讀里耶秦簡札記一則》,簡帛網 2014 年 3 月 14 日。

⑨ 魯家亮:《里耶秦簡“令史行廟”文書再探》,《簡帛研究二〇一四》。

⑩ 陳侃理:《里耶秦方與“書同文字”》,《文物》2014 年第 9 期。

⑪ 鄔文玲:《里耶秦簡所見“續食”簡牘及其文書構成》,《簡牘學研究》第五輯,甘肅人民出版社 2014 年。

所涉及的出入計、户芻錢、補、式、文書抄寫、人口登記等問題進行了討論。① 姜慧對《里耶秦簡(壹)》中的六枚紀年簡進行考證。② 單印飛以《里耶秦簡牘校釋(第一卷)》爲底本,並結合新的研究成果,對其中所見人名進行了統計。③ 陳偉對據里耶秦簡,對秦代行政中的算術運用進行了分類論述,涉及户口、土地、租賦、稟食、員程、賞罰等,並分析了券、簿、計、課 4 類計數文書的新資料。④ 楊振紅、單印飛在校釋 16-5、16-6 文書釋文的基礎上,對兩份文書以及秦代郡級下行文書的製作與傳遞程序進行分析,論文指出 16-5、16-6 是一封洞庭郡守分别下達縣嗇夫和郡卒史、屬兩個群體的文書,因此出現一式兩份,但最終都經縣傳達到縣尉。⑤

　　王偉、孫兆華指出里耶秦簡所見"見户"數是核驗、鉤校後確定的實存户數,反映的是一個時點(一個會計年度中的某一天)的户數,"積户"數則是一年中每一天的實存户數的總和,反映的是一個時段(一個會計年度)的户數。秦始皇廿八年至卅三年、卅五年遷陵縣實存 152～191 户,編户人口大致爲一二千人。⑥ 唐俊峰指出"積户"是秦政府以某種計算方法算出的累積户數;"見户"按字面解就是"現有的户",可能指縣中需承擔租賦的編户。單憑前者的資料去衡量秦代遷陵縣的户數,會不可避免地造成以倍數計的高估;而單憑後者的資料,也可能會低估當時的整體户數。論文還推測若加入當時的外族編户,秦遷陵縣的户數約在 300～400 左右。⑦

　　高震寰從《里耶秦簡(壹)》中所見較完整的"作徒簿"格式出發,討論秦代刑徒制度,文章指出這些"作徒簿"是當天任務執勤的實況,目的是爲了供縣廷多方比較考核,但也不無官樣文章的成分;刑徒由司空、倉管理,其勞作狀況,會定期查核、存檔。⑧ 賈麗英則提出徒隸是一個泛稱,不同時代、不同語境,其所指對象不同,據里耶秦簡所見司空曹負責監管城旦舂、鬼薪白粲和居貲贖債,倉曹則主要監管隸臣妾。⑨ 胡平生對"作徒簿"中出現的"冣"的含義再作梳理,指出其當理解爲總彙、總計,"作徒簿及

① 朱紅林:《讀里耶秦簡札記(二)》,《中原文化研究》2014 年第 5 期。
② 姜慧:《〈里耶秦簡(壹)〉紀年簡小考》,《淄博師專學報》2014 年第 2 期。
③ 單印飛:《〈里耶秦簡牘校釋(第一卷)〉人名統計表》,《簡帛研究二〇一四》。
④ 陳偉:《里耶秦簡所見秦代行政與算術》,簡帛網 2014 年 2 月 4 日。
⑤ 楊振紅、單印飛:《里耶秦簡 J1(16)5、1(16)6 的釋讀與文書的製作、傳遞》,《浙江學刊》2014 年第 3 期。
⑥ 王偉、孫兆華:《"積户"與"見户":里耶秦簡所見遷陵編户數量》,《四川文物》2014 年第 2 期。
⑦ 唐俊峰:《里耶秦簡所示秦代的"見户"與"積户"——兼論秦代遷陵縣的户數》,簡帛網 2014 年 2 月 8 日。
⑧ 高震寰:《從〈里耶秦簡(壹)〉"作徒簿"管窺秦代刑徒制度》,《出土文獻研究》第十二輯。
⑨ 賈麗英:《里耶秦簡牘所見"徒隸"身份及監管官署》,《簡帛研究二〇一三》,廣西師範大學出版社 2014 年。

耿”應當是作徒人數、分工數據的總計。①

　　王子今對 16-2 等簡中所謂“里佐”資料進行辨析,認爲目前里耶秦簡中似乎尚無可判定爲“里佐”的確證,“閭左”爲“里佐”説也有待證明。② 鄒水傑則指出里耶秦簡中所謂“鄉司空”實際是對簡文的誤讀,司空設於縣,主要管理縣中徭役、刑徒和居貲贖債等事務,其官長可設有秩、嗇夫或守,司空曹是縣廷中處理司空機構文書、事務的令史辦公場所。③ 沈剛認爲秦簡中的“冗吏”是政府編制外從事各種庶務的吏員,據里耶秦簡等資料可知,他們主要承擔史、佐兩種職位的工作,與正式吏員雖有差距,但也可互相流動,同時充當冗吏需要一定的政治身份、年齡甚至籍貫上的要求。④ 楊延霞、王君梳理了里耶秦簡中與船有關的資料,對秦船的規格、命名、性質以及秦的船官“船司空”等問題進行了分析。⑤

　　戴衛紅對 8-269 所見秦“伐閱”文書進行系統梳理,指出它不是一份抄録的副件,而是一份實用的館員履歷、任職的伐閱文書。它的主要内容又包括三部分,分别爲記録官員的履歷,每階段任職時間具體到“日”;記録官員的年齡,所經過的財務金錢以及書户造籍方面的審計考核(即錢計、户計);上級機構審核其履歷後,標明其所要遷轉的機構和官職。⑥

　　沈剛對《里耶秦簡(壹)》所見秦廪給相關問題進行梳理,涉及廪給數額與形式,廪給機構、人員及其程序,廪給對象等。⑦

　　7. 湖南嶽麓書院藏秦簡

　　(1) 資料公佈

　　陶安對《嶽麓書院藏秦簡(叁)》再作訂補,涉及多枚簡的殘片公佈,以及綴合、分篇、釋字、注釋等。⑧

　　(2) 編聯與綴合

　　史達依據簡背劃綫和反印字迹對《爲吏治官及黔首》的編聯提出了修訂。⑨ 史氏

---

① 胡平生:《也説“作徒簿及耿”》,簡帛網 2014 年 5 月 31 日。

② 王子今:《里耶秦簡與“閭左”爲“里佐”説》,《湖南大學學報(社會科學版)》2014 年第 4 期。

③ 鄒水傑:《也論里耶秦簡之“司空”》,《南都學壇(人文社會科學學報)》2014 年第 5 期。

④ 沈剛:《〈里耶秦[壹]〉中的冗吏》,《湖南省博物館館刊》第十輯。

⑤ 楊延霞、王君:《秦代船及船官的考察——以里耶秦簡爲視窗》,《魯東大學學報(哲學社會科學版)》2014 年第 1 期。

⑥ 戴衛紅:《湖南里耶秦簡所見“伐閱”文書》,《簡帛研究二〇一三》。

⑦ 沈剛:《〈里耶秦簡〉(壹)所見廪給問題》,《吉林大學古籍研究所建所 30 周年紀念論文集》。

⑧ 陶安:《〈嶽麓書院藏秦簡(叁)〉校勘記(續)》,復旦網 2014 年 7 月 24 日。

⑨ 史達著,黃海譯:《〈嶽麓書院藏秦簡·爲吏治官及黔首〉的編聯修訂——以簡背劃綫與反印字迹爲依據》,《出土文獻與法律史研究》第三輯。

又公佈了一枚《暨過誤失坐官案》漏收簡(J15),並重新對該案的簡序進行調整,即 J15＋缺簡＋096＋097＋095＋098＋099＋100。① 魯家亮對嶽麓書院藏秦簡《徭律》1394 號簡簡首殘片的拼綴進行調整。②

(3) 文本考釋與研究

高一致認爲《廿七年質日》50 號簡中的"起室"可理解爲"起之室","起"是人名。③ 方勇認爲《三十五年私質日》的"日土郵"當改釋作"白土郵"。④ 郭濤對《廿七年質日》和《三十五年私質日》中所見交通行程以及地名進行了詳細的分析和考證。⑤

高一致對《爲吏治官及黔首》2 號簡"里中"、15 號簡"要害"、20 號簡"進退"、23 號簡"圂汜毋椳"等語句提出不同的理解,並疑 79 號簡的"祖"可改釋作"禍"。⑥ 方勇將 49 號簡"審當賞罰"的"審"改釋作"害"。⑦ 王輝對該篇也有字詞補釋 20 條。⑧

陳偉認爲《占夢書》6 號簡中的"僞＝"當析讀爲"化爲";19 號簡的"芮"讀爲"蜹";36 號簡的"必長"與"衆有司"連讀。⑨ 方勇疑 14 號簡"將發"前一字是"樂"的殘字;⑩ 對 38 號簡"坉"字的理解提出三種可能。⑪

大川俊隆、田村誠指出《數》115、116 號簡(即 2173＋0317、0650)當屬同一算題,並就其計算方式進行推演,進而指出其可證明他們對張家山漢簡《算數書》"春粟"算題的理解和計算也是正確的。⑫

張伯元全面介紹了嶽麓秦簡第三卷所見案例的内容和法律史價值。⑬ 陶安對《爲獄等狀四種》標題簡中的"奏"字注解提出修訂,論文認爲在理解"奏"字時,要區分文

---

① 史達:《嶽麓秦簡〈爲獄等狀四種〉新見的一枚漏簡與案例六的編聯》,《湖南大學學報(社會科學版)》2014 年第 4 期。

② 魯家亮:《嶽麓秦簡校讀(七則)》,《出土文獻研究》第十二輯。

③ 高一致:《讀秦簡雜記》。

④ 方勇:《讀嶽麓秦簡(壹)札記五則》,簡帛網 2014 年 7 月 14 日。

⑤ 郭濤:《嶽麓書院藏秦"質日"簡交通地理考》,《歷史地理》第三十輯,上海人民出版社 2014 年。

⑥ 高一致:《讀嶽麓秦簡〈爲吏治官及黔首〉筆記》,簡帛網 2014 年 4 月 21 日。

⑦ 方勇:《讀嶽麓秦簡(壹)札記五則》。

⑧ 王輝:《嶽麓秦簡〈爲吏治官及黔首〉字詞補釋》,《考古與文物》2014 年第 3 期。

⑨ 陳偉:《讀嶽麓秦簡〈占夢書〉札記》,《簡帛》第九輯。

⑩ 方勇:《讀嶽麓秦簡(壹)札記五則》。

⑪ 方勇:《對嶽麓秦簡〈占夢書〉中"坉"字釋讀的三種臆測》,簡帛網 2014 年 11 月 10 日。

⑫ 大川俊隆、田村誠:《〈算數書〉"春粟"題與嶽麓書院秦簡〈數〉中的三枚簡》,《簡帛研究二〇一三》。

⑬ 張伯元:《〈嶽麓簡(三)〉的内容及法律史價值》,《華東政法大學學報》2014 年第 2 期;又《〈嶽麓書院藏秦簡〉(叁)的内容及法律史價值》,《出土文獻與法律史研究》第三輯。

書術語與普通詞語的語言層次以及秦漢至漢初與東漢以後的時代層次,《爲獄等狀四種》標題所謂"爲奏"是秦代文書術語,指辦理進言陳事業務以及爲此寫立文書所附加的文字;張家山漢簡《奏讞書》題目的"奏讞"則是普通詞語,東漢之後"奏"字纔成爲專指進言陳事文書本身的文書術語。① 周海鋒認爲《爲獄等狀四種》中"吏議"之"吏"指都吏;"邦亡"指逃出秦故地,而非秦地,此詞還有時段性,秦統一六國後就未見使用。② 歐揚通過討論秦到漢初定罪程序稱謂"當"的演變,將《爲獄等狀四種》與《奏讞書》進行比較。③ 陳松長對《癸、瑣等相移謀購案》中的"捕人相移"和"購賞"等問題進行了梳理,尤其指出秦代對購賞已有相當細密的規定。④ 鄔勖也討論了該案所見郡、縣二級司法官吏在法律掌握和適用能力的差距,認爲這些量刑基本可在秦漢律令中找到依據,説明秦漢律的延續性很强,衹是對官吏治獄有失的處罰有所不同。⑤ 支强也认爲"盜未有取、吏貲灊成律令"應析爲兩條律令,即"盜未有取吏貲法"和"灊成律令",依據前者判處"癸、瑣等各贖黥",依據後者判處"癸、行戍衡山郡各三歲"。準此,秦代法律形式應包括法、律、令三種,法是一種非成文的法律形式。⑥ 張伯元則對該案中的"先備贖"、"請告"、"利得"三組語句進行了注解。⑦ 水間大輔依據《尸等捕盜疑購案》指出秦對生捕群盜的獎賞,依據被補對象是否爲秦人加以區别,論文還就這一獎賞制度的淵源進行分析,並與《二年律令》所記漢初情況進行比較。⑧ 方勇指出《猩、敞知盜分贓案》中的"錫"也可能釋作"鍚",即鍚器。⑨ 陳松長、吳美嬌對《芮盜賣公列地案》提出校

① 陶安:《〈爲獄等狀四種〉標題簡"奏"字字解訂正——兼論張家山漢簡〈奏讞書〉題名問題》,《中國古代法律文獻研究》第八輯。

② 周海鋒:《〈爲獄等狀四種〉中的"吏議"與"邦亡"》,《湖南大學學報(社會科學版)》2014 年第 4 期,又載《出土文獻與法律史研究》第三輯。

③ 歐揚:《秦到漢初定罪程序稱謂的演變——取"當"爲視角比較〈嶽麓書院藏秦簡〉(叁)與〈奏讞書〉》,《出土文獻與法律史研究》第三輯。

④ 陳松長:《〈嶽麓簡(三)〉"癸、瑣相移謀購案"的相關問題瑣議》,《華東政法大學學報》2014 年第 2 期,又載《〈嶽麓書院藏秦簡〉(叁)"癸、瑣相移謀購案"的相關問題瑣議》,《出土文獻與法律史研究》第三輯。

⑤ 鄔勖:《〈嶽麓簡(三)〉"癸、瑣相移謀購案"中的法律適用》,《華東政法大學學報》2014 年第 2 期,又《〈嶽麓書院藏秦簡〉(叁)"癸、瑣相移謀購案"中的法律適用》,《出土文獻與法律史研究》第三輯。

⑥ 支强:《"盜未有取吏貲灊成律令"問題再識》,《出土文獻與法律史研究》第三輯。

⑦ 張伯元:《讀"癸、瑣相移謀購案"札記(三則)》,《出土文獻與法律史研究》第三輯。

⑧ 水間大輔:《嶽麓書院藏秦簡"尸等捕盜疑購"案所見逮捕群盜的獎賞規定》,《中國社會經濟史研究》2014 年第 3 期。

⑨ 方勇:《讀嶽麓秦簡(叁)札記一則》,簡帛網 2014 年 2 月 21 日。

讀意見 5 則,涉及"別價地"、"相移"、"市府"、"市曹"、"盜賣"等。[①] 勞武利對《芮盜賣公列地案》和《識劫𡟰案》的司法解釋進行了分析。[②] 張岩岩、鍾意補釋了《識劫𡟰案》136 號簡中"後妻"的"後"字。[③] 于洪濤對《多小未能與謀案》和《尸等捕盜疑購案》所見秦代逃亡犯罪的問題進行了討論。[④] 張伯元依據《暨過誤失坐官案》和秦《效律》指出當時雖未形成"數罪並罰"的制度,但可以看作《唐律》中某些適用法律的濫觴。[⑤] 王偉指出《魏盜殺安、宜等案》中的"大宮"當改釋作"大官",是機構名,[⑥]張岩岩、鍾意亦有類似觀點。[⑦] 朱瀟對《綰等畏耎還走案》進行了詳細梳理,並討論了其中所涉及的秦代軍事犯罪問題。[⑧] 田炳炳認爲《嶽麓書院藏秦簡(叁)》中的地名"京州"有可能是昌平君反秦之役中楚人對楚地封君之地的稱呼。[⑨]

陳偉對嶽麓書院藏秦簡《徭律》1241、1242 和 1238 三簡進行校讀、梳理,如將 1241 簡中的"徒人"點斷,"徒"屬上讀;"典"屬下讀;解釋 1242 號簡中"都發"與"縣請"的含義;提出 1238 可能不與上兩簡連讀,甚至可能不屬《徭律》,並對該簡中的"聶"提出新解。[⑩] 朱紅林也對此三簡進行梳理,並結合相關文獻對其涉及的秦徭役制度進行了討論,論文也認爲 1238 與 1242 不應編聯,但 1238 簡的内容與徭役管理制度有關。[⑪] 魯家亮將《徭律》1394 號簡所記内容與張家山漢簡《二年律令·徭律》414～415 號簡所記律條、睡虎地 77 號漢墓竹簡所見"重車、空車"算題對讀。[⑫]

8. 北京大學藏秦簡牘

(1) 資料公佈

《北京大學藏秦代簡牘書迹選粹》一書刊佈了 40 多枚北京大學藏秦簡牘的彩色

---

① 陳松長、吳美嬌:《嶽麓秦簡〈芮盜賣公列地案〉注釋獻疑》,《簡帛研究二〇一四》。

② 勞武利著,裴乾坤譯:《秦代的司法裁判若干問題研究——以〈爲獄等狀〉所載兩個案例爲對象》,《出土文獻與法律史研究》第三輯。

③ 張岩岩、鍾意:《試釋〈嶽麓書院藏秦簡(叁)〉簡 136"後妻"、簡 158"大官"》,簡帛網 2014 年 6 月 26 日。

④ 于洪濤:《嶽麓秦簡〈爲獄等狀四種〉所見逃亡犯罪研究》,《出土文獻與法律史研究》第三輯。

⑤ 張伯元:《"累論"與數罪並罰》,《中國古代法律文獻研究》第八輯。

⑥ 王偉:《讀〈嶽麓書院藏秦簡(叁)〉札記一則》,簡帛網 2014 年 3 月 12 日。

⑦ 張岩岩、鍾意:《試釋〈嶽麓書院藏秦簡(叁)〉簡 136"後妻"、簡 158"大官"》。

⑧ 朱瀟:《〈爲獄等狀四種〉"綰等畏耎還走案"與秦代軍事犯罪問題》,《出土文獻與法律史研究》第三輯。

⑨ 田炳炳:《讀〈嶽麓書院藏秦簡(三)〉札記一則》,簡帛網 2014 年 5 月 19 日。

⑩ 陳偉:《嶽麓書院秦〈徭律〉的幾個問題》,《文物》2014 年第 9 期。

⑪ 朱紅林:《嶽麓書院藏秦簡〈徭律〉補説》,《出土文獻與法律史研究》第三輯,又載《吉林大學古籍研究所建所 30 周年紀念論文集》。

⑫ 魯家亮:《嶽麓秦簡校讀(七則)》。

和紅外照片並有釋文。①

(2) 文本考釋與研究

黄傑將《泰原有死者》與放馬灘秦簡《丹》對讀,調整了兩處句讀,並對泰原、鬼、冥婚、祠、祭等問題進行疏解,還指出此類文獻的性質應歸入喪葬文書。② 姜守誠對《泰原有死者》釋文逐字進行疏解並有翻譯,在此基礎上對死而復生者身份認定及女子婚姻歸宿、死人的財富觀及黄圈的象徵意義、古人的鬼魂觀及拘魄於地府、鬼神飲食及天廚和地廚、故衣殯葬及薄葬風俗等與秦代婚俗、喪葬、祭祀、鬼神觀相關的問題進行了討論。③

譚競男認爲《算書》甲種"徑田術"的"徑"意爲"徑直"是較爲簡潔的計算田畝面積的方法。④

商之彝據漢代銅鏡中的資料指出《酒令》"不日可增日可思"是秦漢時期的習語;"千秋"當理解爲向席中尊長祝壽並飲酒。⑤

9. 湖南益陽兔子山遺址簡牘

吳方基、吳昊對兔子山遺址出土的秦二世胡亥"奉召登基"官府文告從多個方面加以闡釋,涉及秦始皇之死與天下形勢、"奉召登基"的真實面目、功德與律令、"流罪"之解讀、"德惠"政策等,論文還認爲對胡亥的個人評價以及秦亡的問題亦可借此文書重新審視。⑥

二、漢簡牘的研究

1. 斯坦因所獲漢代簡牘

余欣結合秦漢傳世與出土文獻中與相馬有關的資料,對斯坦因所獲一枚簡牘(敦2094)的釋文進行訂正,認爲該簡中提到的"腸小、腹平、脾小、耳小、目高"等是對日行六百里且温順、識人意之良馬的描述,論文還指出敦 843 和 EPT59∶893B 可能也與相馬有關。⑦

---

① 北京大學出土文獻研究所:《北京大學藏秦代簡牘書迹選粹》,人民美術出版社 2014 年。
② 黄傑:《放馬灘秦簡〈丹〉篇與北大秦牘〈泰原有死者〉研究》。
③ 姜守誠:《北大秦牘〈泰原有死者〉考釋》,《中華文史論叢》2014 年第 3 期。
④ 譚競男:《秦漢出土數書散札二則》,《江漢考古》2014 年第 5 期。
⑤ 商之彝:《北大藏秦簡〈酒令〉零識》,簡帛網 2014 年 12 月 16 日。
⑥ 吳方基、吳昊:《釋秦二世胡亥"奉召登基"的官府文告》,簡帛網 2014 年 5 月 27 日。
⑦ 余欣:《出土文獻所見漢唐相馬術考》,《學術月刊》2014 年第 2 期。

2. 居延漢簡

(1) 資料公佈

2014 年 12 月,《居延漢簡(壹)》出版,此書是史語所簡牘整理小組利用新技術重新整理居延漢簡的最新成果,本册共收録包號 100 以前所有簡牘及共出文物合計 2 799 件。[1]

(2) 文本考釋與研究

肖慶峰依據"史語所藏漢代簡牘資料庫"所收反體照片和彩色照片,及行文規範、文書楬書寫體例,對 272·29 號簡的釋文進行了校訂,並對釋文釋讀產生分歧的原因進行了分析。[2] 聶丹指出 505·34 中的"緣中衣"不是名物詞,它應與上文連讀作"大紅布衣緣中衣",指用大紅布作衣緣的中衣。[3] 肖慶峰、張麗娜對《居延漢簡釋文合校》所附《居延漢簡簡號、出土地點、圖版頁碼對照一覽表》和《〈居延漢簡〉臺北本與甲乙編本簡號校異》中的簡號等問題及《居延漢簡補編》所收居延漢簡簡號進行了校對。[4]

3. 甘肅武威磨咀子 18 號漢墓木簡

白於藍提出《王杖十簡》中的"本二年"是指漢文帝二年,"山東復"是指漢高祖劉邦於十二年免除山東豐、沛之地的賦役。[5]

4. 山東臨沂銀雀山 1 號漢墓簡牘

牛新房對《銀雀山漢墓竹簡(貳)》的釋文、注釋進行校訂,共 8 條,如將《四伐》篇 1282 號簡的"五"改釋作"王",並認爲此篇與"五行"無關;將《文王問太公》篇 1353～1255 號簡中的"天地弗能與也"的"與"改釋作"興";《三十時》篇 1820 號簡中的"婦女"之"婦"改釋作"嫁"等。[6] 林志鵬對《銀雀山漢墓竹簡(貳)》中"論政論兵類"提出札記 11 則,如讀《將失》995～996 號簡"羇用"、"羇斫"之"羇"爲"旋";讀《五名五共》1167 號簡"兵有五共"的"共"爲"恐",並將該簡"軍無所梁"之"梁"改釋作"梁"等等。[7] 郭麗將

① 簡牘整理小組編:《居延漢簡(壹)》,中研院史語所 2014 年。

② 肖慶峰:《居延漢簡 272.29 號簡校讀》,《簡帛研究二〇一三》。

③ 聶丹:《居延漢簡中"緣中衣"考》,《江漢考古》2014 年第 5 期。

④ 肖慶峰、張麗娜:《居延漢簡簡號校訂三種》,《簡帛》第九輯。

⑤ 白於藍:《〈王杖十簡〉"本二年"、"山東復"考》,《中國文字研究》第十九輯,又載《吉林大學古籍研究所建所 30 周年紀念論文集》。

⑥ 牛新房:《〈銀雀山漢墓竹簡(貳)〉校訂》,《中國國家博物館館刊》2014 年第 9 期。

⑦ 林志鵬:《讀〈銀雀山漢墓竹簡[貳]〉"論政論兵類"札記》,《簡帛研究二〇一三》。

《田法》與《管子》的相關內容從五個方面進行了比較。① 楊安指出《不時之應》屬於"零散的讖",其文本形成的年代應在先秦時期,"不時"包括人爲與自然兩方面的因素,傳世的《禮記》、《淮南子》、《易緯》等文獻在描述"不時"都受到《不時之應》這類"零散的讖"類文獻的影響並有細化。②

5. 河北定縣八角廊 40 號漢墓竹簡

張固也依據簡本已有釋文及今本"重應"諸章等對定州八角廊漢簡《文子》進行了復原,包括三卷九篇三十六章六千多字,並指出這個簡本就是《漢志》九篇之完本,今本除"重應"諸章外,確爲東漢以後人僞造。③

6. 湖南長沙馬王堆漢墓簡帛

(1) 資料公佈

2014 年 6 月,《長沙馬王堆漢墓簡帛集成》出版,公佈了長沙馬王堆 1、2、3 號漢墓所出全部簡帛資料,全書七大册,其中一、二册爲整理圖版,三、四、五、六册爲釋文注釋,第七册爲原始圖版,是目前馬王堆簡帛文獻最全面的整理文本。④

(2) 文本考釋與研究

王輝指出馬王堆帛書《九主》、《明君》、《刑德》甲等篇中與"企"同形之字均當釋作"立"。⑤ 王挺斌《經法·道法》中"匿正"一詞相當於先秦兩漢古書中的"匿端",指隱藏真實情況。⑥ 郭永秉依據最新的拼合結果,寫出《春秋事語》1～4 章的新釋文和注釋。⑦

周波介紹了帛書《養生方》的抄寫和摺疊情況以及三條《養生方》、《雜療方》拼綴成果。⑧ 周氏還指出《養生方》164～168 所存在的誤拼的問題,並對相關釋文進行改釋;對《養生方》218～219 行補釋的"食之"二字進行字形上的補充説明。⑨

---

① 郭麗:《銀雀山漢墓竹簡〈田法〉考略——以與〈管子〉比較爲中心》,《簡帛研究二〇一三》。

② 楊安:《銀雀山漢簡〈不時之應〉小議》,《出土文獻研究》第十三輯,中西書局 2014 年。

③ 張固也:《定州八角廊簡〈文子〉復原》,《吉林大學古籍研究所建所 30 周年紀念論文集》。

④ 湖南省博物館、復旦大學出土文獻與古文字研究中心編纂:《長沙馬王堆漢墓簡帛集成》,中華書局 2014 年。

⑤ 王輝:《説馬王堆帛書中與"企"同形之字可能釋爲"立"》,《古文字研究》第三十輯。

⑥ 王挺斌:《馬王堆帛書補釋三則》,簡帛網 2014 年 8 月 31 日。

⑦ 郭永秉:《〈春秋事語〉(一至四章)新釋文與注釋》,《湖南省博物館館刊》第十輯。

⑧ 周波:《〈馬王堆漢墓帛書(肆)〉整理札記(一)》,《古文字研究》第三十輯。

⑨ 周波:《馬王堆巫醫類簡帛校讀札記》,《中國文字研究》第二十輯,上海書店出版社 2014 年。

蔡偉將《養生方》"凡彼莫不"中的"莫不"改釋作"草木";補釋"釦而見光"句中的"光"字。① 陳劍則將"月之□治"改釋作"月之誨朔",並將"釦而見光"的"釦"讀爲"鉤"。②

王樹金公佈了帛書《木人占》的圖版和釋文,並介紹了其整理《木人占》的主要收穫,涉及該篇的圖版問題、成書時代和性質等,論文指出該篇的抄寫時間很可能是在秦朝和西漢初始階段,或説抄寫人當是出生在秦時期的遺民,西漢初期在軑侯家充當書吏抄手,而該篇的性質可能屬於《漢書·藝文志》中"雜占"之書。③ 程少軒通過對帛書上墨點原有顔色的辨析,對《刑德》中的"太陰刑德大游圖"的復原方案進行了補充。④ 程氏還指出《刑德》諸篇中所見"戊戌奇風"與史籍所載楚漢彭城之戰的一場大風有密切關係。帛書中與"戊戌奇風"有關的占辭當是編纂者據彭城之戰的史實編寫,如此推測不誤,或可據此判定《刑德》丙篇的撰寫年代上限爲漢王二年。⑤

蕭旭對《天下至道談》進行了集釋和校補。⑥ 周波對《天下至道談》、《合陰陽》、《十問》也各有札記一則。⑦ 陳偉對《雜禁方》進行校對讀,改釋了"户樞",將"埱"讀爲"除",將"夫妻相去"釋作"夫妻相谷(隙)"。⑧

蔣文依據新圖版,補釋了馬王堆 3 號墓遣策簡 50+408 號簡中的"讎"字,並指出其上原釋作"十"的字當改釋作"+",是一種勾劃符號。⑨

7. 湖北江陵鳳凰山漢墓竹簡

施謝捷將鳳凰山 8 號墓竹簡中所見的雙字名與漢印互證,涉及蒲蘇、不敬、留人、女索、苟來等。⑩ 凌文超對 9 號墓出土三件文書的釋文及其内涵進行訂補和疏解,並就相關問題加以分析,論文指出這些文書的性質是漢文帝十六年後九月十五日,安陸守丞縮將該縣全年與南郡各縣、雲夢禁苑之間長期、短期放牧者的情況,製

---

① 蔡偉:《馬王堆帛書新釋一則》,復旦網 2014 年 11 月 8 日。

② 轉引自蔡偉:《馬王堆帛書新釋一則》。

③ 王樹金:《馬王堆漢墓帛書〈木人占〉探述》,《出土文獻研究》第十二輯。

④ 程少軒:《馬王堆帛書"太陰刑德大游圖"補議》,《古文字研究》第三十輯。

⑤ 程少軒:《馬王堆帛書"戊戌奇風"與楚漢彭城之戰》,《簡帛研究二〇一四》。

⑥ 蕭旭:《馬王堆漢簡〈天下至道談〉校補》,《湖南省博物館館刊》第十輯。

⑦ 周波:《馬王堆巫醫類簡帛校讀札記》。

⑧ 陳偉:《〈雜禁方〉校讀》,簡帛網 2014 年 10 月 22 日。

⑨ 蔣文:《説馬王堆三號墓遣策簡 408 的勾劃符和"讎到此"》,《文史》2014 年第 1 輯。

⑩ 施謝捷:《江陵鳳凰山西漢簡牘與秦漢印所見人名(雙名)互證(之一)》,《古文字研究》第三十輯。

作成上行文書,呈報給有關部門。① 陳淑珍、田河對 10 號墓 6 號木牘的釋文進行了校釋。②

　　8. 居延新簡

　　(1) 編聯與綴合

　　伊强對肩水金關漢簡前三卷提出多條綴合意見,具體爲 73EJT23：563＋73EJT23：643,③73EJT7：54＋73EJT7：87、73EJT23：19＋73EJT23：40、73EJT24：750＋73EJT24：919、73EJT30：216＋73EJT30：220、73EJT30：144＋73EJT30：170、④73EJT24：264＋73EJT24：269、73EJT24：450＋73EJT24：464。⑤劉釗指出《肩水金關漢簡(壹)》73EJT4：143 的兩段不應直接綴合,但不能完全排除同出一組簡牘乃至同一枚觚的可能。⑥ 何茂活對 73EJT10：517 圖版排印問題進行糾正,並懷疑其正、背面可綴合。⑦ 楊小亮對《肩水金關漢簡(貳)》所收簡牘提出 13 條綴合及編聯意見,如 73EJT21：310＋73EJT21：314、73EJT21：451＋73EJT21：459、73EJT23：379＋73EJT23：387、73EJT23：531＋73EJT23：509、73EJT23：500＋73EJT23：511、73EJT23：743＋73EJT23：744、73EJT21：199＋73EJT21：198、⑧73EJT21：38＋73EJT21：42、73EJT23：96＋73EJT23：132、73EJT23：171＋73EJT23：177、73EJT23：614＋73EJT23：687、73EJT23：491＋73EJT23：492＋73EJT23：525＋73EJT23：947＋73EJT23：1038 等,此外還將 73EJT21：18 與《勞邊使者過界中費》復原爲一個簡册,並將其年代改爲元平元年。⑨ 胡永鵬則有 3 條綴合意見, 即 73EJT23：532＋73EJT23：768、73EJT23：691＋73EJT23：802、73EJT23：835＋73EJT23：860。⑩ 許名瑲也提出綴合 3 則, 即 73EJT30：151＋73EJT24：136、⑪73EJT24：646＋73EJT24：648＋73EJT24：650、73EJT24：828＋

① 凌文超:《江陵鳳凰山 9 號墓三文書考證》,《簡牘學研究》第五輯。

② 陳淑珍、田河:《江陵鳳凰山十號漢墓八號牘校釋》,《絲綢之路》2014 年第 12 期。

③ 伊强:《〈肩水金關漢簡(貳)〉綴合一則》,簡帛網 2014 年 6 月 16 日。

④ 伊强:《肩水金關漢簡綴合五則》,簡帛網 2014 年 7 月 10 日。

⑤ 伊强:《〈肩水金關漢簡(貳)〉綴合二則》,簡帛網 2014 年 12 月 31 日。

⑥ 劉釗:《近出西北屯戍漢簡研讀四則》,《出土文獻研究》第十三輯。

⑦ 何茂活:《〈肩水金關漢簡(壹)〉釋文訂補》,復旦網 2014 年 11 月 29 日。

⑧ 楊小亮:《肩水金關漢簡綴合八則》,《出土文獻研究》第十二輯。

⑨ 楊小亮:《金關簡牘編聯綴合舉隅——以簡牘書體特徵考察爲中心》,《出土文獻研究》第十三輯。

⑩ 胡永鵬:《讀〈肩水金關漢簡(貳)〉札記》,《中國文字》新四十期,藝文印書館 2014 年。

⑪ 許名瑲:《〈肩水金關漢簡〉簡 73EJT30：151＋T24：136 考釋》,簡帛網 2014 年 8 月 21 日。

73EJT24：810。① 許氏還嘗試將 7 枚與"居攝元年曆日"有關的殘簡綴合爲三組。② 程少軒則進一步將 23 號探方中的相關簡文進行綴合、編聯,復原出"元始六年(居攝元年)曆日"簡册,内容除日期簡外還包括一組神煞周期表。③ 羅見今、關守義對該簡册亦有復原。④ 侯旭東復原出兩組文書,即 73EJT8：8 與 73EJT8：13、73EJT21：38 與 73EJT21：42。⑤

(2) 文本考釋與研究

以馬怡、張榮强爲首的"居延新簡整理小組"對 20 世紀 70 年代出土的"居延新簡"釋文集中進行了釋校。⑥ 伊强指出居延新簡中所見"縣絮"實即古書中的"緜絮"。⑦ 何茂活對《相劍刀》册的釋文、句讀、注釋進行梳理,對一些疑難字及其注解提出了不同意見,並認爲該簡册無脱簡但有脱文,即在"右幣(弊)劍文四事"前脱"右善劍文四事"。⑧ 劉樂賢依據肩水金關漢簡 73EJT23：878 的記載,將EPT59：107的部分釋文改釋或補釋爲"反孚翟逆義黨與陳伯陽等賊所犯",並指出 73EJT23：878 和 EPT59：107中的"陳伯陽"可能就是翟義的外甥陳豐;此外,論文還就73EJT23：878 中出現的"監御史"、"四輔"進行討論,認爲這兩者可能與王莽時期實行過的特殊制度有關。⑨ 唐俊峰通過性質、結構以及筆迹分析,對 EPT68 中出土的劾狀簡册進行復原與研究,論文認爲這些劾狀簡應屬草稿、副本,包含兩大組,共五種文書(劾、狀、呈文、文書、中轉文書),其編排的次序當爲劾、狀、文書、呈文、中轉文書;劾與狀不盡相同,前者强調案驗的過程及案的結果,後者强調對案情細節精確而扼要的敘述。⑩ 李迎春對 EPT51：533 中的"富平侯元城邑"、EPT51：374 中的"隴西略陽"、EPT52：590 中的"武彊"、EPT56：148 中的"李園里"以及多簡中出現的"故行"、"不及程"提出新解。⑪ 孫占宇則對居延新簡中的數術類殘簡的釋文和注釋進行修訂,共 6 條,並對這

---

① 許名瑲:《〈肩水金關漢簡(叁)〉綴合二則》,簡帛網 2014 年 9 月 5 日。

② 許名瑲:《〈肩水金關漢簡(貳)〉"居攝元年曆日"簡綴合》,簡帛網 2014 年 6 月 20 日。

③ 程少軒:《肩水金關漢簡"元始六年(居攝元年)曆日"復原》,《出土文獻》第五輯。

④ 羅見今、關守義:《〈肩水金關漢簡(貳)〉曆簡年代考釋》,《敦煌研究》2014 年第 2 期。

⑤ 侯旭東:《西漢張掖郡肩水候系年初編——兼論候行塞時的人事安排與用印》,《簡牘學研究》第五輯。

⑥ 馬怡、張榮强主編:《居延新簡釋校》,天津古籍出版社 2013 年。

⑦ 伊强:《試論居延新簡中的"縣絮"》,《簡帛研究二〇一三》。

⑧ 何茂活:《居延漢簡〈相劍刀〉册釋讀析疑》,《簡牘學研究》第五輯。

⑨ 劉樂賢:《金關漢簡中的翟義同黨陳伯陽及相關問題》,《中國史研究》2014 年第 1 期。

⑩ 唐俊峰:《甲渠候官第 68 號探方出土劾狀簡册的復原與研究》,《簡牘學研究》第五輯。

⑪ 李迎春:《讀居延漢簡札記六則》,《簡牘學研究》第五輯。

些殘簡所屬數術類型進一步加以明確。①

　　侯旭東依據已經公佈的三卷肩水金關漢簡及其他已刊漢簡,大體復原出了五任肩水候、六位代行肩水候事者及兩位守候的基本情況,時間跨度近 80 年,論文還就候行塞或出缺時的人事安排與用印問題進行了討論。② 田炳炳懷疑 73EJT1：84 中"潁川郡陝"的"陝"當爲"郟"之反寫。③ 此外,田氏還有 7 條札記,涉及"居令延印"、"翟邑"、"滎陽"與"熒陽"、"南陽郡博士度里"、"栗侯國"、"淮陽令長"等。④ 伊强將 73EJT5：62 中的"黑抎"讀作"黑惇"、73EJT8：63 中的"柳華"改釋作"桃華",並對相關簡文中未釋或誤釋的"華"字進行了訂正。⑤ 王子今依據睡虎地秦簡的記載,指出 73EJT11：5、73EJT11：23 可能屬於一件文書,内容均與"馬祺祝"有關。⑥ 張俊民對《肩水金關漢簡(壹)》分類進行了校補。⑦ 何茂活也對該卷的釋文及殘斷字進行了補釋,共 111 條。⑧ 何氏還對《肩水金關漢簡(貳)》中的疑難字形義分類加以考辨,共計 17 字。⑨ 周波將 73EJT21：468 中的"費"改釋作"酇",並認爲此酇縣即《漢書·地理志》沛郡之"酇"。⑩ 肖從禮、趙蘭香認爲 73EJT22：6 所見典籍殘文或即《齊論·知道》佚文,該簡可能是戍邊吏卒的習字簡。⑪ 高一致對《肩水金關漢簡(叁)》提出校讀意見 18 則,如補釋 73EJT27：112、73EJT27：139 等簡的"繁陽"、73EJT24：775 的"氏池";改釋 73EJT25：127 的"巍"、73EJT26：217 的"集里"、73EJT28：6 的"宜利里";並對 73EJT30：126、73EJT31：140 等簡所涉及的數術、數學方面的問題進行了考證。⑫ 何茂活對 73EJT24：247 和 73EJT24：268 綴合後的《所寄張千人舍器物記》的釋文

---

① 孫占宇：《居延新簡數術殘簡再探》,《簡牘學研究》第五輯。

② 侯旭東：《西漢張掖郡肩水候系年初編——兼論候行塞時的人事安排與用印》,《簡牘學研究》第五輯。

③ 田炳炳：《説〈肩水金關漢簡(壹)〉的"陝"》,簡帛網 2014 年 6 月 9 日。

④ 田炳炳：《讀〈肩水金關漢簡〉雜識(三則)》,簡帛網 2014 年 6 月 28 日;《讀〈肩水金關漢簡〉札記四則》,簡帛網 2014 年 7 月 2 日。

⑤ 伊强：《〈肩水金關漢簡〉名物詞考釋二則》,簡帛網 2014 年 11 月 19 日。

⑥ 王子今：《河西漢簡所見"馬祺祝"禮與"馬醫"、"馬下卒"任職》,《秦漢研究》第八輯,陝西人民出版社2014 年。

⑦ 張俊民：《〈肩水金關漢簡(壹)〉釋文補例》,簡帛網 2014 年 12 月 16 日。

⑧ 何茂活：《〈肩水金關漢簡(壹)〉殘斷字釋補》,復旦網 2014 年 11 月 20 日;《〈肩水金關漢簡(壹)〉釋文訂補》,復旦網 2014 年 11 月 29 日。

⑨ 何茂活：《〈肩水金關漢簡(貳)〉疑難字形義考辨》,《簡帛研究二〇一四》。

⑩ 周波：《説肩水金關漢簡、張家山漢簡中的地名"酇"及其相關問題》,《出土文獻研究》第十二輯。

⑪ 肖從禮、趙蘭香：《金關漢簡"孔子知道之易"〈齊論·知道〉佚文蠡測》,《簡帛研究二〇一三》。

⑫ 高一致：《讀〈肩水金關漢簡(叁)〉筆記(一)》,簡帛網 2014 年 8 月 12 日;《讀〈肩水金關漢簡(叁)〉筆記(二)》,簡帛網 2014 年 8 月 23 日;《讀〈肩水金關漢簡(叁)〉筆記(三)》,簡帛網 2014 年 9 月 5 日。

及相關名物詞進行詳細考釋。① 馬怡對《趙憲借襦書》(73EJT24：15)和《趙君勞存物書》(73EJT23：782)的釋文加以修訂,並討論兩份文書的性質,論文指出前者是一份私文書,相當於今日的借據,後者是一件券書,相當於今日的存物據。② 劉釗指出73EJT26：234 正背面的三個篆書當改釋作"辰"、"己"、"丁"。③ 張俊民對73EJT31：163所見漢代"功令"進行了改釋,並結合相關出土與傳世文獻對其令文逐句加以分析和討論。④ 侯宗輝對肩水金關漢簡所見"從者"身份進行分析,論文認爲"從者"是吏士等私人所僱傭的隨從,以青少年爲主,具有户籍,擁有爵位,是國家的編户民。"從者"以協助僱主完成公私事務爲主要職責,甚至被視成吏的家屬成員,由政府配發糧食。⑤ 張英梅則對肩水金關漢簡所見"傳"的申請條件和程序進行了細分,並就"傳"的使用和不足進行了説明。⑥

黄艷萍對《肩水金關漢簡(壹)》、《肩水金關漢簡(貳)》中的紀年簡進行校釋、考證。⑦胡永鵬也對《肩水金關漢簡(貳)》中與曆表不合簡進行考證,共 20 條,並就考釋方法和原則進行了説明。⑧ 此外,胡氏還對針對《肩水金關漢簡(貳)》提出校讀意見 20 條。⑨ 羅見今、關守義對《肩水金關漢簡(貳)》部分曆簡年代也有考證和修訂。⑩ 許名瑲對多枚曆日簡的具體年代和内容進行考證,涉及 73EJT5：56、73EJT5：57、73EJT5：58、73EJT9：115、73EJT6：70、73EJT30：151＋73EJT24：136。⑪

---

① 何茂活:《肩水金關漢簡〈所寄張千人舍器物記〉名物詞語考釋——兼補胡永鵬〈讀《肩水金關漢簡(貳)》札記〉文意》,《魯東大學學報(哲學社會科學版)》2014 年第 6 期。

② 馬怡:《〈趙憲借襦書〉與〈趙君勞存物書〉——金關漢簡私文書釋考二則》,《簡牘學研究》第五輯。

③ 劉釗:《近出西北屯戍漢簡研讀四則》。

④ 張俊民:《金關漢簡 73EJT31：163 解讀》,簡帛網 2014 年 12 月 3 日。

⑤ 侯宗輝:《肩水金關漢簡所見"從者"探析》,《敦煌研究》2014 年第 2 期。

⑥ 張英梅:《試探肩水金關漢簡中"傳"的制度》,《敦煌研究》2014 年第 2 期。

⑦ 黄艷萍:《〈肩水金關漢簡(壹)〉紀年簡校考》,《敦煌研究》2014 年第 2 期;《〈肩水金關漢簡(壹)〉紀年簡校釋》,《簡牘學研究》第五輯;《〈肩水金關漢簡(貳)〉紀年簡校考》,《簡帛研究二〇一三》。

⑧ 胡永鵬:《〈肩水金關漢簡(貳)〉中與曆表不合諸簡考證》,《簡帛》第九輯。

⑨ 胡永鵬:《讀〈肩水金關漢簡(貳)〉札記》。(按:該文"釋文校讀"的大部分内容曾刊於簡帛網,我們曾有介紹。正式發表時,胡氏對原 16 條札記進行了較大删減、增訂,故再次介紹。)

⑩ 羅見今、關守義:《〈肩水金關漢簡(貳)〉曆簡年代考釋》,《敦煌研究》2014 年第 2 期。

⑪ 許名瑲:《〈肩水金關漢簡(壹)〉73EJT5：56 等曆日簡年代考釋》,簡帛網 2014 年 7 月 16 日;《〈肩水金關漢簡(壹)〉73EJT9：115 曆日簡年代考釋》,簡帛網 2014 年 7 月 25 日;許名瑲:《〈肩水金關漢簡(壹)〉73EJT6：70 曆日簡年代考釋》,簡帛網 2014 年 8 月 1 日;許名瑲:《〈肩水金關漢簡〉簡 73EJT30：151＋T24：136 考釋》,簡帛網 2014 年 8 月 21 日。

9. 安徽阜陽雙古堆 1 號漢墓簡牘

(1) 資料公佈

整理者公佈了阜陽雙古堆漢簡《莊子》的相關資料,含 44 枚殘簡的照片與釋文,並有簡注。此外,作爲附録,又披露了《説類雜事》中"宋元君與神龜故事"殘片的釋文,共 7 枚。①

(2) 文本考釋與研究

于茀指出阜陽漢簡《詩經》S049、S050 中的原釋作"苢"之字當改釋作"荀",讀爲"汛"。② 白於藍指出《春秋事語》第十六章"簡子攻衛之附郭"内容見於《吕氏春秋·貴直》、《韓非子·難二》等篇,其章題與所見内容首句基本相合;將《春秋事語》最後一章的六枚殘簡簡序調整爲 91＋96＋93＋92＋94＋95,並對釋文及句讀進行調整。③

10. 甘肅敦煌馬圈灣漢代烽燧遺址簡牘

張德芳對馬圈灣漢簡進行集釋,全書包括彩色圖版、紅外圖版、集釋三部分,集釋又包括釋文、校釋、集解、今按四類,較爲充分地吸收了學界關於馬圈灣漢簡的研究成果。④ 秦鳳鶴則依據紅外圖版,對釋文進一步訂正,共 57 條。⑤ 高一致也有補充意見 7 條。⑥ 侯宗輝通過分析馬圈灣第五探方中與烏孫歸義侯"卑爰疐"的三枚簡所反映的相關史實,指出這批簡有部分内容反映的是天鳳三年之前西域局勢的資料,所謂的"車師之戰"應是新莽建立之後,匈奴及西域叛漢親匈國家屢次寇擊車師並與守禦漢軍作戰的記録遺存,並非某一次戰鬥的記載。⑦ 謝璞、張俊民則對敦 143 號簡中的"節"、"泉都"進行解釋,論文認爲"節"可能是由機構名而蛻變的地名,其作爲機構時的職責或與漕運有關,其地可能隸屬於宜禾都尉;"泉都"則是王莽時期更西漢"煎都"所致。⑧ 肖從禮指出敦 567 的"雲氣將出"簡文屬數術略中天文類的"雲氣占";敦

---

① 中國文物研究所、阜陽地區博物館、阜陽漢簡整理組(胡平生執筆):《阜陽雙古堆漢簡〈莊子〉》,《出土文獻研究》第十二輯。

② 于茀:《阜陽漢簡〈詩經·二子乘舟〉被忽視的異文》,《古籍整理研究學刊》2014 年第 5 期。

③ 白於藍:《阜陽漢簡〈春秋事語〉校讀二記》,《華夏考古》2014 年第 2 期。

④ 張德芳:《敦煌馬圈灣漢簡集釋》,甘肅文化出版社 2013 年。

⑤ 秦鳳鶴:《敦煌馬圈灣漢簡釋文校訂》,《中國文字研究》第二十輯;《敦煌馬圈灣漢簡釋文校讀舉例》,《簡帛研究二〇一四》。

⑥ 高一致:《敦煌馬圈灣漢簡零拾》,簡帛網 2014 年 9 月 28 日。

⑦ 侯宗輝:《敦煌漢簡所見烏孫歸義侯質子新莽朝及"車師之戰"考辨》,《簡帛研究二〇一三》。

⑧ 謝璞、張俊民:《對敦煌漢簡一條簡文兩個問題的理解》,《考古與文物》2014 年第 2 期。

1179 的"東北來,則逆根"簡文則屬數術略中天文類的"候風占"。① 肖氏還就敦
1179 所見八風與八卦結合的問題進行了分析。② 伊强指出敦 1166 中的"黑㭟"即
"黑犖"。③

11. 湖北江陵張家山 247 號漢墓竹簡

周波依據肩水金關漢簡、《沛相楊統碑》等文獻記載,指出《二年律令・秩律》中的
"酇"應爲《漢書・地理志》南陽郡之"酇",而"贊"應爲《漢書・地理志》沛郡之"酇"。④
游逸飛對《秩律》所見郡吏進行補考,涉及守、尉、丞,發弩、司空、輕車及丞與卒長,候、
騎千人及丞,司馬、騎司馬及丞、督盜賊,塞尉、城尉等。⑤ 周敏華、周美華依據《二年律
令》和《奏讞書》的記載,對《史記》中兩處所記聶翁壹入匈奴的不同身份進行辨析,指
出聶翁壹絕非存粹商人,也不僅僅是馬邑豪紳,而是其長期"奸蘭出物"的行爲被馬邑
邊關察覺後,成爲了與漢庭合作的政商。⑥ 趙久湘、張顯成對張家山漢簡《二年律令・
賊律》38 號簡和《奏讞書》205～207 號簡中兩處簡文的斷句提出不同意見。⑦ 楊振紅
在梳理《奏讞書》"南郡卒史復攸庫等獄簿"釋文並翻譯的基礎上,指出"復"通"覆",無
重新、再次之意,因此該案不是現代審判制度中的重審或再審案,而是接到最高監察
機構——御史舉劾、指示後進行的立案審判,爲初審案,是南郡卒史復攸縣利鄉反獄
系列獄案之一。⑧

譚競男認爲《算數書》189 號簡中原釋作"以"的部分應有兩字,可補作"自傾"。⑨
此外,譚氏對《算數書》另有札記多則,涉及挈脂、程禾、大廣等篇。⑩

吕志峰指出《脈書》17 號簡中的"胎"應是"卻"的異體字,而《引書》98 號簡中的
"涿"是"涿"的俗字,"涿"指敲擊。⑪

---

① 肖從禮:《河西數術類漢簡札記二則》,《魯東大學學報(哲學社會科學版)》2014 年第 3 期。

② 肖從禮:《由敦煌漢簡中的候風簡談八卦與八風相配諸問題》,《簡牘學研究》第五輯。

③ 伊强:《〈敦煌漢簡〉札記一則》,簡帛網 2014 年 10 月 2 日。

④ 周波:《説肩水金關漢簡、張家山漢簡中的地名"贊"及其相關問題》,《出土文獻研究》第十二輯。

⑤ 游逸飛:《張家山漢簡〈二年律令・秩律〉所見郡吏補考》,《出土文獻研究》第十二輯。

⑥ 周敏華、周美華:《漢簡對〈史記〉研究的參考價值——以辨析聶翁壹入匈奴時的身份爲例》,《出土文獻研
究》第十二輯。

⑦ 趙久湘、張顯成:《秦漢簡牘法律文獻釋文補正——以睡虎地秦簡和張家山漢簡爲對象》,《魯東大學學報
(哲學社會科學版)》2014 年第 6 期。

⑧ 楊振紅:《"南郡卒史復攸庫等獄簿"再解讀》,《中國古代法律文獻研究》第八輯。

⑨ 譚競男:《秦漢出土數書散札二則》,《江漢考古》2014 年第 5 期。

⑩ 譚競男:《算數文獻散札(壹)》,簡帛網 2014 年 6 月 22 日。

⑪ 吕志峰:《讀漢簡札記三則》,《中國文字研究》第十九輯。

12. 湖北江陵張家山 336 號漢墓竹簡

馬孟龍對已公佈的一枚殘簡進行分析,指出該簡可能是《秩律》六百石秩級律文,其内容可補張家山 247 號墓《秩律》之缺。兩相比較,可以發現 336 號墓《秩律》中縣名的排序可能比 247 號墓《秩律》更規整,更接近朝廷正式頒定《秩律》的原貌。①

13. 甘肅敦煌懸泉置遺址簡牘

初世賓對公佈於《敦煌懸泉漢簡釋粹》中的第 104～154 號册書的釋文、注釋進行補充説明,並就這些簡牘所涉及的郵書制度、檢署、亭隧、文書詐僞、紀時、外來客以及與西域都護相關史實等問題進行了考證。② 吕志峰指出懸泉漢簡《傳馬名籍》中的"乘"當讀作"騬",指被閹割的馬。③ 張德芳依據懸泉漢簡等的記載,對漢宣帝至新莽時期 20 位敦煌太守的在職情况進行了梳理,大致排列出本始二年至建平三年 69 年間的 51 年中 17 位太守的具體在職年份。④ 韓華利用懸泉置漢簡中的紀年資料,推斷該遺址中出土紙張的年代比蔡倫改進紙張的漢和帝元興元年早近 90 年。⑤

14. 内蒙古額濟納漢簡

劉釗改釋 99ES17SH1:19 最末一字爲"師"並推定該簡的年代爲西漢元始二年;2000ES7S:2 中的封土指封緘用的黏土原料,該簡的 B 面試標識封泥土料容器的實物簽牌,據此論文還對封泥的旁封、破封等問題進行了分析。⑥

15. 湖北隨州孔家坡 8 號漢墓簡牘

王强對孔家坡漢簡建除、伐木日、金錢良日、星官、八星等篇的釋文進行校補,共 8 則,如將簡 9 的"入貨"改釋爲"以作"、簡 72 的"以"改釋爲"始"等。⑦ 梁超指出 129 號簡中的"斗擊"之"擊"可讀如本字,表示指向義,"斗擊"具體指斗柄的指向。⑧ 劉國勝補釋 105 號簡的"段"字,讀爲"鍛";並在將殘 24 與 107 綴合之後,將相關文字釋作"欲

① 馬孟龍:《張家山三三六號漢墓〈秩律〉殘簡相關問題闡釋》,《江漢考古》2014 年第 6 期。

② 初世賓:《懸泉漢簡拾遺(五)》,《出土文獻研究》第十二輯;《懸泉漢簡拾遺(六)》,《出土文獻研究》第十三輯。

③ 吕志峰:《讀漢簡札記三則》,《中國文字研究》第十九輯。

④ 張德芳:《兩漢時期的敦煌太守及其任職時間》,《簡牘學研究》第五輯。

⑤ 韓華:《由紀年漢簡看敦煌懸泉置遺址出土紙張的年代問題》,《魯東大學學報(哲學社會科學版)》2014 年第 2 期。

⑥ 劉釗:《近出西北屯戍漢簡研讀四則》。

⑦ 王强:《孔家坡漢簡校釋叢札》,《出土文獻研究》第十二輯。

⑧ 梁超:《孔家坡漢簡〈日書〉補釋一則》,《魯東大學學報(哲學社會科學版)》2014 年第 4 期。

有所之,行操此物不以時",最後結合其他出土資料,對五勝篇的性質進行了論述。①

張顯成、楊艷輝也對《日書》進行釋文校正 25 處。②

16. 香港中文大學文物館藏簡牘

白軍鵬依據放馬灘秦簡《六十甲子》、尹灣漢簡《六甲占雨圖》對 84～87 號簡的排序進行調整,並就這其中的缺漏進行了復原。③

17. 山東日照海曲 129 號漢墓簡牘

劉紹剛、鄭同修公佈了山東日照海曲 M129、M130 漢墓出土的遣策木牘資料,其中包含 M129 號墓的 3 枚木牘的正背照片及其中 2 枚木牘的釋文和簡注,M130 號墓的 2 枚木牘的正背照片及釋文、簡注。④

18. 湖南長沙走馬樓 8 號井西漢簡牘

馬代忠公佈了長沙走馬樓西漢簡《都鄉七年墾田租簿》的照片及釋文,並對其中部分簡文進行了注釋和辨析,還討論了該牘所見西漢武帝時期南方水稻的平均畝產等問題。⑤

19. 湖南長沙東牌樓東漢簡牘

徐俊剛指出東牌樓漢簡中的 18 和 22 號兩枚斷簡可以綴合,不同意李洪財提出的 79、80 號簡可綴合的方案。⑥ 劉樂賢認爲東牌樓 24 號簡牘"府卿侍閣周奴衣笥印封完"中的"府"是指郡府,"府卿"可能是指長沙郡太守,但也不排除是指長沙郡府丞,周奴的身份是府卿侍閣。⑦ 劉玉環提出校讀意見 9 條,如釋 35 號簡背的"面"字;110 號簡的"莒"、"丈"等。⑧

20. 北京大學藏西漢竹簡

黃懷信以北大漢簡《老子》上、下經的首章與傳世本及其他出土本對讀爲例,提出校讀文獻時,簡本未必處處皆是,傳世本未必更晚,關鍵在於對原文的正確解讀。⑨

① 劉國勝:《孔家坡漢簡日書"五勝"篇芻議》。

② 張顯成、楊艷輝:《〈孔家坡漢簡·日書〉釋讀訂補》,《古籍整理研究學刊》2014 年第 2 期。

③ 白軍鵬:《秦漢簡牘所見日書相關問題考察》,《簡帛研究二〇一三》。

④ 劉紹剛、鄭同修:《日照海曲漢墓出土遣策概述》,《出土文獻研究》第十二輯。

⑤ 馬代忠:《長沙走馬樓西漢簡〈都鄉七年墾田租簿〉初步考察》,《出土文獻研究》第十二輯。

⑥ 徐俊剛:《長沙東牌樓東漢簡牘綴合研究二則》,《出土文獻研究》第十二輯。

⑦ 劉樂賢:《東牌樓漢簡"府卿"試釋》,《簡帛研究二〇一三》。

⑧ 劉玉環:《〈長沙東牌樓東漢簡牘〉釋文商榷》,《簡帛》第九輯。

⑨ 黃懷信:《〈老子〉校讀舉例》,《魯東大學學報(哲學社會科學版)》2014 年第 3 期。

21. 湖北荆州高臺 46 號漢墓木牘

(1) 資料公佈

荆州博物館公佈了荆州高臺 46 號漢墓出土的 9 枚木牘的彩色照片及釋文。[①]

(2) 文本考釋與研究

寸木對其中第 2、7 兩枚木牘釋文進行補釋。[②] 何有祖則對 1、2、4、5、7、8、9 號牘的釋文均有補充或改釋,並懷疑 6 號牘與 8、9 號牘綴合有疑問。[③] 范常喜則認爲 2 號牘中的"堵記"之"堵"、4 號牘中的"者凡"之"者"均當讀作"都"。[④] 此外,"簡帛論壇"中亦有多篇關於這批資料的討論,可以參看。

22. 甘肅敦煌一棵樹漢晉烽燧新獲簡牘

李明曉對甘肅敦煌一棵樹烽燧所獲一枚漢代輯令木牘進行了集釋與校注,並有譯文。[⑤] 陳偉則指出其中的人名"寬中"並非《漢書·儒林傳》之"鄭寬中",而是姓寬名中者;改釋"投"爲"攻"、疑"獄宇"爲"獄牢"。[⑥]

23. 湖南長沙五一廣場東漢簡牘

王子今對 J1③：169 號木牘的釋文進行梳理,涉及"追還慶陸"、"各操兵"、"自抹"、"仇怨奉公"、"省嚴部吏"、"謀議刑執"、"今爲言,今開"的文序等,並就該木牘所反映的"白事"文書定名與含義進行了説明。[⑦] 徐鵬將"禹度平後落去"一句進行斷讀,並將"度"理解爲"砍伐"之意。[⑧] 李均明也對該木牘的釋文及案情經過進行梳解。[⑨] 劉樂賢對 J1③：285 號木牘所載文書的釋文及句讀進行了訂補,並就文書的主要內容和性質等相關問題進行了討論。[⑩] 侯旭東對 J1③：264～294 木牘的釋文進行了 5 處改動,如將"伍設"改釋作"伍談",補釋"等",改釋"盡"、"值"等,在此基礎上對該文書的主要內容以及該文書所揭示的"度田"等信

① 荆州博物館:《湖北荆州高臺墓地 M46 發掘簡報》,《江漢考古》2014 年第 5 期。

② 寸木:《荆州高臺 46 號西漢墓木牘補釋二則》,簡帛網 2014 年 11 月 10 日。

③ 何有祖:《荆州高臺 46 號西漢墓木牘校讀記》,簡帛網 2014 年 11 月 10 日。

④ 范常喜:《荆州高臺 46 號西漢墓木牘短札一則》,簡帛網 2014 年 11 月 10 日。

⑤ 李明曉:《敦煌一棵樹烽燧漢代輯令簡集注》,簡帛網 2014 年 12 月 30 日。

⑥ 陳偉:《敦煌一棵樹烽燧漢簡 09dh‐2 校讀》,簡帛網 2014 年 12 月 31 日。

⑦ 王子今:《長沙五一廣場出土待事掾王純白事木牘考議》,《簡帛》第九輯。

⑧ 徐鵬:《長沙五一廣場 J1③：169 號木牘"禹度平後落去"考釋》,《秦漢研究》第八輯。

⑨ 李均明:《東漢木牘所見一樁未遂報復案》,《簡牘學研究》第五輯。

⑩ 劉樂賢:《長沙五一廣場所出東漢孫詩供辭不實案再考》,《出土文獻研究》第十二輯。

息進行了討論。①

24. 四川成都天回鎮老官山漢墓簡牘

成都文物考古研究所、荆州文物保護中心介紹了成都老官山1號漢墓木牘和3號漢墓竹簡的基本情況,刊佈了其中1號墓3枚木牘的釋文和照片,並分篇對3號墓竹簡進行了舉例介紹,隨文還刊佈了少量竹簡的釋文和照片。② 武家璧指出竹簡中出現的"敝昔"是鷩鴗的省寫,意爲"頭戴鷩冕的雉鵲",即扁鵲。③

三、魏晉簡牘的研究

1. 江西南昌陽明路東吴高榮墓簡牘

竇磊指出高榮墓衣物疏正面第三欄第二行中的"神屬"應讀作"神褟",其形制與襜褕相同,爲連腰長衣。④

2. 長沙走馬樓三國吴簡

鄧瑋光對三州倉"月旦簿"進行復原,總結出"月旦簿"的大致格式,並通過復原提出了"縱向比較復原法",即指從縱向也就是歷時性的角度去還原某個時間的動態過程,具體就吴簡而言,即是利用揭剥圖以及簿籍内部"加成"關係來進行復原的方法。⑤ 凌文超在對"舉私學簿"和私學木牘整理、解析的基礎上,對孫吴舉私學及相關文書的製作流程進行了梳理,並討論這一舉措與孫吴占募的問題,論文指出孫吴"舉私學"反映了皇權與將權圍繞占募進行的博弈,孫權試圖削弱將吏、官屬的勢力,但成效一般。私學是正户民、遺脱成爲正式吏過程中的過渡身份。⑥ 熊曲通過對吴簡中吏民私下買賣牲口簿籍的整理與復原,指出吴簡中的户下奴婢是吏民所買生口在其户籍上的登記;孫吴允許生口的買賣,但要收估税,且税率較高,可能具有懲罰性質。⑦ 凌文超在對"私生口估税呈送牘"考釋及"私生口估税簿"復原的基礎上,結合官生口買賣的記録指出吴簡中所見官、私生口的記載可能與征討武陵蠻俘獲的大量夷生口有關;論文

---

① 侯旭東:《湖南長沙五一廣場東漢簡 J1③:264～294 考釋》,《田餘慶先生九十華誕頌壽論文集》,中華書局 2014 年。

② 成都文物考古研究所、荆州文物保護中心:《成都市天回鎮老官山漢墓》,《考古》2014 年第 7 期。

③ 武家璧:《成都老官山漢墓醫簡"敝昔"爲扁鵲考》,簡帛網 2014 年 7 月 6 日。

④ 竇磊:《釋"神屬"》,《簡牘學研究》第五輯。

⑤ 鄧瑋光:《對三州倉"月旦簿"的復原嘗試——兼論"縱向比較復原法"的可行性》,《文史》2014 年第 2 輯。

⑥ 凌文超:《走馬樓吴簡舉私學簿整理與研究——兼論孫吴的占募》,《文史》2014 年第 2 輯。

⑦ 熊曲:《論長沙走馬樓吴簡中"生口"及相關問題》,《出土文獻研究》第十二輯。

還就其中所見以奴代役、奴客共同附籍的現象進行了分析。① 凌氏還評述各家研究得失和整理、復原“真吏”簿書的基礎上，提出“真吏”的“真”訓爲“此”，“真吏”即“此吏”，是對“應役民”的注記，蘊含了經過核查確定編户民任吏或服役情況之義，比較籠統。② 張榮強對走馬樓吳簡中“右某家口食”類和“凡口×事×　算×事×”類兩種結計簡進行分析，論文指出“右某家口食”類包括“不任調”户和“應役民”兩類統計，前者指蠲免賦役的民户，後者則是承擔賦役者，此類簡的主要目的是統計人口，登録的是全里所有人户，結計簡統計的是全里的總户數和總口數；“口×事×　算×事×”類中，前一“事”釋“口”，指應繳納口錢的人數，後一“事”釋“算”，指應繳納算賦的人數，其目的是爲了徵納口算賦兼及更賦的人頭税，所以登録的祇是該里承擔口算賦的人户亦即“應役民”和吏卒户，結計簡統計的也是這兩類人户的總數，相應的口食數或爲兩類人户的總口數，但更可能是其中應納人頭税的總人數。“右某家口食”類簡更具有基礎臺賬的作用，是户籍無疑；“凡口×事×　算×事×”類簡也被稱作“黄簿”，屬於廣義上的户籍。③ 凌文超從第 14 盆簡壹 9005～9506 中整理出嘉禾四年南鄉吏民户數口食人名年紀簿，論文認爲該簿的性質爲户籍，據此可知孫吳户籍的基本要素，也可以了解户籍與户籍簿的主要區别在於有無賦役之類的注記，論文還對縣鄉簡本户籍的題名進行了討論。④

雷長巍認爲吳簡中出現的“立節校尉”很有可能就是《晉平西將軍周處碑》中提及的周處之父——立節校尉周鲂。⑤ 蘇俊林指出吳簡中的“步侯”、“吕侯”分别是臨湘侯步騭和番禺侯吕岱的封爵稱謂，並就這種姓氏用於封爵稱謂的現象及演變進行梳理。⑥ 此外，蘇氏依據新公佈資料再次重申了“還民”應理解爲一種身份的看法。⑦

鄧瑋光認爲吳簡中的“胄畢”等詞語最完整的寫法應是“傪米畢”，表示“傪米”繳納完畢。“傪米”是用於倉儲系統内部轉運米而由倉預先收取的費用，其收取比例爲正式繳納量的十分之一。當米被倉外人支取，因爲倉不再參與此後的搬運過程，所以

① 凌文超：《走馬樓吳簡中所見的生口買賣——兼談魏晉封建論之奴客相混》，《史學集刊》2014 年第 4 期。
② 凌文超：《“真吏”别解》，《出土文獻研究》第十二輯。
③ 張榮強：《再論孫吳簡中的户籍文書——以結計簡爲中心的討論》，《北京師範大學學報（社會科學版）》2014 年第 5 期。
④ 凌文超：《孫吳户籍之確認——以嘉禾四年南鄉户籍爲中心》，《簡帛研究二〇一四》。
⑤ 雷長巍：《走馬樓三國吳簡中的“立節校尉”考述》，《出土文獻研究》第十二輯。
⑥ 蘇俊林：《魏晉南北朝時期的姓氏與封爵稱謂——從吳簡中的“步侯”、“吕侯”説起》，《湖南大學學報（哲學社會科學版）》2014 年第 2 期。
⑦ 蘇俊林：《“還民”問題補論》，簡帛網 2014 年 4 月 9 日。

就無須再收取"僦米"。"僦米"被收取後,先以獨立的名目儲存在倉中,當倉間的轉運發生時,倉吏就支取"僦米"付給運輸者,其中既有運費,也可能包含了運輸者的口糧。① 陳榮傑指出吳簡中的"僦錢"、"地僦錢"就是臨湘侯國與臨湘縣治所的居民租賃土地進行商業經營活動的租賃費。② 路方鴿提出《嘉禾吏民田家莂》中的"定收"本指實際有收成,固定地用在"定收若干畝"結構中,已固化成熟田的代稱,定收田是一種絕對優質、高産田。③ 譚翠指出吳簡中所見"三品布"、"四品布"皆與户品有關,兩者的本質並無不同,"三品布"是户分三品制度上通行的稱謂,"四品布"則反映了實際上的户分四品。④ 郭聰敏提出吳簡中的"訾"不能解釋爲户税,當爲罰金、罰款之意。其中一部分有可能是輕微刑事罰金或刑事附加刑罰金,一部分爲行政罰款。⑤ 戴衛紅對走馬樓所見孫吳時期的倉分建業地區、武昌地區、長沙地區三處進行了梳理,並分析倉間糧食的轉運與調配。⑥

王彬對吳簡中與"許迪割米案"相關的幾份木牘文書進行了詳細的分析,論文指出該案件在審理之中有類似漢代的"雜治"現象。此外,論文復原了該案件在審理過程中所形成的文書運作及上下傳遞關係,並通過對"傅前解"的討論考察許迪文書的書寫和傳遞過程。⑦

于振波對統計學方法在走馬樓吳簡研究中的應用進行總結與展望,論文認爲目前在吳簡研究中進行的分類、統計雖工作量巨大,但結果比較準確,但由於種種情況,其不足也顯而易見。針對這些不足,論文以户籍類記録爲例,提出以代數方法所推導的統計方法,以若干年爲一個時段計算這一時段人口狀況平均值,也具有合理性。⑧

3. 江蘇南京皇册家園吳晉簡牘

這批資料於 2004 年發掘,2014 年 8 月在新開館的南京六朝博物館中有部分展出,陸平公佈了其中一枚與日書相關木牘的照片及佈展時的釋文,並有改釋及簡要考證。⑨

---

① 鄧瑋光:《試論吳簡中"胄畢"及相關問題》,《簡帛研究二〇一三》。
② 陳榮傑:《試論走馬樓吳簡中的"僦錢"、"地僦錢"》,《中國社會經濟史研究》2014 年第 1 期。
③ 路方鴿:《〈嘉禾吏民田家莂〉"定收田"考》,《中國農史》2014 年第 2 期。
④ 譚翠:《走馬樓吳簡中的"四品布"》,《湖南省博物館館刊》第十輯。
⑤ 郭聰敏:《吳簡所見"訾"字別解》,簡帛網 2014 年 3 月 19 日。
⑥ 戴衛紅:《長沙走馬樓吳簡所見孫吳時期的倉》,《史學月刊》2014 年第 11 期。
⑦ 王彬:《吳簡許迪割米案相關文書所見孫吳臨湘侯國的司法運作》,《文史》2014 年第 2 輯。
⑧ 于振波:《統計學方法與走馬樓吳簡研究》,《簡牘學研究》第五輯。
⑨ 陸平:《南京六朝博物館藏日書零簡釋證》,簡帛網 2014 年 8 月 19 日。

4. 甘肅張掖臨澤黃家灣灘西晉木簡

楊國譽、湯惠生對這批晉簡所反映的西晉"占田課田制"實施與否、方式等問題進行討論。① 趙莉、周銀霞將木簡所見文書定名爲"西晉建興元年臨澤縣廷決斷孫氏田塢案册",並就其所反映的西晉河西鄉里制進行分析。② 周銀霞、李永平對簡文釋讀進行修訂,並就其反映的占田制、土地買賣、水利林木等經濟問題加以討論。③ 魯家亮對臨澤西晉《田產爭訟爰書》的排序提出了新方案,並對相關簡文進行梳理。④

四、秦漢魏晉簡牘綜合研究

1. 法律

宋潔依據張家山漢簡《二年律令》、《奏讞書》以及"古人堤漢律目録"等資料,指出《晉書·刑法志》所載"集類爲篇、結事爲章"可理解爲"一章之中包含若干事項,若干事項組成一章,此是'結事爲章';一章可視爲一事類,若干章(事類)組成一篇,此是'集類爲篇'"。⑤ 任仲爀以賊律爲中心,通過出土與傳世文獻的記載對漢、魏晉律的篇章變化規律進行分析,論文認爲《二年律令》祇抄寫了漢初完整律的一半,武帝時律篇的規模在 50～60 篇左右,古人堤《賊律》是後漢較完整的賊律目録,其中有《二年律令》没有的律條,應是其後增加的。在魏新律改定時,《賊律》發生了劃時代變化,在所謂的"簡素化"的過程中,漢律的正律部分其實没有大的毁損,所簡素的主要是其中重複的部分。⑥ 朱紅林對秦漢《效律》所見經濟法規進行梳理,涉及財務交接審核制度、度量衡管理制度、府庫管理制度等方面。⑦

宋潔依據傳世與出土資料,對文獻中的"具五刑"進行考證,論文指出《漢書·刑法志》中的"具五刑"指"黥、劓、斬左止、斬右止、笞"五種刑罰,其中"笞"是替代刑。在

---

① 楊國譽、湯惠生:《從〈臨澤晉簡〉再看西晉"占田課田制"研究中的幾個問題》,《史學月刊》2013 年第11 期。
② 趙莉、周銀霞:《"西晉建興元年臨澤縣廷決斷孫氏田塢案册"所反映的河西鄉里制》,《敦煌研究》2013 年第 4 期。
③ 周銀霞、李永平:《"西晉建興元年臨澤縣廷決斷孫氏田塢案"簡册文書經濟問題考略》,《湖南省博物館館刊》第十輯。
④ 魯家亮:《甘肅臨澤西晉〈田產爭訟爰書〉芻議》,《簡帛》第九輯。(按:原文標題衍一"田"字,今删。)
⑤ 宋潔:《漢律構成中"篇""章""條""事"之關係》,《簡帛研究二〇一四》。
⑥ 任仲爀著,戴衛紅譯:《漢、魏晉律的篇章變化——以賊律爲中心》,《簡帛研究二〇一三》。
⑦ 朱紅林:《睡虎地秦簡和張家山漢簡與〈效律〉研究——簡牘所見戰國秦漢時期的經濟法規研究之二》,《社會科學戰綫》2014 年第 3 期。

秦漢之際,"五刑"有廣義、狹義兩個系統,廣義的"五刑"指"墨、劓、荆、宫、大辟",這其中包括死刑;狹義的"五刑"即《二年律令·具律》中提到的"黥、劓之、斬左止、斬右止、腐之"。在文帝刑法改革之後,狹義的"五刑"系統湮滅。[1]　張新超對秦代文獻中"城旦舂"的含義進行梳理,指出作爲刑罰名的"城旦舂"具體可細分爲"刑城旦舂"和"完城旦舂"兩類,並對其刑名、刑等問題進行了辨析;除此之外,"城旦舂"還可以作爲刑徒稱謂使用,秦代的"城旦舂"所具有的收没妻、子和受其他判罰較輕罪犯監管等情況,是"城旦舂"區别於其他罪犯的重要標誌。[2]　椎名一雄以張家山漢簡《二年律令》所見爵制爲切入點,對秦漢時期"庶人"的理解提出不同見解,他認爲秦漢時期,庶人即民的概念不能成立,兩者是完全不同的身份階層,民是通過民爵賜予而產生的有爵者,庶人指的是表示"不能參加戰鬥的人"="不能傅籍的人"="被排除在徭役、兵役、仕官之外的人"的新出現的法律、身份用語。[3]

　　徐世虹對秦漢律中與"公罪"有關的資料進行梳理,對其概念内涵、構成要件、責任與懲罰等問題進行分析,論文指出秦漢律中雖無公罪之名,但公罪之實已具形態。[4]　水間大輔通過對《嶽麓書院藏秦簡(叁)》中多個涉及共犯處罰的案例分析,重申秦漢時處罰共犯的原則是將全體共犯者處以同一刑罰。[5]　陶安結合出土與傳世資料,對中國傳統法"共犯"概念進行檢討,論文認爲中國古代重視制定法,這與大陸法系頗爲近視,但也應注意中國古籍的制定法主義中包含相當濃厚的判例法成分,使中國傳統法具有與英美法系相似的實踐指向,因此也没有必要將大陸法系的概念套用在"共犯"上。[6]

　　吴雪飛對先秦秦漢法律術語"辟"的含義進行順利,指出其在司法中的含義有三:一是指法或刑;二是指罪;三指執法、斷罪。[7]

　　2. 經濟

　　沈剛依據《里耶秦簡(壹)》中的資料,對秦代縣級公田的相關問題進行了討論,論

①　宋潔:《"具五刑"考——兼證漢文帝易刑之前存在兩個"五刑"系統》,《中國史研究》2014 年第 2 期。

②　張新超:《秦代"城旦舂"考辨——兼論秦律的一些特點》,《史學月刊》2014 年第 10 期。

③　椎名一雄著,孫聞博譯:《張家山漢簡〈二年律令〉所見爵制——以對"庶人"的理解爲中心》,《簡帛研究二〇一三》。

④　徐世虹:《秦漢律中的職務犯罪——以"公罪"爲考察對象》,《政法論叢》2014 年第 6 期。

⑤　水間大輔:《〈嶽麓簡(三)〉所見的共犯處罰》,《華東政法大學學報》2014 年第 2 期,又載《〈嶽麓書院藏秦簡〉(叁)所見的共犯處罰》,《出土文獻與法律史研究》第三輯。

⑥　陶安:《中國傳統法"共犯"概念的幾則思考》,《華東政法大學學報》2014 年第 2 期,又載《出土文獻與法律史研究》第三輯。

⑦　吴雪飛:《先秦秦漢司法術語中的"辟"》,《南都學壇(人文社會科學學報)》2014 年第 1 期。

文指出秦代存在歸國家直接管理的公田,由"田官"負責,其長官稱"田某",並接受定期考課;公田的主要勞動力爲刑徒及卒,收穫物除滿足勞動者自身需要外,其餘部分上交國家。① 孫銘對秦簡牘所見田租徵收問題進行補論,論文指出秦時田租的徵收注意區分田租與芻稾税,兩者徵收的單位不同;在具體的徵收標準上,還會考慮總田畝數、税田、程等三項要素。② 朱德貴對嶽麓秦簡所見秦時"租禾"、"芻稾税"、"槀税"的新信息进行了分析。③ 朱聖明對秦漢時期"户賦"進行全面考察,涉及其是否存在及性質、徵收對象、内容、流程及管理等。④ 韓樹峰提出秦漢乃至曹魏西晉的户籍是不著録財産和賦役的,直至北魏實行均田制,財産和賦役纔成爲户籍著録的要素,論文還從户籍的演變歷程、歷史背景特别是簡牘作爲書寫材料對户籍著録内容形成的限制等角度分析了其原因。⑤

陳松長對秦漢文獻中有關繇的詞義進行分析,認爲當時繇除了一般意義上的徭役或苦役外,還含有繇使、繇役等含義,其中繇使類似於出公差,一般官吏隨時都有繇使的可能。⑥

朱德貴對新刊嶽麓秦簡第三卷中與秦商品經濟有關的新信息進行分析,涉及秦商品交换、市場管理、商業糾紛處理、合夥經營、亭佐職能等方面。⑦ 慕容浩對秦漢時期的"平賈"進行了系統梳理,論文指出漢代文獻中所見的"平賈"是指由漢代市署機構基於時價制定的一種官定價格,具體由各郡的市署機構制定,在本郡發揮效力。這一制度的周期逐漸縮短,漢初爲每年十月平賈,新莽改爲一季度一修訂,東漢則出現了"月平"。"平賈"不僅具有主導價格的功能,還是政府對民間商品價格干預的手段,甚至廣泛用於政府財政統計、貨幣折算以及司法案件中的量刑與賠償之中。⑧

高榮依據簡牘資料對漢代河西地區所見糧食種類及名稱進行了梳理和考證。⑨ 馬怡結合傳世與出土文獻,對漢代麻布的原料、規格進行了考察,在此基礎上還對漢

---

① 沈剛:《〈里耶秦簡(壹)〉所見秦代公田及其管理》,《簡帛研究二〇一四》。

② 孫銘:《簡牘秦律中的田租徵收事務》,《農業考古》2014 年第 6 期。

③ 朱德貴:《嶽麓秦簡所見"租禾"、"芻稾"税和"槀税"芻議》,《史學集刊》2014 年第 5 期。

④ 朱聖明:《秦至漢初"户賦"詳考——以秦漢簡牘爲中心》,《中國經濟史研究》2014 年第 1 期。

⑤ 韓樹峰:《論漢魏時期户籍文書的著録内容》,《簡帛研究二〇一四》。

⑥ 陳松長:《秦漢時期的繇與繇使》,《湖南大學學報(社會科學版)》2014 年第 4 期。

⑦ 朱德貴:《嶽麓秦簡奏讞文書商業問題新證》,《社會科學》2014 年第 11 期。

⑧ 慕容浩:《秦漢時期"平賈"新探》,《史學月刊》2014 年第 5 期。

⑨ 高榮:《漢代河西糧食作物考》,《中國農史》2014 年第 1 期。

代平民穿著、衣料用量、布價等問題加以分析。①

　　3. 文化、禮儀與社會

　　(1) 祭祀、禮儀

　　沈剛從里耶秦簡所見"祠先農"記録出發,對其制度及其確立的原因進行分析,並考察這一制度在漢晉時期的流變。② 吕亞虎則依據《日書》的記載,對戰國秦漢時期的"祠行"信仰的時間選擇、用牲情況、地點和儀式、"行神"原形等問題進行了討論。③ 薛夢瀟結合傳世與出土文獻對東漢郡守"行春"進行考察,論文指出"行春"雖脱胎於"行縣",但兩者不能完全等同。"行春"固定在春月,爲東漢郡守的專職,且其以禮儀展示爲導向,强調帝國的時間觀念和統治者的神聖權威。"行春"的出現與月令在政治中的影響力提升密切相關,月令爲其提供理論依據,但也正因爲此,導致了"行春"的内核空虚並難以被貫徹。④

　　焦天然在對兩漢都試與漢簡中秋射的關係進行討論,認爲漢簡中的秋射爲邊郡都試,兩者性質相同,祇是在制度上與内郡有一定差異。⑤

　　汪受寬認爲肩水金關漢簡所見"黑色"人群體,有一部分是黑種人,並就這一特殊群體的生活年代、籍貫、姓名、性別、身份、爵位、年齡、身高等問題進行了討論。⑥

　　(2) 術語

　　賈麗英對西北漢簡中的"葆"的含義進行梳理,認爲出入關名籍中的"葆"多爲身份性;"葆養傳馬"中的"葆"則有擔保、保養之義;"葆天田"等中則有保衛、保守之義;與"塹"相對時則又是邊塞防禦設施。身份性質的"葆"爲僱傭勞動者,多是普通庶民,往往無性别之差,且這種僱傭關係具有長期性,多從事雜務勞動,含一定私人隨從性質。⑦ 王笑通過對秦漢簡牘中的"冗"字用法的梳理,指出"冗募"除可指應募的軍士外,還是一種官職。⑧ 張新俊對漢簡中"養"的内涵及相關問題進行梳理,據張家山漢簡《奏讞書》指出養的工作除指炊烹外,還可能包括進食、釀酒等;而西北漢簡中的"養

---

① 馬怡:《漢代的麻布及相關問題探討(修訂稿)》,簡帛網 2014 年 12 月 25 日。

② 沈剛:《秦代祠先農制度及其流變》,《出土文獻研究》第十二輯。

③ 吕亞虎:《戰國秦漢時期的祠行信仰——以出土簡牘〈日書〉爲中心的考察》,《陝西師範大學學報(哲學社會科學版)》2014 年第 3 期。

④ 薛夢瀟:《東漢郡守"行春"考》,《中國史研究》2014 年第 1 期。

⑤ 焦天然:《兩漢都試考——兼論漢簡中的秋射》,《魯東大學學報(哲學社會科學版)》2014 年第 1 期。

⑥ 汪受寬:《肩水金關漢簡"黑色"人群體研究》,《中華文史論叢》2014 年第 3 期。

⑦ 賈麗英:《西北漢簡"葆"及其身份釋論》,《魯東大學學報(哲學社會科學版)》2014 年第 5 期。

⑧ 王笑:《秦漢簡牘中的"冗"和"冗募"》,《出土文獻與法律史研究》第三輯。

卒”可能是指專業廚師。① 何海龍、孟建升則對居延漢簡中的“養”進行考察,論文認爲
“養”在漢簡中是指爲吏卒提供伙食的炊事卒,依據身份、勞作種類和地點可以分爲吏
養、卒養、公養和私養四類。② 王鳳、張世超結合秦漢出土與傳世文獻,對“白衣”一詞
演變進行順利,論文提出該詞沿三個方向演化,一是由白色衣服引申到白衣會,再到
喪事;二是由所穿白色衣服引申出平民百姓,此在西漢簡帛中常見;三是由白色衣服
引申出“在家修行者”,一直到人們心目中的觀世音菩薩的白衣裝束。③ 王貴元指出漢
簡中的“行縢”(行勝)不是綁腿,而是漢代的頭巾之一,即遠行時佩戴的頭巾;而“常
韋”纔是指綁腿,其在古代屬下衣的裳,常韋就是作爲裳的韋,也是作爲下衣的柔皮。④

4. 字形與書風

(1) 字形、字書與用字

方勇對秦簡中的“畀”字字形進行分析,提出該字從廾從甾,同時對“甾”、“畄”二
形及其用法加以區分。⑤ 黄文傑將秦漢出土文獻中的古體字與《説文解字》中的古文
和籀文進行,收録秦漢古體字 3 類共 80 個。⑥

梁静結合出土與傳世文獻對《蒼頡篇》首章的内容進行了梳理和考證,⑦還對“閭
里書師本”《蒼頡篇》的第五、六章進行了綜合和研究。⑧

陳偉在梳理了秦簡中關於秦避諱“正”字的資料後,發現問題遠比想象的複雜,不
能作一刀切,目前可以初步確定的是在同一年,或稱“正月”,或稱“端月”,二者不同時
使用;在秦王政時期,祇稱“正月”而不稱“端月”。在秦始皇統一之初的二十六、二十
七年,祇稱“端月”而不稱“正月”。二十九年至三十六年,祇稱“正月”而不稱“端月”。
在秦二世元年,祇稱“端月”而不稱“正月”。⑨

(2) 書風研究

《出土文獻研究》第十三輯上刊發了一組秦漢簡帛書體與書風研究的文章,其中

---

① 張新俊:《張家山漢簡〈奏讞書〉中的“養”及相關問題》,《簡牘學研究》第五輯。
② 何海龍、孟建升:《居延漢簡所見“養”淺析》,《中國社會經濟史研究》2014 年第 1 期。
③ 王鳳、張世超:《“白衣”溯源》,《古籍整理研究學刊》2014 年第 3 期。
④ 王貴元:《釋漢簡中的“行勝”與“常韋”》,《語言研究》2014 年第 4 期。
⑤ 方勇:《釋秦簡中“畀”及相關諸字》,《簡牘學研究》第五輯。
⑥ 黄文傑:《秦漢出土文獻中的古體字》,《中山大學學報(社會科學版)》2014 年第 6 期。
⑦ 梁静:《〈蒼頡篇〉首章的發現與研究》,《簡帛研究二〇一三》。
⑧ 梁静:《“閭里書師本”〈蒼頡篇〉第五、六章的研究》,《簡帛》第九輯。
⑨ 陳偉:《秦避諱“正”字問題再考察》,簡帛網 2014 年 8 月 27 日;《秦避諱“正”字問題再考察補證》,簡帛網
2014 年 9 月 1 日。

既有對單批或單篇簡牘資料的分析,也有專門對某一類書體的研究。單篇簡牘的書體與書風研究包括《嶽麓書院藏秦簡(叁)》、①北大藏西漢竹簡《老子》;②單批簡牘的研究則有里耶秦簡、③馬王堆簡帛中的古文、④阜陽漢簡隸書、⑤居延漢簡等;⑥某一類書體的研究則涉及篆書、⑦漢簡草書、⑧草隸等。⑨ 李逸峰對敦煌漢簡草書的書寫形態、符號的統一性、用筆情況、結字與佈局、藝術性及其文化等内容加以論述。⑩

5. 歷史地理

于薇重申了嶽麓秦簡所見"江胡郡"即後世"淮陽郡"的觀點,並就江胡郡的定名、界域、沿革進行了考察,還依據衡山郡的記載驗證這一觀點。⑪ 尤佳、吴照魁、崔建華提出漢初當無九原郡建制,陰山南麓後屬五原郡的七縣當時很可能屬東鄰的雲中郡管轄,至武帝元朔二年,漢廷開置朔方郡時,可能纔析分雲中郡西部而設五原郡。⑫ 晏昌貴對目前里耶秦簡所見可考郡縣進行了輯録,凡郡目 14、縣道邑 95。⑬ 田炳炳依據肩水金關漢簡重申了馬孟龍"太常"非郡説,並指出"太常"簡應從中央官署和轄有陵縣之事實兩個方面理解。⑭

趙志强認爲秦漢時期,存在過至少三個西陵縣,一爲江夏西陵,二爲汝南西陵,三爲南陽西陵,張家山漢簡所見西陵當指南陽西陵。⑮ 王琢璽對秦漢銷縣地望進行考證,論文指出銷當在陸路交通綫上,位於今荆門市區以北、子陵崗鎮以南一帶,或即今

---

① 陳松長、張以静:《〈嶽麓書院藏秦簡(叁)〉的書手辨析與書體特徵》,《出土文獻研究》第十三輯。

② 矢野千載:《北京大學藏西漢竹書〈老子〉的筆法與隸變初探》,《出土文獻研究》第十三輯。

③ 王焕林、向玉娥:《里耶秦簡書法探略》,《出土文獻研究》第十三輯。

④ 范常喜:《馬王堆簡帛古文遺迹述議》,《出土文獻研究》第十三輯。

⑤ 胡平生:《阜陽雙古堆漢簡隸書書法論》,《出土文獻研究》第十三輯。

⑥ 冉令江、楊勇:《日常書寫下簡牘書迹的藝術風格及其演變——以居延漢簡爲例》,《出土文獻研究》第十三輯。

⑦ 荒金治:《篆書中不同的幾種筆形趨向於"一"的時間》,《出土文獻研究》第十三輯。

⑧ 李洪財:《漢簡草書的草化方法再探》,《出土文獻研究》第十三輯。

⑨ 横田恭三:《談草隸的産生及其真相》,《出土文獻研究》第十三輯。

⑩ 李逸峰:《敦煌漢簡草書略論》,《簡牘學研究》第五輯。

⑪ 于薇:《淺談嶽麓秦簡中的"江胡郡"與"衡山郡"》,《古文字研究》第三十輯。

⑫ 尤佳、吴照魁、崔建華:《漢初九原地區置郡問題再探討》,《歷史地理》第二十九輯,上海人民出版社 2014 年。

⑬ 晏昌貴:《里耶秦簡牘所見郡縣名録》,《歷史地理》第三十輯。

⑭ 田炳炳:《簡牘文書中的"太常"》,簡帛網 2014 年 9 月 23 日。

⑮ 趙志强:《西陵縣與"東故徼"》,《出土文獻》第五輯。

荆門子陵鋪遺址。① 馬孟龍指出可依據肩水金關漢簡中的"魏郡揶裴"、"上黨郡涅"、"淮陽郡贊"等記載對《漢書·地理志》中的文字譌誤及錯亂進行校訂,漢代的"贊"字專用於沛郡酇縣,"酇"則專用於南陽郡酇縣,漢初贊縣屬淮陽郡(國);"栗縣"漢初屬梁國,武帝元朔年間削入淮陽郡,元康三年以後轉屬沛郡。② 黃浩波依據金關漢簡73EJT21:441 的記載,並結合相關史實,推測定陽縣改屬河東郡發生的年代在元始四年"分界郡國所屬,罷、置、改易"之時。③

孫兆華對《肩水金關漢簡(貳)》中的里名進行梳理,並討論里名的命名特點和規律,還對各類文獻中所見長安里名進行了復原。④ 田炳炳對《肩水金關漢簡(叁)》中的郡國縣邑資料進行整理。⑤ 黃浩波亦有整理,與田氏結論不盡相同,黃文還就濟陰郡都關縣、魏郡貝丘、東陽侯國的年代進行了論證。⑥ 趙海龍對肩水金關漢簡所見地名續有補論,⑦趙氏還提出 73EJT24:249 所見"洇城陬里"與 73EJT24:570、73EJT24:733等簡所見"溫城陬里"應一地。⑧ 馬孟龍對《新舊漢簡所見縣名與里名》在排版、文字釋讀、簡號方面的錯誤進行校訂,並據新成果和新資料進行增補。⑨ 趙海龍亦有補充工作。⑩

唐俊峰認爲 A35 大灣城遺址無疑曾經作過漢代肩水都尉府的治所,但在漢成帝元延、綏和間南移,漢廷在原址 A35 城增設了肩水北部都尉。肩水都尉府南移的原因可能與匈奴與漢廷關係密切相關,是成帝進行軍事調整,預防匈奴報復的措施。⑪ 李并成依據懸泉漢簡 Ⅱ0214①:130 以及其他文獻中的記載,對漢代酒泉郡內所設 11個"置"的情況進行了考察。⑫ 王子今對漢簡中有關"諸陵縣"的史料進行了梳理,涉及

---

① 王琢璽:《秦漢銷縣小考》,《中國歷史地理論叢》2014 年第 3 輯。

② 馬孟龍:《談肩水金關漢簡中的幾個地名(二)》,《中國歷史地理論叢》2014 年第 2 輯。

③ 黃浩波:《〈肩水金關漢簡(貳)〉所見"河東定陽"簡試釋》,《歷史地理》第二十九輯。

④ 孫兆華:《〈肩水金關漢簡(貳)〉所見里名及相關問題》,《魯東大學學報(哲學社會科學版)》2014 年第 2 期。

⑤ 田炳炳:《〈肩水金關漢簡(叁)〉所見縣名與里名》,簡帛網 2014 年 7 月 22 日。

⑥ 黃浩波:《〈肩水金關漢簡(叁)〉所見郡國縣邑鄉里》,簡帛網 2014 年 7 月 22 日。

⑦ 趙海龍:《〈肩水金關漢簡(壹)〉地名訂補》,簡帛網 2014 年 8 月 23 日;《〈肩水金關漢簡(貳)〉地名補釋》,簡帛網 2014 年 8 月 24 日;《〈肩水金關漢簡(叁)〉所見地名補考》,簡帛網 2014 年 8 月 31 日。

⑧ 趙海龍:《〈肩水金關漢簡(貳)〉"洇城陬里"釋讀》,簡帛網 2014 年 8 月 28 日。

⑨ 馬孟龍:《〈新舊漢簡所見縣名與里名〉訂補》,《歷史地理》第三十輯。

⑩ 趙海龍:《居延敦煌漢簡地名補釋》,簡帛網 2014 年 9 月 19 日。

⑪ 唐俊峰:《A35 大灣城遺址肩水都尉府説辨疑——兼論"肩水北部都尉"的官署問題》,《簡帛》第九輯。

⑫ 李并成:《漢酒泉郡十一置考》,《敦煌研究》2014 年第 1 期。

治安、行政、里制等方面。①

　　6. 職官

　　郭洪伯對秦漢時期縣道等基層機構的部門設置情況進行系統考察,論文指出秦與西漢時期,基層機構的部門可分爲稗官和曹兩大類。稗官的"官"表示行政組織,通常是基層機構執行各項對外事務的職能部門,其領導層一般由嗇夫和佐組成,嗇夫爲正,佐爲副,兩者職事相近可省略其一,領導層又下轄輔助性和職能性兩種辦事人員,有時輔助性辦事人員可以省略。曹是由令史、尉史等組成的基層機構的輔助部門,其職事包括監督稗官運作、爲長吏書寫和收發文書、溝通長吏與稗官。以令史爲代表的輔助部門成員在縣廷分曹辦公,以針對不同類型的事務;在曹内當值的人員即構成掾史曹職的原型。期初,稗官與曹並立,到東漢稗官銷聲匿迹,部門普遍呈現爲曹的形態。② 孫聞博依據《五行大義》所引《洪範五行傳》的一則軼文,結合秦漢的出土文獻資料,指出秦代已經出現在郡縣設曹的情況,曹、官有别,不應混淆在一起,此外論文還就曹、官的任職者進行了分析。③

　　趙岩依據里耶秦簡、嶽麓秦簡等資料對秦令佐的職能和地位進行考察,他認爲令佐所涉及的職能繁多,其身份比一般的佐史高,比有秩吏低,大體與令史的地位相當。④ 鄒水傑對秦漢時期,縣下田吏的設置狀況進行清理,論文指出其大致的情況爲縣廷設田嗇夫、田佐,或稱都田嗇夫和都田佐;各離鄉設有田部佐和田部史;里中則設田典。⑤ 宋傑對秦漢軍隊中"司空"的演變進行考察,論文指出戰國後期至漢初,軍隊中的司空之職主要由中央或地方政府部門的"司空"兼任,平時辦公,戰時隨軍出征,其職責主要爲負責行軍宿營和攻城、守城作戰中的土工作業以及對犯法吏卒的拘禁和審判。西漢中葉之後,作戰部隊中的"司空"逐漸脱離了軍政不分的狀態,成爲專職軍官;東漢以後,又逐漸消失。⑥ 賈一平、曾維華指出居延漢簡所見"左部司馬"的"左"應理解爲佐助、協助之意,"左部司馬"應爲肩水都尉屬下佐助部司馬承擔邊境防禦任務的軍事類職官。⑦ 莊小霞指出西漢初期家丞的秩級爲三百石,西漢晚期已降爲比三百石,東漢加以延續。部分傳世文獻中的記録應是對西漢晚期以前制度的反映,東漢

① 王子今:《漢簡"諸陵縣"史料鉤沉》,《簡牘學研究》第五輯。
② 郭洪伯:《稗官與諸曹——秦漢基層機構的部門設置》,《簡帛研究二〇一三》。
③ 孫聞博:《秦縣的列曹與諸官——從〈洪範五行傳〉一則佚文説起》,簡帛網 2014 年 9 月 17 日。
④ 趙岩:《秦令佐考》,《魯東大學學報(哲學社會科學版)》2014 年第 1 期。
⑤ 鄒水傑:《再論秦簡中的田嗇夫及其屬吏》,《中南大學學報(社會科學版)》2014 年第 5 期。
⑥ 宋傑:《秦漢軍隊中的"司空"》,《史學月刊》2014 年第 7 期。
⑦ 賈一平、曾維華:《居延漢簡"左部司馬"考》,《河南大學學報(社會科學版)》2014 年第 6 期。

的家丞秩級當定爲比三百石。①

7. 文書制度

馬怡結合傳世與出土文獻,對漢代詔書的分類進行討論,論文指出"詔書"有廣義、狹義兩種用法。廣義之詔書,除詔書外,還包括策書、制書和誡敕(戒書)等多種御用文書;狹義之詔書,是指告諭性質的御用文書,蔡邕在《獨斷》中將其分爲"三品",即皇帝對官員的指示、對奏書的"制可",以及由中央頒發的各種行政命令和文告等。漢代詔書之"三品"的劃分,是由詔書的形成過程來決定的。一件詔書,它與皇帝本人的關係越直接、密切,它的"品"也就越高;論文還就三品詔書的特徵和功能分別進行了分析。②

侯旭東依據傳世及出土文獻對兩漢時期的上計制度進行考察,論文指出郡國上計制度在西漢與東漢發生過一些微妙變化:西漢時,朝廷主計的是丞相與御史府,計吏與皇帝之間一般不發生直接的聯繫;東漢光武帝時起,計吏還會參加次年正月旦的朝賀大典,受皇帝親自接見並回答皇帝提問;明帝時則又增加了參與明堂祭祀和上陵禮。東漢時,計吏與皇帝的見面,不僅會被提問,還會被授予官職,部分計吏則肩負轉呈刺史的奏事。這種變動,是光武帝强化皇權、削弱三公職權的一部分,明帝加以承襲並有增益,但不能説明皇帝與三公間的角力皇帝總是勝者。③ 韓樹峰對漢魏户籍文書典藏機構的變化進行分析,論文指出兩漢的户籍文書主要書於簡牘,這造成了這些文書僅由縣、鄉收藏的局面,郡、州及中央所見的户籍文書是計吏所上報的户口統計,並非真正意義上的户籍。這種情況一直持續到三國西晉,東晉十六國以後纔發生改變,紙張作爲主要書寫材料普及之後,縣以上各級政府收藏户籍纔逐漸成爲定制。④

鄒水傑對里耶秦簡中的"敢告某主"文書格式再作梳理,認爲平行和上行文書的格式較爲固定,一直延續至西漢武帝時期,平行文書一般要寫收文的機構或責任人,上行文書一般不寫收文機構。下行文書的格式則較爲複雜,是多種格式並存。這其中的"主"不是表示負責人之義,而是一種符號化的文書程式用語。⑤ 鄔文玲以里耶秦簡爲資料,從官文書用語格式、發文與收文主官的自稱和對稱等角度,對其中所見"守"、"主"稱謂提成新見解,論文認爲"某主"在文書中是一種固定用語,用於發文者

---

① 莊小霞:《漢代家丞補考》,《中國史研究》2014 年第 4 期。
② 馬怡:《漢代詔書之三品》,《田餘慶先生九十華誕頌壽論文集》,中華書局 2014 年。
③ 侯旭東:《丞相、皇帝與郡國計吏:兩漢上計制度變遷探微》,《中國史研究》2014 年第 4 期。
④ 韓樹峰:《論漢魏時期户籍文書的典藏機構的變化》,《人文雜志》2014 年第 4 期。
⑤ 鄒水傑:《里耶秦簡"敢告某主"文書格式再考》,《魯東大學學報(哲學社會科學版)》2014 年第 5 期。

對收文主官的稱謂,帶有"示敬"的成分;"某守"則多用於發文主官自稱,帶有"自謙"的成分。"某守"、"某主"可能祇與秦代官文書用語的規範和習慣有關,而與具體的職官制度和吏員設置無關。但文章也指出現有結論也存在不够嚴密之處,文書發文者也有没自稱"守"者,"守丞"與"丞主"的對應關係可能並不能完全成立,不能排除"守丞"爲縣丞離署時暫時代理其職的居守之丞的可能性等。①

　　侯旭東通過居延漢簡"東漢永元兵物簿"、懸泉漢簡"傳車亶轝簿"等例子,指出無論是基於定期簿書還是不定期簿書形成的定期文書或不定期文書,在具體内容的排列上,均是具體内容在前,呈文在最後。據此,一般簿籍類册書的排列也當如此。這種排列結構應承襲自秦代,影響下至唐代,並波及日本,甚至在針對地下世界的"衣物疏"中也可以找到受此影響的痕迹。②

　　田家溧以肩水金關漢簡爲中心對"致籍"、"出入名籍"兩種文書加以區分與辨析,論文指出"致籍"多由傳發放機構提前轉送至關口,以供關吏核查持傳、符者是否本人,它包含原文通知性文書以及出行人員名單附件;"出入名籍"與"致籍"格式類似,但不屬同一種文書,主要的區别在"出入名籍"上會有明確的出入關記録文字。③

　　樂游對西北邊塞出土發一類形制特點鮮明、内容以"望"某種烽火設施爲基本格式的簽牌進行綜合分析,論文指出這類簽牌是用來標識一種叫"望火頭"的候望設置所對準的方向,可暫定名爲"候望簽牌",此類簽牌多單面書寫,在使用方法上也不同於一般認爲的以繩連綴的方式,而應當是以一面向外,固定在墙體之上。④

　　李均明據簡牘資料所見分别考察了定稿簽名、合議(合審)簽押、付受簽押的實態,論文指出簽名是自然人親手書寫的、有個性的署名(姓名或名、姓),是在社會關係中代表個人資信及審美情趣的視覺標誌。畫押則由簽名發展而言,表示特定含義的符號,二者常配合使用,既有共性,又有區别。論文還就簽名與畫押的書體特徵進行歸納,認爲其個性鮮明,通常有别於常規字體,同一簽押具有穩定的形體,是經過精心設計而成的。⑤

---

① 鄔文玲:《"守"、"主"稱謂與秦代官文書用語》,《出土文獻研究》第十二輯。

② 侯旭東:《西北所出漢代簿籍册書簡的排列與復原——從東漢永元兵物簿説起》,《史學集刊》2014 年第 1 期。

③ 田家溧:《漢簡所見"致籍"與"出入名籍"考辨——以肩水金關簡爲中心》,《史學集刊》2014 年第 6 期。

④ 樂游:《河西漢簡所見候望簽牌探研——兼論簽牌的一種使用方式》,《簡帛研究二〇一四》。

⑤ 李均明:《簡牘所見簽名與畫押》,《出土文獻研究》第十三輯。

8. 曆法、數術與方技

(1) 曆法

工藤元男通過對"元光元年曆譜"所見節氣、節日與曆注以及文獻中"視日"資料的梳理,討論具注曆的淵源及"日書"、"視日"、"質日"的關係,論文認爲不與曆譜對照,而祇用《日書》進行的占卜,多數是不合適的。在書寫材料變成紙張之後,在曆譜上書寫曆注就變得容易起來,於是就出現了具注曆。"視日"、"質日"都是基層政府製作的不同功用的東西,其中由節氣、節日和曆譜構成的《視日》,則被稱爲"視日";"質日"主要是作爲官吏公務手記使用的曆譜,但其傳承、源流還不清楚;"日書"與秦漢時期官僚制、郡縣制的發展密切相關,這一制度的發展大大增加了官吏出行的機會,與之相關的"日書"、"視日"、"質日"纔會大量出現。① 許名瑲對漢王元年(前 206)至漢武帝元封七年(前 104)四月的曆日氣朔進行了復原。②

(2) 數術

晏昌貴對日書《艮山》以圖推算離日的方法提出新見,其要點爲:在簡文總體讀法之上,將簡文從右至左讀,讀完一行(欄),再從第二行的右邊讀起,直至終了。讀畢再從第一行的右方讀起,循環往復。論文還用放馬灘秦簡"離日"驗證這一結論,並討論其與"易"的關聯性。③ 白軍鵬從斯坦因第二次中亞考古所獲的一枚漢代數術類簡出發,結合秦漢簡牘,對日書中的大時、小時、反支、解衝等術語提出了不同見解。④ 周敏華、周美華結合文獻和考古發現對秦漢日書中《盜篇》中五則與生肖有關的記載進行了補充和梳理。⑤

(3) 方技

周祖亮、方懿林對秦漢簡帛中的醫書進行了集中校釋並編有相關研究目録,共涉及 12 批資料,該書還對部分疾病、藥物詞語進行彙釋。⑥

9. 語法

劉嬌依據傳世本及多個出土本《老子》,提出"大制無割"應爲第二十九章章首,其

---

① 工藤元男著,薛夢瀟譯:《具注曆的淵源——"日書"·"視日"·"質日"》,《簡帛》第九輯。

② 許名瑲:《漢簡曆日考徵——氣朔篇(顓頊曆之一)》,簡帛網 2014 年 6 月 17 日;《漢簡曆日考徵(二)——氣朔篇(顓頊曆之二:文帝後元元年~武帝元封七年四月))》,簡帛網 2014 年 6 月 29 日。

③ 晏昌貴:《日書"艮山·離日"之試解》,《周易研究》2014 年第 1 期。

④ 白軍鵬:《秦漢簡牘所見日書相關問題考察》,《簡帛研究二〇一三》。

⑤ 周敏華、周美華:《對秦漢簡牘〈盜篇〉中五則生肖記述的再補充》,《出土文獻研究》第十三輯。

⑥ 周祖亮、方懿林:《簡帛醫藥文獻校釋》,學苑出版社 2014 年。

前的"故"或"夫"是提起連詞。①

10. 其他

(1) 綜述與研究目録

魯家亮對 2013 年秦漢魏晉簡牘研究的主要成果進行簡要概述。② 張燕蕊對 2013 年秦漢史研究進行綜述,並專辟一節介紹 2013 年簡牘研究的情況。③ 鄭子良對銀雀山漢簡的研究進行了綜述。④ 對於簡帛醫藥方面的文獻,有 3 篇文章進行了介紹與綜述。⑤ 張英梅、李迎春介紹了西北師大簡牘學科發展的情況,並對近幾年簡牘學科碩、博士論文進行綜述。⑥

工藤元男等對近幾年日本秦簡研究的情況續有介紹。⑦ 尹在碩則對 2009～2012 年間韓國的秦簡研究進行介紹。⑧ 蘇俊林對日本走馬樓吳簡的研究進行綜述。⑨ 戴衛紅介紹了韓國木簡發現的基本情況,並分別對韓國學者研究韓國木簡、中國簡牘的情況進行綜述,最後還介紹了韓國的木簡研究團體及 2012～2013 年的主要學術活動。⑩

(2) 書評與專書校訂

秦鳳鶴對《敦煌馬圈灣漢簡集釋》一書進行評介,涉及圖版、釋文、注釋、體例等方面。⑪ 王輝、王偉補充了 1999 年後新見的部分秦出土文獻,完成了《秦出土文獻編年訂補》一書。⑫《漢晉簡牘論叢》一書收録了謝桂華先生有關漢晉簡牘的論著 34 篇,是其研究漢晉簡牘的精粹。⑬

---

① 劉嬌:《〈老子〉中與章節分合有關的提起連詞"故"》,《古文字研究》第三十輯。
② 魯家亮:《2013 年秦漢魏晉簡牘研究概述》,《簡帛》第九輯。
③ 張燕蕊:《2013 年秦漢史研究綜述》,《中國史研究動態》2014 年第 4 期。
④ 鄭子良:《銀雀山漢墓竹簡研究綜述》,《出土文獻研究》第十三輯。
⑤ 楊艷輝、張顯成:《簡帛醫書文獻用字考據與古籍文獻整理研究》,《東南學術》2014 年第 2 期;方成慧、周祖亮:《簡帛醫書語言文字研究現狀與展望》,《江蘇社會科學》2014 年第 5 期;周祖亮、方懿林:《簡帛醫書方藥研究現狀與展望》,《時珍國醫國藥》2014 年第 12 期。
⑥ 張英梅、李迎春:《西北師大簡牘學科發展現狀及近年碩、博士學位論文綜述》,《簡牘學研究》第五輯。
⑦ 工藤元男等:《日本秦簡研究現狀(續)》,《簡帛》第九輯。
⑧ 尹在碩:《韓國的秦簡動態(2009—2012)》,《簡帛》第九輯。
⑨ 蘇俊林:《日本走馬樓吳簡研究綜述》,《簡帛研究二〇一三》。
⑩ 戴衛紅:《近年來韓國木簡研究現狀》,《簡帛》第九輯。
⑪ 秦鳳鶴:《〈敦煌馬圈灣漢簡集釋〉評介》,《中國史研究動態》2014 年第 6 期。
⑫ 王輝、王偉:《秦出土文獻編年訂補》,三秦出版社 2014 年。
⑬ 謝桂華:《漢晉簡牘論叢》,廣西師範大學出版社 2014 年。

（3）簡册制度

馬怡依據 8 例畫像石、青瓷俑等資料,對簡牘時代的書寫者身份、書寫姿勢、書寫材品、文具等方面的信息進行了分析、概括。① 邢義田則依據文獻與實物兩方面資料,指出在站立或端坐手持紙筆而書的姿態之外,伏几案而書可能是更爲普遍的書寫姿勢,甚至還可能存在其他姿勢,衹是不見於文獻或圖像資料記載。②

（4）少數民族及海外簡牘研究

尹善泰在對韓國羅州伏巖里出土百濟木簡釋讀的基礎上,對百濟户籍格式進行了復原,並討論其與中國西魏大統十三年和日本西海道户口籍的關係。此外,論文還指出伏巖里地區即"豆肹城",應是 7 世紀初統轄軍那、半那等地的郡治。③

---

① 馬怡:《簡牘時代的書寫——以視覺資料爲中心的考察》,簡帛網 2014 年 3 月 7 日。

② 邢義田:《伏几案而書(訂補稿)——對中國古代書寫姿勢的再思》,簡帛網 2014 年 6 月 7 日。

③ 尹善泰著,戴衛紅譯:《韓國羅州伏巖里出土百濟木簡的釋讀及其用途分析——兼論 7 世紀初百濟的地方統治》,《簡帛研究二〇一四》。

作 者 信 息

（以中文姓氏筆畫爲序）

王挺斌：清華大學人文學院博士研究生
王凱博：吉林大學古籍研究所、出土文獻與中國古代文明研究協同創新中心博士研究生
王　强：吉林大學古籍研究所、出土文獻與中國古代文明研究協同創新中心博士研究生
方　勇：武漢大學歷史學院、簡帛研究中心博士後
石小力：中山大學中文系博士研究生
邢義田：臺灣中研院歷史語言研究所研究員
李天虹：武漢大學歷史學院、簡帛研究中心教授
范常喜：中山大學國際漢語學院副教授
周海鋒：湖南大學嶽麓書院博士研究生
宫宅潔：日本京都大學人文科學研究所準教授
徐世權：吉林大學古籍研究所、出土文獻與中國古代文明研究協同創新中心博士研究生
陳　捷：日本京都大學人文科學研究所研究員
孫聞博：中國人民大學國學院、出土文獻與中國古代文明研究協同創新中心講師
黄浩波：南寧沛鴻民族中學教師
梁月娥：香港中文大學中國語言及文學系博士候選人、香港中文大學人文電算研究中心
　　　　高級研究助理
萬　榮：江西師範大學歷史文化與旅遊學院講師
單印飛：中國社會科學院研究生院博士研究生
單育辰：吉林大學古籍研究所、出土文獻與中國古代文明研究協同創新中心副教授
程鵬萬：東北師範大學文學院副教授
蔡　丹：湖北省文物考古研究所館員
鄭　威：武漢大學歷史學院副教授
樂　游：吉林大學古籍研究所、出土文獻與中國古代文明研究協同創新中心講師
魯家亮：武漢大學歷史學院、簡帛研究中心講師
劉建民：山西大學文學院、國學所講師

圖書在版編目（CIP）數據

簡帛. 第 11 輯／武漢大學簡帛研究中心主辦. —上
海：上海古籍出版社，2015.11
ISBN 978-7-5325-7877-1

Ⅰ.①簡… Ⅱ.①武… Ⅲ.①簡（考古）—研究—中
國—文集②帛書—研究—中國—文集 Ⅳ.
①K877.54-53②K877.94-53

中國版本圖書館 CIP 數據核字（2015）第 265463 號

簡帛（第十一輯）

武漢大學簡帛研究中心　主辦

上海世紀出版股份有限公司
上 海 古 籍 出 版 社　出版

（上海瑞金二路 272 號　郵政編碼 200020）

（1）網址：www.guji.com.cn
（2）E-mail：guji1@guji.com.cn
（3）易文網網址：www.ewen.co

上海世紀出版股份有限公司發行中心發行經銷

顥輝印刷有限公司印刷

開本 787×1092　1/16　印張 18.25　插頁 3　字數 336,000
2015 年 11 月第 1 版　2015 年 11 月第 1 次印刷
印數：1—1,100
ISBN 978-7-5325-7877-1
K·2126　定價：68.00 元
如有質量問題，請與承印公司聯繫